Helmuth Graf von Moltke

Moltkes militärische Werke

Helmuth Graf von Moltke

Moltkes militärische Werke

ISBN/EAN: 9783744632843

Hergestellt in Europa, USA, Kanada, Australien, Japan

Cover: Foto ©ninafisch / pixelio.de

Weitere Bücher finden Sie auf **www.hansebooks.com**

Moltkes Militärische Werke.

III.
Kriegsgeschichtliche Arbeiten.
Dritter Teil.

Moltkes Kriegsgeschichtliche Arbeiten.

Der Italienische Feldzug des Jahres 1859.

Herausgegeben vom Großen Generalstabe,
Kriegsgeschichtliche Abteilung I.

Mit 2 Übersichtskarten, 5 Skizzen und 20 Handzeichnungen.

Berlin 1904.
Ernst Siegfried Mittler und Sohn
Königliche Hofbuchhandlung
Kochstraße 68—71.

Hierzu die Übersichtskarten, Skizzen und Handzeichnungen in einem besonderen Kartenbande.

Moltkes
Militärische Werke.

III.
Kriegsgeschichtliche Arbeiten.
Dritter Teil.

Berlin 1904.
Ernst Siegfried Mittler und Sohn
Königliche Hofbuchhandlung
Kochstraße 68—71.

Moltkes Kriegsgeschichtliche Arbeiten.

Der Italienische Feldzug des Jahres 1859.

Herausgegeben vom

Großen Generalstabe,
Kriegsgeschichtliche Abteilung I.

Mit 2 Übersichtskarten, 5 Skizzen und 20 Handzeichnungen.

Berlin 1904.
Ernst Siegfried Mittler und Sohn
Königliche Hofbuchhandlung
Kochstraße 68—71.

Alle Rechte aus dem Gesetze vom 19. Juni 1901 sowie das Übersetzungsrecht
sind vorbehalten.

Vorbemerkung.

Der „Italienische Feldzug des Jahres 1859" ist 1862 von der „historischen Abteilung des Generalstabes der Preußischen Armee" herausgegeben worden und 1863 sowie 1870 in zweiter bezw. dritter Auflage erschienen. Auch wurde im Jahre 1862 eine Französische Übersetzung von der Hand des damaligen Flügeladjutanten Oberstleutnants v. Strubberg veröffentlicht.

Der Große Generalstab hat sich entschlossen, dies Werk in unverändertem Wortlaut neu herauszugeben und es unter die „Militärischen Werke" des verewigten Generalfeldmarschalls Grafen v. Moltke aufzunehmen. Bestimmend hierfür ist die Tatsache, daß Moltke nicht allein der geistige Urheber des Werkes, sondern auch sein eigentlicher Verfasser ist, wenn auch andere an ihm mitgearbeitet haben. Stil und Gedanken, vor allem aber der im Kriegsarchiv des Generalstabs noch vorhandene Entwurf des zweiten Abschnittes, erweisen die eigenhändige und eingehende Bearbeitung des Italienischen Feldzuges durch den Chef des Generalstabes der Armee. Sodann sind vielfach operative und taktische Anschauungen in Moltkes früheren, gleichzeitigen und späteren Niederschriften wiederzufinden.

Als Vorarbeit für das Generalstabswerk darf die bereits 1899 in den „Kritischen Aufsätzen" veröffentlichte kurze Darstellung der Schlacht von Solferino angesehen werden, die aus Moltkes Feder stammt und das Datum des 15. Juli 1859 trägt, am 20. d. M. aber auf Grund einer inzwischen erschienenen amtlichen Österreichischen Darstellung nochmals von ihm durchgesehen worden ist. Als Grundlage für die endgültige Bearbeitung des ganzen Feldzuges dienten außer den ersten offiziellen Berichten der beteiligten Staaten diejenigen des Majors v. Redern,[*]) der als Preußischer Militärbevollmächtigter im Österreichischen Heere den Krieg mitmachte, sowie des Majors v. Stranz vom Großen Generalstab, der im Herbst 1859 die Schlachtfelder Oberitaliens besuchte. Dieser

---

[*]) Die Berichte Rederns gaben dem General v. Moltke Gelegenheit, sich durch Zeichnungen die Heeresbewegungen, Schlachten und Gefechte klarzumachen. Sie sind als Handzeichnungen I bis XX aufgenommen worden, von denen XIX und XX bereits in den „Kritischen Aufsätzen" veröffentlicht wurden.

war auch der Hauptmitarbeiter des Generalstabschefs bei der Abfassung des Werkes. Moltke benutzte dann noch die Werke von Fruston, Bazancourt, Clémeur und Rovighi. Für die zweite Auflage konnte bereits die vom Französischen Generalstabe herausgegebene Geschichte des Feldzuges*) benutzt werden, ebenso zahlreiche Österreichische Aufsätze und Streitschriften, nicht aber die erst 1864 vom Turiner Kriegsministerium veröffentlichten „Bemerkungen über die Teilnahme der Sardinischen Armee am Feldzuge 1859"**) sowie das sehr viel später, 1872 und 1876, herausgegebene Österreichische Generalstabswerk***). Dieser Mangel hat indes der Bedeutung der Moltkeschen Arbeit keinen Eintrag getan. Denn noch heute kann seine Darstellung des Feldzuges als mustergültig hingestellt werden. Machten jene beiden amtlichen sowie sonstige, später erschienene Deutsche, Österreichische und Französische Werke bei der Neubearbeitung auch Erläuterungen in Einzelheiten notwendig, so wurden hiervon die Operationen im großen nicht berührt, sie geben vielmehr ein auch heute noch maßgebendes und zutreffendes Bild des Feldzuges.

Das im Vorwort zur ersten Auflage ausgesprochene Ziel, „objektive Kritik" zu üben, ist im vollsten Sinne des Wortes erreicht worden. Moltke ist durch keine Rücksichten auf die handelnden Persönlichkeiten eingeengt und kann an beiden Teilen freimütig Kritik üben. Er hat es getan, ohne zu verletzen, wie allseitig anerkannt wurde. Das Werk ist zugleich ein taktisch-strategisches Lehrbuch, „es enthält ein ganzes Kriegssystem im Keime"†). Moltke, die wahre Auffassung der kriegsgeschichtlichen Forschung erkennend, beschränkt sich nicht nur auf unparteiische historische Darstellung und Kritik, sondern er entwickelt seine Ansichten über Heer und Truppenführung an der Hand der Ereignisse, er zieht Lehren aus den Erfahrungen des Feldzuges. In ihnen kann man das Programm des Generals für seine Tätigkeit an der Spitze des Preußischen Generalstabs erblicken.

So sehen wir Moltke hier 1859 als Kriegshistoriker bereits auf dem Höhepunkte angelangt, den er als Feldherr erst am Ende des nächsten Jahrzehnts erreichen sollte.

*) Campagne de l'Empereur Napoléon III en Italie.
**) Cenni sulla parte presa dall' Esercito Sardo nella Campagna 1859.
***) Der Krieg in Italien 1859.
† Severino Janelli: „Moltke".

Vorwort.

Als vor beinahe drei Jahren der Krieg in Italien ausbrach, da verfolgten die Offiziere der nicht zur Tätigkeit berufenen Heere, namentlich Deutschlands, mit Spannung die Ereignisse jenseits der Alpen. Teils war es naheliegender Anteil an dem Schicksal eines bundesverwandten Staates, zu dessen Beistand einzutreten die Politik nur noch des wirksamsten Augenblicks harrte, teils war es das gewiß gerechtfertigte Bestreben, die Kampfweise und das kriegerische Verhalten einer Armee zu beobachten, der auf dem Schlachtfelde entgegenzutreten auch uns, wie dereinst unsern Vätern, beschieden schien; teils endlich war es das Interesse, über die neuen technischen Erfindungen, welche die Kriegskunst sich nutzbar gemacht, das allein gültige Urteil durch ausgedehnten Gebrauch im Kriege selbst gewonnen zu sehen.

Wir blieben auf das Beobachten aus der Ferne beschränkt; die unerwartet kurze Dauer des Feldzuges vereitelte bald die Aussicht auf Beteiligung für unsere Armee.

Es blieb uns nun die Aufgabe, möglichst genau das binnen weniger inhaltsschwerer Wochen in Oberitalien Geschehene zu erkennen, es aus seinen Ursachen abzuleiten, kurz, die objektive Kritik zu üben, ohne welche die Tatsachen selbst eine wirkliche Belehrung zum eigenen Nutzen nicht gewähren.

Es ist freilich so unendlich viel schwieriger zu handeln, als hinterdrein zu urteilen, daß dem, welcher berufen war, im Drange der Begebenheiten selbst Entschlüsse zu fassen und sie auszuführen, die nachträgliche Würdigung des Geschehenen nur zu leicht als anmaßend erscheint.

Ohnehin schon berührt die Darstellung eines nicht längst erst verflossenen Feldzugs bei dem Teil, welcher unterlag, eine noch nicht vernarbte Wunde.

Die Kritik wird ihr im Vergleich zum Handeln so geringes Verdienst in völliger Unparteilichkeit und in gewissenhafter Wägung und Benutzung aller Nachrichten zu suchen haben, welche Licht über die Begebenheiten verbreiten.

Es verschwindet nämlich in der Regel das geradezu unzweckmäßig und widersinnig Erscheinende ganz, sobald man die Motive, die tausend Reibungen und Schwierigkeiten übersieht, welche sich der Ausführung im Kriege entgegengestellt haben.

Da aber der dichte Nebel, in den alles Geschehende beim Werden selbst gehüllt ist, ein klares Erkennen in der Gegenwart unmöglich und erst zulässig macht, wenn die Zeit das Dunkel nach und nach gelichtet, wenn das Geschehene zur Geschichte geworden — so fragt es sich, ob der seitdem verflossene Zeitraum bereits lang genug war, um diesen Aufhellungsprozeß als vollzogen ansehen zu können, um Erkenntnis mit Zuverlässigkeit zu gestatten.

Wir machen für Bejahung dieser Frage geltend, daß in heutiger Zeit die vielen Augenzeugen von Ereignissen, an denen eine viertel Million Menschen mithandelnd beteiligt ist, mündlich und in Druckschriften Licht über so viele einzelne Züge und Färbungen des großen Gemäldes verbreiten, daß es — bei vorhandener genauer Kenntnis des Kriegsschauplatzes und der handelnden Armeen — möglich wird, unter Zuhilfenahme der offiziellen und halboffiziellen Äußerungen beider Teile, den wesentlichen Zusammenhang der Ereignisse in deutlichen Zügen zu erkennen.

Daß dennoch bei einer Darstellung, entstanden wie die vorliegende, Ungenauigkeiten in Einzelheiten vorkommen werden, dessen sind wir uns bewußt und werden Berichtigungen von kompetenter Seite dankbar annehmen.

Berlin, im Januar 1862.

Vorwort
zur zweiten Auflage.

Bevor wir zu einer notwendig gewordenen zweiten Ausgabe der Darstellung des Feldzugs in Italien 1859 schritten, hatten wir die Urteile zu beachten, welche seit dem Erscheinen der ersten laut geworden sind.

Wir verdanken der Besprechung in Deutschen Blättern die Berichtigung einiger Irrtümer in Nebenumständen. Der wohlwollenden Anerkennung einiger stand der Tadel anderer gegenüber. Nur haben wir leider aus letzterem wenig Belehrung zu schöpfen vermocht, da derselbe weder nicht gekannte Tatsachen bringt noch das Urteil durch neue Gesichtspunkte erweitert.

Wenn z. B. das „Militär-Wochenblatt für das Deutsche Bundesheer", ohne auf die Prüfung des Gegenstandes einzugehen, in der Veröffentlichung einer Darstellung des für Österreich unglücklichen Feldzugs nur eine „tendenziöse Feindseligkeit" gegen dieses erblickt, so sind das Aufstellungen, die wir zwar bedauern, aber nicht widerlegen können, wenn unsere Arbeit selbst es nicht tut.

Das kompetenteste Urteil in dieser Beziehung möchten wohl die Stimmen der Nächstbeteiligten, vor allem das Urteil der „Österreichischen Militär-Zeitschrift" sein, eben als Österreichische und als anerkannte militärische Autorität.

Mit großer Befriedigung entnehmen wir die Ansicht dieses Blattes dahin: daß „bestrebt, nach allen Seiten gerecht zu sein, alle Rücksichten und Umstände jederzeit und gewissenhaft erwägend, das vom Kriege gegebene Bild in seinen großen Zügen als vollkommen gelungen erkannt werden müsse".*)

Der Französische Berichterstatter über unsere Darstellung und die erst später in Paris vom Dépôt de la guerre herausgegebene: „Campagne de l'Empereur Napoleon III en Italie 1859" bemerkt, daß die Angaben beider Bearbeitungen im ganzen übereinstimmen und sich gegenseitig ergänzen.

---
*) Streffleur 1862.

Italienische Beurteilungen liegen nicht vor, dagegen ein reichhaltiges Material zur Verarbeitung in einer Reihe von wertvollen Aufsätzen der Österreichischen Militär-Zeitschrift und in dem Französischen Prachtwerk. Ferner sind uns von hoher Hand schätzenswerte Aufschlüsse über innere Verhältnisse der unmittelbar vor der Schlacht von Magenta nach Italien geschickten Truppen zugegangen, welche die ganze Größe der zu überwindenden Schwierigkeiten hervorheben, und die wir dankbar benutzt haben.

Es erscheint daher die neue Auflage in manchen Punkten vervollständigt und durchweg überarbeitet. — letzteres jedoch, ohne daß der ursprüngliche Zweck, „eine gedrängte Darstellung des lehrreichen Feldzugs zu geben", aus dem Auge verloren wäre. — Die Kenntnis der Tatsachen ist erweitert, die Beurteilung wesentlich dieselbe geblieben.

Berlin, im Februar 1863.

Inhaltsverzeichnis.

Erster Abschnitt.   Seite
    Vom Beginn des Feldzuges bis zur Schlacht von Magenta . . . 1—147

Zweiter Abschnitt.
    Vom 5. Juni bis zum Schluß des Feldzuges . . . . 148—275

Beilage 1 zu S. 11. Stärkenachweisung der Zweiten Österreichischen Armee beim Einmarsch in Piemont.
    „ 2 „ 13. Ordre de Bataille der Zweiten Österreichischen Armee vom Einmarsch in Piemont bis zum 18. Juni 1859.
    „ 3 „ 15. Ordre de Bataille der Sardinischen Armee.
    „ 4 „ 16. „ „ „ der Französischen Armee.
    „ 5 „ 187. Ordre de Bataille der Ersten und Zweiten Österreichischen Armee am 24. Juni 1859.
    „ 6 „ 187. Stärkenachweisung der Ersten und Zweiten Österreichischen Armee am 24. Juni 1859.
    „ 7 „ 266. Ordre de Bataille der Zweiten Österreichischen Armee vom 1. Juli 1859 ab.

Übersichtskarte 1 zu S. 1. Übersichtskarte zum Italienischen Feldzug 1859.
    „ 2 „ 30. „ zu den Operationen im Mai und Juni 1859.
Skizze 3 „ 50. Skizze zum Gefecht von Montebello.
    „ 4 „ 78. „ zu den Gefechten von Palestro.
    „ 5 „ 108. „ zur Schlacht von Magenta.
    „ 6 „ 158. „ zum Gefecht von Melegnano.
    „ 7 „ 207. „ zur Schlacht von Solferino.

Handzeichnung I. zu S. 27. Stellung der Verbündeten am 6. Mai 1859.
    „ II. „ 27. „ „ „ 7. „ 1859.
    „ III. „ 29. Märsche der Österreicher vom 29. April bis 6. Mai 1859.
    „ IV. „ 37. „ „ „ 6. bis 10. Mai 1859.
    „ V. „ 41. Stellung der Österreicher am 13. und 15. Mai 1859.

Handzeichnung VI. zu S. 49. Stellung beider Armeen am 19. und Vormarsch gegen Montebello am 20. Mai 1859.
     VII. „ 73. Märsche beider Armeen vom 28. bis 31. Mai 1859.
     VIII. „ 92. Stellung beider Armeen am 1. Juni 1859.
     IX. „ 97. „ „ „ „ 2. „ 1859.
     X. „ 97. Märsche „ „ „ 2. und 3. Juni 1859.
     XI. „ 101. Stellung „ „ 3. Juni 1859.
     XII. 115. „ der Truppen des I. und II. Österreichischen Armeekorps am Morgen des 4. Juni 1859.
     XIII. „ 117. Schlacht von Magenta am 4. Juni 1859.
     XIV. „ 136. Stellung beider Armeen vom 4. zum 5. Juni 1859.
     XV. 150. Märsche der Österreicher vom 5. bis 8. Juni 1859.
     XVI. 158. Gefecht von Melegnano am 8. Juni 1859.
     XVII. „ 167. Märsche der Österreicher vom 3. (Urban) bezw. 8. bis 16. Juni 1859.
     XVIII. 200. Stellung der Ersten und Zweiten Österreichischen Armee am 20. und Vormarsch am 23. Juni 1859.
     XIX. „ 200. Märsche der Österreicher am 23. Juni 1859.
     XX. 207. Schlacht von Solferino am 24. Juni 1859.

Erster Abschnitt.

Vom Beginn des Feldzuges bis zur Schlacht von Magenta.

Die politischen Verwicklungen mit Sardinien, die Verhältnisse im übrigen Italien und die Stellung, welche Frankreich zu denselben einnahm, hatten Österreich schon zu Anfang des Jahres 1859 bestimmt seine Lombardischen Garnisonen zu verstärken. Das III. Armeekorps war mittels der Eisenbahn von Wien nach Italien geführt worden,*) es verblieb indes auf dem Friedensfuß. Nur die fünf in jedem Armeekorps bespannten Batterien wurden mobil. Am 26. Februar erschien der Befehl die Urlauber von sieben Regimentern einzuberufen, deren Ergänzungsbezirke in Siebenbürgen, Ungarn und Ostgalizien am entferntesten von den Eisenbahnen lagen, und bald darauf ward diese Maßregel auf alle Regimenter ausgedehnt. Die Mobilmachung der ganzen Italienischen Armee wurde am 1. März verfügt, ebenso die des II. Korps, welches, statt des abgerückten III., aus den östlichen Provinzen nach Wien herangezogen wurde, von wo es auf der Eisenbahn in kurzer Zeit weiterbefördert werden konnte.

Jetzt fing man auch an die Dalmatische und Benetianische Küste mehr zu befestigen. Der untere Po wurde verschanzt, Piacenza mit Neubauten umgeben, Pavia zu einer place da moment erhoben. Die Werke von Peschiera und selbst die von Verona und Ancona waren noch zu vervollständigen. Die

---

*) Die Bahntransporte begannen in Wien am 7. Januar und dauerten bis zum 20; sie gingen bis Triest und Nabresina; von Triest aus wurden die Truppen zur See bis Venedig geschafft, von Nabresina aus marschierten sie bis Casarsa (vgl. S. 71). Hier und in Venedig schloß sich dann wieder Bahnbeförderung an. Östr. G. St. W. 1, S. 64.

Festungen wurden proviantiert und Magazine angeschüttet.*) Den 6. April wurde die Formation der Grenadierbataillone befohlen.**)

Dieser gerüstete Zustand erforderte natürlich so ungeheure Ausgaben, daß trotz einer Anleihe von 150 Millionen die ohnehin zerrütteten Finanzen des Staates ihn auf die Dauer nicht ertragen konnten und man schon aus dieser Rücksicht auf eine baldige Entscheidung hingedrängt wurde.

Piemont hatte anfangs 15 000 Mann bei Novara aufgestellt, aber schon im März setzte es sein ganzes Heer auf den Kriegsfuß. Die Truppen aus Savoyen und von der Insel Sardinien wurden herangezogen. Freiwillige aus ganz Italien waren aufgeboten, und Garibaldi trat als General in den königlichen Dienst. In Savoyen, Genua und Alessandria waren Magazine und Unterkunft für eine Truppenmacht von 100 000 Mann vorbereitet, mit den Eisenbahnen Verträge abgeschlossen, welche sich nur auf den Transport eines Französischen Heeres beziehen konnten. Die Schweiz schien neutral bleiben, aber den Durchzug durch das in die Schweizerische Neutralität gezogene Gebiet Savoyens nicht hindern zu wollen.

Frankreich hatte in seinen Arsenalen und Häfen eine außerordentliche Tätigkeit entwickelt. Schon im Monat Januar war man mit dem ersten Ankauf von 10 500 Pferden, am 21. April mit einem ferneren von 14 000 Pferden für die Artillerie vorgegangen. Die Vollendung und Ausrüstung von 32 gezogenen Vierpfünderbatterien (nach dem erst im Jahre zuvor eingeführten La Hitteschen System) wurde auf das lebhafteste betrieben. Am 26. April waren alle neuen Batterien auf dem Wege nach Marseille, Lyon und Grenoble. Es konnte der Stand der Feldartillerie bei der Armee von Italien an diesem Tage auf

    32 Batterien gezogener Vierpfünder,
    14   „   Zwölfpfünder (canons obusiers),
    4   „   leichter Zwölfpfünder,
    2   „   Gebirgshaubitzen,
    4 Raketenbatterien

festgesetzt werden, denen am 11. Mai noch

---

*) Am 3. Februar 1859 ordnete Graf Gyulai „aus eigener Initiative" die Bereitschaftsarmierung der Festungen Italiens an (vgl. S. 264, Anm. ††), am 18. die Verteidigungseinrichtung aller im Bereich der Zweiten Armee gelegenen festen Plätze. Östr. G. St. W. 1, S. 84.

**) Die Zeitangaben sind nicht ganz genau. Nach Östr. G. St. W. 1, S. 89 u. 96 wurde am 25. und 28. Februar die „Augmentierung aller in den Verband des II., III., V., VII., VIII. Armeekorps gehörenden Truppenkörper", also der Italienischen Armee, befohlen, die vollständige Mobilmachung dieser Korps sowie des VI. und IX. aber erst am 5. und 6. April. Hierbei erfolgte dann auch die Bildung der Grenadierbataillone.

5 Batterien gezogener Vierpfünder,
2 " Zwölfpfünder (canons obusiers),
2 " leichter Zwölfpfünder

für das 5. Korps hinzutraten, so daß bis zu diesem Zeitpunkte schon 61 Batterien mit 366 Feldgeschützen Französischerseits für den bevorstehenden Kampf zur Verfügung gestellt wurden. Aus Algier hatte man bereits im Monat Februar angefangen die Division Renault als vierte Division nach Lyon heranzuziehen, außerdem aber 15 Infanterieregimenter und die gesamte Kavallerie (alles kriegsgewohnte Truppen) gegen andere aus Frankreich gesandte auszuwechseln. Aus diesen Algierischen Truppenteilen wurde unter dem 20. März und 9. April die Bildung dreier neuer Divisionen (der 5. und 6. im Tale der Durance, der 7. bei Toulon) angeordnet. Gleichzeitig fanden auch vielfache anderweitige Dislokationen aus dem Innern Frankreichs nach seiner südlichen Grenze statt, wo zu Marseille, Lyon, Grenoble, St. Jean de Maurienne, Briançon und Culoz außerordentlich bedeutende Vorräte an Lebensmitteln und Kriegsbedürfnissen jeder Art angehäuft wurden.*) Ein weiterer sehr bezeichnender Schritt zur Kriegsbereitschaft war durch die Ende März erfolgte Errichtung der vierten Bataillone für die gesamte Infanterie getan. Am 21. April wurden sämtliche Beurlaubten einberufen. Am 23. April genehmigte der Kaiser die Zusammensetzung des großen Hauptquartiers, am 24. die Formation der Italienischen Armee aus vier Armeekorps und der kaiserlichen Garde, denen wenige Tage später noch ein fünftes Armeekorps hinzutrat. Den 1. Mai verkündigte der Moniteur die Aufstellung von Armeen bei Paris, Nancy und Lyon, endlich wurde eine Aushebung von 140 000 Mann und eine Anleihe von 500 Millionen verfügt.

Während aller dieser Voranstalten zum Kriege waren Friedensunter-

---

*) Dagegen sagt Villefranche „Histoire de Napoléon III.", 2, S. 27: „Die Vorbereitungen auf Französischer Seite waren ganz ungenügend; die Magazine in Paris und an der Grenze waren leer" usw. Die Schuld an den mangelhaften Kriegsvorbereitungen wird teils dem Kriegsminister Vaillant, teils, wie von Wimpffen „Notes et correspondances de campagne", S. 146, dem Kaiser zugeschoben. Wimpffen schreibt, Frankreich habe den Krieg 1859 ebenso leichtsinnig erklärt wie 1870. Napoleon selbst sagt am 26. Mai „Mémoires du maréchal Randon" 2, S. 11), die Mängel der Französischen Armee lägen in dem allgemeinen System und wären schuld daran, daß Frankreich niemals zum Kriege bereit sei. Vgl. W. W—n: „Der Krieg in Italien 1859," Kritik des Östr. G. St. W., S. 45, 53, wo auch auf die Ähnlichkeit der Französischen Militärverhältnisse 1859 und 1870 hingewiesen wird. Es dürfte noch von Interesse sein, daß der Chef des Generalstabs der Sardinischen Armee, General della Rocca, in seinen „Lebenserinnerungen" (S. 129 in der Übersetzung von Bodenhausen) auf die mangelhafte Ausstattung des Französischen Generalstabs im Jahre 1859 mit Karten hinweist; letztere hätten meist noch aus der Zeit des ersten Napoleon gestammt.

handlungen geführt, die jedoch zu keinem befriedigenden Schluß zu gelangen vermochten. Es war vorgeschlagen die obschwebenden Streitigkeiten auf einem Kongreß zu schlichten, allein diese Auskunft zerschlug sich, weil Österreich Sardinien nicht auf dem Kongreß zugelassen sehen wollte, und die allgemeine Entwaffnung wurde illusorisch durch die Behauptung Frankreichs, daß es überhaupt nicht bewaffnet habe.*) Unmöglich konnte man in Wien darauf eingehen, daß Österreich und Sardinien ihre Heere zurückzögen, während Frankreich in gerüstetem Zustande Herr der Situation blieb.

So lagen die Dinge Anfang April, als England noch einmal mit dem Vorschlag einer allgemeinen Entwaffnung hervortrat, welcher dann sofort der Kongreß unter Teilnahme auch der Italienischen Staaten folgen solle. Rußland, Preußen und Frankreich traten diesem Vorschlag bei, welcher nun gewissermaßen ein Europäisches Ultimatum Österreich gegenüber bildete.**) Aber um eben diese Zeit, am 19. April, überschickte Österreich sein Ultimatum direkt nach Turin. Es forderte die unverzügliche Entwaffnung Sardiniens und gewährte drei Tage zur Erklärung.

Vom rein militärischen Standpunkt erscheint dieser rasche Schritt völlig gerechtfertigt.***) Nur mußten auch von diesem Augenblick an alle politischen Rücksichten sich den strategischen unterordnen. Das Schwert war gezogen, nur das Schwert konnte jetzt noch entscheiden. Alles kam auf ein rücksichtslos schnelles Handeln an. Man wußte, daß nur die Algierischen Truppen zur Zeit schon völlig kriegsbereit seien. Die unermeßlichen Vorbereitungen zur Mobilmachung eines großen Französischen Heeres waren noch keineswegs

---

*) Napoleon persönlich schwankte 1859 ebenso wie elf Jahre später 1870, ob er es zum Kriege kommen lassen solle oder nicht. Noch Mitte April ließ er durch den Obersten Saget (vgl. S. 71, Anm. **) dem König Viktor Emanuel sagen, er hoffe den Krieg zu vermeiden. Papst: „Napoleon III. und Italien" im Maiheft der „Deutschen Revue" 1903, S. 192; vgl. „Mémoires du Comte de Viel Castel", S. 1 ff.

**) Das Östr. G. St. W. 1, S. 21, sagt hierüber: „... Diese allseitige plötzliche Nachgiebigkeit erfolgte zu spät, dürfte überhaupt nur auf den, namentlich für Frankreich notwendigen Gewinn von Zeit für seine noch sehr unvollkommenen Kriegsrüstungen berechnet gewesen und endlich dem Österreichischen Kabinett auch nicht rechtzeitig mitgeteilt worden sein."

***) Nach Friedjungs „Benedeks nachgelassene Papiere", S. 201 und ebenso nach dessen „Kampf um die Vorherrschaft in Deutschland", S. 14, entsprang die unerwartet rasche Absendung des Ultimatums der eigenen Initiative des Kaisers. Selbst der Minister des Äußeren, Graf Buol, wurde durch diesen Schritt überrascht und gab seine Entlassung.

Das Östr. G. St. W. 1, S. 99, sagt, Graf Gyulai sei am 9. April davon verständigt worden, daß spätestens Ende des Monats ein Ultimatum an Sardinien abgehen werde. In einer Anmerkung auf derselben Seite heißt es, Gyulai sei bereits am 5. April benachrichtigt worden, daß die Offensive seiner Armee schon in 10 bis 14 Tagen notwendig werden könne.

beendet. Die letzten entscheidenden Befehle zur Erlangung der völligen Kriegsbereitschaft datieren, wie wir gesehen, vom 21. April, dem Tage, an welchem der Französische Kaiser die Nachricht von Absendung der Sommation aus Wien erhalten. Zu diesem Zeitpunkte war das neue Artilleriematerial noch keineswegs bei den an der Italienischen Grenze zusammengezogenen Truppen eingetroffen; es fehlte sogar noch an Pferden für die Artillerie und die Trains. Truppen und Material sollten über das Meer geführt, ein- und ausgeschifft werden oder die noch mit Schnee bedeckten Alpen überschreiten; selbst der bloßen Entfernung nach standen die Österreicher in Mailand doppelt so nahe an Turin wie die Franzosen jenseits des Gebirges.

Man durfte also hoffen die Sardinier früher anzugreifen, als die Französische Hilfe wirksam werden konnte.

Die Sommation, datiert Wien den 19. April, war dem Grafen Cavour am 23. April 5³⁰ abends überreicht, am 26. um dieselbe Stunde erfolgte der ablehnende Bescheid an den Überbringer. Baron Kellersperg traf am 27. April im Hauptquartier wieder ein. Allein noch am 24. hatte das Wiener Kabinett die letzten Vorschläge Englands in abermalige Erwägung gezogen; am 25. erst wurde die Mobilmachung der ganzen Armee befohlen*) und das Einrücken in Piemont noch verschoben.**)

Es erfolgte dann doch am 29., freilich nur zwei Tage später, aber zwei Tage von großer Bedeutung, wo jede Stunde von Wichtigkeit war.

Kaiser Napoleon hatte nicht gezögert; der Befehl zum Einrücken in Piemont war am 23. April erteilt worden.***)

Wir haben jetzt zu prüfen, welches die militärische Macht war, auf die das kühne Vorgehen des Wiener Kabinetts sich stützte.

Die Zweite Armee in Italien†) bestand ursprünglich aus drei

---

*) Die Mobilmachung der ganzen Österreichischen Armee wurde am 24. April befohlen. Östr. G. St. W. 1, S. 105.
**) S. 28/29. In Wien dachte man nicht daran die Offensive zu verschieben.
***) Frankreich und Sardinien hatten bereits am 18. Januar 1859 einen Allianzvertrag abgeschlossen, der aber vorläufig geheimgehalten worden war; er setzte die Einverleibung der Lombardei und Venetiens in das Königreich Sardinien sowie die Savoyens und Nizzas in Frankreich fest. Villefranche 2, S. 21; Bapst: Deutsche Revue 1903.
†) Die Österreichische Armee war bereits im Frieden in Armeen von zwei bis vier Korps eingeteilt:
Erste Armee H.-Q. Wien: I. K. K. Prag; III. Wien; VI. Graz; IX. Brünn.
Zweite Armee - Verona: V. K. K. Mailand; VII. Verona; VIII. Padua.
Dritte Armee - Ofen: X. K. K. Pest; XI. Pest; XII. Hermannstadt; Kav.K.Pest.
Vierte Armee - Lemberg: II K. K. Krakau; IV. Lemberg.
„Östr. Kriegsmacht" 3, S. 31; „Précis de la Campagne de 1859", S. 17.

Korps,*) davon zwei zu sechs und eins zu fünf Infanterieregimentern, aus sechs Jägerbataillonen, drei leichten Kavallerie- und drei Artillerieregimentern.

Es waren dies:

das VIII. Korps, 15 000 Mann, in Venedig und Padua, mit einer Division in den Römischen Marken zu Bologna und Ancona;

das VII. Korps, 16 000 Mann, in Verona, Mantua, Udine, Triest;

das V. Korps, 17 000 Mann, in Mailand (ein Regiment in Piacenza).

Zu dieser bedeutenden Truppenmacht in Mailand traten im Januar hinzu: das III. Korps, 17 000 Mann, und Teile der Besatzung von Udine und Verona, so daß Regungen in der Lombardei selbst nicht leicht zu befürchten waren. Zur Besatzung der von Truppen entblößten Städte wurden vier Grenzbataillone und das Regiment Prohaska aus Triest herangezogen.**) Am 1. März erfolgte, wie schon erwähnt, der Befehl zur Mobilmachung der Italienischen Armee.***)

Nach der damaligen, jetzt freilich abgeänderten Organisation sollten die mit ihrem eigenen Rechnungswesen ausgerüsteten vierten Bataillone der Österreichischen Infanterieregimenter, welche im Frieden das Depot bildeten, auch bei der Mobilmachung nicht zum Regiment im Felde stoßen, sondern sie waren zur Besatzung von Festungen und Garnisonen bestimmt. Alle vier Bataillone eines Regiments wurden auf rund 1250 Mann gebracht, durch Abgabe ihrer Grenadierkompagnien wurden Grenadierbataillone von 850 Köpfen gebildet. Statt des vierten Bataillons wurde jedem Regiment ein leichtes Bataillon, Jäger, zu 800 Mann, oder Grenzer, zu 1250 Mann, zugeteilt, so daß nun ein Grenadier-, drei Füsilier- und ein leichtes, im ganzen fünf Bataillone unter Befehl eines Generals, eine Brigade bildeten.

Die Ergänzung der drei Feldbataillone†) von 700, des vierten Bataillons von 350 auf 1250 Feuergewehre sowie die Bildung der Grenadierbataillone erforderten eine bedeutende Vermehrung. Es ergab sich, daß der Grundbuchsbestand dafür bei weitem nicht ausreichte und daß man eine große Zahl von

---

*) Graf Gyulai hatte bereits Ende des Jahres 1858, dann im Februar 1859 auf die Notwendigkeit einer Verstärkung der Truppen in Italien hingewiesen. Die von ihm im Februar vorgeschlagene Armeestärke von neun Korps erreichten die Österreicher erst Ende Juni. Östr. G. St. W. 1, S. 61 ff.

**) Die Brigade Torri VII. Armeekorps wurde aus Mantua zur Verstärkung der Garnisonen von Como, Pavia, Brescia und Bergamo herangezogen. Östr. G. St. W. 1, S. 63.

***) Vgl. S. 2, Anm. **).

†) Das Bataillon hatte sechs Kompagnien, von denen je zwei hintereinander aufgestellt „Division" genannt wurden und die selbständig auftretende Gefechtseinheit bildeten. Friedjung: „Vorherrschaft", S. 33. — Die chasseurs à pied hatten nach Richard „Napoléon III en Italie", S. 17, acht Kompagnien.

Rekruten einstellen mußte. Aber auch die schon gedienten Mannschaften waren mit dem Gebrauch des seitdem eingeführten neuen Gewehrs nicht vertraut.*)

Eine fernere Schwierigkeit lag in den Nationalitäten. Von den Italienischen Regimentern insbesondere kam zunächst das Regiment Sigismund auf seinen ausdrücklichen Wunsch zur Verwendung. Die vierten Bataillone der übrigen waren aus Italien zurückgezogen und nur die schwachen Depotbataillone derselben dort belassen worden.

Eine der größten Anstrengungen bei Mobilmachung des Österreichischen Heeres bildet stets die Beschaffung der Pferde für die Kavallerie**) und Artillerie. Sie hat in allen früheren Feldzügen Monate gekostet. Da indes der Italienische Kriegsschauplatz seiner Beschaffenheit nach nirgends die Verwendung großer Reitermassen gestattet, so konnte man sich mit Aufstellung einer verhältnismäßig sehr schwachen Kavallerie begnügen. Dagegen fehlten allerdings Pferde für die Artillerie und namentlich für die Trains.

Die Ergänzungsbezirke der in Italien aufgestellten Regimenter lagen zum Teil sehr entfernt. Material und Leute mußten nach jenem äußersten Ende des Kaiserstaates auf einer einzigen, 100 Meilen langen, zwischen Nabresina und Casarsa auf drei Tagemärsche noch unterbrochenen Eisenbahn geführt werden.***) Es war daher nicht möglich geworden die Italienische Armee bis Ablauf des Monats April in vollständige Kriegsbereitschaft zu setzen, und man konnte nicht umhin auch noch das II. Korps heranzuziehen,

---

*) Im Januar 1859 war nur ein kleiner Teil der Österreichischen Infanterie im Besitz des neuen Gewehrs — gezogenen Spitzkugelgewehrs nach dem System Lorenz —; einige Armeekorps erhielten es erst auf dem Marsch nach dem Kriegsschauplatz, die ganze Armee war aber erst Ende Juli damit ausgerüstet. Öftr. G. St. W. 1, S. 34/35 „Der größte Feldherr kann keine Erfolge erringen, wenn er nicht über eine dem Erfordernis entsprechend starke und gerüstete Armee verfügt." W. A—n, Krieg in Italien 1859, S. 18.

**) Von der Kavallerie trugen die Küraffiere Säbel und gezogene Pistolen; die Ulanen Lanze, Säbel, Pistole, 16 Mann jeder Eskadron Karabiner; die Dragoner und Husaren Säbel und Karabiner. — An technischen Truppen besaß das Österreichische Heer 12 Genie- und 6 Pionierbataillone, alle zu je vier Kompagnien. Jedes Pionierbataillon hatte seine Brückenequipage aus 20 Wagen.

***) Selbst am 26. Mai noch machte Gyulai den Kaiser auf die Notwendigkeit der schleunigsten Herstellung der Strecke Casarsa—Nabresina aufmerksam. Der Verfasser von „Der Feldzug von 1859, das Vorspiel zu den Ereignissen von 1866 und 1870" rechnet, S. 28/29, zu den Unterlassungssünden der leitenden Persönlichkeiten in erster Linie den Umstand, daß bei Erbauung von Eisenbahnen auf die militärische Bedeutung keine Rücksicht genommen wurde, trotzdem das ungünstige Bahnnetz sich schon 1848 geltend gemacht hätte. Für die Nichtvollendung der erwähnten Strecke wurde immer als Grund angegeben, daß der Brückenbau über den nur vier Wochen im Jahre Wasser führenden Tagliamento unendliche Schwierigkeiten bereite. Die Festungen am Mincio, an der Etsch und an der Venetianischen Küste konnten dadurch nicht mit schweren Positionsgeschützen vor dem Kriege versehen werden. Beim Ausbruch des Feldzuges mußten diese Punkte zweiter

welches nach Zurücklassung des Italienischen Regiments Alemann, nur fünf Brigaden stark, mittels Eisenbahn von Wien abgeschickt wurde,*) ebenso die Kavalleriebrigade Prinz Holstein, von welcher jedoch das Regiment Savoyen mittels Fußmarsches erst Ende Mai eintraf. Ferner wurden drei Jägerbataillone aus Dalmatien nach Italien gesandt und acht neue Grenzbataillone einberufen.

Zum Ersatz des II. rückte das IX. Korps nach Wien, die Division Thun aus Krakau nach Mähren heran.

Als am 24. April die Mobilmachung**) des ganzen Österreichischen Heeres verfügt war, wurde zugleich die Aufstellung einer neuen Armee in Italien befohlen, zu der vorläufig das IX. Korps und die Division Thun bestimmt waren.

Die Zweite Armee stand bekanntlich unter dem Feldzeugmeister Grafen Gyulai. Für die neu zu bildende Erste Armee wurde Feldzeugmeister Graf Wimpffen ernannt. Mit dieser Anordnung trat die Frage nach dem Oberbefehl des Ganzen in den Vordergrund, eine Frage von der weitreichendsten Bedeutung, welche leider in sehr vielen Fällen nach konventionellen und persönlichen Rücksichten erledigt wird.

Feldzeugmeister Heß war mit seiner erfolgreichen Stellung neben Radetzky in den Feldzügen 1848 und 1849 in zu guter Erinnerung bei der Armee, als daß man nicht ein großes Vertrauen zu ihm gehabt hätte. Die öffentliche Meinung bezeichnete ihn als denjenigen, welchem die Leitung eines so wichtigen Krieges zuversichtlich anvertraut werden durfte. Man zweifelte nicht daran, daß es geschehen werde.***)

Schon bei Lebzeiten Radetzkys war das Kommando der Zweiten Armee dem Feldzeugmeister Grafen Gyulai verliehen. Die unbegrenzte Anhänglichkeit, welche der Soldat dem greisen Feldmarschall gewidmet hatte, übertrug sich nicht auf seinen Nachfolger. Man fürchtete dessen Strenge, und in der Tat wäre es wohl niemandem leicht gelungen das unbedingte Vertrauen und

---

Linie ihr geringes Material an die Festungen vorderer Linie abgeben, während Ersatz dafür aus Wien kommen sollte. Alles Kriegsmaterial gelangte aber zunächst nur bis Rabresina. Der Weitertransport ging so langsam vor sich, daß am Ende des Feldzuges die Geschütze noch in Talarsa lagen. — Übrigens auch in Mailand trat eine Transportunterbrechung dadurch ein, daß die von Verona und von Magenta einlaufenden Bahnen nicht verbunden waren. Vgl. S. 182; Östr. G. St. W. 1, S. 381; Précis, S. 39.

*) Der Bahntransport des 11. Korps dauerte vom 18. bis 23. April.

**) Die 1859 über die Mobilmachung der Österreichischen Armee angestellten Beobachtungen waren sieben Jahre später dem General v. Moltke von hohem Wert.

***) Heß hatte bereits an der Schlacht von Wagram teilgenommen.

die Verehrung zu gewinnen, welche das schlichte, freundliche Wesen, die ruhige Überlegenheit des Charakters und vor allem gemeinsame Leiden und Kämpfe dem gefeierten „Soldatenvater" Radetzky eingetragen hatten.

Graf Gyulai galt nicht allein für einen tüchtigen, praktischen General, sondern er war auch zu diplomatischen Aufträgen mit Erfolg verwendet worden und bekleidete eine Zeitlang die Stelle des Kriegsministers. 1848 war er Gouverneur von Triest und leitete die Verteidigungsanstalten der Illyrischen Küste. Da diese indes nicht angegriffen wurde, so hatte er an den eigentlichen Kämpfen nicht teilgenommen, sich in der Heeresleitung im großen noch nicht versucht. Er war 61 Jahre alt, aber körperlich außerordentlich rüstig und erfreute sich der besonderen Gewogenheit seines kaiserlichen Herrn. Ihm wurde das Oberkommando übertragen.

Die Armee war voll guten Muts. Sie zweifelte um so weniger an einer geschickten Leitung des Feldzuges, als man den Oberst Kuhn als Chef des Generalstabes dem Kommandierenden zur Seite wußte, den jeder für den Fähigsten und Würdigsten zu diesem wichtigen Posten hielt. Erst 40 Jahre alt, hatte er den Feldzug von 1849 als Hauptmann im Generalstabe mitgemacht, aber sich so durch Tapferkeit und Umsicht ausgezeichnet, daß er nicht nur das Theresienkreuz erhielt, sondern auch der ganzen Armee bekannt wurde. Über seine gründliche Bildung in militärischen wie in anderen Fächern und über die Gediegenheit seines Charakters waltete nur eine Meinung, und man kann sagen, daß die Stimme der Armee ihn für seinen Posten bezeichnete.

In gleichem Alter und in gleicher geistiger Frische trat dem Oberst Kuhn als Souschef der Oberst Poschacher hinzu; die Stelle des ersten Generaladjutanten bekleidete Feldmarschalleutnant Sztankovics. Er hatte sich 1849 bei der berühmten Verteidigung Temesvars als Generalstabschef des alten Rukowina hervorgetan. Seine ungemeine Sprachkenntnis befähigte ihn, bei den vielen unmittelbaren Berührungen mit der Truppe, jede in ihrer Muttersprache anzureden. Tüchtigkeit des Charakters sprach sich in seiner straffen militärischen Persönlichkeit aus.

So erschienen der Armee die drei Männer, von welchen Kuhn die Maßregeln mit dem Kommandierenden zu beraten, Poschacher die gefaßten Beschlüsse in Befehle zu verwandeln, Sztankovics für Disziplin, Ergänzung, Spitäler, kurz für das Wohlergehen der Armee zu sorgen hatte.

Viel kam dabei auf ihre persönliche Stellung zum Feldzeugmeister an, welches Vertrauen er ihnen schenkte, welchen Personen er außer ihnen etwa noch Gehör gewährte.

Diese inneren Verhältnisse werden selten zur öffentlichen Kenntnis gelangen. Wir bescheiden uns sie auch in diesem Falle nicht zu kennen und müssen uns auf eine allgemeine Bemerkung über diesen Gegenstand beschränken.

Die Zusammensetzung des Hauptquartiers einer Armee ist von einer Wichtigkeit, die nicht immer genügend erkannt wird. Es gibt Feldherren, die keines Rates bedürfen, die in sich selbst erwägen und beschließen; ihre Umgebung hat nur auszuführen. Aber das sind Sterne erster Größe, deren kaum jedes Jahrhundert aufzuweisen hat.*)

In den allermeisten Fällen wird der Führer eines Heeres des Beirats nicht entbehren wollen. Dieser kann sehr wohl das Resultat gemeinsamer Erwägung einer kleineren oder größeren Zahl von Männern sein, deren Bildung und Erfahrung sie vorzugsweise zu einer richtigen Beurteilung befähigt. Aber in dieser Zahl schon darf nur eine Meinung zur Geltung kommen. Die militärisch-hierarchische Gliederung muß der Unterordnung, auch des Gedankens, zu Hilfe kommen. Dem Kommandierenden darf nur diese eine Meinung, vorbehaltlich seiner eigenen Prüfung, und nur durch den einen dazu Befugten vorgetragen werden. Ihn wähle der Feldherr nicht nach der Rangliste, sondern nach seinem vollen persönlichen Vertrauen. Möge auch das Angeratene nicht jedesmal das unbedingt beste sein, — sofern nur folgerecht und beständig in derselben Richtung gehandelt wird, kann die Sache immer noch einer gedeihlichen Entwicklung zugeführt werden. Dem Kommandierenden bleibt dabei, vor dem Ratgeber, das unendlich schwerer wiegende Verdienst die Verantwortlichkeit für die Ausführung übernommen zu haben.

Man umgebe aber einen Feldherr mit einer Anzahl voneinander unabhängiger Männer — je mehr, je vornehmer, ja je gescheiter, um so schlimmer — er höre bald den Rat des einen, bald des andern; er führe eine an sich zweckmäßige Maßregel bis zu einem gewissen Punkt, eine noch zweckmäßigere in einer anderen Richtung aus, erkenne dann die durchaus begründeten Einwürfe eines Dritten und die Abhilfevorschläge eines Vierten, so ist hundert gegen eins zu wetten, daß er mit vielleicht lauter wohl motivierten Maßregeln seinen Feldzug verlieren wird.

Es gibt in jedem Hauptquartier eine Anzahl von Leuten, die mit großem Scharfsinn alle Schwierigkeiten bei jeder vorgeschlagenen Unternehmung hervorzuheben wissen. Bei der ersten eintretenden Verwicklung weisen sie über-

---

*) Seinem Bruder Adolf schreibt General v. Moltke im Juli 1859: „Es gehört eben ein Friedrich der Große dazu, um sich nirgends Rat zu holen und alles aus sich selbst zu wollen." „Denkw. 4", S. 167.

zeugend nach, daß sie alles vorhergesagt haben. Sie sind immer im Recht, denn da sie selbst nicht leicht etwas Positives vorschlagen, viel weniger noch ausführen, so kann der Erfolg sie nie widerlegen. Diese Männer der Negative sind das Verderben der Heerführer.*)

Am unglücklichsten ist aber der Feldherr, der noch eine Kontrolle über sich hat,**) welcher er an jedem Tag, in jeder Stunde Rechenschaft von seinen Entwürfen, Plänen und Absichten legen soll: einen Delegaten der höchsten Gewalt im Hauptquartier***) oder doch einen Telegraphendraht im Rücken. Daran muß jede Selbständigkeit, jeder rasche Entschluß,†) jedes kühne Wagen scheitern, ohne welche doch der Krieg nicht geführt werden kann.

Nächst der guten Leitung des Hauptquartiers vertraute die Armee auf die gute Ausführung seiner Anordnungen.

Standen doch Männer wie Schwarzenberg, Zobel, Benedek, Stabion und Liechtenstein an der Spitze des Korps, die in den früheren Kriegen schon mindestens als Brigadiers sich bewährt und in der Truppenführung erprobt hatten.

Das Heer in Italien war also Ende April fünf Korps stark und sollte rund: <u>Beilage 1.</u>

200 000 Mann

zählen.

Davon gingen ab: für Besatzung der Festungen und großen Städte sämtliche vierten, die Mehrzahl der Grenzer- und die vorhandenen Depotbataillone, außerdem aber für die exponierten Plätze Venedig und Piacenza auch einige Linienregimenter, ferner die Besatzung in den Legationen, endlich die mobile Kolonne des Generals Urban. Es verblieben sonach überhaupt 65 000 Mann Sollstärke, in Wirklichkeit gegen 50 000 Mann, im

---

*) „In einer beratenden Versammlung wird das Für und Wider mit so guten und unwiderlegbaren Gründen belegt, daß eines das andere aufhebt. Der positive Vorschlag hat die unzweifelhaftesten Bedenken gegen sich, die Negation bleibt im Recht, und alles vereinigt sich auf dem neutralen Boden des Nichtstuns." Moltke an seinen Bruder Adolf. Juli 1859. Denkw. 4, S. 166.

**) Das Österreichische Armeeoberkommando war der Militär-Centralkanzlei in Wien untergeordnet, an dessen Spitze der erste Generaladjutant Feldmarschalleutnant Graf Grünne stand. W. A—n. „Der Krieg in Italien 1859, S. 23 ff."; vgl. auch im Text S. 190/1.

***) Feldzeugmeister Heß wurde später während des Feldzuges wiederholt in das Hauptquartier Gyulais geschickt. Vgl. S. 102 ff.

†) „Ein kühner Entschluß wird nur durch einen Mann gefaßt." Moltke an seinen Bruder Adolf. Juli 1859. Denkw. 4, S. 166.

Rücken der Armee,*) trotzdem daß eine neue schon in der Aufstellung begriffen war.

Dem Feldmarschalleutnant Urban war die Aufrechthaltung der Ordnung in der Lombardei übertragen.**) Er durfte zu diesem Zweck jede Garnison alarmieren und marschieren lassen, sobald er eine ungefähr gleiche Stärke hineingeführt hatte. So vermochte er auf jedem Punkt der Provinz in 24 Stunden aufzutreten. Solange indes die Österreicher nicht zum Rückzug gezwungen und die Brandfackel von außen nicht hineingetragen wurde, blieb alles vollständig ruhig. Durch die ersten Wochen sicher gemacht übertrug man später Feldmarschalleutnant Urban Aufträge auch außerhalb seines Rayons, so daß er dann nicht rechtzeitig zur Hand war, als Garibaldi überraschend ins Land einbrach.

Auch die Legationen zu räumen hatte man sich nicht entschließen können. Zu ihrer Behauptung, und für eine ganz vorübergehende Intervention in Modena, blieb eine besondere Division von neun Bataillonen, zwei Eskadrons, drei Batterien bestimmt.

Einem großen Angriff, wie er von Rom oder Florenz her möglich war, konnten diese rund 8000 Mann in Ancona und Bologna doch nicht widerstehen. Ihm hätte man wirksamer am unteren Po bei Ferrara und Pontelagoscuro begegnet. Der bevorstehende gewaltige Kampf in Piemont mußte offenbar das Schicksal der Herzogtümer und der Legationen mit entscheiden; für ihn waren alle Kräfte zu sammeln, aber man wollte, wie in Deutschland, so in Mittelitalien einen politischen Einfluß behaupten, der dann nur auf Kosten der militärischen Überlegenheit am entscheidenden Punkt erreicht wurde.

Alles übrige nun bildete die Operationsarmee. Ohne uns auf das Detail der nach und nach stattgehabten Abgaben von Regimentern und Bataillonen von einem Korps an das andere einzulassen, verweisen wir auf

---

*) Östr. G. St. W. 1, Beilage V, gibt folgende Stärken am 1. Mai 1859 an:

	Stand kompletter	Stand streitbarer
Fünf Armeekorps einschl. Armeereserven (Res. Kav. Div. u. Armee-Gesch. Res.)	144 703	106 631
Division Urban	14 386	11 573
Besatzungstruppen	66 845	80 959
Extratruppen (Pioniere usw.)	1 624	1 449

**) „Aufgabe Urbans war 1. Sicherung des eigenen Landes, somit auch des Rückens der operierenden Hauptarmee, gegen etwaige Unruhen im Innern; 2. Sicherung des eigenen Landes gegen Invasion eines äußeren Feindes." Bei revolutionären Bewegungen in den Lombardisch-Venetianischen Städten sollte nach dem Beispiel Bonapartes 1796 und Haynaus 1849 „mit exemplarischer Strenge" verfahren werden. „Die Division hatte ferner dafür zu sorgen, daß die ununterbrochene Verbindung der Eisenbahnen und Telegraphen erhalten bleibe." Östr. G. St. W. 1, S. 124.

die Ordre de bataille als das schließliche Resultat der ganzen Formation. Es berechnet sich danach die Sollstärke auf:

         Im ganzen 135 000 Kombattanten.

Wenn nun aber tatsächlich nur:

         100 000 Mann

wirklich in Feindesland eingerückt sind, so ergibt sich daraus, wie groß noch im Augenblick der Kriegserklärung die Lücken waren.*) Sie betrugen bei der Infanterie 25 Prozent; bei der Kavallerie war die vorgeschriebene Vermehrung von Pferden für den Krieg nicht allein unterblieben, sondern die Eskadrons zählten noch bei weitem nicht die volle Friedensstärke; von der Artillerie waren statt 70 nur 44 Batterien vorhanden. Dies in Abzug gebracht berechnet sich die Stärke der Korps folgendermaßen:**)

II. Korps . . .	rund	17 000 Mann	(16 600),
III. ⸗	⸗	18 000 ⸗	(22 500),
V. ⸗ . .	⸗	21 000 ⸗	(24 000),
VII. ⸗ . .	⸗	17 000 ⸗	(19 300),
VIII. ⸗ .	⸗	22 000 ⸗	(19 000),
Kavalleriereserve	⸗	2 000 ⸗	(2 800),
Artilleriereserve und Extrakorps	⸗	1 700 ⸗	(2 400),
		99 000 Mann	(106 600),
darunter . .		88 000 Infanterie,	
		5 000 Kavallerie,	
		6 000 Artillerie und Extrakorps,	

    wie oben: 99 000 Kombattanten.

Im Gefecht darf man daher die Bataillone schon anfangs durchschnittlich nur zu 600, die Brigaden zu 4000 Mann, die Eskadron zu 110 Pferden annehmen.

Für die neu zu formierende Erste Armee***) sollten das IX. Korps und die Division Thun den Kern bilden; beide Truppenkörper wurden indes allmählich zur Unterstützung der Zweiten Armee herangezogen und dieser einverleibt. Da man die Italienischen Regimenter nicht auf den Kampfplatz führen wollte, sondern in Triest und am Isonzo ließ, auch später ein Regiment gegen Garibaldi schickte, so betrug, mit der zu demselben eingeteilten Division Thun, die Stärke des IX. Korps 21 000 Mann.

    *) Vgl. S. 12, Anm. *).
   **) Die eingeklammerten Zahlen sind dem Östr. G. St. W. 1, Beilage V, entnommen.
 ***) S. 5, Anm. *)

Erst am 22. Mai wurde auch noch das I. Korps, rund 30 000 Mann Sollstärke, von Prag aus in Bewegung gesetzt.

Diese ungefähr 50 000 Mann Verstärkungen wurden sonach erst im Verlauf der Operationen zu einer späteren Zeit wirksam und brachten, abgesehen von den inzwischen eingetretenen Verlusten, das Operationsheer auf das Maximum von 140 000 Mann.

So sehen wir ungefähr die Hälfte der ganzen Österreichischen Streitmacht, fast sieben Korps von zwölf, in Anspruch genommen, um vorerst mit 100 000 Mann die äußerste Südwestgrenze des Kaiserreichs überschreiten zu können.

Dabei war die Haltung Rußlands so wenig beruhigend, daß es sehr gewagt schien die östlichen Kronländer noch weiter von Truppen zu entblößen. Alle diese Verhältnisse wird man in Wien vollständig übersehen haben, dennoch wollte man keine Vermittler, keine gleichberechtigten Bundesgenossen; wenigstens wollte man Deutschland nicht unter Preußens Führung zum Bundesgenossen. Später erst suchte man sich mit Berlin zu verständigen. Erzherzog Albrecht erschien dort Mitte April. Derselbe wird sich überzeugt haben, daß Preußen zwar nicht geneigt war für Österreichs Suprematie und Hausverträge in Italien den Krieg an Frankreich zu erklären, wohl aber entschlossen mit seiner ganzen Macht einzustehen, wenn der Kaiserstaat in einer Deutsche Interessen gefährdenden Weise bedrängt würde. Man mahnte indes dringend die Vermittlung Englands, Rußlands und Preußens abzuwarten. Allein an eben dem Tage, wo der Erzherzog mit dieser Antwort Berlin verließ,*) war, ohne daß dieser davon benachrichtigt worden, die einer Kriegserklärung völlig gleichkommende Sommation von Wien abgeschickt. Man fühlte sich dort stark genug nicht nur den Italienischen Streit allein durchzukämpfen, sondern man verhieß auch in Deutschland mit einem mächtigen Heere aufzutreten, an welches die Deutschen Kontingente sich anschließen sollten. Wir werden später sehen, wie weit man dazu imstande gewesen wäre.

Wir müssen jetzt die militärische Lage der Gegner ins Auge fassen, zunächst das unmittelbar bedrohte Sardinien.

Die Armee besteht aus 90 Bataillonen Infanterie, 9 Kavallerieregimentern

---

*) Erzherzog Albrecht weilte vom 12. April morgens bis 20. nachmittags in Berlin. Bald nach seiner Abreise kam dort die telegraphische Nachricht an, daß das Österreichische Ultimatum bereits am 19. nach Turin abgesandt worden sei. Akten des Preuß. Geh. Staatsarchivs; vgl. Sybel: „Begründung des Deutschen Reichs" 2, S. 318; Mil. Korr. Moltkes 1859, S. 82; Cstr. G. St. W. 1, S. 22.

zu 4 Eskadrons und 20 Batterien zu 8 Geschützen nebst 24 Kompagnien Festungsartillerie und 2 Bataillonen Genie. Die Bataillone sind im Frieden nur 320 und 400 Mann stark, zusammen 31 000 Mann, die Eskadrons 85 Pferde.

Es standen um die Zeit, wo das Österreichische III. Korps in der Lombardei eintraf:

50 Bataillone, 15 Eskadrons, 5 Batterien in Alessandria, Valenza, Casale, welche rechts und links Tortona und Bercelli besetzt hielten,

18	"	1	"	—	"	in Genua,
22	"	16	"	14	"	in Turin,
—	"	4	"	1	"	in Savoyen.

Die Truppen waren mit allem ausgerüstet, was sie für den Krieg gebrauchten. Die geringen Entfernungen und das ausgezeichnete Eisenbahnnetz des kleinen Staats gestatteten eine sehr schnelle Einziehung der Augmentationsmannschaften. Auch wurde diese bis Anfang April verschoben.

Der Kriegsetat bringt die Bataillone der Linie auf 850, der Versaglieri auf 600 Mann, die Kavallerieregimenter auf 600 Pferde, mithin sollte das Sardinische Heer

76 000 Mann Infanterie,
5 400 " Kavallerie und etwa
2 700 " Artillerie,

im ganzen 84 100 Mann zählen.

Die Formation des Heeres geht aus der Ordre de bataille hervor. *Beilage 3.*

Indes wurde die Sollstärke auch hier bei weitem nicht erreicht. Die Sardinier selbst berechnen ihre wirkliche Stärke, mit der sie ins Feld rückten, wahrscheinlich nach Abzug aller Detaschierungen zu

Infanterie . . . . . . 55 648 Mann,
Kavallerie . . . . . . 3 984 "
Artillerie und Extrawaffen . 2 700 "

im ganzen . 62 332 Kombattanten mit 90 Geschützen.*)

Im Gefecht darf man die Bataillone durchschnittlich nur zu 600 Mann

---

*) Das Frz. G. St. W. berechnet die Gefechtsstärke der Sardinischen Armee am 20. Mai 1859 auf 96 Bataillone, 37 Eskadrons, 90 Geschütze, 55 648 Mann Infanterie, 3984 Pferde. Almayan: „La guerre d'Italie", S. 58, zählt 55 000 Kombattanten bei einer Kriegsstärke von 86 000 Mann.

und jede der fünf Divisionen zu 10 000 bis 11 000 Mann veranschlagen. Die Batterien zählten sechs Geschütze.

Garibaldi hatte drei Regimenter Freischaren organisiert, und die Nationalgarde übernahm mit 26 000 Mann die Besetzung der Hauptstadt und der Festungen, in denen jedoch, da diese wenig Vertrauen einflößte, auch Linientruppen verblieben.

Die schon auf früheren Schlachtfeldern gesammelte Erfahrung bewirkte, daß man sich mit dieser Streitmacht den Österreichern gegenüber keineswegs sicher fühlte. Es kam darauf an mit derselben eine Aufstellung zu nehmen, in welcher man durch mehrere Wochen das Anlangen der Franzosen abwarten konnte.

Eine solche war hinter Po und Tanaro auf den östlichen Ausläufern des zwischen diesen Flüssen sich hinziehenden Berglandes, zwischen Casale und Alessandria, von der Natur gegeben. Sie war schon früher für solchen Zweck ausgesucht und durch Verschanzungen zubereitet worden. In der Front bildet der Po ein bedeutendes Hindernis.*) Der Hauptübergangspunkt bei Valenza ist durch die steilen, das linke Ufer beherrschenden Höhen des rechten Talrandes leicht zu verteidigen. Alessandria mit dem Tanaro deckt die rechte, Casale mit dem Po die linke Flanke. Die Fortifikationen der beiden Flügelpunkte sollten jede Schutz für 20 000 Mann gewähren, waren aber noch unvollendet. Ihre Entfernung beträgt vier Meilen; aus einer zentralen Aufstellung bei Occimiano und S. Salvatore konnte man also jeden bedrohten Punkt in wenig Stunden erreichen. Auch bei Valenza waren Werke angefangen, die dortige Holzbrücke zerstört, der eine Viertelmeile entfernte Eisenbahnübergang dagegen erhalten geblieben.

Beilage 1. Die Streitmacht, welche Kaiser Napoleon für den Italienischen Feldzug bestimmt hatte, ist ihrer Formation nach in der Ordre de bataille zusammengestellt.

Die Armee bestand danach aus dem Garde- und noch fünf Armeekorps.

Bekanntlich besaß die Französische Armee damals und besitzt zum Teil noch in der Friedensformation eine so wenig fesselnde Gliederung, daß erst im Bedarfsfall für jeden Krieg die Regimenter zu größeren Einheiten unter vollster Berücksichtigung der Beschaffenheit des Kriegstheaters, der Armeeeinrichtungen des Gegners, der ökonomischen Verhältnisse und selbst der Dislokation der Truppen zusammengesetzt werden können. Durch solche Einrichtung wird es möglich, den persönlichen Eigenschaften volle Rechnung zu

---

*) Auch alle Zuflüsse des Po bilden bei hohem Wasserstand wirkliche Hindernisse, sonst nicht, mit Ausnahme der Elsch, die vom militärischen Standpunkt aus immer ein Hindernis ist. Vandervelde „Atlas topographique et militaire" S. 2.

tragen; man ist nicht genötigt alte verdiente, aber nicht mehr felddienstfähige Generale durch Wegnahme ihrer Truppen zu kränken und ist doch in der Lage solche Generale, welche man für vorzugsweise befähigt hält, ohne die beengende Rücksicht auf das Patent an die Spitze größerer Truppenmassen zu bringen.*) Auf diese Weise besteht in der Französischen Armee eine große Ungebundenheit in der Aufstellung der Ordre de bataille, welche ja „ein Hauptstück jenes heilsamen Methodismus bildet, der im Kriege, wie ein Pendelschlag, das Werk regelt."**)

Die Truppen waren mit Sorgfalt ausgesucht. Außer den Zuaven, Turkos und der Fremdenlegion waren noch 15 Regimenter aus Algier herangezogen worden und 23 hatten die Kampagne in der Krim mitgemacht. Das 2. Armeekorps insbesondere bestand aus solchen Truppen, die schon in Afrika unter dem General Mac Mahon gefochten hatten. Aber nicht nur die Truppen, auch ihre höchsten Führer waren vom Kaiser Napoleon unter voller Rücksicht auf ihre bisher vor dem Feinde gezeigten Leistungen und auf ihren Ruf im Heere ausgewählt worden. So waren von den in Italien verwendeten höheren Generalen 28 Afrikaner, 18 noch außerdem sogenannte Crimeens, nur der Divisionsgeneral Partouneaux machte in Italien seine erste Kampagne.***)

Während der Kaiser Napoleon den Oberbefehl sich selbst vorbehielt und sich den Rat des Marschalls Vaillant (vorher noch eine kurze Zeit des Marschalls Randon)†) durch dessen Ernennung zum Chef des Generalstabes der mobilen Armee sicherte, hatte er die Führung der zur Hauptarmee vereinigten Armeekorps bewährten Generalen übergeben.

Der General Graf Regnaud de St. Jean d'Angély diente seit dem Russischen Feldzuge von 1812; er hatte in neuerer Zeit die kaiserliche Garde organisiert und sie im Krimfeldzuge mit dem besten Erfolge geführt.

---

*) General v. Moltke weist in seinen „Bemerkungen vom März 1858 über die Übungsreisen des Generalstabes" darauf hin, daß 1813 die Avantgarden nie aus kompletten Brigaden, sondern aus Bataillonen aller Brigaden auf Anordnung des Königs Friedrich Wilhelm III. gebildet wurden. Die Katzlersche Avantgarde war eben „das Stichwort der Armee" genannt worden. Die Erfahrungen des Krieges 1866 brachten den General aber von seiner Vorliebe für zusammengesetzte Avantgarden zurück, und empfahl er nunmehr sich möglichst immer an die Kriegsgliederung zu halten. Takt. Strat. Auff. S. 221/2. 80.

**) Vgl. Clausewitz: „Vom Kriege" 2, S. 27, fünftes Kapitel, Schlachtordnung des Heeres: „Die Schlachtordnung wird die erste Stufe und Hauptgrundlage jenes heilsamen Methodismus usw."

***) Kommandeur der Kavalleriedivision 3. Armeekorps (Canrobert).

†) Randon war vom 4. April 1859 ab Chef des Generalstabes der Armee, übernahm aber am 5. Mai das Kriegsministerium. Randon, S. 2. 3.

Der Marschall Graf Baraguey d'Hilliers hatte schon, zwar in untergeordneter Dienststellung, aber mit Auszeichnung, unter Napoleon I. gefochten; in jüngster Zeit hatte er die Expedition nach Bomarsund geleitet.*)

Der General Graf Mac Mahon hatte sich in Algier wie in der Krim die enthusiastische Zuneigung seiner Truppen erworben; seine Leistungen dort waren noch im frischesten Andenken.

Der pflichttreuen, unermüdlichen Sorgfalt des Marschalls Canrobert verdankte es die Französische Armee in der Krim vorzugsweise, daß sie jene furchtbare Leidenszeit vor Sebastopol ausharren konnte, ohne zugrunde zu gehen, während neben ihr die Englische Armee durch den Mangel solch geschickter Fürsorge zusammenschmolz.

Dem General Niel endlich sollte in diesem Feldzuge zuerst Gelegenheit gegeben werden zu zeigen, daß der leitende Ingenieur der Belagerung von Sebastopol dort Erfolg hatte, weil er den Krieg verstand, gleichviel ob die anzuwendenden Mittel Minen und Sappen oder Gefechte im freien Felde sind.

Von dem 5. Korps wurde einstweilen nur die Division Uhrich mit dem Prinzen Napoleon nach Florenz expediert.**) Die am 10. Mai in Genua eingetroffene Division Autemarre verblieb vorläufig bei der operierenden Armee in Oberitalien. Es kamen sonach 198 Bataillone, durchschnittlich 550 Mann stark, zur Verwendung***)

Infanterie	107 656 Mann,
dazu 20 Kavallerieregimenter zu 500 Pferden	9 708 " .
an Artillerie und Extrawaffen rund . .	10 000 " .
im ganzen	127 364 Mann

mit 312 bespannten Geschützen.†)

Die Stärke einer Französischen Division im Gefecht ist zwischen 6000 und 9000 Kombattanten anzunehmen.

Von 102 Linienregimentern und 20 Jägerbataillonen waren 49 Linienregimenter und 10 Jägerbataillone, ferner die Garde und 6 Algierische Re-

---

*) Bomarsund, Russisches Fort auf der Insel Aland am Eingang des Bottnischen Meerbusens, wurde am 16. August 1854 von der Englisch-Französischen Flotte eingenommen und zerstört.

**) Vgl. S. 184.

***) Die Kopfstärke der Bataillone wird S. 26 auf „kaum 500" angegeben.

†) Das Französische Generalstabswerk berechnet die Gefechtsstärke des Französischen Heeres am 20. Mai 1859 auf 198 Bataillone, 80 Eskadrons, 312 Geschütze, 107 656 Mann, 9008 Pferde.

gimenter nach Italien geschickt worden. 2 Regimenter standen noch unter Goyon in Rom. Wie Österreich so hatte also auch Frankreich mehr als die Hälfte seiner aktiven Streitkräfte für den Krieg aufgeboten.

Wurde die Vereinigung mit dem Sardinischen Heer bewirkt, so standen:
187 000 Verbündete,*)
also eine große Übermacht, gegen Österreich.

Dagegen waren die Österreicher den Sardiniern allein um fast 40 000 Mann überlegen, sie standen auf zwei Märsche entfernt, und man begreift, mit welcher Sehnsucht man zu Turin nach den fernen Alpen blickte.

Eine gerechte Kritik**) darf nicht den nachmaligen Verlauf der Dinge, nicht die Kenntnis der Verhältnisse, wie sie nachträglich vorliegen, zum Maßstab ihres Urteils nehmen, sondern muß sich fragen, was konnten die Leiter der Begebenheiten zur Zeit ihres Handelns davon wissen. Soviel nun war dem Österreichischen Feldherrn unzweifelhaft bekannt, daß er es zunächst nur mit der Sardinischen Armee zu tun haben könne; denn die Franzosen vermochten in den nächsten vierzehn Tagen unmöglich ihren Verbündeten an der Ostgrenze des Landes eine wirksame Hilfe zu leisten.

Es war bekannt, daß die Französischen Streitkräfte an der Alpengrenze bei Culoz und Grenoble sowie nach den südlichen Häfen zu konzentriert worden waren. Ein vortreffliches Eisenbahnnetz erleichterte in hohem Grade diese Versammlung. Aber von Mâcon aus setzte sich nur eine Zweigbahn mit geringen Betriebsmitteln gegen Sardinien zu fort, und diese war bei St. Jean de Maurienne zu Ende. Bis zum Anfang der Piemontesischen Bahn bei Susa sind 13½ Meilen über den 6000 Fuß hohen Mont Cenis. Es waren daher hier drei bis vier Etappen Fußmarsch, und wegen der schwierigen Unterbringung der Truppen konnten die Echelons nicht allzu stark sein. Auch die Straße über den Mont Genèvre läuft bei Susa mit der vorigen zusammen, und von dort mußte das weitere Vorrücken auf einer einzigen Linie erfolgen. Die Bahn von Susa nach Turin ist eingleisig; es mußte also auch hier der Fußmarsch zu Hilfe genommen werden, und so ließ sich berechnen, daß 50 000 Mann von Culoz bis Casale oder Alessandria gewiß vierzehn Tage gebrauchen würden, um sich an letzterem Punkt zu konzentrieren.

---

*) Entsprechend den Stärkeangaben des Französischen Generalstabswerkes bestand die Gesamtmacht der Verbündeten am 20. Mai 1859 aus 294 Bataillonen, 117 Eskadrons, 402 Geschützen, 183 304 Mann, 12 992 Pferden.
**) Vgl. Vorwort zur ersten Auflage des Werkes vom Januar 1862.

Der Transport auf der fünfzig Meilen langen Überfahrt von Marseille und Toulon nach Genua konnte, bei der schwierigen Operation des Ein- und Ausschiffens, kaum schneller erfolgen.*) Von Genua blieben sodann die Defileen der Apenninen zu überschreiten, welche erst nahe am Po enden. Bei dem offensiven Vorgehen des Österreichischen Heeres konnte das Französische ohnehin nicht wagen, mit bloßen Spitzen der zuerst anlangenden Abteilungen ohne weiteres vorwärts zu eilen, sondern man mußte sich in größeren Massen sammeln, um dann den ersten strategischen Aufmarsch zu bewirken.**)

Unzweifelhaft war demnach das schnellste Vorrücken für die Österreichische Armee das sicherste, jede Verzögerung mit einer größeren Gefahr verbunden.

Von der Sardinischen Streitmacht wußte man in Berlin, also gewiß auch in Mailand, daß die Hauptmasse zwischen Casale und Alessandria hinter dem Po die Ankunft der Franzosen in einer festen Stellung erwarte, daß aber starke Abteilungen sowohl in Genua als in Turin und an der Dora Baltea standen.

In der weiten Ebene am Südfuß der Alpen bilden der Ticino und von Pavia abwärts der untere Po die Grenze, hinter welcher das Österreichische Heer zum Schutz der Lombardei konzentriert war.

Der obere Po fließt von Valenza her in senkrechter Richtung auf diese Grenze zu und nimmt von Pavia an in scharfer Wendung die Richtung des Ticino an. Die Brücken von Pavia und Piacenza waren befestigt und im Besitz der Österreicher.

In diesen einfachen Verhältnissen ist es begründet, daß eine ursprüngliche Aufstellung in der Gegend von Pavia die größten Vorteile für die Defensive bot, denn der Franko-Sardinische Angriff mußte sich von Hause aus für ein Vorgehen auf dem linken oder dem rechten Ufer des Po entscheiden.

Das erstere führte am direktesten auf den wichtigen Punkt Mailand, aber ein solches Unternehmen erschien unmöglich, solange ein nicht geschlagenes Österreichisches Heer bei Pavia nur vier Meilen entfernt in der Flanke dieses Vormarsches stand. Die Verbindung mit Genua wurde dabei aufgegeben, die mit Turin gefährdet. Die Schlacht mußte dem Besitz von

---

*) Eine Störung der Französischen Truppentransporte war bei der geringen Stärke der Österreichischen Flotte nicht zu befürchten. Hohenlohe, „Strategische Briefe", S. 91.

**) General v. Moltke zieht die Möglichkeit, daß die Franzosen die Bahn von Genua nach Alessandria benutzen könnten, erst später in Betracht (S. 35/36); wegen mangelnden Transportmaterials wurde sie allerdings nur von kleineren Truppenabteilungen benutzt, so vom 3. Grenadierregiment bis Novi. — Vgl. Précis, S. 49; Wimpffen, S. 158.

Mailand vorangehen; wurde sie verloren, so sahen die Verbündeten sich gegen die neutrale Schweiz gedrängt. Wurden hingegen die Österreicher geschlagen, so konnte ihnen der sichere Rückzug über Lodi und Cremona nach Mantua in die starken Linien des Mincio nicht leicht verwehrt werden.

Rückten die Verbündeten am rechten Poufer vor, so umgingen sie alle die bedeutenden Wasserläufe, welche von den Alpen herab dem Po durch die Lombardische Ebene zuströmen. Bei den tatsächlichen Verhältnissen in Parma, Modena und Toskana konnten die Franzosen eigentlich ganz Mittelitalien wie eigenes Land ansehen und nötigenfalls selbst statt auf Genua sich auf Livorno basieren. Das Vordringen den Po abwärts drohte in seinem Vorschreiten die Österreicher aus der Lombardei ohne Schlacht herauszumanövrieren, in welchem Fall der Aufstand des ganzen Landes und sein Anschluß an die Italienische Bewegung nicht zu bezweifeln war.

Allein die Österreicher fanden nicht nur in der Gegend von Strabella, wo das Gebirge nahe an den Fluß tritt, eine starke Stellung, welche sie von Pavia früher als der Gegner*) zu erreichen vermochten, sondern sie besaßen auch in dem befestigten Piacenza**) einen Brückenkopf, der ihnen das offensive Vorgehen gegen jene Bewegung sicherte.

Eine Einschließung dieses Platzes mit bedeutenden Kräften am rechten Ufer, unter Zuhilfenahme der Fortifikation, war unumgänglich und schließlich mußten die Verbündeten dann immer noch den Po, und zwar voraussichtlich im Angesicht des Österreichischen Heeres, an irgend einer Stelle selbst überschreiten, wollten sie die Lombardei wirklich in Besitz nehmen.

Die ursprüngliche Aufstellung des Österreichischen Heeres bei Pavia, gleich weit entfernt von Mailand wie von Piacenza, war sonach für die Verteidigung der Lombardei durchaus zweckmäßig gewählt. Auch hatte man wohl

---

*) Die Stellung von Strabella hält Moltke auch in seinen Denkschriften vom Oktober 1858 bezw. vom Februar 1859 für die den Sardiniern vorteilhafteste, vorausgesetzt, daß die Österreicher in ihren Operationen langsamer sind: „dort, auf Casale, Alessandria und Genua vorteilhaft basiert", decke das Sardinische Heer „das ganze rückwärtige Land", flankiere „einen feindlichen Übergang über den Ticino, bedrohe Mailand unmittelbar..." Auch hier empfiehlt der General den Österreichern, rasch die Offensive zu ergreifen und die Sardinier zu schlagen. Annahme war dabei, daß die Franzosen in Deutschland einfielen, die Österreicher auch dort Truppen stellten, die Sardinier aber allein ständen. Mil. Korr. 1859 und 1870/71; Kriegsakten.

**) Piacenza war im Februar 1859 mit einem Gürtel von 15 Forts umgeben und als verschanztes Lager für 60 000 Mann eingerichtet. Neue. Militärische Blätter 1887, S. 466, „Betrachtungen über 1859 von Settr v. Doggenfeld." Hier wird das Fehlen jeder starken Befestigung am Ticino, der Grenze der Lombardei, als entschiedener Fehler bezeichnet.

nicht unrecht, wenn man im allgemeinen eher noch für die linke als für die rechte Flanke Besorgnis hegte.

Alles dies trat für jetzt freilich in den Hintergrund, da man selbst die Offensive ergriff. Aber auch hierbei war sogleich die erste Frage, ob man auf dem linken oder rechten Ufer des Flußlaufs Valenza—Pavia operieren wollte.

Die nördliche Richtung führt direkt auf Turin. Von Vigevano dorthin sind nur fünf Märsche. Solange man es allein mit den Piemontesen zu tun hatte, war das Österreichische Heer stark genug, vor Casale eine Abteilung von 40000 Mann stehen zu lassen, welche eine feindliche Offensive in die Flanke dieses Marsches verhinderte. Zwar waren die Linien der Dora Baltea und die der Stura verschanzt, beide Flüsse aber zu durchwaten, die Ufer bewaldet, der Verteidigung ungünstig, auch zur Behauptung so ausgedehnter Linien keine Truppen vorhanden.*)

Wenn man nun zwar darauf rechnen mußte, in den ersten Tagen des Mai in Turin schon auf Franzosen zu stoßen,**) so ist kaum zu bezweifeln, daß die Österreicher mit 60000 Mann noch stark genug anlangten, um sich dieses Punktes zu bemächtigen, auch war die Besorgnis in Turin ungemein groß***), denn selbst die Offensive von Casale aus war vorerst nur eine Drohung. Der Brückenkopf dort sollte erst durch General Frossard vollendet werden. Alles, was für diesen Zweck Marschall Canrobert augenblicklich zu bewilligen vermochte, waren ein Bataillon und eine Kompagnie „que j'annonce être plus considérables".

Bedenkt man aber, daß die Entscheidung dieses Krieges weit weniger bei Sardinien als bei Frankreich lag, so konnte auch der ohnehin nur vorübergehend mögliche Besitz der Sardinischen Hauptstadt zu keinem wirklichen Resultat führen. Glücklichstenfalls trieb man die dort aufgestellten Abteilungen auf die Französische Hilfe nach Susa zurück. Mittlerweile aber

---

*) Bemerkung aus den alten Ausgaben. Marschall Canrobert schreibt unter dem 30. April: „La position de la Stora, que nous avons visitée, n'est pas plus tenable que celle de la Dora ... L'unique chance de défendre Turin contre l'ennemi, s'il s'avançait sur cette capitale avec des forces considérables, c'est de lui donner des inquiétudes sur son flanc gauche par la tête de pont de Casale... Le Roi considère ces dispositions comme les seules qui puissent sauver la capitale."

**) Bemerkung aus den alten Ausgaben. „Je compte", schreibt Canrobert, „que le 6 mai la presque-totalité des divisions d'infanterie des 3e et 4e corps et la brigade de cavalerie légère du général Niel auront débouché en Piémont; elles présenteront un effectif de 50 000 hommes."

***) Bemerkung aus den alten Ausgaben. Mai timori d'un assalto repentino andavano via via sminuendo, poiché gli Austriaci s'avanzavano assai più lentamente, di quanto si fosse immaginato.

erlangte die Sardinische Hauptmacht bei Casale durch die Französischen Zuzüge aus Genua eine solche Stärke, daß man sich der augenscheinlichsten Gefahr ihres offensiven Vorschreitens nur durch den schleunigsten Rückzug hätte entziehen können.

Die Operation auf Turin wäre daher von Hause aus eine fehlerhafte gewesen, sie wurde in jedem späteren Moment noch verwerflicher.

Die Österreichische Offensive konnte offenbar nur ein Objekt haben, die Sardinische Hauptarmee, kein anderes.

Diese stand, wie gesagt, in unmittelbarster Nähe hinter Po und Tanaro. Dort konnte sie in kürzester Zeit mit großer Überlegenheit angegriffen werden.

Die Österreicher besaßen in Pavia einen gesicherten Übergang auf das Piemontesische Gebiet, allein er führte auf das linke Poufer, gegen die stärkere Front, Casale—Balenza, der feindlichen Stellung. Um am rechten Ufer gegen den Tanaro vorzubringen, mußte man mit der Hauptmacht bei Baccarizza debouchieren, dicht unterhalb des Zusammenflusses vom Ticino und Po, wo man auch später eine Brücke schlug. Alle Vorbereitungen für den Bau einer solchen und für ihre sofortige Sicherung durch Verschanzungen, konnten im voraus getroffen sein.*)

Eine Störung beim Übergang war nicht zu befürchten, weil ja die Österreicher selbst die Initiative ergriffen hatten.

Ob durch Mitbenutzung der Brücke in Piacenza eine Beschleunigung des Vorgehens erreicht wurde, hing von der rückwärtigen Dislokation ab. Jedenfalls bildete der Platz eine Sicherung für den etwa später nötig werdenden Rückzug. Ein Korps von 17 000 oder 20 000 Mann, welches über Tortona dirigiert wurde, vertrieb die Sardinier aus der Gegend von Novi, beobachtete Alessandria längs der Bormida, setzte sich in den Engpässen der Scrivia fest und verhinderte das Vorrücken der etwa schon in Genua gelandeten Franzosen.

Es blieben dann noch 80 000 Mann verfügbar, um den Übergang über den Tanaro zu erzwingen (wozu die Gegend von Bassignana am geeignetsten erscheint) und die Sardinische Stellung anzugreifen. Gewiß keine leichte Aufgabe, aber keine unmögliche, und die einzige, die zum Ziele führte. Nach

---

*) Vorbereitungen für einen Brückenbau hatte Graf Gyulai wohl getroffen, wenigstens waren fünf Loydbampfer und das nötige Material in Piacenza bereitgestellt. Der Feldzeugmeister ordnete auch den Bau einer Brücke bei Baccarizza an, aber erst am 30. April, als die Hauptarmee den Ticino überschritt, und auch nur in der Absicht, der Armee „eine Verbindung über den Po im Rücken und in der linken Flanke zu sichern". Der Bau verzögerte sich dann, weil die Bemannung der Loydschiffe den Dienst kündigte und erst eine neue von Benedig herangeschafft werden mußte. Östr. G. St. W. I, S. 153/154.

gewonnener Schlacht über die Sardinier allein stand man dann mitten zwischen den beiden erst anlangenden Französischen Kolonnen und konnte sich mit aller Macht auf die eine oder die andere werfen. Ihre Vereinigung wurde fast unmöglich. Waren bei diesem Vormarsch Abteilungen über Pavia, Bereguardo und Vigevano dirigiert worden, um die Po- und Sesialinien zu alarmieren, den Feind in Ungewißheit zu erhalten und zu falschen Maßregeln zu verleiten, so konnten sie demnächst über Mezzana Corti oder Cornale wieder links herangezogen werden. Hier liegen für den gewöhnlichen Verkehr Schiffbrücken auf dem Po. Es führen daher auch Wege durch die sonst nicht immer gangbare Niederung.

Diese beiden Punkte durch fortifikatorische Werke dauernd festzuhalten war überhaupt von großer Wichtigkeit, denn sie gewährten dann eine ungemeine Freiheit der Bewegungen und ermöglichten die Offensive an beiden Ufern.

Die ersten Bewegungen des Österreichischen Heeres lassen keine Zweifel darüber, daß sie wirklich gegen die Sardinische Hauptmacht gerichtet gewesen sind. Der Gedanke soll von dem Chef des Generalstabes, Oberst Kuhn, im Hauptquartier vertreten gewesen sein. Es ist wahrscheinlich, daß der Plan in Wien durch den Feldzeugmeister v. Heß gebilligt war, doch bliebe zu wissen, ob man dabei denjenigen zu Rate gezogen hat, der ihn verwirklichen sollte, ob Graf Gyulai selbst das Unternehmen für durchführbar hielt und den Gedanken zu seinem eigenen machte, um wirklich alles an dessen Gelingen zu setzen. Fast möchte man zweifeln, wenn man auf die Ausführung blickt. Zunächst bleibt zu bemerken, daß das erste Vorgehen der Österreichischen Armee direkt gegen die Front der Sardinischen Aufstellung gerichtet war.*)

---

*) Der Gedanke, direkt die Front der Sardinischen Aufstellung anzugreifen, ging vom Obersten Baron Kuhn aus; er hatte Ende März vorgeschlagen, von Pavia aus „bei Mezzana Corti den Po zu überschreiten, gegen Alessandria vorzurücken und die Stellung der Piemontesen aufzurollen". Mitte April erschien ihm, angesichts der drohenden Nähe Französischer Korps bei Novi bezw. Turin und an der Dora Baltea, ein Angriff auf dem rechten Pouser für zu gefährlich. Kuhn schlug daher vor direkt auf Valenza zu gehen, den Po zu überschreiten und die Piemontesische Armee zu sprengen, dann Alessandria zu zernieren und, auf eine inzwischen bei Mezzana Corti gebaute Brücke basiert, sich den von Genua anrückenden Franzosen entgegenzustellen. Gyulai erklärte sich mit diesem Plane einverstanden, und die ersten Bewegungen der Österreicher zeigen auch, daß ihnen als leitender Gedanke ein Vorgehen auf Valenza zugrunde lag. Ob Heß hiermit einverstanden gewesen ist, läßt sich nicht feststellen.

Gyulai muß, trotz seiner Zustimmung, von der Ausführbarkeit des Kuhnschen Planes von Anfang an nicht ganz durchdrungen gewesen sein, wenigstens hat er in einem Bericht vom 25. April nur noch „geringe Hoffnung", die Sardinier vor ihrer Vereinigung mit den Franzosen zu schlagen. „Vor zwei bis drei Wochen wäre es möglich gewesen, jetzt dürfte es schwieriger werden." Übrigens war Gyulai von Beginn der Kriegsgefahr an

Wir haben nun noch einen Blick auf den Anmarsch der Französischen Armee zu werfen, um uns sodann den Operationen selbst zuzuwenden.

Die Französische Armee erhielt am 23. April, also am Tage, wo die Österreichische Sommation in Turin abgegeben wurde, Befehl zum Einrücken auf Piemontesisches Gebiet.

Die Truppen waren noch auf der Friedensstärke, die Bataillone kaum 500 Mann stark, Stabsoffiziere und Adjutanten zu Fuß. Die Reserven sollten uneingekleidet und unbewaffnet nachgeschafft, erst in Lyon und Toulon verteilt und eingestellt werden. Dorthin und nach Grenoble wurde auch das Material zur Ausrüstung der Truppen mit der Eisenbahn abgeschickt. Die Artillerie hinterließ daselbst das alte Material und empfing das neue. Die ersten Divisionen rückten ganz ohne Artillerie ab. Ein großer Teil der für Italien bestimmten Truppen stand noch in Paris; die Eisenbahn transportierte täglich 6000 Mann. Die Garde verließ Paris am 25. April; aus Douai wurde noch am 29. April Artillerie abgeschickt. Am 9. Mai erwarteten sechs Gardebatterien ihre Bespannung noch in Paris, und bis zum 22. Mai gingen von dort täglich Geschütze, Trains und Reservemannschaften ab, um der Armee nachgeschafft zu werden.

Es war von sehr großer Wichtigkeit für Frankreich, dem so nahe bedrohten Verbündeten schnell Hilfe zu bringen, so bald wie irgend möglich Französische Truppen wenigstens zu zeigen, wenn sie auch noch bei weitem nicht imstande waren wirklich tätig einzugreifen.*)

---

allen offensiven Anregungen, die ihm von Wien aus zugingen, entgegengekommen. In seiner Denkschrift von Mitte Februar bezeugt er „den ernsten Willen die Sardinier energisch anzugreifen, zu schlagen und zu vernichten". Auch der ihm durch Kuhn Ende März überbrachten Weisung „zuerst die Sardinier zu schlagen oder sie wenigstens in ihre Festungen zu treiben, dann sich gegen die Franzosen zu wenden", stimmte er zu. Wiederholt hatte der Oberkommandierende für seine Armee aber Verstärkungen (vgl. S. 6, Anmerk. *) zu diesem Zwecke erbeten, zuletzt am 7. April 1859, und mit Recht, denn die amtliche Österreichische Darstellung gibt selbst zu, daß einschließlich des II. Korps die Streitkräfte in Italien nicht genügten erfolgreich in Piemont aufzutreten. Bericht des Preußischen Majors v. Redern; Östr. G. St. W. I, S. 68 ff.; Kuhn „Meine Tätigkeit im Kriege 1859", S. 4 ff.

Gyulai hatte vor allem deshalb keinen großen Erfolg mit seinen Vorschlägen zur Verstärkung der Armee in Italien, weil die Militär-Zentralkanzlei in Wien bis zum letzten Augenblick ihre Bemühungen darauf richtete den „großen Krieg" an den Rhein zu verlegen, andererseits auch, bis die Tatsachen das Gegenteil bewiesen, der Meinung war, Napoleon werde dieselbe Absicht haben. Ein Umschwung in dieser Auffassung trat erst am 1. Mai ein. Vgl. Telegramm an Gyulai S. 81, Anm. *); Östr. G. St. W. I, S. 100, 101, 159.

*) Bemerkungen aus den alten Ausgaben. On ne mit pas en doute à Turin que lorsque les Autrichiens verront les pantalons rouges (expression du Roi et de ses ministres) si près de leur flanc gauche d'opération contre Turin, ils n'y renoncent, ou ne soient amenés à des hésitations ou à des lenteurs...

Ein so übereilter Abmarsch konnte freilich nicht ohne manche Schwierigkeit und Verwirrung verlaufen. Die Division Bourbaki z. B., welche sich in Briançon versammelte, war ohne Pferde, Maulesel oder Zelte und litt beim Marsch über den Mont Genèvre außerordentlich. Die Befehle des Kaisers sollen sich überhaupt vielfach mit den Anordnungen des Kriegsministers Vaillant gekreuzt haben.*)

Das 1., 2. und Gardekorps sollten unter Marschall Baraguey d'Hilliers zu Schiff nach Genua transportiert werden, das 3. und 4. unter Marschall Canrobert über den Mont Cenis und Mont Genèvre auf Susa vorrücken; ein Teil der Gardekavallerie marschierte über Nizza und den Col di Tenda, wo Etappen für sie vorbereitet waren.

Susa und Genua waren die beiden Sammelplätze des Französischen Heeres. Der erstere Punkt wurde zum Hauptmagazin eingerichtet und zu dem Ende dort 80 Millionen Portionen und 80 Tausend Rationen niedergelegt. Mit dem Vorrücken der Armee entstanden sodann die großen Hilfsmagazine in Alessandria und Turin.

Alle Betriebsmittel der Sardinischen Bahnen waren von deren östlichen Linien zurückgezogen und verfügbar; allein da die Bahnen eingleisig, so mußte dennoch Fuhrwerk von Marseille herangeführt werden, um den Bedarf des Heeres nachzuschaffen.

Am Mont Cenis wurde der Transport anfangs durch 150 Wagen besorgt, die jedoch bald der Armee selbst folgen mußten. Dann traten Entrepreneure ein, welche 500, später 1000 Zentner täglich über die Gebirge fortschafften. Der Zentner kostete sieben Franks, wobei die Entrepreneure beinahe zugrunde gingen. Die Wagen waren zum Teil aus Dauphiné und Franchecomté herangeholt.

Der Soldat war außerordentlich schwer bepackt. Er trug in und auf dem

---

*) S. 3, Anm. *); vgl. Hérisson „Campagne d'Italie", S. 50. Lebrun „Souvenirs des guerres de Crimée et d'Italie" schreibt, S. 236, daß Mac Mahon von Genua auf Novi ohne Artillerie abmarschiert sei, da die Batterien aus Frankreich noch nicht eingetroffen waren; er nahm in dieser üblen Lage sechs alte Geschütze aus Genua mit, die Lebrun im Arsenal gefunden hatte.

Baraguey d'Hilliers wollte auf die dringenden Bitten des Königs Viktor Emanuel an Mac-Mahon bei Novi heranzurücken, wegen mangelnder Ausrüstung seiner Korps anfangs nicht eingehen, gab schließlich am 6. Mai nach, änderte aber in letzter Stunde seinen Entschluß, weil seinen Truppen noch viel fehlte, und trat den Vormarsch erst am 8. an.

Der Kaiser Napoleon empfand die mangelhafte Ausrüstung der Armee am tiefsten, wiederholt schrieb er nach seiner Ankunft auf dem Kriegsschauplatz an den Kriegsminister Randon, ebenso an den Armeeintendanten und forderte sie bringend auf, für den notwendigen Nachschub zu sorgen. Randon S. 6 ff.

Tornister die veste, ein Paar Schuhe, eine Unterhose, drei Hemden, die Kamaschen, Bürsten und 80 Patronen, den sac de campement, eine Decke, Piketpfähle, Kochkessel, Wasserflasche, Schanzzeug und auf fünf Tage Lebensmittel. Die Marschordnung war sehr gelockert; es gab viel Marode und Kranke und keine Ambulanzen zu ihrer Aufnahme.

Die ersten Französischen Truppen trafen am 25. April in Chambéry, am 29. in Susa, am 30. in Turin ein. Dies waren aber nur Spitzen.

Erst am 2. Mai langte die Masse des 3. Korps*) mit dem Marschall Canrobert**) zu Turin an, während die zugehörigen vier Kavallerieregimenter, zwei Pontontrains und mehrere Batterien erst den 19. Mai in Susa eintrafen.

Die letzten Kolonnen des 4. Korps unter General Niel passierten am 7. Mai durch Susa, das einstweilen von der Brigade Martimprey besetzt behalten blieb.

Die ersten Truppen des Marschalls Baraguey landeten am 26. April in Genua; am 29. war das 1. Korps dort ausgeschifft und besetzte am 2. Mai mit der 1. Division als Avantgarde Gavi auf der Straße von Genua nach Alessandria. Es trat dadurch in Verbindung mit den Piemontesen bei Novi. Der Rest des 1. und des 2. Korps war auf dieser Straße rückwärts echeloniert, größtenteils noch dicht um Genua, die Garde dort im Ausschiffen begriffen.

Nachdem Marschall Canrobert die direkte Verteidigung der Dora Baltealinie verworfen,***) waren die Piemontesen am 3. Mai zwischen Casale und Novi in einer Linie von sieben Meilen konzentriert worden. Nur die Kavalleriedivision Sambuy — vier Kavallerieregimenter und zwei Batterien — mußte zum Schein die Dora Baltealinie besetzt halten. Die Franzosen rückten in zwei Kolonnen aus entgegengesetzter Richtung an beide Flügel heran, doch waren bis zum 6. Mai nur verhältnismäßig geringe Teile ihrer Streitkräfte daselbst eingetroffen. Ein kräftiger Stoß auf die Mitte konnte noch damals verderblich werden. *Handzeichnungen I u. II.*

Erst am 10. Mai war der Aufmarsch des Franko-Sardinischen Heeres als einigermaßen beendet anzusehen, obwohl ein Angriff noch keineswegs willkommen gewesen wäre. Die Division Partouneaux z. B. damals sogar nur

---

*) S. 22, Anm. *).
**) Marschall Canrobert erreichte Turin bereits am 29. April morgens. Frz. G. St. W., S. 54.
***) Der König Viktor Emanuel und sein Minister Graf Cavour sollen gegen ein Aufgeben der Dora Baltealinie gewesen sein. Fleury: „Souvenirs" 2, S. 26; Almayan, S. 122/123.

zwei Kavallerieregimenter stark, traf erst zwei Tage später bei Alessandria ein. Der Kaiser verließ am 10. abends Paris und langte am 12. in Genua, am 14. in Alessandria an.

Wir vermögen nun mit einem Blick die Lage der drei Armeen zu übersehen.

26. April. Am 26. April waren das III., II. und VIII. Österreichische Korps bei Pavia, das V. und VII. eine halbe Meile nördlich von dort bei Bereguardo konzentriert.*)

Von der Sardinischen Armee standen an diesem Tage

2 Brigaden zwischen Novi, Gavi und Serravalle (3. Division Durando),
3 „ in Alessandria (½ 1. Division Castelborgho und 4. Division Fanti),
2 „ in Bassignana, Pomaro und S. Salvatore, (5. Division Cucchiari),
3 „ zum Schutz von Turin an der Dora Baltea (½ 1. Division und 4. Division Cialdini),**)

d. h. es waren etwa 12 000 Mann in die Engpässe der Scrivia geschickt, um die wichtige Verbindung mit Genua festzuhalten; 32 000 Mann hatten die eigentliche, vier Meilen lange Hauptstellung von Alessandria bis Casale besetzt, und 20 000 Mann waren zur Verteidigung von Turin bestimmt.***) Diese letztere Abteilung stand beträchtlich weiter entfernt von der Sardinischen Hauptstellung als die am Ticino eng versammelten Österreicher.†)

---

*) In der Tat standen am 26. April die Österreicher folgendermaßen:
III. Armeekorps bei Pavia,
II. „ zwischen S. Angiolo und Lodi,
VIII. „ bei Piacenza,
V. „ zwischen Pavia und Mailand,
VII. „ zwischen Bereguardo und Abbiategrasso;
Kav. Div. Mensdorff in Crema und Manerbio,
Div. Urban in Brescia und Bologna.
Östr. G. St. W. 1, S. 128/9. Dementsprechend würde das Urteil des Generals v. Moltke einzuschränken sein.

**) Die einzelnen Truppenteile sind nach dem Österreichischen Generalstabswerk hinzugefügt worden.

***) Vor der Sardinischen Front dehnte sich ein Beobachtungsnetz von drei leichten Kavallerieregimentern bei Sannazzaro, Vigevano und Bogbera aus, die vier schweren standen dahinter zwischen Novara, Vercelli und Cigliano echelonniert, zwei leichte Kavallerieregimenter bei Sale—Casale. Garibaldi mit den Alpenjägern bildete bei Brusasco die Verbindung zwischen Casale und der Doralinie. Hinter dem Po waren neun Batterien, an der Dora acht verfügbar. Piemontesischer Bericht im Kr. Arch. II u. 12. —

†) Die vordersten Österreichischen Truppen am Ticino waren vom Po bei Valenza-Casale rund 45 km Luftlinie entfernt. Ebensoweit ist es von der Dora Baltea bei Mazze bis Casale. Turin ist rund 60 km von Casale, 75 km von Alessandria entfernt. Die rückwärtigen Österreichischen Korps waren jedenfalls der Sardinischen Hauptstellung nicht näher als 60 bis 70 km.

Die Französische Armee befand sich noch auf Französischem Boden. Nur die Spitzen der anrückenden Kolonnen waren soeben in Chambéry und Genua erschienen.*)

Feldzeugmeister Graf Gyulai**) war angewiesen, alle Vorbereitungen zum Vorrücken zu treffen und die Grenze ohne weitere Anfrage zu überschreiten, sobald das Turiner Kabinett auch nur eine ausweichende oder hinhaltende Antwort erteilen sollte.***) Am 26. lief die zur Beantwortung des Ultimatums gesetzte Frist ab, es konnte also nach Eintreffen der abgeschickten Kommissarien unter Umständen noch am 27. der Einmarsch erfolgen. Zwar fehlte noch die Bespannung für den Train und wurde nur mangelhaft ersetzt durch Tausende von requirierten Bauernpferden; aber in einem reich angebauten Lande, und wo man mit zwei oder drei Märschen an den Feind gelangt, ist man unabhängig von Proviant†) und Munitionskolonnen. Auch waren alle Korps der erhaltenen Weisung gemäß disponiert, die Marschorders ausgegeben, und die Truppen erwarteten freudig das Zeichen zum Aufbruch. Man würde bei schnellem Vorgehen am 29. mit 100 000 Mann auf höchstens 50 000 Feinde gestoßen sein. Da traf der hemmende Befehl von Wien ein.††) Wie ein unglückliches Omen für den ganzen Feldzug verzögerte eine Konterorder den Beginn desselben und schwächte die Energie des ersten Entschlusses ab.†††)

Am 29. endlich begannen nun doch die Operationen. Die Avantgarde, eine Division des III. Korps, überschritt nachmittags 3° die Gravellonebrücke bei Pavia. Am 30. folgten ihr der Rest des III., das VIII. und II. Korps, während gleichzeitig das V. und VII. Korps auf einer bei Bere-

29. April. Handzeichnung III.

30. April.

---

*) Bemerkung aus den alten Ausgaben. Il colonello Casanova avvertiva da Genova che 4100 uomini sarebbersi trovati il 30 aprile à Serravalle.

**) Gyulai erfuhr am 27. April über Bologna, daß am 26. April eine Französische Division in Genua gelandet, eine andere auf dem Landwege in Savoyen eingerückt sei. Östr. G. St. W. 1, S. 136.

***) Diese Anweisung war bereits am 9. April ergangen. Östr. G. St. W. 1, S. 99.

†) Am 26. April wird die Verpflegung der Armee im Östr. G. St. W., S. 141 als „höchst unzureichend" bezeichnet.

††) Vgl. S. 5.

†††) Gyulai war durch die Weisung vom 9. April bevollmächtigt, die Grenze bei ablehnender Haltung Sardiniens zu überschreiten. Außerdem erhielt er am 27. abends hierzu von Wien aus telegraphischen Befehl. Das Östr. G. St. W. 1, S. 185 ff. läßt aber keineswegs erkennen, daß Gyulai ein früheres Vorgehen, als wie es tatsächlich eintrat, beabsichtigt hatte. Vielmehr setzen die am 27. erlassenen Befehle den allgemeinen Vormarsch erst für den 30. an; auch läßt die weitläufige Aufstellung der Korps am 26. nicht auf die Absicht schließen, früher die Offensive zu ergreifen.

guardo geschlagenen Kriegsbrücke den Ticino passierten, Teile derselben auch noch auf einer zweiten solchen Brücke bei Vigevano.*)

An diesem Tage fand somit der strategische Aufmarsch der Armee hinter dem Terdoppio statt.

1. u. 2. Mai.
Übersichts-
karte 2.

Am 1. Mai rückte man gegen die Agogna vor und erst am 2. Mai langten

    das Hauptquartier in Lomello,
    „ VII. Korps in S. Angelo und Robbio,
    „ V. „ „ Candia und Terrasa,
    „ II. „ „ Mede und Sartirana,
    „ III. „ „ Torre dei Beretti,
    „ VIII. „ „ Pieve del Cairo und Gambarana,
    die Reserve-Kavallerie in Trumello

an. Man war in vier Tagen vier Meilen vorgerückt und stand von Robbio bis Pieve vier Meilen auseinander.**)

Dies alles deutet wenig darauf hin, daß man zu einem sofortigen und entscheidenden Hauptangriff entschlossen gewesen ist. Nirgends hatte man bisher irgend einen Widerstand gefunden. Der Gegner hatte die ganze Bewegung nur durch Kavalleriepatrouillen beobachten lassen, die von Preußenhusaren nachdrücklich vertrieben wurden. Die Zerstörung einer Kanalbrücke und eine Abgrabung der zwischen Reisfeldern hinführenden Chaussee waren ganz unerhebliche Hindernisse, welche von den Pionieren unter Beihilfe der Bauern schnell beseitigt wurden.

Im Piemontesischen Heere herrschte die größte Spannung. Die 1. Division stand zu S. Salvatore, die 2. in Alessandria, die 3. war am 2. Mai schleunigst von Gavi nach Valenza herangezogen worden, die 4. Division, die bisher an der Dora gestanden, traf heute bei Casale ein und verstärkte so den linken Flügel der Hauptstellung, die 5. endlich dehnte sich zwischen Casale über Frassinetto bis Valenza aus. Das Hauptquartier der nunmehr versammelten Armee war in S. Salvatore.***) Man wußte, daß von Franzö-

---

*) Am 29. ging das ganze III. Korps mit der ihr zugeteilten Brigade Festetics des V. über den Gravellone.

**) Vom VII. Korps stand eine Brigade in Torrione und hatte Bercelli besetzt. Die Ausdehnung der Österreicher betrug demnach 5½ bis 6 Meilen.

***) Der Text gibt die Aufstellung der Sardinier am 4. Mai. Seitdem waren nämlich die Piemontesischen Divisionen von Novi bezw. der Doralinie in die Hauptstellung herangezogen worden und hatten die 2. Division über Alessandria Bassignana—Valenza, die 4. Casale am 3. erreicht. Die schweren Kavallerieregimenter waren hinter die Doralinie zusammengezogen worden.

flicher Seite noch keine Hilfe zu erwarten stand. Zwar war man zufrieden, daß der Hauptangriff nicht auf dem rechten Poufer zu erfolgen schien, wo selbst die Haltbarkeit von Alessandria nicht viel Vertrauen einflößte, die Stellung bei Valenza an ihrer schwächsten Seite gefaßt, der Rückzug auf Genua wie auf Turin gefährdet worden wäre; aber auch so noch gestand man sich, obwohl zum kräftigsten Widerstand entschlossen, doch in einer üblen Lage zu sein. Von den Höhen von Valenza zeigte sich, soweit das Auge trug, die ganze Ebene von Wachtfeuern erhellt. Als nun dennoch ein Tag nach dem andern verfloß, ohne daß etwas Ernsthaftes unternommen wurde, wußte man sich dies in keiner Weise zu deuten. Noch nachmals sind Deutsche Offiziere mehrfach um Aufschluß über die Veranlassung zu dieser Zögerung befragt worden.*)

Auch am 3. Mai verblieb die Österreichische Armee in der oben angeführten ausgedehnten Stellung und verwendete den Tag zum Rekognoszieren. Man bemerkte, was man ohne Zweifel schon im voraus gewußt hatte oder doch wissen konnte, daß gerade bei Valenza die Örtlichkeit für den Angriff nicht günstig war. Die Piemontesen hatten hier nur einige wenige Erd-

3. Mai.

---

*) Graf Gyulai rechtfertigt sein Verhalten damit, daß er am 1. Mai aus Wien als Antwort auf seinen Bericht vom 25. April die Weisung erhalten habe: „Bei der gegenwärtigen Sachlage bleibt der Kriegsschauplatz in Italien vorwiegend in Verona. Täglich beginnt von hier der Abmarsch eines auf Kriegsfuß ausgerüsteten Armeekorps nach Italien ...." Von Wien war das Telegramm in folgender Fassung abgegangen: „Bei der gegenwärtigen Sachlage bleibt der Kriegsschauplatz in Italien vorwiegend. In 14 Tagen beginnt ...." Das Österreichische Generalstabswerk vermutet eine Verwechslung der Worte „Verona" und „Vierzehn" beim Abtelegraphieren, fügt aber hinzu, in den Feldakten des Armeekommandos fehle die verstümmelte Depesche. Kuhn verhält sich gegen die Möglichkeit einer Verstümmelung ganz ablehnend. Jedenfalls widersprechen Gyulais Absichten bis zum 3. Mai abends der angeblich erhaltenen Weisung das Hauptgewicht auf Verona zu legen, denn Gyulai wollte bis dahin, wie auch das Österreichische Generalstabswerk bestätigt, bei Valenza—Bassignana durchbrechen, die Piemontesen zurückwerfen und sich dann gegen die Franzosen wenden, und zwar sollten das III., V., VII. Korps bei Valenza, das II. und VIII. bei Bassignana übergehen; die Erstürmung der Eisenbahnbrücke bei Valenza und der Bau der Brücke bei Bassignana fielen dabei dem III. Korps zu. Dieser Absicht entsprechen auch die vom Oberkommando für den 3. Mai gegebenen Anordnungen, die im allgemeinen darauf hinzielen, die Aufmerksamkeit von den beabsichtigten Übergangspunkten abzulenken: dementsprechend setzte das V. Korps Truppen über die Sesia, die bis Villanova streiften, und über den Stare zum Po hin, um die Sardinier an einen Übergang bei Fraffinetto glauben zu machen; das VIII. Korps ließ Truppen auf die Insel jenseit Cambio übersetzen, um ein Vorgehen in Richtung Sale anzudeuten. Ähnliche Scheinübergänge wurden bei Cornale vorbereitet. Inzwischen erkundete das II. Korps die Wege von Mede nach Borgofranco, also auf Bassignana zu, während das III. die Befestigungen von Valenza beschoß. Einen Befehl, die dortige Brücke zu nehmen, erhielt das Korps indessen am 3. Mai nicht, und gerade an diesem Tage wäre der Übergang nach dem Berichte des

werke anzulegen für nötig erachtet. Der Po bildet einen eingehenden Bogen, und das rechte Ufer überhöht das linke umfassend von Westen und Süden her. Die hölzerne Brücke fand man, wie zu erwarten, zerstört, die eine Viertelmeile oberhalb liegende Eisenbahnbrücke dagegen völlig unversehrt. Einigen Schutz gewährten nur die Dämme des diesseitigen Flußufers. Ohne erheblichen Verlust war der Übergang hier nicht zu erzwingen.

--- --- ---

Korpskommandeurs Schwarzenberg mit geringen Verlusten zu erzwingen gewesen (vgl. dagegen den Moltkeschen Text): „Alles deutet dahin, daß man (die Sardinier) auf die Wegnahme der Eisenbahnbrücke rechnete." — Am 3. Mai abends meldete Gyulai nach Wien: „Ankunft der Franzosen verhindert, meinen Plan, bei Balfignano durchzubrechen, auszuführen." Wahrscheinlich waren für diesen Entschluß die im Laufe des Tages eingetroffenen Nachrichten maßgebend, daß am 1. Mai 50 000 Franzosen von Turin nach Casale—Alessandria transportiert und am 30. April eine Französische Division über den Mont Cenis in Turin eingetroffen, Mac Mahon mit Truppen aus Genua abmarschiert sei. In der Tat standen am 3. von den Franzosen das 1. Korps bei Serravalle—Gavi, das 2. südlich nach Genua hin, die Garde in Genua, das 3. in Alessandria, Turin und Susa. Gyulai hatte also noch alle Aussicht auf Erfolg eines Angriffs bei Valenza. Entsprechend seinem Entschluß, nicht anzugreifen, befahl er noch am 8. Mai dem III. Korps, die Brücke bei Valenza zu zerstören (was aber erst am 8. gelang).

Welche Absicht Gyulai im Laufe des 4. Mai gehabt hat, läßt sich nicht klar erkennen. Das VII. Korps konzentrierte an dem Tage, obwohl ohne besondere Weisung, eine ganze Division in Vercelli, wo bis dahin nur drei Bataillone gewesen waren, das V. setzt seine Demonstration gegen Frassinetto fort, das III. beschoß die Befestigungen von Valenza weiter; das VIII. ging, auf Kuhns Anordnung, bei Cornale über den Po (übrigens ohne Nachtmarsch) und mit der Spitze bis Castelnuovo; das VI. rückte, auf Befehl des Oberkommandos vom 3. abends, zur Unterstützung des VIII. nach Sannazzaro und Lomello. Im Laufe des 4. war Gyulai von Wien aus benachrichtigt worden, daß vom 10. an das IX. Armeekorps aus dem Küstengebiet täglich mit je einer Brigade über Venedig zu seiner Verstärkung herangeschafft werden würde. 11⁰ abends meldete der Feldzeugmeister nach Wien, er beabsichtige, vom 5. Mai ab seine Operationen von der Straße Pavia—Lomello auf die von Mailand—Vercelli zu verlegen und bezeichnete das als „Offensivbewegung", später allerdings nur als „Rekognoszierung". Von den Korps wird hiervon nur das VIII. verstanden, daß die linke Flanke decken und möglichst lange auf dem südlichen Pouser bleiben soll, um den Abmarsch des Gros der Armee zu verschleiern. Irgend welchen offensiven Absichten südlich des Po standen demnach Gyulais Gedanken jetzt ganz fern. Ein Vorgehen von dort aus gegen die Sardinier hielt der Österreichische Feldherr aus denselben Gründen für unmöglich, die ihn nördlich des Stromes von einem Angriff auf Valenza abgehalten hatten; denn die Nähe der Franzosen ließ ihn an die Möglichkeit, die Heere der Verbündeten einzeln zu schlagen, nicht mehr glauben. Gyulai entwickelt dies in einem Bericht vom 9. Mai nach Wien. Nicht verständlich bleibt, daß er zunächst in der Richtung auf Turin offensiv wird. Am 9. Mai nennt der Feldzeugmeister diesen Vorstoß mit der ganzen Armee allerdings nur eine Erkundung des VII. Korps, die er aufgegeben habe auf die Meldung, daß die Franzosen sich von dort nach Alessandria gezogen hätten, also zweifellos die Operationen des Feindes gegen Piacenza gerichtet seien. Gyulai nimmt nun die Zentralstellung bei Mortara als Rezept für alle Eventualitäten. Logischer hätte er jedenfalls durch sofortige Wahl dieser Stellung gehandelt, nachdem einmal jeder offensive Gedanke gegen die Sardinier aufgegeben war. Cfr. Ö. G. St. W. 1, S. 159 ff.; Neue Mil. Bl. 1888, S. 319; Kuhn S. 7-8.

Auch bei Candia wurde rekognosziert, dabei fielen die ersten Kanonenschüsse und das 13. Jäger-Bataillon hatte einige Verwundete.

Obwohl nun in der Tat nichts geschehen war, was die Verhältnisse anders gestaltet hätte, als sie zu der Zeit waren, wo man das Vorrücken beschloß, so gab man den Angriff dennoch auf, und das Österreichische Heer stand nun schon am Ende seiner Offensive.

Am Abend des 3. Mai begann dann auch der Regen, welcher während mehrerer Tage alle weiteren Unternehmungen ungemein erschwerte.

Diese Ungunst der Witterung war freilich ein nicht zu berechnender Zufall; aber eben weil solche Ereignisse nicht vorherzusehen sind, ist ein rasches Handeln so überaus wichtig im Kriege, wo nur der gegenwärtige Augenblick unser ist.

Wir sehen während der nächsten Tage auf Österreichischer Seite nur ein unsicheres Umhertasten, Versuche in jeder Richtung mit unzureichenden Mitteln, die aufgegeben wurden, ehe sie irgend einen Erfolg haben konnten, und endlich ein Zurücksinken in die völligste Passivität.

Noch am Abend des 3. Mai wurde der Pontontrain*) von Lomello auf der Straße nach Voghera bis an den Po, Cornale gegenüber, geschafft. Die Pontons brachte man bei finsterer Nacht und aufgeweichten Wegen nicht ohne Schwierigkeit auf den Fluß und baute sie zu Gliedern zusammen. Der Uferdamm wurde mit Schießscharten versehen, rechts und links des Übergangs eine Batterie aufgestellt.

Mit dem ersten Tagesschimmer um 5^{30} morgens setzten zwei Bataillone Don Miguel, welche hier bereits auf Vorposten standen, und eine halbe Raketenbatterie über den Strom und sofort begann der Brückenschlag. Der 300 Schritt lange Bau war in $2^1/_2$ Stunde fertig. Das durch einen Nachtmarsch von Pieve herbeigezogene VIII. Korps fing sogleich an zu defilieren. Um 11^0 vormittags war die Avantgarde passiert, und die Spitzen brachen alsbald gegen Castelnuovo auf, während die übrigen Brigaden in den kotigen Feldern lagen und, so gut es gehen wollte, abkochten. Dann rückten sie bis Castelnuovo nach.

4. Mai.

Das II. Korps wurde von Mede her, in der Richtung von Sannazzaro, dem nunmehr gewonnenen Übergangspunkt genähert.

Alle diese Maßregeln deuten darauf hin, daß man die Überzeugung gewonnen hatte, die feindliche Stellung sei nicht in der Po-, sondern in der

---

*) Bemerkung aus den alten Ausgaben: Sämtliche Pontontrains konnten zusammen 500 Schritt überbrücken, gewiß sehr wenig auf einem von so vielen Strömen durchschnittenen Kriegstheater.

Tanarofront anzugreifen, und daß man die ursprüngliche Richtung noch jetzt korrigieren wollte.

Aber ganz in Widerspruch mit dieser Annahme steht nun die Verwendung der übrigen Korps, welche dann notwendig gegen die Brücke herangezogen werden mußten.

Statt dessen blieb das VII. Korps in S. Angelo stehen, und das III. und V. sollten diesen Morgen wieder demonstrieren.

So leitete vor Valenza das III. Korps ein Gefecht mit vierzehn Geschützen ein. Das Feuer, mit welchem der Gegner antwortete, blieb völlig ohne Wirkung, und noch während dieses Geschützkampfes fingen die Österreicher an einen Pfeiler der Eisenbahnbrücke zu minieren, der sicherste Fingerzeig für den Feind, daß hier der Angriff ganz aufgegeben war.*) Als in der Nacht die Minen geladen werden sollten, hatte der wachsende Strom sie bereits überschwemmt.

Noch weiter rechts ging von Candia aus das V. Korps gegen die Inseln vor, welche die Einmündung der Sesia in den Po bilden. Das Grenadierbataillon des Regiments Karl und eine halbe Raketenbatterie durchwateten die Sesia, besetzten eine Aue und fingen an Holz zu fällen. Die Gegend von Frassinetto betrachteten die Sardinier als den schwächsten Punkt auf ihrer Pollinie. Es standen dort zwei Bataillone des 17. Regiments, eine Batterie und ein Detachement Chevaulegers. General Cialdini eilte selbst mit noch einem Infanterieregiment, zwei Eskadrons und einer Batterie aus Casale herbei. Allein die Österreicher kehrten abends durch das Wasser zurück, welches ihnen schon an die Brust reichte. Diese Demonstration konnte höchstens den Nutzen haben, die Aufmerksamkeit des Feindes von seinem rechten Flügel abzulenken; aber dazu genügte eine Streifpartie, ohne das ganze V. Korps vier Meilen von der Brücke von Cornale fernzuhalten.**)

Gegen den Übergang der ganzen Armee auf das rechte Pouser hatten sich inzwischen schon Stimmen im Hauptquartier erhoben. Der enge Raum zwischen Tanaro und dem Gebirge könne das Heer nicht ernähren; das requirierte Gespann sei zu unzuverlässig, um den Nachschub dort durch eine

---

*) Bemerkung aus den alten Ausgaben: Indizio che coloro stessi i quali baldanzosi ne volevano assalire incominciavano già a temere d'essere assaliti.

**) Dies alles geschah am 3. Mai. Moltke hat die Schilderung Rüderns übernommen, in der die Tage des 3. und 4. zum Teil verwechselt sind, und bemerkt daher auch zu dessen Bericht am Rande: „Wozu alles dies, wenn die Absicht schon aufgegeben war, die Hauptstellung des Feindes anzugreifen?"

aufgeregte Bevölkerung hindurch sicherzustellen; überhaupt sei es für diese Operation jetzt schon zu spät.

Wenn man sich jenseit des Po, wie nachmals in der Lomellina, auf Wochen etablieren wollte, dann allerdings konnte die Subsistenz schwierig werden; aber man beabsichtigte ja anzugreifen, folglich das Land nur zu durchziehen, und von Cornale bis Alessandria oder Novi sind vier Meilen. Freilich waren sechs kostbare Tage verloren, aber es war möglich, selbst wahrscheinlich, daß die Franzosen noch nicht heran waren.

Auch ein Rückzug auf Piacenza war bei diesem Unternehmen ganz ungefährdet, und es scheint, daß es noch jetzt das einzig Richtige gewesen wäre; denn daß etwa die Sardinier, sich von der Französischen Hilfe entfernend, eine allgemeine Offensive gegen den Ticino ergriffen hätten, war in keiner Weise zu erwarten. Es wäre dem Gegner nur erwünscht gewesen, wenn sie aus ihrer starken Stellung heraustraten.

Da man nun unmöglich mit dem VIII. und II. Korps allein zwischen Genua und Alessandria hineingehen konnte, so wollte man wenigstens die Anlage eines Brückenkopfes bei Cornale sichern, der allerdings von großer Wichtigkeit wurde, wenn ihrerseits die Verbündeten die Offensive am rechten Pouser ergriffen. Aber auch dieser Zweck wurde leider nicht erreicht.

Das VIII. Korps hatte von Castelnuovo aus am 5. eine Brigade nach Boghera, eine zweite nach Tortona vorgeschickt.*) Sie fanden nirgends Widerstand, und man erkannte, wie wenig die Piemontesen geneigt waren, ihre geschützte Stellung zu verlassen, und wie die Franzosen noch nicht nahe genug heran waren, um den Kampf aufzunehmen. Hätte man gewagt, noch zwei Meilen weiter bis Novi vorzubringen, so würde man dasselbe gar nicht besetzt gefunden haben. Die Französischen Spitzen waren zwar am 4. Mai bereits in Gavi und auf der Straße Genua—Tortona in Cassano Spinola eingetroffen. Die Nachricht von dem Österreichischen Vormarsche auf Castelnuovo veranlaßte aber den Marschall Baraguey d'Hilliers, mit dem Marsche seiner Spitzen am 5. einzuhalten**) und selbst fortifikatorische Anlagen für eine nachdrückliche Verteidigung der Bocchettastraße anzuordnen. Die Zerstörung der Eisenbahn von Genua wäre wegen des Zuzugs der Franzosen von großer Wichtigkeit gewesen.***) Statt dessen zerstörte man die Brücken

---

*) Es waren nicht Brigaden, sondern nur kleine Detachements nach Boghera und Tortona geschickt worden.
**) Die Spitzen des 1. Französischen Korps waren bereits am 3 Mai in Gavi und Cassano Spinola eingetroffen und angehalten worden. Frz. G. St. W. S. 60/61.
***) S. 20, Anm. **).

bei Tortona und auch bei Boghera, welche letztere den Österreichern selbst für die Verbindung mit Piacenza wichtig werden konnte. Die beiden Brigaden schrieben einige Kontributionen aus und kehrten dann ganz unbelästigt nach Cornale zurück; glücklich genug, denn in der vergangenen Nacht war der Strom um 13 Fuß gestiegen, die Pontonbrücke hatte nicht vermocht der andringenden Wassermasse zu widerstehen, die Landbrücken mußten gelöst werden, selbst einiges Material ging verloren und das VIII. Korps war völlig isoliert. Unter solchen Umständen und bei strömendem Regen glaubte man die nötigen Erdarbeiten für den beabsichtigten Brückenkopf nicht in Angriff nehmen zu können; außerdem hatte man das Vertrauen auf die Pontons verloren, und ein anderes Material war nicht vorbereitet worden.

Am linken Pouser stand heute alles ruhig in engen Kantonnements*) und die ganze Expedition hatte nur dazu gedient, dem Feinde durch die Zerstörung der Eisenbahnbrücke bei Tortona die Gewißheit zu geben, daß er auch am Tanaro keinen Angriff zu erwarten habe.**) Es blieb sonach nur noch die Richtung auf Turin, und wirklich sehen wir in diesem vorgerückten Stadium nun auch noch die Anfänge eines solchen Versuchs sich entwickeln.

Man hatte beschlossen, die Armee an der Sesia aufwärts zu führen und den Fluß auf der Eisenbahnbrücke bei Vercelli zu passieren. Das VII. Korps sollte dabei von Robbio aus die Avantgarde übernehmen, die übrigen Korps geschlossen folgen und vom VIII. eine Division zur Beobachtung des Po zurückbleiben.***)

Der Regen hatte vom 3. abends bis zum 5. früh gedauert. Mittags

---

*) Das Österreichische Oberkommando verzichtete wegen des eingetretenen Hochwassers des Po darauf, bereits am 5. Mai den Marsch auf Turin anzutreten. Ursprünglich sollten an diesem Tage

	das VII. Korps sich in Vercelli konzentrieren,
»	V. » Robbio,
»	III. » Candia und Cozzo,
»	II. » Mortara und Cergnago,
	die Reserve-Kavalleriedivision Ricorvo

erreichen.

Das VIII. Korps wurde angewiesen, im Falle eines feindlichen Angriffs vor Wiederherstellung der Brücke bei Cornale in Richtung Piacenza zurückzugehen und im Notfall das bei Baccarizza vorhandene Material an Dampfern und Schleppern zum Übersetzen zu benutzen, alsdann aber in Eilmärschen der Armee zu folgen. Östr. G. St. W. 1, S. 193/95.

**) Am 8. Mai bereits schreibt Wimpffen S. 154, die Brücke bei Tortona sei zerstört. Die Österreicher schienen wenig entschlossen.

***) Durch Befehl vom 4. Mai abends sollte das ganze VIII. Korps zur Beobachtung des Po zurückbleiben. Vgl. S. 31/32 Anm. *).

5. bis 7. Mai 1859.

brach die Sonne durch, und bis abends waren die Straßen schon wieder getrocknet. Aber die Fluten des Stromes verliefen nicht so schnell, und erst im Laufe des Vormittags am 6. gelang es unter großen Anstrengungen, die Brücke bei Cornale wieder herzustellen. Das VIII. Korps konnte nun über den Fluß zurückgehen,*) und mittags 2° rückte auch das II. Korps nach S. Giorgio rückwärts. Die Reservekavallerie, welche bisher noch immer bei Trumello gestanden hatte, ging nach Ricorvo vor. 6. Mai. Handzeichnung IV.

Am 7. Mai rückten 7. Mai.

das VII. Korps aus der Gegend von S. Angelo nach Vercelli,
die Reservekavallerie = = = = Ricorvo = Vercelli,
das II. Korps = = = = S. Giorgio = Robbio,**)
= V. = = = = = Candia = Palestro,
= III. = = = = = Torre bei beretti nach Candia,
= VIII. = mit einer Div. aus der Gegend vom Poübergang nach Mortara,
= Hauptquartier . . . . = Mortara.

Das VII. Korps, welches an der Tete dieses Rechtsabmarsches sich befand, schickte seine Avantgarde noch am Abend eine Meile weiter nach Cascine bi Stra***) und die Brigade Gablenz anderthalb Meilen links nach Stroppiana, um die Flanke gegen Casale zu decken.†) Vercelli selbst wurde gegen Westen durch einige Geschützstände und Jägergräben zur Verteidigung vorbereitet.

Der Pontontrain war schon in der Nacht von Cornale nach Palestro dirigiert, um dort die Sesia für das V. Korps zu überbrücken.

*) Der Übergang des VIII. Korps dauerte bis 11° nachts, da wegen der reißenden Strömung die Brücke nur langsam passiert werden konnte. Das Korps bezog Unterkunft in Sannazzaro, Mezzanabigli und Pieve del Cairo; das II. räumte Sannazzaro um 4° nachmittags und erreichte Cergnago bezw. S. Giorgio; die anderen Korps blieben auch an diesem Tage in ihren Kantonnements. Östr. G. St. W. 1, S. 196/98.

**) Das II. Korps erreichte Ricorvo, das V. Robbio, Palestro und Gegend, das III. Cozzo—Candia und Gegend, das VIII. Mortara, unter Zurücklassung von zwei Brigaden in Lomello zur Beobachtung des Po von Breme bis Mezzana Corti. Östr. G. St. W. 1, S. 200 ff.

***) Die Avantgarde, Brigade Lebzeltern, hatte S. Germano, Cascine bi Stra und Desana besetzt; außerdem war ein Detachement (John) über Santhia bis Caristo vorgegangen. Vgl. S. 38.

†) Nach Rederns Bericht wollte Gyulai durch seinen Vormarsch auf Turin „entweder die Piemontesen zu einem Flankenangriff von Casale aus verleiten" oder die Truppen hinter der Dora Baltza schlagen. Zu der ersten Absicht bemerkt Moltke am Rande des Berichts: „Immer eine gefährliche Sache, wenn die Sardinier sich nicht verleiten ließen. Dennoch war ein Erfolg nicht unmöglich, wenn die Ausführung gleich beschlossen war. Jetzt waren acht kostbare Tage verflossen und die Armee auf sechs Meilen auseinander." Vgl. S. 22. 23.

8. Mai. Die Bewegung wurde am folgenden Tage fortgesetzt;
das VII. Korps nach S. Germano,*)
 »   II.   »   » Vercelli,
 »   V.   »   über die Pontonbrücke nach Astigliano,
 »   III.   »   nach Palestro,**)
 »   VIII. »   » Robbio,
Hauptquartier » Vercelli.

Vom VII. Korps war die Brigade Gablenz, welche gestern 4½ Meilen marschiert war, schon 2º früh gegen Casale aufgebrochen. Die Piemontesischen Posten wichen zurück, und es kam vor dem Brückenkopf zu einem kleinen Gefecht, wobei man erkannte, daß die Befestigung noch immer unvollendet und daß einzelne Cascinen auch noch zur Verteidigung eingerichtet wurden. Die Brigade hatte nur den Auftrag zu rekognoszieren; auch traf noch während des Gefechts der Befehl ein, zum Korps zurückzukehren, da das V. Korps in Astigliano die Deckung der linken Flanke übernehmen sollte. Man hatte nun nach S. Germano noch 4½ Meilen Marsch.***) — Ein vom VII. Korps unter Oberst John rechts abgeschicktes Detachement erreicht heute Biella am Austritt des Cervo aus dem Gebirge.†)

Vom VIII. Korps war eine Arrieregarde noch immer in Torre dei Beretti zurückgeblieben. Mittags sprengte sie die am 4. minierte Eisenbahnbrücke vor Valenza, ohne daß der Feind etwas gegen dieses so sehr vereinzelte Detachement unternommen hätte.

Mittels Telegramms wurde an diesem Tage dem Feldmarschalleutnant Urban zu Brescia aus dem Hauptquartier der Befehl geschickt, mit seiner mobilen Kolonne in möglichster Stärke über Piacenza in Piemont einzurücken, zwischen Stradella und Pavia zu demonstrieren und hier die linke Flanke der Armee zu decken. Urban konnte zu dieser Bewegung nur über die schwache Brigade Wallon mit drei Bataillonen Infanterie, eine Division Sluiner Grenzer, zwei Eskadrons Haller Husaren und eine halbe zwölfpfündige Batterie verfügen, während die zweite Brigade Rupprecht in Mailand zurückbleiben

---

*) Die Avantgarde (Brigade Lebzeltern) ging bis Tronzano vor. Die Brigade Gablenz erreichte S. Germano, Division Lilia Cascine di Stra.

**) Das II. Korps biwakierte dicht westlich Vercelli, das V. Korps kam nach Stroppiana und Gegend, das III. Korps nach Torcione.

***) Gegen Casale war nur ein kleines Detachement der Brigade Gablenz entsendet worden; diese selbst wartete die Ablösung durch das V. Korps ab und marschierte dann über Vercelli nach S. Germano. Der nähere Weg über Desana war durch Straßenabgrabungen unbenutzbar. Östr. G. St. W. 1, S. 208.

†) S. 37, Anm. ***).

mußte. In angestrengten Märschen erreichte seine mobile Kolonne am 10. Mai Piacenza, tauschte das sehr erschöpfte Bataillon Kellner gegen zwei Bataillone des Regiments Heß der Garnison Piacenza aus und rückte am 12. Mai in Strabella ein, die Vorposten bis Broni vorgeschoben.

Abteilungen des V. Korps streiften über Trino bis Crescentino am 9. Mai. Einfluß der Dora Baltea in den Po. Die Avantgarde des VII. Korps zu Santhia*) stand mit ihren Posten bis an den Naviglio von Cigliano. Oberst John rückte gegen Jvrea an, wo man eben Verschanzungen anfing. Nirgends fand man feindliche Streitkräfte vor, obgleich diese Spitzen nur noch zwei Märsche bis Turin hatten. Dort war man der Ansicht, daß Jvrea sich „nicht lange halten könne" und daß auch Turin den Österreichern „une proie facile" werden müsse, und schon wurde die 1. Division von Occimiano nach der Hauptstadt in Bewegung gesetzt, lorsque l'ennemi, contre toute attente suspendit sa marche.**)

Danach scheint es, daß die Sardinier wenig Zuversicht in die Offensive über Casale setzten, und daß die Österreicher keine Hoffnung haben durften den Gegner aus seiner Stellung hervortreten zu sehen. Die Demonstration gegen Turin konnte auch nicht füglich weiter getrieben werden, und so blieb die ganze Rechtsbewegung ohne allen Erfolg.

In Märschen von vier Meilen und darüber war innerhalb zwei Tagen die Österreichische Armee dem linken Flügel der Sardinischen Aufstellung gegenüber zusammengezogen worden, mit einer Energie und Schnelligkeit, die beim ersten Vorrücken gegen deren Front glänzende Früchte getragen haben könnte. Die Verbindungen mit Mailand mußten jetzt über Novara verlegt werden, auch wurden die Voranstalten dazu getroffen. Aber alle diese Anstrengung und Arbeit war umsonst; plötzlich am 9. mittags wurde der Rückmarsch beschlossen.***) Kundschafter hatten mitgeteilt, daß 40 000 Fran-

---

*) Das VII. Korps sollte am 9. Mai Avantgarden in Santhia—Tronzano aufstellen, das Gros in S. Germano versammeln; das V. auf Trino—Casale vorgehen, das II. sich zur Unterstützung des V. und VII., das III. und VIII. zu der des V. vor Casale bereithalten.

**) Bemerkung aus den alten Ausgaben: .... Dès lors Turin était préservé. L'ennemi, par ses retards et par ses tâtonnemens avait perdu les bénéfices de sa brusque entrée en campagne et l'armée alliée sortait tout-à-coup d'une situation pleine de périls ....

***) Friedjung: „Benedeks hinterlassene Papiere", S. 213, berichtet, daß am 9. Mai die Befehle sich drei-, oft viermal widersprochen hätten, „denn Kuhn rang mit Gyulai förmlich um die Fortsetzung der Offensive, und Stunde um Stunde wechselte die Stimmung im Hauptquartier". — Während der Ruhetage in der Lomellina vom 11. Mai ab schreibt Benedek: „Verstehe die ganze Geschichte nicht, ist auch nicht meine Sache über Operationen zu grübeln oder gar zu kritisieren."

zosen von Turin nach Alessandria abgegangen seien, daß die ganze verbündete Armee sich dort versammle und wahrscheinlich nun von dort nach Piacenza marschiere.

Allerdings waren jetzt die Franzosen in die Sardinische Linie mit dem größten Teil ihrer Streitkräfte eingerückt, aber deshalb doch noch keineswegs bereit eine allgemeine Offensive zu ergreifen. Betrachtet man die Richtung, in welcher das Österreichische Heer zurückgeführt wurde, so zeigt sich, daß man auch im Hauptquartier an einen feindlichen Vormarsch schon jetzt nach Piacenza schwerlich glaubte.*) Dennoch wurde die Umkehr mit einer Hast betrieben, welche die Truppen zu büßen hatten. Das III. Korps war im Anmarsch auf Vercelli, es erhielt Gegenbefehl; das II. Korps wurde nach Robbio dirigiert, von wo es gestern gekommen,**) das VII. Korps nach Vercelli zurückgenommen. Das nach Jvrea anrückende Detachement des Obersten John hatte, ganz sich selbst überlassen, sechs Meilen dorthin zu marschieren. Das V. Korps, welches aus Versehen nach Vercelli gegangen war, mußte vor der Stadt umkehren und wieder nach Stroppiana vor.***)

10. Mai. Am folgenden Tage blieb die Brigade Gablenz als Nachhut in Vercelli stehen,

das VII. Korps   marschierte nach Robbio,
die Reservekavallerie = = Ricorvo,
das II. Korps   = = Albonese (Straße von
                                    Vigevano),
= V. =   = = Mortara,
= III. =   = = Castel d'Agogna,
= VIII. =   = = Lomello,
Geschützreserve   = = Borgolavezzaro,
Hauptquartier   = Mortara.†)

---
*) Vgl. S. 31, Anm. *), Schluß.
**) Das III. Korps marschierte am 9. Mai von Torcione nach Castel d'Agogna; das II. war am 8. von Ricorvo gekommen. Vgl. S. 37, Anm. **).
***) Das V. Korps sollte nach Palestro und Vercelli zurück, nach mehrfachen Gegenbefehlen stand es am Abend mit einer Division bei Stroppiana—Prarolo, mit der andern bei Asigliano—Desana.
Das VIII. Korps erreichte Tromello—Casoni. Eine Brigade ging über Pavia nach Vaccarizza zur Besetzung des Brückenkopfes und traf am 11. dort ein.
†) Vom VII. Korps blieb nicht die Brigade Gablenz, sondern Lebzeltern als Nachhut in Vercelli. Das Gros erreichte mit den vordersten Truppen S. Angelo und lag rückwärts bis Torcione;
das II. Korps lagerte nördlich Albonese zu beiden Seiten der Straße Mortara—Novara;
= III. = blieb bei Castel d'Agogna;
= VIII. = übernahm wieder die Beobachtung des Po.

Da das V. Korps über die Pontonbrücke bei Palestro marschierte, so kreuzte sich seine Marschdirektion mit der des III. Korps dort infolge einer ungenauen Zeitberechnung,*) und es traf, indem es ohnehin einen Marsch von 4¹/₄ Meilen hatte, erst nach Mitternacht in seinen Biwaks ein. Das VII. Korps und die Kavallerie rückten erst mittags von Vercelli ab. Schon gestern waren Piemontesische Kavalleriepatrouillen ihm gefolgt; heute unternahm der Feind eine wirkliche Rekognoszierung gegen Vercelli, wich aber zurück, als er den Ort besetzt fand.

Eine zweitägige Ruhe wurde den Truppen gewährt, dann bezogen sie 11. u. 12. Mai neue Biwaksplätze, bei welchen darauf gerücksichtigt war, daß die Brigaden 13. Mai. die nächstliegenden Ortschaften zu Kantonnements benutzen konnten, wenn die Hand. noch immer unbeständige Witterung dies wünschenswert machte. Es kamen zeichnung V.

das VII. Korps nach Palestro, Robbio, Castelnovetto, Vercelli,
Reservekavallerie nach Vespolate, Gravellona,
   » Artillerie » Vigevano,
das   II. Korps blieb um Albonese,
 » III.   »   nach Mortara, Ceretto, Olevano, Celpenchio,**)
 » V.   »   »   Trumello, Garlasco,
 » VIII. »   blieb um Lomello,
die Brigade Boer nach Baccarizza,***)
Urban mit der Brigade Wallon nach Casteggio.†)

Das Österreichische Heer hatte jetzt den Landstrich zwischen Sesia und Ticino inne. Das VII. und III. Korps bewachten den ersteren Fluß von Vercelli bis Breme, drei Meilen, das VIII. den Po von dort bis Pavia, sieben Meilen; dahinter standen das II. und V. Korps; alles Front gegen Südwest. Am rechten Flouter befand sich nur Urban, dessen Vorposten bis über Voghera hinaus vorgeschoben waren. Hier erhielt er die erste Nachricht von der am 12. in Genua erfolgten Ankunft des Kaisers Napoleon, die er sofort an das Hauptquartier berichtete.

*) Eine Marschkreuzung des V. und III. Korps erscheint schon deshalb ausgeschlossen, weil das III. Korps am 10. gar nicht marschiert, sondern bei Castel b'Agogna, wie bereits erwähnt wurde, geblieben ist. Im Östr. G. St. W. findet sich auch nichts darüber.

**) Nach dem Östr. G. St. W. 1, S. 234 war Celpenchio nicht besetzt, wohl aber Castel b'Agogna.

***) Die Brigade Boer hatte Baccarizza am 11. Mai bereits erreicht. S. 40, Anm. ***.

†) Urbans Vorposten waren über Broni und S. Giulietta vorgeschoben worden, doch wurde Casteggio am 13. nicht besetzt; hier hielt sich Urban erst vom 14. zum 15. mit seinem Gros vorübergehend bei Gelegenheit einer bis Voghera vorgetriebenen Erkundung auf, kehrte aber am 15. nach Strabella zurück. Östr. G. St. W. 1, S. 237 ff.

Dort befestigte sich die Überzeugung immer mehr, daß man zu schwach sei zu irgend welcher ferneren Offensive; man hielt die Verbündeten für mindestens doppelt so stark wie das Österreichische Heer — und leider war dies jetzt nahezu wirklich der Fall. Die Ankunft Kaiser Napoleons am 14. Mai zu Alessandria, wo General Frossard mit 500 Zivilarbeitern und dem dienstfreien Militär unausgesetzt an den Erweiterungsarbeiten der Befestigungen beschäftigt war, bezeichnet den Zeitpunkt, wo das Französische Heer sich mit dem Piemontesischen vereint und beide ihren strategischen Aufmarsch völlig beendet hatten.

14. Mai.

Die rasche Kriegserklärung wäre nur durch einen schnellen Sieg über die Piemontesen zu rechtfertigen gewesen. Man war zögernd dazu vorgegangen, als sie noch allein standen, und hatte die Opfer gescheut, die ein Angriff gegen ihre Front kosten mußte. Der strategische Überfall war gleichsam nur angedeutet, nicht aber ausgeführt worden. Gegen den rechten Flügel der Sardinier, den richtigen Angriffspunkt, hatte man einen kurzen Vorstoß mit ganz unzureichenden Kräften geführt und war dann fast in demselben Augenblick gegen ihren linken Flügel geeilt, wo ein Erfolg schon damals nicht mehr zu erreichen war. Man hatte weder partielle Erfolge über die Sardinier gewonnen, noch den Anmarsch der Franzosen verhindert, noch das Moralische des Heeres durch irgend eine glückliche Unternehmung gehoben. Was blieb übrig, als jetzt in der Defensive zu verharren, die Initiative aufzugeben und die ferneren Entschließungen von den Schritten des Gegners abhängig zu machen.

Ein besseres Resultat als dieses hätte man schon erreicht, wenn man gar nicht erst den Ticino überschritt, die Vereinigung des Franco-Sardinischen Heeres geschehen ließ, dafür aber auch die Vollendung der eigenen Rüstungen, das Eintreffen der noch fehlenden 25 Prozent Ersatzmannschaften, der Trains, des I.*) und IX. Armeekorps in der gegen alle Eventualitäten sichernden Aufstellung zwischen Pavia und Piacenza ruhig abwartete, um dann mit völlig geschonten Kräften dem Angriff entgegenzutreten.**)

Der einzige Vorteil, den man erlangt hatte, war, daß man in Feindes Land und auf Feindes Kosten lebte. Die Lomellina, obwohl nicht zu den

---

*) Von der Zuweisung des I. Armeekorps an die Armee in Italien wurde Graf Gyulai erst am 15. Mai von Wien aus verständigt. Ursprünglich war dies Armeekorps dafür bestimmt, im Verein mit dem VI. und X. sowie mit dem 1. Kavalleriekorps unter Oberbefehl des Erzherzogs Albrecht die Vierte Armee zu bilden und als Österreichisches Kontingent zum Bundesheer zu stoßen. Östr. G. St. W. 1, S. 242/243.

**) Vgl. S. 101/2.

reicheren Bezirken Oberitaliens zählend, hatte bisher alles Nötige aufzubringen vermocht. Die von den Gemeinden requirierten Lebensmittel wurden an die Magazine abgeliefert und aus diesen den Truppen verabreicht, denen selbständige Requisitionen untersagt blieben. Die haarsträubenden Berichte Italienischer Organe über die barbarischen Grausamkeiten, welche die Österreichische Armee verübt haben sollte, stellten sich als müßige Erfindung heraus und wurden selbst in Französischen Blättern als solche bezeichnet. Die Disziplin im Heer war gut, und bei der Regelmäßigkeit der in der Lomellina eingeführten Verwaltung konnte die Provinz das Heer auf lange hinaus ernähren.*) Nur der Wein, den die Truppen ungern entbehrten, fing bald an zu fehlen. Die Gemeinden, welche ihre Anteile in natura nicht aufzubringen vermochten, durften Geld zahlen, mit welchem die Verpflegungsbeamten das Fehlende von auswärts, meist aus der Schweiz, aufzubringen suchten. Die Landbewohner waren ruhig und zu jeder Leistung bereit. Ihre Neigung, aus allem Vorteil zu ziehen, machte sie schnell zum Kleinhändler für den Soldaten. Zahllose Individuen trieben sich wie bei einem Friedensmanöver unter dem Militär herum, und es konnte den Verbündeten an den vollständigsten Nachrichten nicht fehlen, wo die Natur des Bodens es den der Gegend Kundigen so leicht machte die Vorpostenketten unbemerkt zu durchschleichen. Den Österreichern wurde es hingegen fast unmöglich, irgend eine Nachricht zu erhalten und man möchte fast glauben, daß das Publikum durch die Zeitungen oft besser unterrichtet gewesen sei als das Hauptquartier durch seine Kundschafter. Um die Truppen nicht ganz müßig zu lassen, wurden Exerzierübungen befohlen, Griffe, Haltung und Marsch wurden aufgefrischt, die Kavallerie und Artillerie ließen in Abteilungen reiten wie im Frieden; da es aber schon am Abend des 14. zu regnen anfing, so zog alles in die Kantonnements.

Nach und nach setzte man sich in der Lomellina vollkommen fest. Der Aufenthalt dort machte, um leben zu können, eine ziemlich bedeutende Ausdehnung nötig: man mußte daher die einzelnen Punkte verstärken, um an jedem im Fall eines Angriffs so lange Widerstand leisten zu können, bis die entfernteren Streitkräfte heranzukommen imstande wären.

Mortara wurde auf allen Hauptstraßen gegen Norden, Westen und Süden mit Werken umgeben, die durch Jägergräben verbunden waren; namentlich der Bahnhof und die nächstliegenden Baulichkeiten wurden zur Verteidigung eingerichtet. Ebenso erhielten Lomello, Pieve del Cairo und Sannazzaro ihre Batterien, Barrikaden und Postitionen. In Vercelli,

---

*) Vgl. Metzner, „Historischer Rückblick auf die Verpflegung der Armee im Felde".

Palestro und Candia fehlte es daran auch nicht; kurz für alle Eventualitäten suchte man ein vorbereitetes Schlachtfeld herzustellen.

Demnächst kam es darauf an, die ungehindertste Verbindung mit der Lombardei über den Ticino zu sichern, den man dicht im Rücken hatte. Zwar besaß man schon den fortifizierten Punkt Pavia und hatte dort auch noch vorwärts der Gravellonebrücke eine Anzahl Werke neu erbaut und mit schweren Geschützen armiert; ferner die steinerne Eisenbahnbrücke östlich Novara, vor welcher bei S. Martino ein Brückenkopf angelegt war. Um aber völlig frei in seinen Bewegungen zu sein, wurden auch noch bei Vigevano und Bereguardo feste Brücken geschlagen, zu denen man Balken und Schiffe vom Lago Maggiore herbeischaffte. Die erstere wurde durch fünf Werke verteidigt. Man war also vollkommen gut basiert, und der Rückzug des Heeres konnte kaum gefährdet werden.

Gingen die Verbündeten am linken Pouser vor, so konnte man ihnen defensiv und offensiv entgegentreten; wie aber, wenn sie am rechten den Strom hinab marschierten? Es gab, wie schon bemerkt, nur zwei Mittel gegen diese Operation: entweder sich bei Piacenza, vielleicht bei Stradella, entgegenzustellen, oder die Offensive gegen linke Flanke und Rücken der Gegner zu ergreifen. Dann mußte man aber selbst irgendwo den Po überschreiten.

Dicht unterhalb des Einflusses des Ticino in den Po, bei Baccarizza, war jetzt allerdings eine solide Brücke aus großen Flußkähnen erbaut, die man stromaufwärts geführt hatte; vor derselben am rechten Ufer ein Damm und die nahe liegenden Cascinen zu einem Brückenkopf eingerichtet, mit achtzehn schweren Geschützen armiert und mit einem Blockhaus als Reduit versehen.

Wir haben schon hervorgehoben, wie wichtig Baccarizza für ein gleich anfängliches Vorgehen am rechten Pouser gewesen wäre; jetzt standen die Österreicher entfernter von diesem Punkt als die Franzosen.

Im gegenwärtigen Augenblick hätten durch Verschanzungen gesicherte Brücken bei Cornale oder selbst Mezzana Corti eine ungleich höhere Bedeutsamkeit gehabt. Ein fester Übergang bei Cornale gefährdete den Vormarsch des Feindes, sowie er die Scrivia überschritt. Baccarizza bedrohte denselben erst, wenn er bis Stradella vordrang und auch dann nur, wenn zuvor das Österreichische Heer nach Baccarizza zurückging, d. h., wenn es zuvor die Lomellina räumte. Die Franzosen konnten dies also durch ein bloßes Manöver erzwingen, und es war ganz illusorisch, wenn man annahm, daß man in der Stellung zwischen Sesia und Ticino die Unternehmungen des Feindes ruhig abwarten dürfe.

Dies fühlte man wohl auch im Hauptquartier zu Mortara,*) und deshalb wurde das IX. Korps nunmehr nach Piacenza herangezogen.

Der Ankunft des Kaisers Napoleon in Alessandria, woselbst das Hauptquartier verblieb, folgten unmittelbar die nachstehenden Bewegungen:

15. Mai.

das 1. Korps von Cassano Spinola nach Tortona;
- 2. - von Novi in die Linie Alessandria—Tortona nach Marengo und S. Giuliano;

die kaiserlichen Garden als Reserve des rechten Flügels mit ihren Spitzen bis Cassano;

die Division Trochu und die Kavalleriedivision Partouneaux des 3. Korps nach Alessandria.

Bei der großen 15 Stunden betragenden Frontalausdehnung der eingenommenen Stellung von Casale bis Castelnuovo di Scrivia befahl der Kaiser den Korps wenigstens in sich solche Zentralpositionen einzunehmen, daß es

---

*) Nach dem Öftr. G. St. W. 1, S. 247 ff. waren Gyulais Absichten am 15. Mai 1859 folgende:

1. Für den Fall eines Vorgehens der Verbündeten über den Po bei Valenza sollten VIII., V., II. Korps ihnen in der Front „entgegengehen", III. Korps, gefolgt von einer Division und der Geschützreserve des VII., sie über Sartirana und Semiana in der Flanke fassen „und womöglich vom Übergangspunkt abdrücken". Die rechte Flanke dieser „Bewegung" deckt eine Brigade III Korps bei Candia und Celpenchio, die rechte Flanke der Armee eine Division VII. Korps bei Vercelli und Palestro. Sicherung der linken Flanke ist Sache des VIII. Korps, das den ersten Stoß in der Front auszuhalten hat und eventuell auf Lomello ausweichen muß, bis V. und II. heran sind. Bei Überlegenheit des Feindes will Gyulai hinter den Ticino zurückgehen.

2. Ein Vorgehen der Verbündeten bei Fraissinetto soll zunächst das III. Korps aufhalten, während das VII. von Robbio, das VIII. von Sartirana die Flanke fassen; als Reserve folgen dem VII. das II., dem III. das V. Korps.

3. Geht der Feind über Voghera auf Strabella, so zieht sich das VIII. Korps am ersten Tag hinter die Agogna, am zweiten hinter den Terdoppio, am dritten nach Pavia zurück; das VII am ersten nach Bigevano, am zweiten nach Bereguardo, am dritten nach Lardirago, um dort als Reserve der am zweiten und dritten Tag zwischen Pavia und Piacenza vereinigten übrigen Korps zu dienen.

„Der Brückenkopf Baccarizza flankiert das Vordringen des Feindes".

Gyulai wollte also in diesem Falle die Lomellina räumen, wobei eine Division VII. Korps, unter nachdrücklichem Widerstand an der Sesia, Agogna und am Ticino bei S. Martino bezw. Magenta, die rechte Flanke decken sollte.

Am 17. Mai fügt der Österreichische Oberkommandierende als vierte Möglichkeit hinzu, daß die Verbündeten über Cambio vordringen. Alsdann sollen zur Unterstützung des VIII. Korps das V. nach Lomello und Ferrera, das II. nach S. Giorgio und Cergnago, das III. nach Semiana und Sartirana rücken, das VII. letzterem folgen oder auch nach Cergnago marschieren.

Gyulai will also die Armee mit drei Korps in erster, mit zweien in zweiter Linie sofort versammeln.

möglich werde, dem Feinde, falls er irgendwo den Flußübergang versuchen sollte, mit einigermaßen entsprechenden Streitkräften entgegenzutreten.

16. Mai. Infolge dieses Befehls nahm die alliierte Armee am 16. Mai folgende Stellungen ein:
> die Sardinische Armee in und um Casale.
> 2. und 3. Division in Casale selbst,*)
> 4. Division bei Balzola und Villanova,**)
> 1. Division { mit einer Brigade zu Ponte Stura, mit der zweiten Brigade in Occimiano,
> woselbst auch das Königliche Hauptquartier sich befand;
> 5. Division bei Frassinetto, Bozzole und Pomaro, endlich die Kavallerie-Division Sambuy in S. Germano und Santhia zur Deckung des äußersten linken Flügels.*)
>
> Die Französischen Korps:
> 4. Korps um Valenza, San Salvatore; die Division de Failly bei Pecetto und Bassignana.
> 2. Korps um Sale.
> 1. Korps um Pontecurone, die Division Forey bis Voghera und Medassino vorgeschoben. Es waren derselben zehn Eskadrons Piemontesischer Chevaulegers zur Deckung der Front und Flanken zugeteilt.
> 3. Korps — bei Alessandria, — am 17. Mai um Tortona auf beiden Ufern der Scrivia.

17. Mai. Die alliierte Armee bildete sonach zwei starke, durch den Tanaro getrennte Massen, welche ebensowohl gegen den linken Flügel wie gegen das Zentrum der Österreicher gerichtet werden konnten;***) und zwar die erste Masse am rechten Ufer, bestehend aus dem 1. und 2. Korps zu Sale und Voghera, dahinter als Reserve das 3. Korps in Tortona, die zweite Masse am linken aus dem 4. Korps und der Armee des Königs in Valenza und Casale als erste Linie, die Kaiserliche Garde zu Alessandria als Reserve in zweiter Linie.

---

*) Die 3. Sardinische Division kam erst am 17. Mai nach Casale, am 16. stand sie noch bei Balzola—Villanova.

**) Die 4. Sardinische Division stand am 16. in Stroppiana und Gegend; erst am 17. kam sie nach Balzola—Villanova. Piem. Bericht.

***) Wimpffen S. 158 vermutet am 16. Mai, daß ein Vormarsch auf Mortara beabsichtigt sei; keiner der Unterführer wußte indes bestimmtes über den Operationsplan.

Zur Erleichterung der Verbindung der Korps untereinander wurde eine Bockbrücke über die Scrivia bei Ova, zwei Schiffbrücken über den Tanaro bei Rivarone und Porto bel Radice geschlagen.

Auf der ganzen Sesia- und Polinie herrschte vollkommene Ruhe, die Vorposten beobachteten sich gegenseitig. In der unerfreulichen Ungewißheit, in welcher die jetzt auf das Abwarten angewiesenen Österreicher sich befanden, gewann für sie jedes kleine Ereignis eine Bedeutung, insofern es Licht geben konnte, aus welcher Richtung der Feind seinen Angriff unternehmen werde.

So hatte man bemerkt, daß bei Valenza in zwei kleinen Buchten eine Anzahl Fahrzeuge versammelt war. General Philippovic, der mit seiner Brigade vom VIII. Korps das dortige Ufer bewachte, ließ über Nacht eine halbe zwölfpfündige Batterie mit umwickelten Rädern geräuschlos heranbringen und eröffnete am 18. mit Tagesanbruch ein so wirksames Feuer, daß ein 18. Mai. Teil der schon gekoppelten Brückenglieder versenkt wurde. Andere trieben, von der Verankerung losgerissen, dem diesseitigen Ufer zu, und ihre Bemannung suchte sich durch Schwimmen zu retten. Eine jenseits herbeikommende reitende Batterie wurde vom Turm von Torre bei Beretti aus beobachtet, und, da der Zweck erreicht war, das Österreichische Geschütz zurückgenommen. Die Kanonade, welche der Feind eröffnete, fand kein Ziel mehr, und da das Feuer nicht erwidert wurde, hörte es nach einer halben Stunde auf.*)

Der Geschützdonner dieser kleinen Episode, den man im Hauptquartier hörte, veranlaßte sofort den Befehl an das II. Korps sich dem VIII. mehr zu nähern. Es rückte nach S. Giorgio ab. Noch weiter war man für die linke Flanke besorgt, und auch das V. Korps wurde noch an diesem Tage nach Sannazzaro dirigiert.**) Dies war die Vorbereitung für eine starke Rekognoszierung, die Aufschluß darüber schaffen sollte, was jenseit des Po vorging.

Außer der Kolonne Urban bei Casteggio und Voghera***) war dort jetzt das IX. Korps verfügbar, dessen Teten am 14. Piacenza erreicht hatten und von dem die Brigade Braum zur Unterstützung der ersigenannten bis Stradella

---

*) Nach dem Östr. G. St. W. 1, S. 256 ließ General Philippovic am 18. Mai morgens das Material der bei Ausbruch des Krieges zerstörten Schiffbrücken von Valenza zusammenschleßen, da er es wegen zu fester Verankerung nicht auf das Österreichische Ufer schaffen konnte.
**) II. Korps belegte S. Giorgio und Cergnago, V. Sannazzaro, Pieve d'Albignola und Zinasco Vecchio. Östr. G. St. W. 1, S. 262.
***) In Casteggio und Voghera war Urban nur vorübergehend vom 14. zum 15. Mai gewesen. S. 41, Anm. †).

vorgeschoben war.*) General Urban meldete nun am 17., daß er sich vor überlegenen Streitkräften auf Stradella zurückziehen müsse,**) daß bei Bobbio im Trebbiatale das 3. Zuavenregiment (zur Division Autemarre des 5. Korps gehörig) eingetroffen und die Bevölkerung im vollen Aufstande sei. Husarenpatrouillen mußten sich durch sie durchschlagen, wobei am 15. Mai schon ein Mann mit der Heugabel vom Pferde gestochen wurde.***) Um dem Bandenwesen Einhalt zu tun, war von Urban die Aushebung von 100 Geiseln aus den bessern Familien Stradellas und der Umgegend von Piacenza angeordnet und hierdurch einigermaßen nach dieser Richtung Sicherheit geschafft worden.

Französischerseits hatte die Division Forey des 1. Korps von Boghera aus die Piemontesischen zehn Eskadrons unter Oberst Sonnaz bis Pizzale, Verretto, Montebello und Codevilla vorgeschoben und am 17. Mai eine stärkere Rekognoszierung gegen Casteggio gemacht, ohne auf Österreichische Truppen zu stoßen, die, wie wir eben gesehen, derselben auf Stradella ausgewichen waren. Desgleichen war die seit dem 10. Mai in Genua anlangende Division Autemarre (5. Korps) vom Kaiser angewiesen, nach Maßgabe des Eintreffens der Regimenter durch das Gebirge in das Trebbiatal vorzudringen, Bobbio zu besetzen und den Gegner für Piacenza besorgt zu machen. Wie schon bemerkt, traf das 3. Zuavenregiment, die Spitze der Division, am 17. Mai von Torriglia und Ottone her in Bobbio ein. Dahin folgte das 75. Regiment am 22. Mai,†) während der Rest der Division sich auf der Straße Boghera—Bobbio echelonierte. Bei Ausführung dieser Bewegung kam es, daß ein Bataillon des 93. Regiments, welches im Marsche von Boghera nach Barzi war, am 20. Mai an dem Gefechte von Montebello teilnehmen konnte.

General Forey ließ Gewehre an die Landbewohner austeilen und verhieß ihnen Schutz und Unterstützung. Als Österreichische Patrouillen sich am 19. Casteggio wieder näherten, wurde Sturm geläutet, und man empfing sie

---

*) Der Anfang des IX. Armeekorps traf bereits am 13. Mai in Piacenza ein, am 17. wurde die Brigade Braum von dort nach Stradella vorgeschoben. Östr. G. St. W. 1, S. 239/249.

**) Vor Überlegenheit hat sich Urban nicht zurückgezogen; er wollte nur erkunden und ging zurück, nachdem er seinen Zweck erreicht, d. h. festgestellt hatte, daß, abgesehen von Lanziers und kleinen feindlichen Freischaren, Boghera frei vom Feinde sei. Östr. G. St. W. 1, S. 245/246.

***) Der Überfall einer Husarenpatrouille ist nicht in Bobbio, sondern in Boghera vorgekommen. Östr. G. St. W. 1, S. 246.

†) Das 75. Regiment erreichte Bobbio erst am 23. Mai, nachdem es am 19. von Genua aus mit Bahn bis Tortona gelangt und von dort über Boghera, Sobiesko, Barzi marschiert war. Frz. G. St. W. S. 240/241.

mit Flintenschüssen. Die Franzosen waren daher hier alarmiert und konnten auf ihrer Hut sein.

Anderseits mußten die Österreicher, wenn sie etwas Bestimmtes erfahren wollten, mit größeren Kräften vorgehen.

Bei der neuen Linksschiebung der Masse des Österreichischen Heeres konnte man nicht wohl den rechten Flügel bis Vercelli ausgedehnt behalten. Der Ort wurde geräumt, nachdem dort die schöne Eisenbahnbrücke in die Luft gesprengt worden war, das VII. Korps nach Mortara und Robbio,*) das III. nach Garlasco und Trumello zurückgezogen. Ersteres stellte Vorposten längs der untern Sesia aus, und nur ein Detachement von zwei Bataillonen, vier Eskadrons unter Oberst Ceschi**) blieb bei Borgovercelli zur Beobachtung von Vercelli und der obern Sesia stehen. Das Hauptquartier kam nach Garlasco. Die Straße über Novara blieb sonach fast ganz frei, während die Hauptkräfte sich immer mehr gegen Süden konzentrierten. Selbst das I. Korps, welches um diese Zeit aus Böhmen aufbrach, wurde gleich nach Piacenza bestimmt. So wenig war man damals für den rechten Flügel besorgt und das aus strategisch richtigen Gründen.

Nachdem die Brigade Braum bei Stradella angelangt, hatte Urban den Befehl erhalten, mit seinen Truppen zur Erfüllung seiner eigentlichen Bestimmung, Aufrechterhaltung der Ordnung in der Lombardei, auf das linke Poufer zurückzukehren. Den 18. auf dem Marsche nach Baccarizza bei Barbianello eingetroffen erhielt er am 19. die abändernde Bestimmung zur Mitwirkung an einer für den 20. Mai festgesetzten größeren Rekognoszierung, wobei seine Brigade in dem Generalmajor Graf Schaffgotsche einen neuen Kommandeur erhielt.***) Für denselben Zweck war die Division Paumgarten des V. Korps am 19. nach Baccarizza dirigiert, das sie nach einem starken Marsch von fast vier Meilen erst spät des Abends erreichte.†) Im dortigen Brückenkopf stand die Brigade Boer;††) endlich war nach Stradella noch die Brigade Fehlmayr des IX. Korps zur Besetzung dieses Postens entsandt, da die Brigade Braum ebenfalls für die beabsichtigte Expedition ausersehen war.

---

*) Das VII. Korps kam nach Mortara und Castel d'Agogna. Östr. G. St. W. 1, S. 268.

**) Das Detachement Ceschi bestand aus zwei Bataillonen Grueber, zwei Eskadrons, einer halben Batterie. Östr. G. St. W. 1, S. 268; vgl. Geschichte des 54. Infanterieregiments (Grueber), S. 309 ff.

***) Wo der bisherige Kommandeur der zur Division Urban gehörenden Brigade geblieben war, geht aus dem Östr. G. St. W. nicht hervor.

†) Die Truppen erreichten nach Stablons Bericht zwischen 1⁰ und 5⁰ nachmittags Baccarizza.

††) Die Brigade Boer gehörte zum VIII. Korps. Vgl. S. 41.

20. Mai.
Skizze 3.

Die nachstehende Ordre de Bataille verteilte für den 20. Mai einen Teil der Truppen des Feldmarschalleutnants Urban, als schon mit der Gegend bekannt, an alle Brigaden, um als Führer zu dienen.

Feldzeugmeister Graf Stadion.*)

Division Paumgarten	Brigade Prinz von Hessen.	{	Regiment Culoz	4 Bat.,	Sicilienulanen	3 Est.
			4. Jägerbataillon . . .	1 "		
			Regiment Zobel	1 "		
	Brigade Bils.	{	" Kinsky	4(3) "		
			Oguliner Grenzbataillon .	1 "		
	Brigade Gaal.	{	Regiment Karl	4 "		
			" Heß	1 "	Hallerhusaren	2 "
			Liccaner Grenzbataillon .	1 "		
Division Urban.	Brigade Schaffgotsche.	{	Regiment D. Miguel . .	1(2) "		
			" Rainer . . .	1 "		
			Regiment Heß Grenadierbat.	1 "	Hallerhusaren	2 "
			3. Jägerbataillon . . .	1 "		
	Brigade Braum.	}	Regiment Roßbach . . .	4(3) "		

Im ganzen: 25(24) Bataillone,**) 7 Est.

---

*) Aufgabe des Grafen Stadion war festzustellen, ob die Verbündeten auf dem südlichen Poufer vorzugehen und bei S. Cypriano einen Übergangsversuch zu machen beabsichtigten. Dies hielt man damals im Österreichischen Hauptquartier für das Wahrscheinlichste, weniger wahrscheinlich einen Angriff von Cambio—Valenza, am unwahrscheinlichsten einen solchen von der Sesialinie her. Doch waren für alle drei Fälle am 19. Mai Weisungen an die Korps — ähnlich wie am 15. — ergangen: Gegen S. Cypriano sollte das ganze V. Korps die Avantgarde bilden, III., II., VIII. über Pavia und Bereguardo heranrücken, zur Verteidigung der Polinie zwischen Pavia und Corte Olona, während das VII. bei Mortimondo die rechte Flanke der Armee deckte; gegen Cambio—Valenza sollte das VIII. Korps die Avantgarde bilden, das VII. über Semiana den Feind in der linken Flanke fassen, II. und III. das VIII. in der Front unterstützen, die eine Division V. Korps von Sannazzaro aus des Feindes rechte Flanke bedrohen. Von der Sesialinie aus konnte der feindliche Angriff sowohl über Candia—Frassinetto wie über Bercelli—Palestro erfolgen. In ersterem Falle sollte das VII. Korps in der Front Widerstand leisten, das VIII., gefolgt von der Division des V., über Semiana—Balle in die feindliche rechte Flanke, das II. über Olevano zwischen VII. und VIII. gegen Candia vordringen, das III. die Reserve des VII. bilden. Gegen Palestro—Bercelli endlich sollte das VII. Korps „über Robbio in die Flanke" des Feindes, das II. daneben „über Mortara gegen Novara", das III. rechts hinter dem II. gestaffelt „nach" Tornaco—Villanova, das VIII. dem II. „gegen" Mortara, das halbe V. dem III. „gegen" Gravellona folgen. Öftr. G. St. W. 1, S. 283/284; 273/278.

**) Vgl. die Geschichten der Regimenter 81 (Culoz), S. 624ff.; 12. Ulanen (Sicilien), S. 13ff.; 47 (Kinsky), S. 664ff.; 12. Husaren (Haller), S. 220ff.; 39 (D. Miguel), S. 490ff.

und 40 bis 48 Geschütze (6½ Batterien), da einige Batterien aus der Armeereserve mitgegeben waren, zusammen etwas über 18 000 Mann.*)

Die Disposition für diesen Tag war folgende:

Die Division Urban rückt über Broni auf der Chaussee nach Casteggio vor, die Brigade Schaffgotsche bildet die Avantgarde.

Rechts von ihr geht die Division Paumgarten und zwar Brigade Gaal über Barbianello gegen Robecco, Brigade Bils über Pinerolo nach Casatisma, die Division läßt aber 2½ Bataillone und die Artilleriereserve bei Barbianello zurück.**)

Brigade Hessen bildet eine besondere Kolonne. Sie geht über Verrua***) und Castelletto auf Calcababbio und deckt somit die rechte Flanke, wie sie auch auf des Feindes linke zu wirken hat, wenn derselbe hinter der Coppa Widerstand leisten sollte.

Haben die Kolonnen die angewiesenen Punkte erreicht, so warten sie die weiteren Befehle ab.

Nach dieser Anordnung brach man morgens 5° auf.†)

Die Division Urban, welche auf der geraden Chaussee marschierte, traf zwischen 11 und 12° in Casteggio ein.†† Das Städtchen war nicht besetzt; 12° mittags. Fenster und Türen fand man verschlossen, als ob keine Seele im Orte vorhanden wäre. Feindliche Kavalleriepatrouillen zogen sich eilends zurück. Die Avantgardenbrigade Schaffgotsche rückte, ohne Widerstand zu finden, nach Montebello vor. Von dort wichen auch die stärkeren Soutiens der Piemontesischen Kavallerieplänkler zurück, dagegen hatte sich die Stimmung der Be-

---

*) Östr. G. St. W. 1, Beilage VIII, rechnet 22 500 Mann (ab 10 Prozent Kranke), 1164 Pferde, 68 Geschütze einschließlich der Hauptreserve, die aus 2 Bataillonen, 2 Eskadrons, 2½ Batterien bestand.

**) Der Division Paumgarten wurde der Weg über Barbianello—S. Rö—Robecco (Brigade Bils)—Casatisma (Avantgarde und Brigade Gaal) zugewiesen. Östr. G. St. W. 1, S. 288.

***) Über Verrua—Bressana sollten nur die Infanterie und Kavallerie marschieren, die Artillerie aber mit Infanteriebedeckung zunächst der Brigade Gaal bis S. Rö folgen und von da bei Bressana die Brigade Hessen wieder erreichen. Östr. G. St. W. 1, S. 289.

†) Es brachen auf: Brigade Gaal 4°, Prinz Hessen 4³⁰, Bils 5³⁰ früh. Division Urban trat 8³⁰ morgens mit Brigade Schaffgotsche von Broni an, ihr folgte Brigade Braun. Östr. G. St. W. 1, S. 292/293.

††) Urban war 10° vormittags in Verzate vor Casteggio eingetroffen und sollte dort halten, bis Stadion, der sich bei der mittleren Kolonne befand, den Angriffsbefehl geben würde. Urban wartete auch bis 11°, ging dann aber vor, da der Besitz des nur schwach besetzten Ortes ihm zu wichtig erschien. Ein Befehl Stadions von Casatisma aus, mit dem Angriff auf Casteggio erst um 12° mittags zu beginnen, erreichte den General Urban erst um 12⁴⁵ in dem eroberten Ort. Östr. G. St. W. 1, S. 294.

völkerung schon auf dem Vormarsch so feindlich gezeigt, daß Feldmarschalleutnant Urban sich genötigt gesehen hatte neun Individuen, die teils auf die Österreicher gefeuert, teils mit Gewehr und Munition versehen waren, niederschießen zu lassen. Die Brigade Braum besetzte Casteggio, die Husaren der Avantgarde verfolgten gegen Genestrello.

Nach der Disposition hätte nun haltgemacht und weiterer Befehl abgewartet werden sollen.*) Da indes die Husaren meldeten, daß Genestrello von feindlicher Infanterie besetzt sei,**) so hielt Graf Schaffgotsche es für notwendig, diese aus dem nur eine Viertelmeile entfernten Orte zu vertreiben, um nicht erwarten zu müssen, in jedem Augenblick von dort her überraschend alarmiert zu werden. Das Gebirgsterrain tritt nämlich von Süden her in zwei Armen, bei Montebello und Genestrello, hart an die Chaussee heran; die Gabelung beider Höhenzüge erhebt sich zwar nur etwa 100 Fuß, aber die östlichen und westlichen Abhänge sind zum Teil terrassiert, mit Weinpflanzungen bedeckt und für geschlossene Infanterie nicht wohl gangbar. Westlich von Genestrello breitet sich bis Voghera die Ebene drei viertel Meilen weit aus, und man hat die volle Übersicht bis zur Staffora. Der Fosso di Mancapana begrenzt hier die Höhe und im Besitz von Genestrello hätte die Avantgarde einen Abschnitt gewonnen, in welchem sie das Weitere ruhig abwarten konnte. Feldmarschalleutnant Urban genehmigte daher auch das Vorgehen bis zu diesem Punkt und ritt selbst nach Casteggio zurück. Die Kolonnen des Feldmarschalleutnants Baumgarten waren auf ihren Rendezvous bei Casatisma und Robecco angekommen und standen eine halbe bis drei viertel Meilen in der rechten Flanke der Division Urban.

Gleich von Casteggio aus war das Bataillon Rainer der Avantgarde auf dem Eisenbahndamm vorgerückt,***) welcher bei Genestrello 1500 Schritt nördlich entfernt sich vorbeizieht. Es blieben daher zum Angriff auf Genestrello noch die drei Bataillone: Miguel, Heßgrenadiere und das 3. Jägerbataillon, zusammen vierzehn Kompagnien, 2400 Mann, nebst

---

*) S. 51, Anm. ††).

**) Genestrello war, wie das Frz. G. St. W. S. 85 und Östr. G. St. W. 1, S. 296 bestätigen, gar nicht besetzt. Urban hielt sowohl zur Behauptung von Montebello als auch zur Sicherung eines etwaigen Vormarsches nach Voghera den Besitz des Gehöftes mit Recht für notwendig.

***) Das Bataillon war schon von Broni ab auf dem Eisenbahndamm marschiert, ebenso II./Roßbach der Brigade Braum. Beide Bataillone ließ Urban anfangs an der Bahn bei Montebello stehen, zog sie dann aber bis in Höhe von Genestrello vor; die Stellung selbst besetzten das Bataillon Miguel und die 3. Jäger, während die Heßgrenadiere links der Straße zwischen Genestrello und Montebello blieben. Östr. G. St. W. 1, S. 296.

zwei Eskadrons Hallerhusaren und vier sechspfündigen Geschützen, die später noch durch zwei zwölfpfündige verstärkt wurden.

Die Division Forey stand in guter Ruhe bei Voghera,*) zwei Bataillone des 84. Regiments bei C. la Madura auf halbem Wege nach Genestrello vorgeschoben. Drei Kompagnien des 17. Jägerbataillons unter General Dieu rekognoszierten gegen den Po, andere Mannschaften fouragierten, weil die services administratifs noch nicht zur Stelle waren. Die Piemontesische Kavallerie und zwar das Regiment Novara deckte die Coppa vorwärts Casteggio und das Gebirgsterrain bis Codevilla; auf dem linken Flügel standen im Anschluß an das Regiment Novara vier Eskadrons des Regiments Aosta bis Calcababbio und Pizzale, endlich zwei Eskadrons des Regiments Montferrat in Montebello. Oberst Sonnaz selbst befand sich mit einem Französischen Generalstabsoffizier in Casteggio. Obgleich nun der Österreichische Anmarsch von dort genau zu übersehen gewesen wäre, so kam derselbe, wie es scheint, doch ziemlich überraschend. Die Piemontesische Kavallerie zog sich auf der Straße nach Genestrello zurück, wobei es wiederholt auf der Chaussee zu heftigen Reitergefechten mit der die Spitze der Österreichischen Kolonne bildenden Division Hallerhusaren kam.

Beim Vorgehen auf Genestrello trafen die Österreicher zwar auf Widerstand,**) doch wurden das Gehöft und die Höhenausläufer bald genommen. Nach der Besetzung desselben hörte das Feuer auf, und es trat ein Moment der Ruhe ein.

Es war 1° geworden. 1°.

Da bemerkte man Österreichischerseits, daß sich hinter der Fossagazzo dichte Tirailleurketten und auch Infanteriekolonnen zu entwickeln begannen. General Schaffgotsche, der den Feind in solcher Nähe nicht stehen lassen wollte, formierte zum neuen Angriff***) das Grenadierbataillon Heß und das Bataillon Don Miguel à cheval der Straße, auf der die Geschütze auffuhren; das 3. Jägerbataillon im Gebirge, das Bataillon Rainer rechts am Eisenbahndamm, die Kavallerie zur Deckung in der Ebene.

---

*) Von der Division Forey lagen in Voghera anderthalb Bataillone 91, Regiment 74, 98, die Artillerie; in Oriolo Rest 91, in C. Tomaso ein Bataillon 84, in Medalsino 17. Jäger. Frz. G. St. W., S. 83; vgl. Historiques du 74e régiment d'infanterie, S. 110 ff.; 98e régiment d'infanterie, S. 64 ff.; 84e régiment d'infanterie, S. 23 ff.; Richard, Les chasseurs à pied, S. 199/200.

**) S. 52, Anm. **).

***) Graf Schaffgotsche erwartete den Angriff der Franzosen in der bereits angegebenen Formation (S. 52, Anm. ***) mit zwei Bataillonen auf den Höhen, einem als Reserve. Das Jägerbataillon machte später einen Gegenstoß gegen den Französischen rechten Flügel. Östr. G. St. W. 1, S. 298/99.

General Forey, um 12³⁰ von dem Österreichischen Vormarsch über Montebello unterrichtet, ging unmittelbar mit zwei Bataillonen des 74. Regiments, die eben zur Ablösung des 84. Regiments abmarschieren wollten, und einer Batterie von Voghera zur Unterstützung der bedrohten Vorposten vor. Die Division erhielt den Befehl sich schnell zu konzentrieren. Bei den Vorposten angekommen ließ General Forey zwei seiner Geschütze auf der Chaussee auffahren, dieselben rechts und links durch die beiden Bataillone des 84. Regimentes decken. Dahinter verblieb ein Bataillon des 74. Regiments in Reserve, während das andere Bataillon dieses Regimentes nach Cascina Nuova dem hier vordringenden Österreichischen Bataillon Rainer entgegen geworfen wurde. Rechts der Chaussee sammelten sich die sechs Schwadronen der Regimenter Novara und Montferrat nebst zwei Geschützen unter dem Befehl des Obersten Sonnaz.

1³⁰. Um 1³⁰ fiel der erste Französische Kanonenschuß.*) Bald entwickelte sich auf der ganzen Linie ein lebhaftes Tirailleurfeuer, wobei die Österreicher, die bis dahin den Franzosen an Zahl gewachsen waren, in stetem Vorrücken blieben.

2⁰. Inzwischen war aber der Rest der Division Forey auf dem Gefechtsfelde angelangt und dahin disponiert worden, daß die Brigade Blanchard mit einem Bataillon 91. und zwei Bataillonen 98. Regiments das Bataillon des 74. Regimentes in Cascina Nuova abzulösen hätte, während die Brigade Beuret**) einen kräftigen Angriff auf den Österreichischen linken Flügel gegen

---

*) Die Österreicher geben 2⁰⁰ nachmittags als den Zeitpunkt an, wo der erste Französische Kanonenschuß fiel; doch ist Klarheit hierin wie in den übrigen Zeitbestimmungen nicht möglich, da alle maßgebenden Französischen und Österreichischen Werke voneinander abweichen. Für alle Berechnungen empfiehlt es sich daher immer ein und dasselbe Werk als maßgebend zu betrachten, da Widersprüche sonst nicht zu lösen sind. Moltke hält sich hier bei Montebello an die Zeitangaben der Französischen amtlichen Berichte. Es ist beachtenswert, daß auf der Österreichischen Seite sich Graf Stadion, kurz bevor der erste Kanonendonner zu hören war, entschlossen hatte den weiteren Vormarsch einzustellen, da die Truppen sehr ermüdet waren und sich vor Genestrello bis dahin kein Feind gezeigt hatte. Urban sollte mit je einer Brigade Genestrello—Torrazza Coste sowie Casteggio, Gaal C. Fogliarina und C. del Ghiringhelli besetzen, mit der Reserve nördlich Casteggio an der Eisenbahn (Straße nach Casatisma); Prinz Hessen sollte in Branduzzo bleiben, Bils nach Casatisma, dessen Reserve nach Robecco rücken. Die Brigaden Gaal und Hessen sollten im Falle eines feindlichen Angriffs „durch Wirkung in die feindliche linke Flanke" die Division Urban unterstützen. Die entsprechenden Weisungen waren an alle Kolonnen ergangen, nur an Urban nicht, als der Kanonendonner hörbar wurde. Nunmehr wurde die Brigade Gaal mit der westlichen Kolonne zur Unterstützung der Brigade Schaffgotsche verwendet, der östlichen Montebello, der Brigade Bils Casteggio als Marschziel zugewiesen. Vgl. S. 56, Anm. *); Östr. G. St. W. 1, S. 297/98.

**) Die Brigade Beuret bestand aus den Regimentern 74 und 84 sowie den 17. Jägern (letztere nur fünf Kompagnien stark, da drei am Po erkundeten). Frz. G. St. W., S. 83 Anm.

Genestrello unternehmen sollte. Das Bataillon des 74. Regiments zog sich bei diesem Angriff wiederum an die Brigade heran.

Die Stellung, Front gegen Westen, ist sehr stark und durch den Mancapanagraben und die steilen Bergabfälle geschützt. Die massiven Gehöfte von Genestrello bilden vortreffliche Stützpunkte. Graf Schaffgotsche, mit der ganzen Brigade Beuret im Gefecht, leistete heldenmütigen Widerstand, erlitt aber dem nun hier überlegenen Feinde gegenüber empfindlichen Verlust. Schon war seine linke Flanke von der Höhe her umgangen, als er um 3° nachmittags die Stellung räumte.*) 3°.

In der rechten Flanke hatte Major Welsersheim, der das Bataillon Rainer führte, es mit einem bedeutenden Teil der Brigade Blanchard zu tun. Schwierig wurde sein Rückzug. In drei Divisionskolonnen formiert sah sich das Bataillon von der gesamten Piemontesischen Kavallerie attackiert, es formierte drei Knäule und feuerte auf kürzester Distanz. Viele Reiter wurden niedergeschossen, einzelne prallten jedoch bis an die Bajonette heran. Auch benutzte die Division Hallerhusaren mit Vorteil den günstigen Augenblick, um ihrerseits in die weichende Piemontesische Kavallerie einzuhauen.**)

Langsam und fechtend zogen die Österreicher sich nach Montebello zurück, wo sie um 4° eintrafen. 4°.

Die Entfernung von Genestrello nach Voghera beträgt drei viertel, die von Casteggio dahin nur eine halbe Meile. Dennoch kam die Brigade Braum zur Unterstützung der Avantgarde in Genestrello zu spät, um den Verlust dieser Stellung zu hindern. Die vordersten Bataillone mußten kehrt machen und die Brigade formierte sich sobann bei Montebello zur Aufnahme der Avantgarde,***) während drei Bataillone der Brigade Gaal, von Robecco

---

*) Die 3. Österreichischen Jäger, am Fosso del Gambaro vom Grenadierbataillon Heß aufgenommen, machten mit diesem wieder Front und nahmen die alte Stellung von Genestrello wieder ein, vermochten aber nicht, sich dort zu behaupten. Östr. G. St. W. 1, S. 290 ff.

**) Moltke folgt in der Darstellung meist den Französischen Berichten. Nach dem Östr. G. St. W. 1, S. 299 ff. ging das III. Bataillon Rainer von Cascina Nuova in die linke Flanke des nördlich der Chaussee auf Genestrello marschierenden Bataillons 84. Französischen Regiments vor und warf dieses gegen die Chaussee zurück; nachdem die Österreicher dann mehrere Angriffe Piemontesischer Kavallerie abgeschlagen hatten, trieben sie das wieder vordringende Französische Bataillon zum zweiten Male zurück. Erneute Kavallerieattacken der Sardinier folgten mit ebensowenig Erfolg, doch zwangen starke Verluste das Rainer-Bataillon zum Rückzug. Inzwischen focht nördlich von ihm, zwischen Cascina Nuova und der Eisenbahn, das Bataillon Roßbach gegen das von Forey dorthin geschickte Bataillon 74. Französischen Regiments. (S. 54.) Mit Truppenteilen der Brigade Blanchard kam das Bataillon Rainer erst auf dem Rückzug in Berührung. S. 56, Anm. *).

***) Die aus drei Bataillonen Regiments Roßbach bestehende Brigade Braum hatte ein Bataillon, wie mehrfach erwähnt, auf der Eisenbahn dem Bataillon Rainer folgen

kommend,*) sich rechts derselben entwickelten. Graf Schaffgotsche ging durch diese Aufstellung durch, ließ die Husaren und zwei noch brauchbare Geschütze daselbst zurück und traf mit seiner hart mitgenommenen Infanterie um 4^{30} in Casteggio wieder ein.

Bei Montebello stellten also nun sieben Österreichische Bataillone der Brigaden Braum und Gaal sich dem Andrang des Feindes entgegen, nämlich

drei Bataillone vom Regiment Roßbach,
zwei   „   „   „   Karl,
ein   „   „   „   Heß und
ein   „   „   „   Liccaner Grenzer.

Die beiden anderen Bataillone vom Regiment Karl waren bei Barbianello, ein Bataillon Roßbach bei Casteggio zurückbehalten.

Von jenen Truppen waren das Liccaner-Bataillon und ein Bataillon vom Regiment Karl zwischen dem Ort und der Eisenbahn aufgestellt.**)

---

lassen, ein Bataillon war vorläufig in Casteggio „als zweites Treffen" zurückgeblieben, das dritte war durch das Gebirge auf Montebello entsandt worden, dessen Südwestausgang es aber erst 3^0 nachmittags erreichte. Ihm folgte später dorthin das Reservebataillon. Östr. G. St. W. 1, S. 296 ff.

*) Die Brigade Gaal war 12^0 mittags zur Unterstützung des Angriffs auf Casteggio (vgl. S. 51 sowie S. 54, Anm. *) von Casatisma aus in zwei Kolonnen zu beiden Seiten der Coppa vorgegangen, östlich zwei Bataillone Karl, eine Eskadron Husaren, eine halbe Batterie, westlich ein Bataillon Karl, ein Bataillon Heß, eine Eskadron Husaren und eine halbe Batterie. Das vierte Bataillon Karl vermittelte teils die Verbindung der Kolonnen, teils war es mit dem Liccaner Grenzbataillon und einer halben Batterie in Casatisma geblieben. Die Brigade Bils blieb bei Robecco. — Die westliche Kolonne der Brigade Gaal, in C. Fogliarina angekommen, wurde nach 2^{00} angewiesen, das Bataillon Heß zur Unterstützung der bei Genestrello kämpfenden Truppen nach dem Südausgang von Montebello zu entsenden, das Gros der Kolonne sollte durch Vorgehen an der Bahn den rechten Flügel Urbans degagieren. Das Bataillon Heß ermöglichte durch einen Vorstoß auf Genestrello den gerade von dort zurückgehenden Heßgrenadieren und dem III. Bataillon Miguel, sich noch vor Montebello zu sammeln, das augenblicklich, nach 3^0 nachmittags, nur von dem eben eingetroffenen III. Bataillon Rainer besetzt war. Das Gros der Kolonne kam den von Cascina Nuova auf C. la Borra durch die Brigade Blanchard zurückgeworfenen Bataillonen, III./Rainer und II./Roßbach, zu Hilfe, kämpfte mit wechselndem Erfolge südlich C. la Borra zu beiden Seiten der Bahn, wurde aber schließlich, gegen 5^0, durch den fortschreitenden Angriff der Franzosen bei Montebello gezwungen, hinter den Schizzolabach zurückzugehen. Die östliche Kolonne der Brigade Gaal (zwei Bataillone, eine halbe Batterie) erreichte um 3^{00} auf der Chaussee und Eisenbahn von Casteggio aus Montebello, wohin auch die Reserve der Brigade (ein halbes Bataillon Karl, Liccaner Grenzer, eine halbe Batterie) gezogen wurde. Östr. G. St. W. 1, S. 294 ff.

**) Die vorangegangenen Anmerkungen ergeben folgende Stärke der Besetzung Montebellos: Zwei Bataillone Roßbach (eins seit 3^0 durch das Gebirge vorgegangen, eins von Casteggio herangezogen), zweiundeinhalb Bataillone Karl, zwei Bataillone Heß (die Grenadiere Heß zog Schaffgotsche nicht nach Casteggio zurück), ein Bataillon Liccaner

Die Kräfte mögen daher bei Montebello anfangs ungefähr gleich gewesen sein, aber die Österreicher hatten frische Truppen und ihre Stellung war stark. Mehrere mit Mauern umgebene Landhäuser im südlichen Teile des Dorfes und ein kleiner Gottesacker nördlich desselben gewährten Stützpunkte für die Verteidigung. Zwar fand das Bataillon Heß die Häuser am Südende des Dorfes schon von den Franzosen besetzt, da man versäumt hatte das rechtzeitig selbst zu tun, sie wurden aber in Besitz genommen, und man richtete sich in allen Baulichkeiten zum hartnäckigen Widerstand ein.

General Forey scheute nicht den Angriff auf die Stellung von Montebello.

Auch hier wurde derselbe mit gleicher Umsicht gegen den feindlichen linken Flügel gerichtet. Nach kurzer Ruhe gingen die Kavallerie und Artillerie mit zwei Bataillonen des 84. Regiments auf und neben der Chaussee vor. Das Gros der Infanterie hingegen, das 17. Jägerbataillon, das III. Bataillon des 84. und das 74. Regiment, welche ihre Tornister zurückließen, stiegen schon von Geneftrello aus auf schlechten Wegen den dicht bewaldeten*) Bergrücken empor und dirigierten sich dann gegen die Südspitze von Montebello. Von diesem höchsten Punkt senkt sich der Ort in einer langen Straße bis zur Chaussee herab. Da die Abhänge des Höhenrückens zu beiden Seiten Truppenbewegungen nicht gestatten, so mußten die Franzosen nun, um vorzubringen, ein Haus nach dem andern erstürmen, anderseits vermochten die Österreicher von der Ebene her deren Verteidigung in keiner Weise zu unterstützen. Der ganze Kampf wurde mit großen Massen in den engen Straßen geführt und mußte notwendig sehr blutig werden. Die Spuren desselben zeigten sich noch lange nachher in den vielfach zerstörten Wohnhäusern. Die Artillerie fand in dem ganzen Gefecht eine sehr beschränkte Verwendung, da das Terrain ihre Aufstellung nirgends begünstigte. Nur die beiden Zwölfpfünder von der Brigade Schaffgotsche hielten den Vormarsch des Feindes auf der Chaussee lange auf, indem der Leutnant Prokosch sein Kartätschfeuer aufsparte und es gegen die

---

Grenzer; im ganzen war demnach der Ort von sieben und einem halben Bataillon besetzt. Die Berechnung Moltkes ist also fast genau dieselbe, wenn auch die Verwendung der einzelnen Bataillone nicht zutrifft; vor allem ist hervorzuheben, daß dem wiederholten Angriff der Brigade Beuret gegenüber nicht alle Kräfte in und bei Montebello eingesetzt wurden.

*) Bewaldet ist das Gelände zwischen Geneftrello und Montebello nach den Karten nie gewesen. Landeseinwohner bestätigten dies. Vielmehr sind die Felder dort mit Reihen von Obstbäumen und Reben bepflanzt. Dadurch hat die Gegend allerdings ebenso wie die Ebene den „Charakter eines lichten Waldes". Nur südöstlich Geneftrello findet sich niedriges Eichenbuschwerk, das auch der Bericht des Majors v. Stranz vom Herbst 1859 erwähnt. Vgl. Meixner, S. 111.

wiederholt andringenden Sturmkolonnen auf 300 Schritt abgab. Indes ging in Montebello ein Gehöft nach dem andern verloren.

General Beuret fiel, als man bereits bis zum Kirchhof an der Chaussee vorgedrungen war. Dieser bildet ein Viereck von nur fünfzig Schritt Seitenlänge, und obwohl man eilig einige Schießscharten in die Umfassungsmauer eingebrochen hatte, gestattete seine Lage durchaus keine längere Verteidigung, sobald er von der Dorfseite her angegriffen wurde. Um 6⁰ wurde der Rückzug nach Casteggio befohlen.

6⁰.

General Forey hatte nun nach vier Stunden zuerst eine Abteilung von 3000, dann eine zweite von 4000 (die Brigade Braum zählte an diesem Tage zufolge einer authentischen Berichtigung nur 2500 Mann),*) aus ihrer Stellung zurückgedrängt. Graf Stadion disponierte aber über 18 000 Mann, und wenn er zwar 2000 Mann mit der ganzen Reserveartillerie bei Barbianello, anderthalb Meilen weit zurückgelassen, so waren jetzt immer noch die Brigade Bils und ein Bataillon der Brigade Braum, also 4000 bis 5000 Mann ganz frischer Truppen, vorhanden, die seit Mittag schon eine halbe bis höchstens drei viertel Meilen in der Flanke aller dieser Gefechte gestanden hatten.

Der Kommandierende war um 12⁰ nach Casteggio gekommen.**) Unzufrieden damit, daß die Avantgarde allein vorgerückt, ehe die Verbindung mit den übrigen Brigaden hergestellt war, befahl er, daß dieselbe zurückkehren, die andern Kolonnen aber an den ihnen in der Disposition bestimmten Plätzen abkochen sollten.***) Hiernach wäre die Aufstellung der lagernden Truppen folgende gewesen:

Brigade Schaffgotsche   bei Montebello,
   „   Braum   „ Casteggio,
   „   Gaal   „ Robecco,
   „   Bils   „ Casatisma,
   „   Prinz von Hessen   „ Branduzzo.

Die Anordnung, daß vorrückende Truppen halten bleiben und Befehle abwarten sollen, hat manches Mißliche.†)

*) Nach dem Öftr. G. St. W. 1, Beilage VIII, 2600 Mann.
**) Graf Stadion erhielt nach Österreichischer Zeitberechnung die Meldung von der Einnahme Casteggios 1³⁰ auf dem Wege von Casatisma dorthin, kann demnach erst gegen 2⁰ in Casteggio gewesen sein. Vgl. Öftr. G. St. W. 1, S. 296.
***) S. 54, Anm. *).
†) In Rederns Bericht schreibt Moltke am Rande: „Die Anordnung, halten zu bleiben und Befehle abzuwarten, kann nötig werden, wenn möglicherweise ganz neue Verhältnisse eintreten können."

Die Disposition des Feldzeugmeisters scheint mit Bestimmtheit vorauszusetzen, daß der Feind bei Montebello stehe, und den Zweck zu haben, ihn dort von Casteggio, Casatisma und Calcababbio umfassend und gleichzeitig anzugreifen.*)

Oder lag es in der Absicht, da ein Teil der Truppen schon gestern starke Märsche gemacht, heute bei brennender Hitze vorgegangen war, ein größeres Gefecht erst morgen zu führen?**) Jedenfalls war das Gefecht gegen den Willen des Kommandierenden engagiert, aber es war engagiert. Graf Schaffgotsche konnte es damals nicht mehr abbrechen, er mußte unterstützt werden. Wären die Nebenkolonnen nicht durch die Disposition gebunden gewesen, rückten sie einfach in der Richtung des Feuers vor, so gelangten sie ganz von selbst in die Flanke des feindlichen Angriffs, und die Sache mußte fast unausbleiblich eine verderbliche Wendung für die Französische Division nehmen.

Da die Brigade Gaal in Robecco am nächsten stand,***) so erschien sie auch von dort, wie wir gesehen haben, noch zu rechter Zeit, um an der Verteidigung Montebellos teilzunehmen.

Die Kolonne des Prinzen von Hessen war bei ihrem Vormarsche in Castelletto auf schwache Piemontesische Kavallerieabteilungen gestoßen. Sie war noch um 12° angewiesen worden sich auf Casteggio zu dirigieren. Da aber dieser Punkt inzwischen schon von der Brigade Schaffgotsche genommen und passiert war, so erhielt der Prinz um 1^{15} bei C. bei Ghiringhelli den schriftlichen Befehl, nach Branduzzo zurückzukehren und dort unter dem Schutze einer wahrscheinlich am Lurione beabsichtigten Vorpostenaufstellung abzukochen.†)

Da das Feuer bei Genestrello, wie wir gesehen, um diese Zeit, wo General Forey noch nicht zum Angriff geschritten, völlig verstummt war, so

---

*) Nach den Patrouillennachrichten vom 19. Mai hielt Stabion bei Ausgabe des Vormarschbefehls Casteggio für besetzt. Précis S. 83.

**) Bereits am 19. Mai abends meldete Graf Stabion dem Armeeoberkommando, daß er sich beim Vormarsch am 20. erst in Casteggio entscheiden werde, ob er weiter vorgehen oder Stellung nehmen werde: letzteres tat er denn auch, wie sein Befehl für den Übergang zur Ruhe vom 20. 2^{30} nachmittags beweist. Östr. G. St. W. 1, S. 291 ff. Rolkes Vermutung trifft also zu, allerdings sind die Voraussetzungen, unter denen Stabion seine Weisungen gab, andere gewesen, wie Rolke annimmt; nicht obwohl Montebello vom Feinde besetzt war, wollte Stabion halten, sondern weil kein Feind vor Genestrello sich zeigte. Auf alle Fälle war Stabions Entschluß, zur Ruhe überzugehen, angesichts der wenig aufgeklärten Lage verfrüht.

***) S. 56, Anm. *).

†) S. 54, Anm. *).

trat die Brigade befohlenermaßen den Rückmarsch an; der Prinz hingegen ritt für seine Person nach Montebello vor, um sich vom Stande der Dinge zu unterrichten. Dort erkannte er aus dem bald darauf wieder beginnenden Feuer bei Genestrello den erfolgten Zusammenstoß der Brigade Schaffgotsche mit den Franzosen. Nachdem der Prinz die Weisung erhalten: gegen den Feind Front zu machen und vorzurücken, eilte er zu seiner Brigade zurück,
2³⁰. die mit den ersten rückwärtigen Abteilungen Branduzzo bereits wieder erreicht hatte, und führte sie aufs neue in der Richtung auf Lazzaretto vor. Das 4. Kaiserjägerbataillon hatte die Verbindung mit dem Gros herzustellen, es kam um 4°, also um eben die Zeit, wo Montebello angegriffen wurde, zum Gefecht. Wir wissen, daß ein Bataillon vom Regiment Karl an der Eisenbahn den rechten Flügel der Aufstellung bildete.*) Dasselbe stand im Kampfe mit einem Teil der Brigade Blanchard und der Piemontesischen Kavallerie, welche freilich in diesem Terrain kaum so viel Raum fand, um eine Schwadron zu entwickeln. Das Bataillon hatte sich gänzlich verschossen, und zwei Kompagnien des Jägerbataillons langten eben noch früh genug an, um es aufzunehmen. Weiter rechts von den Jägern gingen zwei Bataillone vom Regiment Culoz vor. Der Prinz leitete mit persönlicher Auszeichnung das Gefecht, welches jedenfalls den großen Nutzen hatte, daß die Brigade Blanchard nicht auch noch gegen Montebello verwendet werden konnte.**)

Man hatte es hier mit dem 91., 98., einem Bataillon des 93. Französischen Regiments und dem Piemontesischen Kavallerieregiment Aosta zu tun. Das letztgenannte Bataillon gehörte nicht zur Division Forey. Es war aber, nach der bei der Französischen Armee üblichen, schönen Sitte, von Voghera, wo es sich eben befand, ohne weiteren Befehl accouru au canon. Sein Eintreffen kam dort sehr gelegen, denn der Prinz von Hessen stand jetzt vollständig in der Flanke der Franzosen und bedrohte ernstlich ihren Rückzug. Leider waren auch von dieser Brigade zwei Bataillone in rückwärtigen Aufnahmestellen stehen geblieben,***) außerdem ging man mit einiger Vorsicht zu Werke, weil man wahrzunehmen glaubte, daß Eisenbahnzüge Verstärkungen aus Tortona und Voghera heranführten. Zwei Eskadrons Sicilienulanen wurden abgeschickt, um jenseits Genestrello einige Schienen aufzuheben;

---

*) Hier kämpfte die westliche Kolonne der Brigade Gaal. Vgl. S. 56, Anm. *).
**) Ebenso mußte Blanchard von jeder Verfolgung der westlichen Kolonne der Brigade Gaal sowie der Bataillone III./Rainer und II./Roßbach abstehen. Auf Grund von Moltkes Bemerkung zum Bericht Stranz'.
***) Gren./Culoz und I/Zobel, eine Esk. Ul. und einige Geschütze. Die Grenadiere wurden nach Östr. G. St. W. 1, S. 310 noch in den Kampf vorgezogen.

sie fanden jedoch die Wärterhäuser mit Infanterie besetzt und mußten nach einigem Verlust umkehren. Erinnert man sich, daß die Österreicher am 5. Mai die Eisenbahnbrücke von Tortona und Voghera selbst zerstört hatten, so ist es klar, daß diese Truppentransporte nicht stattgefunden haben können.*)

Um 6° hatten die Österreicher Montebello verloren,**) und der Prinz von Hessen erhielt Befehl zurückzugehen. Unbelästigt erreichte er Guzzaniga an der Coppa.***)

Die Brigade Bils endlich war wieder zur Aufnahme der Brigaden Schaffgotsche, Gaal und Braum nach Casteggio gezogen; sie kam nicht zum Schuß, denn die Franzosen drangen nicht über Montebello hinaus. Diese konnten auch nicht daran denken weiter vorzugehen, umsoweniger als die Stärke der Abteilung nicht zu beurteilen war, die unter dem Prinzen von Hessen in ihrer Flanke stand.

Der Kanonendonner hatte auch die Division Bazaine von Pontecurone herbeigezogen. Auf Befehl des Marschalls Baraguey mußte dieselbe um 4³⁰ das 1. Zuavenregiment nach Voghera, um 6³⁰ dasselbe Regiment, unterstützt vom 33. und 37., über diesen Ort hinaus vorrücken lassen. Genestrello war kaum von ihren Spitzen erreicht, als man erfuhr, daß der Feind im vollen Rückzuge begriffen sei. Marschall Baraguey, der abends zwischen 8° und 9° von Pontecurone her eintraf, begegnete dem General Forey in Genestrello, befahl, die gewonnene Stellung wieder aufzugeben und sich näher an Voghera zurückzuziehen. Nur die Schizzolalinie mußte leicht besetzt bleiben, auch unterhielt man in Montebello Wachtfeuer, um den Feind über den Abzug zu täuschen.

Obwohl also die Franzosen gar nicht folgten und bei Casteggio jetzt 16½ Bataillone versammelt waren, von denen einige noch ganz intakt,†) und wenngleich der Abschnitt der Coppa bei Casteggio noch weit stärker als

---

*) Die Brücken an der Eisenbahn und über die Scrivia waren, wie Östr. G. St. W. 1, S. 247 behauptet, wiederhergestellt; Frz. G. St. W., S. 96 sagt, sie seien erst am 21. Mai wieder bezogen worden. Weniger die Annahme von Eisenbahntransporten scheint den Prinzen von Hessen indes zur Vorsicht getrieben zu haben als der Vorstoß eines Teiles des Französischen Regiments 91 und des Sardinischen Kavallerieregiments Aosta von Oriolo aus, wodurch Flanke und Rücken der Brigade Hessen bedroht wurden und ein Eingreifen bei Montebello hinderten. Vgl. Östr. G. St. W. 1, S. 310.

**) Nach dem Östr. G. St. W. 1, S. 312 ging Montebello 6³⁰ abends verloren.

***) Der Prinz ging nach Oressana zurück. Östr. G. St. W. 1, S. 310.

†) Hierzu gehörte auch „ein Teil der Brigade Fehlmayr" IX. Armeekorps. Feldmarschalleutnant Graf Crenneville war nämlich aus eigenem Antriebe, dem Kanonendonner folgend, mit jenen Brigadeteile von Strabella über Broni nach Casteggio geeilt. Östr. G. St. W. 1, S. 315.

die früheren Stellungen ist,*) auch die rechte Flanke durch den Prinzen von Hessen genügend gedeckt war,**) so wurde doch um Mitternacht schon der allgemeine Rückzug angetreten und bis morgens 6⁰ fortgesetzt, wo man Baccarizza nach 24 Stunden höchster Anstrengung wieder erreichte. Die Arrieregarde blieb bis morgens an der Coppa unbelästigt stehen.***)

Die Expedition kostete: 295 Tote, (831)
715 Verwundete, (785)
283 Vermißte. (307)†)

im ganzen 1293 Mann,

darunter 41 (46) Offiziere. General Braum war verwundet, 3 Stabsoffiziere waren tot.

Die Franzosen berechneten ihren Verlust zu
105 Toten,
549 Verwundeten,
69 Vermißten,

im ganzen 723 Mann,

darunter 1 General, 2 Stabsoffiziere, überhaupt 64 Offiziere.††)

Sieht man auch von der Ziffer der Vermißten ab, welche hier wie fast immer auf Französischer Seite weit geringer ist als auf der Österreichischen, so bleibt es doch schwer zu erklären, daß der Angriff auf eine Reihe von festen Stellungen fast nur halb soviel Opfer gekostet haben soll wie deren Verteidigung.

Die Österreichischen Truppen hatten sich mit ausgezeichneter Tapferkeit geschlagen. Allein sie waren stets nur nach und nach und in ungenügender Stärke ins Gefecht geführt.†††) Man hatte so viele Aufnahmestellungen rück-

---

*) In dem Bericht des Majors v. Rebern bemerkt General v. Moltke am Rande: „Österreichischerseits war mit 10 bis 12 intakten Bataillonen wohl möglich, sich wenigstens bis morgen hinter der Coppa zu behaupten."

**) Die Verbindung zwischen Casteggio und dem Prinzen von Hessen bewirkte die Brigade Gaal, die an Stelle der ebenfalls nach Casteggio vorgezogenen Hauptreserve (S. 51, 61) Casatisma im Laufe des Abends besetzte. Östr. G. St. W. 1, S. 313.

***) Die Arrieregarde, Brigade Bils, verließ Casteggio bereits am 20. Mai abends 11³⁰, traf aber erst am 21. um 1⁰ nachmittags bei Baccarizza ein. Östr. G. St. W. 1, S. 315.

†) Östr. G. St. W. 1, S. 315.

††) Die Überreste der Gefallenen sind in einem sogenannten „Beinhaus" (ossario) gesammelt aufbewahrt. Auch die übrigen Schlachtfelder des Feldzuges besitzen solche Gebäude, so daß nur vereinzelt Gräber zu finden sind.

†††) Nach dem Österreichischen Exerzierreglement von 1859 sollte beim Sturm auf ein Objekt, welchen die Masse gleichzeitig mit den „Tirailleurs" ausführte, die Bataillonskolonne nach angenommener Erstürmung des Objekts wieder zurückgehen und nur die Tirailleurkette

wärts genommen, daß das, was wirklich gegen den Feind stand, unterliegen mußte.

Der nächtliche Rückzug bestätigte vollends, daß das erste Zusammentreffen mit den Franzosen kein glückliches gewesen war.*)

Obwohl in seinem Kantonnement ganz überraschend mit einem Angriff bedroht, hat General Forey seine Division schnell versammelt, mit der Offensive geantwortet und den beabsichtigten Überfall in einen Sieg verwandelt. Im Gegensatz zu dem Österreichischen Verfahren verwendet er bei allen Kämpfen alle seine Kräfte. Nur ein Bataillon und die Vorposten sind an der Staffora zurückgelassen.**)

Dieses kräftige Verfahren hat für sich — den Erfolg; zu verkennen ist jedoch nicht, daß die Fortführung des kühnen Vorgehens bis zu einem hartnäckigen Ortsgefechte in Montebello bei richtiger Verwendung der bedeutenden Streitmittel, welche die Österreicher in Tätigkeit bringen konnten, dem General Forey eine sichere Niederlage hätte bereiten müssen.***)

Man hat von beiden Seiten behauptet, gegen die Übermacht gefochten zu haben. Die Österreicher hatten 18000 Mann†) zu ihrer Unternehmung herangeführt, die es nur mit der Französischen Division und der Piemontesischen Kavalleriebrigade Sonnaz zu tun hatten. Nach den offiziellen Berichten hatte General Forey am 20. Mai einschließlich des Bataillons vom 93. Regiment

---

auf dem genommenen Platze stehen bleiben. So sei es auch gekommen, daß im Feldzug eroberte Positionen öfter wieder verloren gegangen wären. Feldzug 1859, Vorspiel ꝛc., S. 16. Kunz „Von Montebello bis Solferino", S. 23 hebt den Methodismus der Österreicher im Gegensatz zu den Franzosen hervor, die gar nicht an taktischen Formen klebten. Friedjung (Vorherrschaft) 1, S. 334 sagt: Nach dem Österreichischen Dienstreglement mußte jeder Kommandant stets eine Reserve zurückbehalten, auf die er sich im Falle mißlungenen Angriffs zurückziehen konnte. Die defensive Richtung in der Ausbildung herrschte vor. Vgl. Schlichting „Moltke und Benedek", S. 98/99.

*) Bemerkung aus den alten Ausgaben: Die Österreicher wichen nach dem Ausdruck des Generals Forey avec la tenacité et l'ordre particulière à l'armée autrichienne.

**) Ein Teil der Vorposten an der Staffora ist auch zum Kampfe herangezogen worden.

***) Almazan, S. 159 behauptet, Forey sei erst zum Angriff auf Geneftrello geschritten, nachdem Baraguey d'Hilliers ihn angewiesen habe den Feind bis Casteggio zurückzuwerfen; außerdem habe der Marschall ihm Verstärkungen versprochen. Wenn dies zutrifft, so würde Foreys Verhalten begreiflich erscheinen. Duquet „La guerre d'Italie", S. 16/17 und andere erklären Foreys Angriff auf Montebello als überflüssig. — Nachdem der Französische General sich aber nun einmal entschlossen hatte, Geneftrello anzugreifen und dieser Ort in seinen Besitz gelangt war, mußte er sich auch Montebellos bemächtigen. Das verlangte nicht allein die günstigere Lage von Montebello, von wo er das Gelände bis Casteggio beherrschte, sondern die ganze taktische Lage: Forey mußte wissen, was jenseits Montebello ankam. Mit einem Schleier vor den Augen durfte er nicht stehen bleiben.

†) S. 51, Anm. *).

und der Sardinischen Reiterei 6938 Mann und 1294 Pferde, im ganzen einschließlich der Artillerie 8500 Kombattanten.

Wir glauben, in unseren Zahlenangaben gegen beide Teile gerecht zu sein, indem wir folgende Zusammenstellung geben.

Bis um 2° war die aus den verschiedensten Bestandteilen zusammengewürfelte Österreichische Avantgardenbrigade Schaffgotsche ganz allein stärker als alles, was ihr entgegenstand, von da an wurden die Franzosen dem überlegen, was Österreichischerseits ins Gefecht geführt war. Aber schon während des Kampfes um Montebello schlug das Verhältnis zugunsten der Österreicher um, sobald die Kolonne des Prinzen von Hessen wirksam wurde. General Forey mußte einen bedeutenden Teil seiner Streitmacht zur Sicherung seiner so gefährlich bedrohten linken Flanke verwenden. Was er gegen Montebello selbst heranführte, war gewiß nicht mehr, als was die Österreicher in der Stellung hatten; bei Casteggio endlich waren die Österreicher dreimal so stark wie ihr Gegner, und in diesem Augenblick traten sie den Rückzug an.

Die sogenannten Rekognoszierungen spielen in der Österreichischen Kriegführung zu allen Zeiten eine große Rolle. Man möchte behaupten, daß diese Art von Unternehmungen nur dann einen Nutzen haben könne, wenn man aus denselben unmittelbar zur Schlacht überzugehen vermag. Ergibt die Rekognoszierung die Verhältnisse ungünstig, so kann sie nicht schnell genug abgebrochen werden, zeigt sie hingegen eine vorteilhafte Sachlage, so muß diese auch sofort ausgenutzt werden, da sie sich in wenigen Stunden vollkommen ändern kann.

Welche Erfolge auch Graf Stadion über den General Forey errungen haben möchte, er mußte immer zurück, denn am nächsten Tage traten ihm das gesamte 1., 2. und 3. Französische Korps entgegen, welche, wie wir wissen, in dem Rayon eines Marsches hinter Boghera standen. Das Österreichische Heer hingegen befand sich jenseit des Po, und da man leider über keinen näheren Poübergang verfügte, so hätte es über Pavia und Baccarizza herangeführt werden müssen, wozu man allermindestens drei Märsche brauchte. Kann aber wohl eine Unternehmung gerechtfertigt erscheinen, die bei voraussichtlichen großen Verlusten auf keine Weise einen entscheidenden Erfolg herbeizuführen vermag? Das allzu vorsichtige Verfahren des Grafen Stadion bei dieser Gelegenheit mag wohl aus ähnlichen Betrachtungen hervorgegangen sein.

Was war nun auch, abgesehen von Verlusten, von furchtbarer Anstrengung und von dem Gefühl eines mißlungenen Angriffs, das Resultat der ganzen Expedition?

Die wirkliche Stärke des Gegners hatte man nicht erkundet, denn nur eine Division war zur Entwicklung gezwungen worden; ebensowenig war zu wissen, ob das, was man wirklich gesehen, am folgenden Tage auch noch da sein werde, wo es gesehen worden, denn man war ja hinter den Po zurückgegangen. Alles, worüber die mit solcher Macht ausgeführte Rekognoszierung Aufschluß gab, war sonach: daß am 20. Mai eine größere Abteilung des Französischen Heeres sich auf der Straße von Alessandria nach Piacenza in der Gegend von Boghera befunden hatte, und das hätte man auf anderem Wege wohl auch erfahren können.*)

Im Hauptquartier war man mit der Leitung der Expedition nicht besonders zufrieden gewesen, das Verhalten der Truppen aber mußte Anerkennung finden. Das 8. Jägerbataillon, das Grenadierbataillon Heß, das Regiment Karl und was von der Artillerie zum Kampf gekommen war, hatten mit besonderer Auszeichnung gefochten. Weniger rühmte man das Grenzerbataillon.

Die Franzosen hatten sich in der geschickten Oberleitung, in umsichtiger Benutzung des Terrains und besonders in der energischen Offensive glänzend hervorgetan. Die Piemontesische Kavallerie dagegen war den Österreichischen Husaren nicht gewachsen gewesen, und die Französische Artillerie hatte wenig Schaden getan, da sie meistens zu hoch schoß.**)

Auf die Anzeige des Grafen Gyulai telegraphierte Kaiser Franz Josef: „Ich danke Meinen Truppen für ihre ausgezeichnete Tapferkeit bei dem Gefechte von Montebello." Dies Lob verwischte schnell die Anfänge einer mißliebigen Kritik und hob sichtlich die Stimmung der Armee. Man fühlte sich an Tapferkeit im Kampfe den Franzosen völlig gleich und durfte hoffen, daß bei richtiger Verwendung der Truppen die nächste Entscheidung günstig ausfallen werde.

Das Gefecht von Montebello nun bestärkte im Hauptquartier zu Garlasco

---

*) Eine gewandte Offizierpatrouille würde genügt haben.
**) Fast sämtliche Österreichischen Verwundeten waren durch Bajonettstiche und Gewehrkugeln getroffen worden.

Auf Grund der bei Montebello gewonnenen Erfahrungen gab Napoleon in einem Tagesbefehl einige taktische Weisungen, die auf dem Italienischen Kriegsschauplatz in Kraft treten sollten und auch in der Folge beachtet wurden: Die Infanterie sollte in großen Schützenschwärmen auftreten, dabei aber doch Knäule bilden oder ihre Bataillone erreichen können. Die Kolonnen der Infanterie hätten seitwärts der Wege zu marschieren, da die Artillerie nur diese unter Feuer nehmen könnte. Horn- und Trommelsignale waren zu vermeiden. Nur dann sollten die Bataillone in Linie aufmarschieren, wenn sie sich nicht anders gegen das feindliche Kanonenfeuer sichern könnten. „Feldzug 1859 von einem Preußischen Offizier," 1, S. 151, 174/5.

Die Österreicher hatten, soweit sich feststellen läßt, in taktischer Beziehung keine unmittelbaren Lehren aus dem Gefecht bei Montebello gezogen.

immer noch mehr die an sich sehr wohl begründete Meinung, daß der feindliche Angriff gegen Piacenza gerichtet sein werde. Sie vermehrte die Besorgnis für die linke Flanke der vorgeschobenen Aufstellung in der Lomellina und ließ als bloße Demonstration erscheinen, was auf der rechten geschah, wo nachmals der wirkliche Angriff dennoch erfolgte.*)

21. Mai. Demnach erhielten die bei Vaccarizza versammelten Truppen Befehl nicht wieder zur Hauptarmee zurückzukehren, sondern dort stehen zu bleiben. Auch vom III. Korps wurde noch die Division Martini etwas näher an den Po herangezogen, um bereit zu sein, wenn der Feind etwa den Übergang über diesen Strom oberhalb der Ticinomündung versuchen sollte. Auf diese Weise wurde die Armee immer weiter nach links versammelt.

Aber auch die Franzosen konzentrierten sich nach vorwärts auf der Straße nach Piacenza.

Am Abend des 20. hatte der Kaiser den Ausfall des Gefechts von Montebello erfahren. Er bestimmte, daß am folgenden Tage das 2. Korps nach Castelnuovo, das 3. nach Pontecurone an das 1. heranrücken sollten, welches bei Voghera stand. Die Division Renault des letzteren Korps mußte noch in der Nacht 11° aufbrechen, um seine Stellung vorwärts jenes Ortes morgens 2° eingenommen zu haben. Das 4. Korps verblieb bei Bassignana, die Garde in Alessandria.

Nachdem die Brigade Gablenz Vercelli geräumt, regten sich nun auch die Sardinier.

Mit dem Zwecke, sich der Zugänge zu der von den Österreichern zerstörten Eisenbahnbrücke auf dem linken Sesiaufer zu bemächtigen und den künftigen Brückenschlag vorzubereiten, rückte die Division Cialdini in zwei Kolonnen

---

) General v. Moltke weist mit dieser Bemerkung darauf hin, daß am Tage von Montebello die ganze Division Cialdini von Casale aus in Vercelli eingetroffen war; doch konnte Gyulai unmöglich hieraus sofort den Plan Napoleons zum Linksabmarsch erkennen, den er, wie erwähnt, im übrigen auch noch gar nicht fest ins Auge gefaßt hatte. Vielmehr hielt der österreichische Oberfeldherr die Bewegung der Piemontesen für eine Demonstration, die sie ja vorläufig auch nur sein sollte. Nur vorübergehend macht Gyulai am 21. Mai das VII. Korps auf die Möglichkeit einer Versammlung der verbündeten Hauptkräfte hinter der Sesia aufmerksam (Östr. G. St. W. 1, S. 321); am 22. glaubt er an einen Durchbruch bei Valenza, noch mehr an Umgehung in Richtung Piacenza und meint, hierbei werde der Hauptangriff sich gegen S. Cipriano und Spessa richten (S. 331, 339). Mit dieser Auffassung deckt sich auch die Weisung, das vom 30. Mai an in Verona eintreffende I. Korps (S. 42, Anm.) auf Casalpusterlengo und Concurenz vorzuschieben (S. 77, Anm.*). Am 23. Mai meldete Gyulai dann seinem Kaiser als Ergebnis der Erkundung vom 20., daß die Hauptmacht der Franzosen sich zwischen Alessandria und Voghera befinde und der Hauptstoß der Verbündeten auf Piacenza vorbereitet werde. Vgl. S. 50, Anm.*) und S. 77, Anm.***); Précis S. 101.

von Casale gegen Vercelli vor. Oberhalb des Ortes den Fluß überschreitend erschien die eine plötzlich von Villata her vor Borgovercelli, überfiel die Vorposten des Oberst Ceschi beim Essen und drängte ihn auf Orfengo, an der Straße nach Novara, zurück, während die andere die Sesia unterhalb Vercelli passierte und sich auf Torrione dirigierte. Der Alarm wurde allgemein, sämtliche Brigaden des VII. Korps wurden gegen Vercelli vorgeschoben und selbst die Division Jellacic vom II. Korps aus Cergnago zu ihrer Unterstützung nach Mortara herangeholt.*)

Am 22. vereinigte Cialdini seine Division auf dem linken Sesiaufer. Als aber am 23. der Fluß bedeutend zu steigen begann und die Gefahr drohender wurde, unter solch ungünstigen Verhältnissen von überlegenen Kräften angegriffen zu werden, zog sich Cialdini, noch ehe er mit der feindlichen Macht in Berührung gekommen, wieder über die Sesia zurück, Vercelli mit seiner ersten Brigade besetzt behaltend. Wesentlich zur Unterstützung Cialdinis und um die Aufmerksamkeit der Österreicher von diesem abzulenken, führte am 22. der König von Sardinien selbst mit der Division Castelborgo eine Rekognoszierung von Casale in der Richtung auf Candia aus, während die Division Fanti die Sesiainseln und Motta bei Conti besetzten, die Division Durando endlich bei Caresana und Prarolo aufmarschieren mußten.**) Die wenn auch als übertrieben bezeichnete Meldung von den Vorposten, daß 12 Bataillone den Fluß überschritten und daß man sich in Candia nicht werde halten können, veranlaßte indessen Österreichischerseits, daß die Division Jellacic sofort von Mortara wieder ab und nach Valle rückte.***)

Auf Französischer Seite ging an demselben Tage das 1. Korps bis Montebello und Casteggio, das 2. nach Voghera, das 3. vorwärts Castelnuovo vor.

Feldmarschalleutnant Zobel erhielt Befehl am nächsten Tage anzugreifen;

auf Seitenrand: 22. Mai.

---

*) Die Anordnungen zur Verstärkung des Detachements Ceschi waren bereits getroffen, bevor der Angriff bekannt wurde. Vom VII. Korps wurde die Brigade Weigl, vom II., auf Befehl des Oberkommandos, eine Division (Jellacic) vorgeschoben; letztere erhielt den Befehl indes erst am 21. Mai 3⁰ nachmittags und trat dann erst den Marsch von Cergnago nach Mortara an. Östr. G. St. W. 1, S. 319 ff.

**) Auch die 5. Sardinische Division Cucchiari hat am 22. Mai bei Fraissinetto demonstriert. Piem. Bericht.

***) Jellacic hatte zwar auf die Meldung des Generals Dondorf (Vorpostenkommandeur), daß der Feind bei Breme eine Brücke schlage, eine Brigade auf Candia, eine auf Castel d'Agogna in Marsch gesetzt, erhielt aber während des Vormarsches beider Brigaden vom Armeekommando Gegenbefehl und traf mit seinen Truppen abends wieder in Mortara ein; am 25. marschierte er dann wieder nach Cergnago zurück.

Valle war nur vorübergehend in der Nacht zum 23. Mai von einer Brigade der ebenfalls vorgezogenen Division Herdy II. Korps besetzt. Östr. G. St. W. 1, S. 326/7.

23. Mai. zu seiner Überraschung fand er aber am 23. Mai keinen Feind vor. Nachdem nämlich, wie wir gesehen, Cialdini seinen Rückzug über die Sesia vollführt,*) hatte auch die Division Castelborgo ihre ungefährliche Position verlassen und war nach Casale zurückgekehrt. Nur die Division Durando war noch gegenüber von Palestro stehen geblieben, desgleichen hatte die Division Fanti gegenüber von Candia an der Sesia zwischen zwei Dämmen Biwak 24. Mai. bezogen. Feldmarschallleutnant Reischach marschierte daher folgenden Tages mit der Brigade Lebzeltern an die Sesia und ließ in der Nacht eine Batterie bauen und mit vier Zwölfpfündern und vier Haubitzen besetzen. Gerade gegenüber befand sich ein Haus, in welchem, nach dem Hin- und Hergehen zahlreicher Ordonnanzen, das Hauptquartier sich eingerichtet haben mochte.

25. Mai. Mit Tagesanbruch und nachdem die Zwölfpfünder drei Salven gegeben, bewarfen die Haubitzen das Biwak und erweckten so den Feind unsanft aus seiner Ruhe. Es dauerte ziemlich lange, ehe zehn feindliche Geschütze auffuhren, von denen fünf demontiert wurden, die anderen aber abzogen, nachdem die Truppen ihre Biwaksplätze verlassen und mit klingendem Spiel abmarschiert waren.

26. Mai. Den 26. wurden wohl infolge aller dieser Alarmierungen die Brigaden Hessen und Bils auf das rechte Ufer des Ticino herangezogen, und Feldmarschallleutnant Paumgarten blieb nur noch mit den Brigaden Boer Braum und Gaal bei Baccarizza stehen.**)

So erblicken wir zwar die Österreichische Armee seit mehr als 14 Tagen unverändert in der Lomellina stehen, aber innerhalb des verschanzten Abschnitts in einer fortwährenden Bewegung, welche den Truppen die Ruhe nicht zugute kommen ließ. Die Lage des Grafen Gyulai, einem weit überlegenen

---

*) Cialdini ließ Borgovercelli bis zum 24. Mai von einem Detachement besetzt; der Brückenkopf bei Vercelli blieb auch nach dem Rückzug aller Truppen über die Sesia besetzt. Piem. Bericht.

**) Aus Besorgnis vor einem feindlichen Übergang zwischen Tanaromündung und Mezzana Corti wurden die Brigaden Hessen und Bils nach Pieve d'Albignola und Zinasco nuovo verlegt. Gyulai hält am 26. ferner Forcierung des Po zwischen Ticinomündung und S. Cipriano, endlich, obwohl wegen der Kommunikationen unwahrscheinlicher, Umgehung über Barzi—Bobbio in Richtung Placenza für möglich. Östr. G. St. W. 1, S. 876 ff. Die Besorgnis für einen Durchbruch bei Valenza ist anscheinend bei ihm geschwunden. Dies geht auch aus seinem Bericht an den Kaiser vom 26. hervor. Gyulai ist voller Zuversicht und hält ein „Herausbrechen" seiner Armee aus ihrer festen Stellung für „keine leichte Aufgabe", ein Herausmanövrieren durch Angriff eines Flügels aber „für den Gegner nur gefährlich." Demnach sah der Österreichische Oberfeldherr am 26. Mai sowohl einem Frontal- bezw. Flankenangriff wie einer Umgehung ohne jede Beunruhigung entgegen!

Feind gegenüber, war unstreitig eine sehr schwierige geworden. Es fehlte gänzlich an Nachrichten über die Absichten des Gegners, denn Kundschafter waren nicht aufzutreiben.*) Rekognoszierungen über die umgebenden Fluß= linien hinaus wären nur mit bedeutender Truppenmacht auszuführen gewesen, der Vorgang von Montebello schreckte davon ab. Auch war es mißlich mit einem Teil des Heeres in irgend einer Richtung vorzugehen, während vielleicht schon der Feind in einer andern zum Hauptangriff sich bewegte.

Man hing also gänzlich von den Unternehmungen des Gegners ab. Um jeder solchen gewachsen zu sein, hätte man alle Kräfte in engster Konzentration versammeln müssen, allein dann konnte man auf die Dauer nicht subsistieren. Ohnehin hatte man eine Front- und Flankenlinie von sechzehn Meilen Länge zu bewachen, und so blieb das Heer von Baccarizza bis Palestro auf acht Meilen ausgedehnt.

Unterdes bereitete sich nun der Angriff der Verbündeten wirklich vor. Sehen wir zunächst, in welchen Richtungen derselbe erfolgen konnte.

Die Operation am rechten Pouser bedingte, daß eine Armee von rund 200 000 Mann sich hauptsächlich nur auf einer einzigen Straße, eingeengt zwischen dem Strom und dem Gebirge, vorwärts bewegte, da die durch das Trebbiatal über Bobbio ihrer Beschaffenheit nach wenig gangbar ist. Die Straße von Alessandria nach Piacenza bietet eine Reihe von starken Stellungen dar, und um diese zu verteidigen, konnten die nach ihrem linken Flügel kon= zentrierten Österreicher in jedem Augenblick über die Brücke bei Baccarizza wieder debouchieren. Endlich mußte bei weiterem Vormarsche notwendig Piacenza große Schwierigkeiten bereiten.**)

---

*) Die Österreicher hatten wohl Kundschafter, aber bezahlten schlecht. Die Franzosen waren jedenfalls besser bedient. Vgl. Kuhn, S. 4; „Feldzug 1859", Vorspiel usw., S. 43.

**) Napoleon schrieb seinem Kriegsminister und dem Armeeintendanten (Almajan, S. 151), wenn er die neuen Geschütze gehabt hätte, hätte er seinen Feldzugsplan nicht zu ändern brauchen. Hieraus schließt Almajan, daß der Kaiser ursprünglich den Po bei Piacenza überschreiten wollte. Dort hätten sich aber seit Napoleon I. die Befestigungen derart geändert, daß der Neffe des großen Kaisers sein neues Artilleriematerial zur Über= windung der Schwierigkeiten für unbedingt notwendig hielt. — Vgl. Randon, S. 11; „Feldzug 1859", Vorspiel usw., S. 46.

General v. Moltke bemerkt in Rederns Bericht über die Französischen Operationen: „Die Franzosen konnten erwarten das Österreichische Heer bei Piacenza hinter dem Po aufmarschiert zu finden. Sie konnten die Österreicher höchstens aus der Lomellina herausmanövrieren, aber schwerlich eine Entscheidung herbeiführen. — Sie entschlossen sich zu der weniger wirk= samen, aber ausführbaren Operation gegen die rechte Flanke des Feindes."

Der Angriff der Alliierten konnte ferner von Valenza und Casale aus gegen die feindliche Front gerichtet werden. Ein solcher führte indessen angesichts des Österreichischen Heeres über den Po und die Sesia durch ein wegen der Reiskultur schwieriges Terrain gerade auf die verschanzten Stellungen der Österreicher. Diese konnten ihre Hauptmacht in einem Marsch hinter der Agogna versammeln, und im unglücklichsten Fall wurden sie auf ihre befestigten Übergänge und hinter den Ticino zurückgedrängt, wo sie augenblicklich neuen Widerstand leisteten. — Es blieb dann aber noch die dritte Möglichkeit: eine Umgehung der rechten Flanke der Österreicher. Die Eisenbahn gewährte dabei den Franzosen einige Hilfe; bei Vercelli und Novara konnten sie nur auf den äußersten rechten Flügel des Feindes stoßen. Bis hierher waren gar keine Schwierigkeiten, weiter aber wurden alle Verhältnisse auf die Spitze gestellt. Die Verbindung mit Genua war dann ganz aufgegeben, die mit Turin in hohem Grade gefährdet. Man stand mit dem Rücken nach der neutralen Schweiz. Die unerläßliche Bedingung des ganzen Unternehmens war, daß die Verbündeten Sieger in allen Schlachten blieben, daß also die Taktik für die Strategie einstand.

Die bisherigen Maßnahmen der Alliierten deuteten in keiner Weise auf einen Angriff in dieser letzteren Richtung. Das zeitige Aufgeben der Dora Baltealinie, der Abmarsch des 3. und 4. Korps von Susa—Turin nach Alessandria lassen weit eher vermuten, daß ursprünglich eine Offensive auf dem rechten Pouser wirklich beabsichtigt gewesen ist. — Die Versammlung der ganzen Französischen Armee zwischen Alessandria und Voghera, die Absendung sehr bedeutender Vorräte in dieser Richtung, die öffentliche Ankündigung des Kaiserlichen Hauptquartiers nach Voghera, die Öffnung einer zweiten Straße auf Piacenza durch das Trebbiatal, alle diese Umstände machen es wahrscheinlich, daß es sich hier um mehr als eine bloße Abwehr Österreichischer Übergangsversuche über den Po gehandelt hat. Als aber das Gefecht von Montebello deutlich genug gezeigt hatte, daß die Österreicher gerade auf ihrem linken Flügel den Angriff erwarteten und dadurch die Schwierigkeiten einer Operation auf Piacenza sich außerordentlich steigerten, da mag Kaiser Napoleon beschlossen haben, durch Demonstrationen den Grafen Gyulai in seiner Voraussetzung zu bestärken, ihn zu weiteren Konzentrationen links nach dem Po zu bestimmen, um dann mit überraschender Schnelligkeit und Kühnheit in seiner rechten Flanke an den Ticino vorzurücken und die Österreichischen Korps, welche zur Rettung des so nahe gelegenen Mailand herbeieilen würden, einzeln zu schlagen oder versammelt in der Flanke anzugreifen. Wich hingegen das Österreichische Heer auf Placenza zurück, so mochte man hoffen ihm dort eine Katastrophe wie einst in Mantua*) zu bereiten.

Gewiß sind der Einsicht Kaiser Napoleons die großen Bedenken, welche diesen Hoffnungen gegenüberstanden, nicht entgangen. Allein er durfte seinem Heere vertrauen und war den Österreichern numerisch bedeutend überlegen. Er handelte schnell, überraschend, kräftig und dem so Handelnden fallen meist immer die Vorteile zu, welche dem Abwartenden entgehen.**)

Nicht gering waren die Schwierigkeiten, die der Administration zur Vorbereitung dieses Operationsplanes erwuchsen.

Ihre Aufgabe war, binnen 48 Stunden einen viertägigen Bedarf von 500 000 Portionen in Vercelli zusammenzubringen. 350 Wagen waren dazu nötig. Alles, was an Brot in Turin, Jvrea und in den Ortschaften zu beiden Seiten der Eisenbahn gebacken werden konnte, wurde bis zum

---

*) Die Österreicher unter Wurmser mußten am 2. Februar 1797 in Mantua vor Napoleon I. kapitulieren.

) General v. Moltke nimmt in seiner Darstellung des Linksabmarsches an, daß der Kaiser Napoleon seit dem 20. Mai entschlossen gewesen sei den rechten Flügel der Österreicher zu umgehen, und folgt hierin der Auffassung des Französischen Generalstabswerkes, das ebenfalls die Bewegung der Piemontesen an der Sesia sowie die Besetzung von Vercelli als Einleitung des beabsichtigten Linksabmarsches, das Vorschieben der Französischen Korps auf Strabella zu aber nur als Scheinmanöver hinstellt. Die entgegengesetzte Auffassung dürfte indessen den Absichten Napoleons mehr entsprechen. Allerdings ist es nicht möglich völlige Klarheit über die Pläne des Kaisers zu gewinnen, denn weder mündlich noch schriftlich hat er sich darüber geäußert (vgl. S. 69, Anm.). Jedenfalls steht aber fest, daß der Kaiser bis zum 26. Mai nur Maßnahmen traf, die auf ein Vorgehen über Placenza bezw. in der Front über den Po hinzielten. Der plötzliche Wechsel in Napoleons Anordnungen hat zahllose Vermutungen und Betrachtungen hervorgerufen, auf die im einzelnen einzugehen zu weit führen würde. Oberst Saget, 1859 Chef des politischen Bureaus im Französischen Großen Hauptquartier, erklärte 1860 dem Preußischen Major Stein v. Kaminski in Paris, es sei während des ganzen Aufenthaltes in Alessandria unter den Marschällen und im Hauptquartier beständig die Rede von dem Linksabmarsch gewesen. Da alle Nachrichten bestätigten, daß die Österreicher den Angriff auf ihrem linken Flügel erwarteten, sei bald alles einig gewesen, daß man das Entgegengesetzte tun müsse, umsomehr als die Eisenbahn zur Verfügung stand (Bericht Steins im Preußischen Kriegsministerium). General della Rocca erzählt ("Lebenserinnerungen", übersetzt von Bodenhausen, S. 180). Napoleon habe bereits bald nach seiner Ankunft in Alessandria dem König Victor Emanuel in Gegenwart Baillants und seiner eigenen, della Roccas, den Plan zum Linksabmarsch auseinandergesetzt. Germain Bapst behauptet in der Deutschen Revue, Juni 1903 ("Napoleon III. und Italien", nach bisher ungedruckten Quellen), daß Napoleon den Ratschlägen Jominis gefolgt sei, den er vor der Abreise nach dem Kriegsschauplatz befragt hätte. Wie dem auch sei, Napoleons Entschluß zum Linksabmarsch erscheint bei unbefangener Betrachtung seiner Lage, angesichts der ihm in der Front und in der Richtung auf Placenza entgegenstehenden Schwierigkeiten, als etwas ganz Natürliches und entsprach einer gesunden strategischen Auffassung. Vgl. Almazan, S. 146, 171; Ducrot 1, S. 113; Duquet, S. 82; Précis, S. 93ff.; Lebrun, S. 241; Caemmerer, "Magenta", S. 87ff.; Gorce „Histoire du second empire" 3, S. 26.

30. Mai nach Vercelli herangeschafft, so daß die Truppen dort ihren zweitägigen Brotbedarf fassen konnten. Als Aushilfe für Fourage wurde Mais an Ort und Stelle requiriert.

Da die Sesiabrücke zerstört war, so beruhte die weitere Fortschaffung der Bestände ganz auf dem Transport mit Achse.

Nachdem der Kaiser entschlossen war, den rechten Flügel der Österreicher zu umgehen,*) mußte es ihm darauf ankommen, ihre Besorgnis für den linken wach zu halten durch Maßregeln, welche zugleich den Vorteil erreichten, falls die Rekognoszierung des 20. ein Vorspiel für weitere Österreichische Offensivbewegungen war, denselben mit genügenden Kräften entgegenzutreten.

Wir haben gesehen, wie zwei Tage nach dem Gefecht von Montebello drei Korps der Französischen Armee eine Vorwärtsbewegung gegen Stradella machten. Das 1. Korps besetzte, von Montebello aus, Casatisma, Casteggio und Pizzale. Es sollte zur Hälfte in Schlachtordnung biwakieren, ein Teil Kavallerie und Artillerie mit gesattelten und aufgeschirrten Pferden. Am 25. rückte die Division Autemarre zur Verstärkung des 1. Korps, von Bobbio kommend, in Genestrello ein. Die anderen Korps standen zur Unterstützung bereit. Man erwartete täglich einen neuen Angriff des Feindes von Baccarizza her, und seine Patrouillen veranlaßten mehrmals, daß die Truppen unter Gewehr traten; solchen Eindruck hatte doch die Unternehmung vom 20. gemacht.

Die Ergebnisse der Französischerseits ausgeführten Rekognoszierungen wie alle sonst erhaltenen Nachrichten stimmten indessen darin überein, daß die Österreicher an eine Offensive nicht dachten.

27. Mai.
Am 26. Mai hatte der Kaiser persönlich die Stellung von Vercelli und die Zugänge zur Sesia rekognosziert**) und infolgedessen dem General Frossard Anweisung zur Herstellung mehrerer Brücken an diesem Punkte erteilt.

Am 27. Mai folgten die Befehle zur Ausführung des beabsichtigten Linksabmarsches der Armee. Es war die Absicht des Kaisers, seine Flankenbewegung durch die Sardinische Armee zu maskieren, welche für diesen Zweck, unterstützt vom 3. Korps, über Palestro auf Robbio vorstoßen sollte, — eine Bewegung, die ebensowohl den Marsch auf Novara deckte, als den Gegner über die eigentlichen Absichten im dunkeln ließ.

Dementsprechend hatte Marschall Canrobert schon tags zuvor die ge-

---

*) Cämmerer (Mil. Woch. 1879) und Hohenlohe (Strategische Briefe 1887) vergleichen Napoleons Linksabmarsch 1859 mit der Flankenbewegung Mac Mahons 1870.
**) Am 26. Mai überzeugte sich der Kaiser auf dem Wege nach Vercelli, daß das Gelände beiderseits der Sesia seinen Plan zum Linksabmarsch außerordentlich unterstütze und alle Bewegungen verschleierte. Précis, S. 96.

samte Artillerie, die Kavalleriedivision, die Handpferde und das Gepäck seines
Korps über Alessandria auf Casale dirigiert. Am 27. begann der Eisenbahntransport auf der Strecke vom Bahnhof zu Pontecurone bis Casale,
zuerst die 3. Division Bourbaki in vier Zügen, dann die 2. und die 1. Division.

Ferner marschierte am 27. die Kavalleriedivision Desvaux des 1. Korps
von Boghera mit der Weisung, am 28. Tortona, 29. Alessandria, 30. Casale,
31. Vercelli zu erreichen.

Zum Schein wurde am 27. ein Brückenbau bei Cervesina am Einfluß
der Staffora in den Po vorbereitet. Zwei Französische Bataillone und eine
Abteilung Pioniere rückten dorthin ab und bauten während mehrerer Stunden
Batterien und Rampen, ohne daran verhindert zu werden. Fast scheint es, daß
man Österreichischerseits gar keine Kenntnis von dieser Demonstration erhielt.*)

Mit dem folgenden Tage begann der eigentliche Abmarsch der Armee. 28. Mai.

Überall, wo die Korps bisher in Berührung mit dem Feinde gewesen, Handzeichblieben Abteilungen zur Besetzung der innegehabten Postenlinien bis zum nung VII.
Eintreffen der ablösenden Truppen zurück.

Am Abend des 28. standen:
> die Armee des Königs bei Vercelli (nur die 5. Division Cucchiari
> mußte bis auf weiteres in ihrer bisherigen Stellung hinter dem
> Po verbleiben);
> das 3. Korps zum größten Teil bei Casale;
> die Garden bei Occimiano,
> das 4. Korps bei Valenza,
> das 2. Korps bei Sale,
> das 1. Korps bei Pontecurone.

Die bisherige Stellung des letzteren nahm die Division Autemarre ein,
die zu diesem Zwecke das Piemontesische Kavallerieregiment Montferrat zugewiesen erhielt, dessen Vorposten bis zum 30. gegen Stradella aufgestellt
blieben.

Den 29. wurde die Bewegung fortgesetzt; nur das Kaiserliche Haupt 29. Mai.
quartier verblieb noch in Alessandria.

Die Armee des Königs wie am 28.:
> das 3. Korps ⎫
> „ 4.   „   ⎬ bei Casale;
> die Garden   ⎭

---

*) Die Österreicher nahmen die Demonstration kaum wahr. Östr. G. St. W. 1,
S. 363.

das 2. Korps in Stelle des 4. bei Valenza;
» 1. » in Stelle des 2. bei Sale und Bassignana;
die Division Autemarre in Tortona, woselbst vier reitende Batterien aus der allgemeinen Artilleriereserve zu ihr stießen.

Das 3. und 4. Korps überschritten bei Casale den Po, teils auf der Drahtbrücke, teils auf einer Schiffbrücke, welche man geschlagen hatte, weil man der Festigkeit jener nicht traute. Das Gardekorps verblieb dort noch am rechten Ufer.

30. Mai. Die Sardinische Armee erhielt Befehl, durch eine Aufstellung vorwärts Palestro den Übergang über die Sesia zu decken, den hier an einer, schon zuvor durch den General Leboeuf rekognoszierten Stelle das 3. Korps bewirken sollte, welches zu dem Ende nach Prarolo vorging, während das 4. Korps über Vercelli auf Borgovercelli marschierte.*) Zu diesem Zwecke hatte das Französische Ingenieurkorps seit dem 27. zwei Bockbrücken in der Nähe der gesprengten Eisenbahnbrücke von Vercelli über die Sesia geschlagen.

Die Garde wurde links auf Trino dirigiert, von wo sie sodann eine Straße für sich nach Vercelli benutzen konnte; das 2. Korps wurde nach Casale herangezogen. Das 1., welches die Arrieregarde bildete, trug die Bockbrücken über Scrivia und Tanaro hinter sich ab und rückte nach Valenza.

Die Bewegung war sonach im wesentlichen während drei Tagen durch mäßige Märsche mit großem Geschick ausgeführt. Nur die Infanterie eines Korps war dabei, und auch nur auf der Strecke bis Casale, mittels der Eisenbahn befördert.

Das strengste Geheimnis war beobachtet worden. Kurz vor Beginn der Bewegung am 26. war ein Österreichischer Parlamentär bei den Vorposten in der Nähe von Bassignana eingetroffen, welcher Nachricht über einige bei Montebello vermißte Offiziere einholen sollte und anfragte, ob es gestattet sein werde Bauern zurückzuschicken, die mit ihren Gespannen noch seit der Fouragierung von Tortona bei der Armee waren. So höflich man nun auch die gewünschte Aufklärung erteilte, so bestimmt verbat man sich alle weitere Kommunikation mit dem jenseitigen Ufer.

Die starke Bewegung auf der Eisenbahn, sowohl von Alessandria nach Casale, als später von dort nach Vercelli,**) blieb nicht unbemerkt; die Vor-

---

*) Nach Fruston, S. 87, soll das 4. Korps nicht marschiert, sondern bis Vercelli mit der Bahn gefahren sein.

**) Feldmarschalleutnant Kelschach soll nach dem Östr. G. St. W. 1, S. 383, an Transporte von Vercelli nach Casale geglaubt haben; doch wurden Österreichischerseits die

poſten hörten und ſahen ſie deutlich. Der Feldmarſchallleutnant Lilia meldete: daß in letzterer Richtung an einem Tage ſieben Züge abgefahren ſeien. Auch hätte eine am 28. Mai früh gegen Vercelli ausgeführte Rekognoszierung die Öſterreicher von der Anlage eines Brückenkopfes bei dieſem Orte überzeugen müſſen, da die franzöſiſchen Berichte angeben, daß die Arbeiten durch jene Rekognoszierung geſtört wurden.*) Am 29. beſetzte die Diviſion Cialdini die aufgeworfenen Werke und etablierte ſich ſo auf dem linken Seſiaufer.

Einen Fingerzeig über die wahren Abſichten der Verbündeten gewährte wohl auch das kecke Auftreten Garibaldis, welches hinlänglich ſchließen ließ, daß er auf eine nahe und kräftige Unterſtützung rechnen durfte.**)

Wir haben dieſe Epiſode hier kurz nachzutragen.

Garibaldi, unter dem 17. März Sardiniſcherſeits mit der Formation einer Freiwilligenlegion beauftragt, hatte dieſelbe anfänglich zu drei Regimentern in Cuneo und Savigliano gebildet. Am 24. April waren dieſelben der Sardiniſchen Armee einverleibt worden, und Garibaldi wurde nunmehr zum Generalmajor ernannt.

Anfänglich zur Verteidigung der Dora Baltealinie beſtimmt, ſpäter zur Mitbeſetzung der Stellung von Caſale herangezogen, erhielt Garibaldi zwiſchen dem 8. bis 10. Mai den Auftrag, von Biella aus nach eigenem Gutdünken gegen den rechten Flügel der Öſterreicher zu operieren.

Am 10. Mai rückte er nach Chivaſſo,
- 12.   -   nach S. Germano, woſelbſt er ſein drittes Regiment heranzog und dadurch 6 Bataillone, zuſammen 3120 Mann, ſtark wurde,
- 17.   -   nach Biella,
- 20.   -   nach Gattinara,
- 22.   -   nach Borgomanero,

Bahnen und Brücken bei Novara und Mortara zerſtört, die Waſſerleitungen „verdorben" und die Telegraphen „vernichtet".

*) Ein Streifkommando der Diviſion Lilia VII. Korps hatte am 28. früh ein kleines Gefecht an der Brücke von Vercelli, deſſen Zweck die Störung des Brückenbaus war. Von neuen Brücken hat es nichts geſehen, wohl aber Verſchanzungen an der alten ſteinernen auf dem öſtlichen Seſiaufer. Auch zwei am ſelben Tage in Zivil nach Vercelli entſandte Kaiſerjäger der Diviſion Reiſchach erfuhren dort, daß die alte ſteinerne auf Befehl des mit König Viktor Emanuel am 26. in Vercelli anweſenden Kaiſers Napoleon durch Holzbauten wieder brauchbar gemacht werde. Dieſe Meldungen erreichten das Öſterreichiſche Hauptquartier am 28. Mai abends 11³⁰. Öſtr. G. St. W. 1, S. 392/393.

**) Garibaldi ſollte lediglich Inſurrektion in Oberitalien erregen. Als er Mitte Mai ſich in Bewegung dazu ſetzte, war Napoleon noch gar nicht zum Linksabmarſch entſchloſſen.

am 23. Mai über Arona nach Sesto Calende,
„ 24. „ nach Varese.

Hier organisierte Garibaldi sogleich die Insurrektion und leitete die Aufstellung zweier neuer Freiwilligenbataillone ein. Die Österreicher hatten am Lago Maggiore den festen Punkt Laveno. Der M. Castello und das Fort Cerro dort waren durch zwei Kompagnien vom Regiment Karl und etwas Artillerie besetzt. Zwei Kriegsdampfer, Radetzky und Benedek, lagen im Hafen, aber für Sesto Calende hatte man keine Truppen.

Kavalleriepatrouillen, die von Novara aus nördlich die Grenze beobachten sollten, haben nichts von dem ganzen Marsch bemerkt; aber schon am 23. gelangte die Meldung davon über Mailand in das Hauptquartier. Dort konnte man sich aber gerade in diesem Augenblick nicht zu einer Detachierung entschließen, wo die Piemontesen an der Sesia so außerordentlich rührig waren. Feldmarschalleutnant Urban war unglücklicherweise nicht zur Hand. Er hatte, wie wir wissen, mit der Brigade Schaffgotsche den Zug gegen Montebello mitgemacht und stand jetzt bei Baccarizza. Die mobile Division erhielt indes Befehl gegen die Freischaren sogleich aufzubrechen. Urban begab sich zunächst für seine Person zu der im Mailändischen zurückgebliebenen Brigade Rupprecht und traf mit dieser am 25. in Camerlata ein. Außerdem hatte Feldmarschalleutnant Melczer ein Detachement von einigen Kompagnien und vier Geschützen von Mailand aus über Gallarate in Bewegung gesetzt. In der Absicht, Garibaldi in Varese zu überfallen, ging Urban in der Nacht vom 25. zum 26. dahin vor. Trotz der vorsichtigsten Ausführung wurde die Bewegung Urbans an Garibaldi durch die feindlich gesinnte Bevölkerung verraten. Am 26. früh griff Urban das verbarrikadierte Varese an, wurde jedoch mit einem Verlust von 97 Mann*) zurückgeschlagen. Er ging wieder nach Como, wo das Regiment Prinz von Preußen von der Brigade Augustin des IX. Korps**) und einige andere Truppen, im ganzen rund 4000 Mann und 12 Geschütze, zu ihm stießen. Garibaldi folgte den 27. bis Como und eroberte gegen Abend nach kurzem Kampfe die mit zwei Bataillonen zwar besetzte, aber völlig insurgierte Stadt. Urban zog sich aus seiner Stellung bei Camerlata noch in der Nacht nach Monza zurück, und der ganze nörd-

---

*) Außerdem wurden 38 Mann vermißt. Östr. G. St. W. 1, S. 371.
**) Die Brigade Augustin war von Verona mittels Eisenbahn herangezogen worden. Am 27. folgte der Rest der Brigade nach Camerlata. Östr. G. St. W. 1, S. 359, 387.

liche Teil der Lombardei drohte nun die Fahne des Aufruhrs zu erheben.*)
Eine mit Feuer und Schwert drohende Proklamation sollte dem vorerst
entgegenwirken. Nachdem am 29. die Brigade Schaffgotsche sich in Mailand
gesammelt hatte, erhielt Feldmarschalleutnant Urban den Befehl, sofort die
Offensive gegen Garibaldi wieder zu ergreifen. Er hatte jetzt rund 11 000
Mann mit vier Batterien zur Verfügung. Am 30. rückten die Brigaden
Rupprecht und Augustin nach Trecate, Graf Schaffgottsche nach Gallarate,
um den Freischaren den Rückweg über den Ticino zu verlegen. Garibaldi
mochte das vorausgesehen haben, er warf sich in das Gebirge, und als Urban
am 31. Mai nach Varese**) vorging, fand er Stadt und Umgegend vom
Feinde verlassen. Garibaldi wandte sich gegen Laveno und versuchte in der
Nacht zum 31., sich dieses Punktes zu bemächtigen. Die Besatzung wies ihn
mit Geschick und Glück ab und es schien, daß ihm nur der Übertritt über
die nahe Schweizergrenze möglich blieb. Er verschob dies natürlich so lange
wie möglich, machte noch in den beiden folgenden Nächten wiederholte Versuche auf Laveno und wurde schließlich, da man ihn in den Bergen anzugreifen
nicht gewagt hatte, durch den Gang der Begebenheiten befreit, zu welchen wir
nach dieser vorgreifenden Erzählung nunmehr zurückkehren.

Weder was in der Front vorging noch der Zug Garibaldis in der
rechten Flanke hatten das Hauptquartier zu Garlasco völlig aufgeklärt.***)

---

*) Vgl. S. 66, Anm. *). Am 27. Mai abends wurde vom Armeeoberkommando angeordnet, daß das I. Korps nicht nach Casalpusterlengo, sondern nach Mailand transportiert werde. Man wollte dadurch für alle Fälle gesichert sein. Östr. G. St. W. 1, S. 389/90.

**) Garibaldi war noch am 27. Mai nach Varese zurückgegangen, in Como ließ er nur zwei Kompagnien. Östr. G. St. W. 1, S. 406.

***) Graf Gyulai war am 28. Mai der Ansicht, daß der Hauptangriff nicht von Vercelli her zu erwarten sei, daß vielmehr alle Demonstrationen dort und auch Garibaldis Zug nur den Zweck hätten, ihn „von der Stellung abzuleiten, die die Armee einnimmt" und die er noch immer für die beste hielt; d. h. die Armee wäre seit dem 20. Mai so aufgestellt, daß sie im Falle eines feindlichen Angriffs auf jedem Punkte des Vierecks Vercelli—S. Martino—Torre bei Beretti und Pavia entschiedenen Widerstand leisten und binnen 36 Stunden versammelt werden könnte (mit Ausnahme des IX. Korps). Der Feind sei im Übrigen nicht jenseit der Sesia, sondern jenseit des Po mit dem Objekte Piacenza und nicht Mailand versammelt. Am 29. Mai ist Gyulai bereits anderer Ansicht, er telegraphiert nach Wien: „Der Feind scheint auf Vercelli größeres Gewicht zu legen und verstärkt sich bei Valenza und Monte; scheint einen Angriff von dieser Seite und von Vercelli zu beabsichtigen." Die Ursache zu dieser veränderten Auffassung ist in den von den Truppen längs der Sesia eingehenden Berichten, vor allem aber, was Vercelli betrifft, wohl in den durch die Kavalleriedivision Mensdorff spät abends am 28. im Hauptquartier eingetroffenen Kundschafternachrichten zu suchen, die ganz bestimmte Hinweise auf die

Die Gefechte der letzten Tage hatten vielmehr ein Zurücknehmen des rechten Flügels veranlaßt.

30. Mai. Es stand jetzt vom VII. Korps der Oberst Ceschi mit seinem Seitendetachement in Novara, um die große Straße auf Mailand zu decken. Er hatte seine Vorposten nur bis zur Agogna vorgeschoben. Die des Kavalleriekorps unterhielten die Verbindung mit der Division Lilia, von der eine Brigade in Robbio stand und Palestro besetzt hatte. Der Rest der Division, die Brigade Dondorf, langte, behufs Ablösung der Brigade Weigl, soeben in Robbio an.

Skizze 4.

Die Division Reischach war durch die feindliche Demonstration an der unteren Sesia festgehalten und beobachtete diese von Cozzo aus.

Kaiser Napoleon hatte am 29. dem Sardinischen Heere den kurzen Befehl geschickt:

„Le 30 mai l'armée du Roi s'établira en avant de Palestro."

Es kam darauf an, der Französischen Streitmacht den Übergang bei Vercelli und Raum zur Entwicklung daselbst zu sichern. Indem man noch immer nur Piemontesische Truppen zeigte, erhielt man zugleich die Österreicher bis zum letzten Augenblick in ihrer Täuschung.

Die Gefechte, welche sich infolge jenes Befehls am linken Ufer der Sesia entwickelten und die ihre Entscheidung bei Palestro fanden, sind später wenig beachtet worden. Die unklare Darstellung wurde über die Nachrichten der bald nachher erfolgenden großen Ereignisse fast vergessen. Doch haben sie die größte strategische Bedeutung. Auch ließ sich an Ort und Stelle das

---

Absicht der Verbündeten zum Vorgehen über Vercelli sowie die Vorbereitungen hierzu enthielten. Das Unglück wollte aber, daß am 29. von einem andern Kundschafter ein Bericht einging, der „den angeblich aus bester Quelle geschöpften Operationsplan des Feindes enthalten sollte". Auch ihn gab Gyulai nach Wien weiter, so daß man also dort wahrscheinlich nicht wußte, was der Oberfeldherr in Italien eigentlich vom Feinde erwartete. Nach diesem zweiten Bericht beabsichtigten die Franzosen mit dem rechten Flügel und dem Zentrum den Hauptstoß, um die Österreicher über den Ticino zu werfen, während der linke Flügel von Casale über Oleggio den rechten Österreichischen Flügel umgehen und Flanke und Rücken bedrohen sollte. Die am 30. und 31. Mai von Gyulai getroffenen Gegenmaßregeln (S. 83, Anm. *) während der Gefechte bei Palestro beweisen, daß er der Besorgnis für seinen rechten Flügel nicht weiter Raum gab, sondern nach wie vor die Angriffsbewegungen des Feindes von Vercelli her für Demonstrationen hielt, bestärkt in dieser Auffassung durch das Generalkommando VII. Armeekorps, und dies alles trotzdem die Division Lilia bereits am 29. Mai ganz richtig gemeldet hatte, daß fast jede zweite Stunde Eisenbahnzüge mit Truppen von Casale und Turin in Vercelli eingetroffen wären. — Auch für seinen linken Flügel war Gyulai vom 29. Mai an weniger besorgt, er rechnete nunmehr nur mit einem Frontalangriff der Verbündeten von Valenza—Frassinetto her. Vgl. Östr. G. St. W. 1, S. 390 ff., 405 ff.; Préols. S. 101/2.

Nähere nachträglich um so vollständiger ermitteln, als gerade die Piemontesen einen besonderen Wert auf diese Episode legen, in welcher sie am ersten Tage ganz allein, am zweiten mit einer nur geringen, aber freilich sehr wirksamen Unterstützung durch ihre Bundesgenossen angesichts des nahen Novara unter dem Eindruck der Niederlage fochten, welche sie dort vor zehn Jahren erlitten und zu rächen hatten. Ihr König hat selbst die Gefechte geleitet und dabei alle die glänzende Tapferkeit entwickelt, welche die Fürsten des Hauses Carignan kennzeichnet.

Der Schauplatz dieser Kämpfe gehört zu den schwierigsten und unübersichtlichsten selbst der Norditalienischen Ebene. Das etwa 1000 Schritt breite Tal der Sesia ist mit Wald und Weidengebüsch dergestalt angefüllt, daß tatsächlich alles, was jenseits des Flusses vorging, der Beobachtung der Österreicher gänzlich entzogen bleiben mußte. Am linken Ufer sind Wege, Grenzen und Feldmarken durch hohe Bäume eingefaßt. Unzählige für die Reiskultur angelegte Kanäle und Gräben, oft mit Dämmen eingefaßt, bilden zum Teil selbst für Infanterie unpassierbare Hindernisse. Die Bewegungen der übrigen Waffen sind vollends ganz auf die Wege beschränkt, welche in wechselnden Richtungen ziehen. Mitten in diesem unübersichtlichen Labyrinth tauchen nun einige kleine Plateaus auf; so das, auf welchem, an der Straße von Vercelli nach Robbio, das Dorf Palestro sich etwa zehn Fuß über die Fläche erhebt. Durch einen kurzen, steilen Abfall gegen Süd und West sowie durch nasse Gräben gewinnt der Ort einige Verteidigungsfähigkeit in der Richtung des Sardinischen Angriffs; nach Nord und Ost aber fällt die Höhe sanft ab. Schlecht gebaut, ohne feste Enceinte, ist Palestro an sich wenig haltbar. Die obere Fläche des Plateaus ist ziemlich gangbar, die Übersicht von der Höhe aber nur gegen Nordost einigermaßen möglich.

Im allgemeinen ist das Terrain der Verteidigung günstiger als dem Angriff.

Die für gewöhnlich sehr seichte Sesia war bedeutend angeschwollen und stellte dem Brückenschlag große Schwierigkeiten entgegen. Am frühen Morgen des 30. war daher auch erst eine Bockbrücke kaum 2000 Schritt unterhalb der gesprengten Eisenbahnbrücke bei Vercelli fertig, nachdem eine früher geschlagene durch das Hochwasser zerstört worden war.

Da sie später nicht abgebrochen wurde, so konnte man sich nachmals von der unglaublich schlechten Beschaffenheit derselben überzeugen. Es schien ein Wagstück mit einem leichten Wagen hinüberzufahren.

Aber die Ungeduld des Königs ließ ihn nicht länger warten; die Truppen fingen an zu defilieren, und während mehrerer Stunden, bis zur Beendigung der zweiten Brücke bei Borgovercelli,*) bildete diese die einzige Verbindung des Sardinischen Heeres mit dem rechten Ufer. Der Übergang dauerte den ganzen Vormittag, ohne daß die Österreicher von der gefährlichen Lage ihrer Gegner irgend etwas erfuhren. Sie hätten diese freilich auch nicht benutzen können, da sie, in kleine Postierungen zersplittert, keine Kräfte dazu beisammen hatten.**) Aber diesen Postierungen selbst sollte die Sache bald gefährlich werden, denn sie erfuhren auch nicht das weitere Vorrücken des Feindes, welcher, durch das bedeckte Terrain und von einem Gewitterregen begünstigt, sie vollständig überfiel. Stehende Posten können in einer solchen Gegend wenig nutzen, weil sie nicht 100 Schritt vor sich sehen; nur durch weitgehende Patrouillen wird man etwas erfahren, und diese scheinen nicht ausgesandt zu sein.

Nach vollendetem Übergang begann bald nach 12° mittags der König selbst mit der 4. Division Cialdini den Angriff gegen Palestro; die 3., Durando, wurde gegen Vinzaglio, die 2., Fanti, gefolgt von der 1., Castelborgo, gegen Confienza dirigiert. 72 Piemontesische Bataillone waren also gegen die Brigade Weigl in Anmarsch.***)

Palestro war vor allem wichtig, um erst eine Anlehnung für den rechten Flügel zu gewinnen. Von den Österreichern standen dort nur drei Kompagnien des Regiments Leopold und ein Zug Husaren nebst zwei Geschützen unter Major Augustin.†) Den nicht leicht zu überschreitenden Kanal Cavo dei Lago vor der Front, nahm diese nur 700 Mann zählende Abteilung eine Stellung teils auf dem Plateau, teils am westlichen Eingange des Ortes.††)

Da die Piemontesen, durch das Terrain behindert, ihre große Überlegenheit nicht gleich zur Geltung bringen konnten, so gelang es den Verteidigern in der Tat längere Zeit hindurch, alle feindlichen Angriffe abzuschlagen. Erst nachdem Oberst Brignone, der den Angriff Piemontesischerseits leitete, den

---

*) Die zweite Brücke ist dicht oberhalb der Eisenbahnbrücke von Vercelli geschlagen worden, aber nicht „bei Borgovercelli", das etwa drei Kilometer östlich der Sesia, nordöstlich Vercelli, mitten im Lande liegt. Östr. G. St. W. 1, S. 411.

**) Das VII. Österreichische Korps stand auf 24 Kilometer, von Confienza bis Breme, auseinander, mit kleinen Detachierungen in Novara und S. Martino. Östr. G. St. W. 1, S. 411, 412.

***) Östr. G. W. 1, S. 413/14 rechnet 70 Piemontesische Bataillone gegen 10 Kompagnien Erzherzog Leopold (Brigade Weigl) und 14 Kompagnien Wimpffen (Brigade Dondorf).

†) Oberstleutnant Baron Augustin.

††) Die von Vercelli kommende Straße ist etwa 400 m unmittelbar vor dem Dorfe Palestro in das Plateau eingeschnitten und bildet so einen Hohlweg. Eine Ziegelei auf dem Westrand des Plateaus gewährte der Verteidigung einen guten Stützpunkt. Östr., Fr. G. St. W.; Piem. Bericht.

Cavo del Lago überbrückt hatte und Kolonnen sowohl gegen die Nord- als auch Südseite des Dorfes vorgingen, mußte die tapfere Österreichische Besatzung Palestro aufgeben und sich bis hinter den Canal bella Borghesa zurückziehen. Zwar langte jetzt, etwa 2°, General Weigl mit vier Kompagnien des Regiments Wimpffen,*) einem Zug Husaren und vier Geschützen aus Robbio zur Unterstützung an, wodurch er 1700 Mann stark wurde, und suchte Palestro, in der Annahme, daß es sich hier überhaupt nur um eine stärkere feindliche Demonstration handele, wieder zu nehmen, allein vergeblich. Wenn auch anfänglich wieder in den Besitz des östlichen Dorfeinganges wie des Kirchhofes gelangt, mußten seine Leute vor den vom General Cialdini selbst herangeführten, immer zahlreicher auftretenden Sardinischen Sturmkolonnen zurückweichen. Diese breiteten sich demnächst links aus und brachten in dem freien Terrain bald ihre volle Überlegenheit zur Geltung. Ein umfassender Angriff wurde gegen den rechten Flügel der Österreicher gerichtet und brachte sie zum Rückzuge nach Robbio.

Der Kampf war ein überaus blutiger gewesen. Die Österreicher verloren hier:

10 Offiziere, 247 Mann an Toten und Verwundeten, 203 Vermißte, im ganzen 460 Mann;

die Piemontesen 2 Offiziere, 138 Mann an Toten und Verwundeten.

Während dieser Vorgänge in Palestro war auch die Division Durando vor Vinzaglio erschienen, das Österreichischerseits nur mit einer halben Kompagnie (109 Mann) besetzt war, die, sowie der Feind mit seinem Angriffe Ernst machte, zum Zurückgehen genötigt wurde.**) Gleichzeitig mit dem General Weigl war Oberst Fleischhacker mit drei Kompagnien Leopold und zwei Geschützen von Robbio über Confienza in die rechte Flanke zur Unterstützung des Postens bei Palestro entsandt worden. Als diese Abteilung bei Vinzaglio vorbei dahin abrücken wollte, wurde sie plötzlich vom Orte aus rückwärts und in der rechten Flanke durch die Division Durando angegriffen und nur durch das rechtzeitige Eintreffen zweier anderer Kompagnien des Regiments Leopold unter Major König degagiert.

*) Geschichte des Infanterieregiments 22 (Wimpffen), S. 320 ff.

**) General Durando hatte zwar den Befehl Vinzaglio erst anzugreifen, wenn der Flankenangriff der 2. Division seinen Frontalangriff möglich machte; bei ausreichender Aufklärung hätte Durando die schwache Besetzung von Vinzaglio indes bald feststellen und ohne Zögern das Dorf angreifen können. Er faßte aber seinen Auftrag wörtlich auf und blieb von Mittag ab bei Barnasco untätig stehen. Erst ein um 8° nachmittags eintreffender Befehl seines Königs bewog ihn zum Vorstoß auf Vinzaglio, das der Feind noch anderthalb Stunden behauptete. Piem. Bericht; vgl. Östr. G. St. W. 1, S. 419.

Die Österreichische Abteilung wich nun auf Palestro aus; allein dieser Ort war, wie wir gesehen, schon vom Feinde besetzt. Von allen Seiten umringt suchte sich Oberst Fleischhacker durch einen Rückzug auf kürzester Linie nach Robbio zu retten, wobei er jedoch, da tiefe Gräben zu durchwaten waren, die zwei Geschütze und viele Gefangene verlor.

Der Division Durando wurden durch diese Kämpfe 7 Offiziere und 167 Mann außer Gefecht gesetzt.

Die dritte Sardinische Kolonne war bei ihrem Austritt aus Borgovercelli auf eine Österreichische Kavallerierekognoszierung gestoßen, welche von Orfengo her ankam und durch Kanonenschüsse vertrieben wurde; die 1. Division rückte nunmehr nach Casalino, die 2. nach Confienza, wo sie keinen Widerstand fanden. Die Österreicher zogen sich überall auf Robbio zurück, und das Sardinische Heer stand in der Nacht zum 31. in der Stellung Palestro—Casalino hinter dem tiefen Buscagraben*) aufmarschiert.**)

Der König fühlte sich aber in dieser Stellung durchaus nicht behaglich. Gefangene hatten ausgesagt, daß größere Streitkräfte in Robbio wären. Zwar waren die Sardinier auf die Hilfe des 3. Französischen Korps, Canrobert, angewiesen, aber dieses Korps, wenn auch am Nachmittag des 30. bei Prarolo gegenüber von Palestro eingetroffen, sollte erst am folgenden Morgen hier den Fluß überschreiten. Wurden die Sardinier vorher aus Palestro vertrieben, so blieben Brückenbau und Übergang unmöglich. Die Wichtigkeit des Punktes war unverkennbar und ebenso, daß ein früher und kräftiger Angriff der Österreicher schlimme Folgen haben mußte. Der König bat demnach um Verstärkung, und das 3. Zuavenregiment, 2600 Mann stark, erhielt Befehl sich der Sardinischen Armee anzuschließen. Eigentlich zur Division Autemarre gehörig, war es derselben voraus nach Vercelli herangezogen und wurde jetzt bis Torrione, dem Hauptquartier des Königs, vorgeschoben. Palestro war nun durch rund 14 000 Mann besetzt.

Das prachtvolle Schlachtgemälde, welches Bazancourt in Szene setzt,***) können sich die Österreicher wohl gefallen lassen, mit der einzigen Berichtigung,

---

*) Roggione Busca.

**) Stranz erwähnt die vorübergehende Absicht Napoleons am 30. Mai bis Robbio vorzustoßen; Victor Emanuel habe sich auf Anfrage hin auch für stark genug dazu erklärt, doch seien keine weiteren Befehle erfolgt. Redern bestätigt diese Absicht, doch sollte erst die Unterstützung des 3. Französischen Korps abgewartet werden. Canroberts Divisionen trafen nun, nach dem Frz. G. St. W., S. 123/5, am 30. Mai von Mittag ab bei Prarolo ein, konnten aber erst am 31. die Sesia überschreiten, da Regengüsse und Strömung den Brückenschlag verzögerten. Vgl. S. 85/86.

***) Bazancourt 1, S. 191 ff.

daß an diesem Tage vier Sardinische Divisionen gegen eine nicht einmal vollzählige Österreichische Brigade fochten. Es war nicht die Schuld dieser, daß man sie vereinzelt und hilflos einem solchen Stoß preisgab, und welcher kräftige Widerstand in Palestro und Vinzaglio geleistet wurde, geht zur Genüge daraus hervor, daß nach eigener Angabe die Sardinische 4. und 3. Division 9 Offiziere und 305 Mann verloren.

Als am Abend die Berichte von diesen Gefechten in Garlasco eintrafen, erhielt die Division Jellacic vom II. Korps Befehl sogleich von Cergnago aufzubrechen, die andere Division Herdy sollte bis Mortara folgen, das III. Korps sich am andern Morgen in Trumello konzentrieren und Befehle abwarten. Die Brigade Gaal war schon heute von Baccarizza zum V. Korps nach Sannazzaro zurückgekehrt.

Allerdings wurden so ungefähr 50 000 Mann auf der Straße von Vercelli nach Pavia echeloniert, aber man stand von Robbio bis Trumello 3½ Meilen auseinander.

Der Kommandierende ritt noch abends 10³⁰ mit seinem Stabe nach Robbio, um mit Feldmarschalleutnant Zobel das Nähere über einen Angriff zu verabreden.*)

Die vier bei Robbio**) versammelten Brigaden:
Dondorf und Weigl von der Division Lilia des VII.,
Koudelka - Szabo - - - Jellacic des II. Korps
sollten am 31. vorrücken und dem Gegner die gewonnenen Vorteile wieder entreißen. Mehr war für den Augenblick zu dieser Unternehmung nicht heranzubringen; auch glaubte man hierzu ausreichend stark zu sein, da es nur auf

---

*) Gyulai traf am 30. Mai im Laufe des Nachmittags folgende Anordnungen: II. Korps schickt sofort eine Division nach Castel d'Agogna, versammelt das Gros in Mortara und ist am 31. marschbereit; ebenso sind am 31. marschbereit III. und V. Korps. Brigade Boer VIII. Korps wird, wie Brigade Gaal am 30., vom Po am 31. zurückgezogen und erreicht Garlasco (schließlich marschierte sie aber am 31. auf neuen Befehl hin noch bis Lomello). Kavalleriedivision Mensdorff erreicht 31. früh von Bespolate aus Ricorvo. Auf Grund dieser Weisungen rückten vom II. Korps Division Jellacic am 30. gegen 7³⁰ abends von Cergnago nach Mortara, ein Teil (von Brigade Szabo) von dort 9⁰ abends weiter nach Castel d'Agogna; Division Herdy folgte um Mitternacht von S. Giorgio nach Mortara, wo Gyulai mit Kuhn 11⁰ abends eingetroffen war. Die Kavalleriedivision kam am 31. früh nach Ricorvo, nachdem Mensdorff persönlich am Nachmittage vorher mit vier Eskadrons, einer Batterie von Bespolate aus, einer Aufforderung VII. Korps entsprechend, auf Palestro zugeritten, aber bei C. Torre bi Robbio umgekehrt war, da der Kampf verstummte und Patrouillen Confienza sowie Casalino besetzt fanden. Östr. G. St. W. 1, S. 407. 423/4.

**) Die vier Brigaden waren, wie aus der vorigen Anmerkung hervorgeht, bei Robbio, Castel d'Agogna und Mortara versammelt.

eine Bewältigung Palestros abgesehen war, daß man von einer einzigen Sardinischen Division besetzt annahm, deren Truppenzahl allerdings der zweier Österreichischer Divisionen nachstand.*)

Zwar wußte man wohl, daß bei Confienza stärkere feindliche Abteilungen befindlich wären; man hoffte indessen diese durch Demonstrierungen festzuhalten und so ihren Einfluß auf das Gefecht bei Palestro paralysieren zu können.

Vielleicht hatte das sehr bedeckte Terrain verhindert zu übersehen, daß die ganze Sardinische Armee im Anmarsch war. Aber die Gefechte bei Palestro und Vinzaglio und die Kavallerierekognoszierung über Orfengo konnten darüber keinen Zweifel lassen, daß sehr bedeutende Kräfte am linken Ufer der Sesia vorhanden seien,**) und diese Gewißheit mußte wohl jetzt die Situation genügend aufklären.

Wie hätten die Sardinier allein über die Sesia gehen und gleichzeitig die Franzosen auf Piacenza marschieren sollen! War es denkbar, daß die Piemontesen unter Preisgebung aller Verbindung mit Turin sich einer vollständigen Niederlage aussetzten, wenn sie sich nicht durch die Nähe des Französischen Heeres gestützt fühlten? Nach dem 30. Mai wenigstens hätte die Besorgnis für den linken Flügel schwinden, die höchste Sorgfalt für den rechten eintreten müssen.

Die Franzosen konnten nur noch entweder über Valenza und Casale vorgehen,***) oder unmittelbar hinter den Piemontesen folgen. Letzteres war nach deren keckem Auftreten bei weitem das Wahrscheinlichere; allein man durfte auf beide Fälle rücksichtigen, da auch die, wie wir wissen, am rechten Pouser zurückgelassene Sardinische Division Cucchiari bei Candia wiederholte Übergangsversuche über die Sesia gemacht hatte.

Wenn die Divisionen Cialdini und Jellacic bei Robbio, die Division Reischach bei Cozzo stehen blieben, so konnte der Rest des Heeres am 31. Mai

---

*) Gyulai wollte, ungewiß über Stärke und Absichten des Gegners bei Palestro, am 31. Mai nur erkunden, Kuhn, „die Übermacht des Feindes ahnend", empfahl Vorsicht; beide, Oberfeldherr wie Generalstabschef, hielten das Gefecht am 30. nur für eine Demonstration, doch meinte Kuhn, es sei nicht ausgeschlossen, daß unter dem Deckmantel des Scheinangriffs Truppen zu Garibaldi nach Castelletto geschickt würden. Östr. G. St.W. 1, S. 408, 424.

**) Die Kavallerieerkundung von Novara auf Vercelli am 30. Mai hatte bereits die Anwesenheit des 4. Französischen Korps bei Borgovercelli festgestellt. Preuß. Offz. 1. S. 241 ff.

***) S. 77, Anm. ***).

durch einen Marsch zwischen Mortara und Garlasco konzentriert werden*), selbst die Abteilung vom IX. Korps aus Baccarizza. Ging der Kaiser Napoleon über Valenza und Casale vor, so traf er auf die Division Reischach; die Divisionen Lilia und Jellacic konnten dann, auf Nicorvo zurückweichend, ein hinhaltendes Gefecht mit den Sardiniern zu bestehen haben, rund 90 000 Mann aber die Franzosen unmittelbar nach dem Flußübergang angreifen; folgte dagegen der Kaiser den Sardiniern über Vercelli, so war man sicher, daß er den Ticino nicht zu überschreiten vermochte, ohne die Österreicher anzugreifen oder von ihnen angegriffen zu werden, beides unter den für ihn strategisch nachteiligsten Verhältnissen. Die Bedingung aber war, daß das Österreichische Heer vorher konzentriert wurde.

Allein das VIII., V. und IX. Korps blieben gegen den unteren Po stehen, und wir glauben in der Anordnung für den 31. Mai, ganz abgesehen davon, ob das Gefecht des Feldmarschallleutnants Zobel günstig oder ungünstig ausfiel, den ersten Grund zu dem Mißgeschick zu erkennen, welches von nun an das tapfere Österreichische Heer erfaßte.

Die Franzosen setzten ihren Flankenmarsch fort; das 4. Korps Niel von Borgovercelli nach Cameriano auf der Straße nach Novara. Da man jenseits Vercelli auf den Feind stoßen konnte, so ging von dort eine Avantgarde von sechs Eskadrons, vier reitenden Batterien und vier Jägerkompagnien voraus.

31. Mai.

Die Garde hatte den starken Marsch von Trino nach Vercelli.**)

Das 2. Korps, Mac Mahon, brach schon um 4° von Casale nach Vercelli auf, erhielt aber dort Befehl, noch bis Borgovercelli vorzurücken; ebenso die Kavalleriedivision Desvaux, die am heutigen Tage erst in Vercelli eintreffen sollte.

Das 1. Korps, Baraguey, ging von Valenza nach Casale. Ein Infanterieregiment, welches dort zurückblieb, wurde später auf der Eisenbahn wieder zum Korps herangezogen.

Die Division Autemarre wurde nach Alessandria herangezogen.

Das 3. Korps, Canrobert, stand bei Prarolo und sollte bei Palestro über die Sesia gehen. Die vom General Leboeuf ausgesuchte Stelle wird durch die örtliche Beschaffenheit des Flusses und seiner Ufer bestimmt worden sein; in taktischer und strategischer Hinsicht war die Lage eine sehr bedenkliche, da die Sardinier vorwärts Palestro kein Terrain gewonnen hatten.

---

*) S. 70 empfiehlt Moltke Versammlung hinter der Agogna.
**) 18 Kilometer.

Nachdem die Französischen Pontontrains nunmehr heran waren, sollten drei Brücken das Defilieren erleichtern.*)

Schon am 30. abends 7⁰ hoffte man damit fertig zu sein, als plötzlich der Fluß um fast drei Fuß stieg.**) Aus den drei Brücken mußte jetzt eine gemacht werden, und noch reichte das Material nicht. Ein Flußarm wurde mit Faschinen ausgefüllt, und erst am Morgen um 7⁰ konnte der Übergang beginnen. Jede Division brauchte dazu zwei Stunden Zeit.

Man sieht, wie heute alles darauf ankam, daß die Sardinier ihre Stellung und namentlich Palestro behaupteten, gerade den Punkt, gegen welchen die Österreicher ihre Anstrengungen zu richten beabsichtigten. Ging Palestro verloren, so konnte der Übergang des 3. Korps nicht stattfinden.

Die Division Jellacic, welche abends 7⁰ aus Cergnago abgerückt war, in Mortara ein paar Stunden geruht hatte,***) traf morgens zwischen 9 und 10⁰ mit einer Brigade in Robbio, mit der andern in Rosasco ein. Nach der Disposition sollten die Brigade Dondorf 4³/₄ Bataillone, 1 Rohr- und 1 Raketenbatterie, im ganzen 4940 Mann, und die Brigade Koudelka, 3 Bataillone, 1 Batterie, im ganzen 3240 Mann,

auf der Hauptstraße gegen Palestro vorgehen,

die Brigade Weigl, 7 Kompagnien,†) 2 Züge Husaren, 4 Geschütze, im ganzen 1400 Mann,

demonstrieren, wenn möglich den Feind aus Confienza vertreiben und

dann, sich links wendend, in dem Rücken von Palestro erscheinen,

die Brigade Szabo, 5 Bataillone, 2 Eskadrons, 1 12pfündige Batterie, im ganzen 5700 Mann,

von Rosasco aus die rechte Flanke des Feindes umfassen;

endlich bildeten noch

        1 Bataillon vom Regiment Leopold,

        ¹/₂ Eskadron Husaren,

        ¹/₄ Batterie,

eine gemeinschaftliche Reserve bei Robbio.

---

*) Vgl. Historique du 1ᵉʳ régiment de l'ontonniers S. 141,2.
**) S. 82, Anm. *).
***) Die in Mortara befindlichen Truppen der Division Jellacic wurden am 31. Mai 2⁰ früh von Feldmarschalleutnant Zobel persönlich vorgeführt; die Brigade Koudelka vereinigte sich 8³⁰ mit der Brigade Dondorf bei Robbio und trat von dort um 9⁰ den Vormarsch auf Palestro an. Die Brigade Szabo versammelte sich 4⁰ früh bei Castel d'Agogna und ging über Rosasco vor. Östr. G. St. W. 1, S. 426/7.
†) Die Kolonne Weigl war acht Kompagnien (Ehzg. Leopold) stark. Östr. G. St. W. 1, S. 426/7.

Die Offensive, zu der im ganzen zwischen 16000 bis 17000 Mann bestimmt waren, ging sonach von zwei Punkten aus, die eine halbe Meile auseinanderliegen. Die mittlere Kolonne marschierte auf der Chaussee, die beiden anderen hatten ein wahres Labyrinth von Kanälen auf gewundenen Wegen durch Baumreihen und Felder zu durchziehen. Es war in der Tat kaum zu hoffen, daß alle drei Angriffe rechtzeitig zusammenwirken würden.

Die Reserve in Robbio stand eine halbe Meile entfernt; sie konnte sonach in das Gefecht nicht unmittelbar eingreifen, und wir finden hier abermals eine Aufnahmestellung auf Kosten des offensiven Zweckes.

Bei der mittleren Kolonne bildete das Jägerbataillon*) auf der direkten Straße von Palestro die Avantgarde; dann folgten zwei Bataillone Wimpffen, das Ottocaner Grenzbataillon,**) das Grenadierbataillon Wimpffen (das I. Bataillon war in Novara geblieben); endlich schloß die Brigade Koubella den Zug.***)

Um 10^{30} fiel der erste Kanonenschuß.†) Das Jägerbataillon rückte entschlossen vor, empfing ein heftiges Tirailleurfeuer, ließ sich davon aber nicht abschrecken, sondern ging sogleich zum Sturm über. Obwohl nun die Sardinier die ganze Nacht geschanzt hatten und in einer dichtgedrängten Stellung am Rande des Plateaus vorwärts des Ortes standen (nach dem Rapport des Generals Cialdini die Brigade Regina nebst einer Batterie von acht Geschützen), so drangen die Jäger doch bis an die ersten Häuser heran. Sie vermochten sich ihrer und des Kirchhofes indes nicht zu bemächtigen. Irrtümlich hatte das Gros das Signal der Avantgarde zum Angriff aufgenommen, alles fing an zu laufen, kam dadurch atemlos und erschöpft in den Bereich des feindlichen Feuers, und als nun die Jäger wichen, kehrten alle übrigen Bataillone gleich mit um. Die Piemontesen verfolgten; indes wurden sie von dem zurückgebliebenen Grenadierbataillon aufgehalten, welches mit einer Rohr- und einer halben Raketenbatterie Stellung hinter dem Kanal della Borgheja genommen hatte.††)

10^{30}.

*) Das 21. Jägerbataillon der Brigade Koubella war für den 31. Mai der Brigade Dondorf überwiesen. Östr. G. St. W. 1, S. 426.
**) Das Ottocaner Grenzbataillon war nur zwei Divisionen stark (²/₃ Bataillon). Östr. G. St. W. 1, S. 426.
***) Die Brigade Koubella bestand aus drei Bataillonen Zellacicinfanterie und einer Batterie. Östr. G. St. W. 1, S. 428.
†) Das Östr. G. St. W. 1, S. 427 sagt, daß 9^{15} Kanonendonner bei Confienza erscholl, 9^{30} die österreichischen Hauptkolonnen und einige Zeit später die linke Kolonne (Szabo) auf die Vorposten des Feindes stießen.
††) Die Österreichische Darstellung (G. St. W. 1, S. 428,9) weicht von der Moltkes ab. Rechts von den 21. Jägern trat nach ersterer das III. Bataillon Wimpffen in den Kampf, das aber, in seiner rechten Flanke bedroht, gegen die Chaussee und den Pietro-

Die rechte Flügelkolonne traf in Confienza die Sardinische 2. Division und war daselbst mit ihrem Angriffe nicht glücklicher.

General Weigl konnte vor dem Orte nur zwei Geschütze auf einem schmalen Weg auffahren, die von vier feindlichen übel zugerichtet wurden. Seine Bataillone bemächtigten sich wirklich einiger Häuser, wurden aber mit Verlust zurückgetrieben. Der General selbst erhielt einen Schuß durch den Arm, blieb jedoch bei den Truppen und hinderte wenigstens das Vordringen des Feindes, dessen Anstrengungen hauptsächlich auf ein Umfassen des linken Flügels gerichtet waren.*)

Die linke Flügelkolonne des Generals Szabo war von Rosasco aus auf einem schmalen, durch den Regen schlüpfrig gewordenen Wege längs des Flusses vorgegangen. An der Tete befand sich auch hier ein Jägerbataillon, das 7.; ihm folgte eine halbe Zwölfpfünderbatterie,**) dann erst das Regiment Wilhelm und die andere halbe Batterie***). Für Sicherung der linken Flanke waren keine Maßregeln getroffen, da man sich dieserhalb auf die so bedeutend gestiegene und ohne Brücken nicht passierbare Sesia verließ, von einem feindlichen Brückenschlag aber keine Ahnung hatte.

Bei la Bribba stießen die Jäger auf eine feindliche Postierung vom 9. Sardinischen Regiment; sie wurde zurückgeworfen. Während dieses Angriffs hatte General Szabo von einem erhöhten Punkt aus†) die von den Franzosen über die Sesia geschlagene Brücke und das Defilieren von Truppen über dieselbe wahrnehmen können. Da große Massen hinter derselben haltend

---

kanal (Canal della C. di S. Pietro) zurückwich. Das nunmehr eingesetzte Grenadierbataillon Wimpffen vermochte hieran nichts zu ändern; schließlich wurden auch die Jäger in die Rückzugsbewegung mit hineingezogen, und erst an der Mündung des Kanal della Borghesa vermochte das Ottocaner Grenzbataillon das Gefecht wieder zum Stehen zu bringen. Nunmehr setzte Zobel die Brigade Koudelka ein. Vgl. S. 90.

*) General Weigl hatte sich gegenüber nicht nur die 2. Sardinische Division, sondern auch die von Casalino hineingerückte 1., die allerdings nicht in den Kampf trat, sondern hinter Confienza konzentriert blieb. Weigl würde wohl kaum angegriffen haben, wenn er die Stärke der Piemontesen gekannt hätte. So aber kämpfte er zwei Stunden und trat dann den Rückzug nach Robbio an, wo er sich zur Deckung des Ortes gegen Confienza aufstellte. Östr. G. St. W. 1, S. 431 und Piem. Bericht.

**) Die Jäger hatten zwei Geschütze in der Mitte, zwei an Ende ihrer Marschkolonnen. Das Gros folgte „in ziemlicher Entfernung". Östr. G. St. W. 1, S. 432/3; vgl. Geschichte der 7. Jäger, S. 208 ff.

***) Das Regiment Wilhelm hatte seine Grenadiere am Anfang, ihnen folgte die halbe Batterie, eine halbe Eskadron Szillumlanen und die drei anderen Bataillone. Östr. G. St. W. 1, S. 432 3; vgl. Geschichte des Regiments Erzherzog Wilhelm 2, S. 504 ff.

†) Die Brückenstelle zwischen Palestro und Prarolo ist erst kurz südwestlich la Bribba von dem hohen und freien Ufer der Sesia aus zu sehen; vom Wege Rosasco—la Bribba aus ist sie nicht zu sehen. Erkundung.

gesehen wurden, so nahm man an, daß das Defilieren eben erst begonnen habe. Zwischen dem Kanal la Sartirana und der Sesia, links vom Wege, fuhr die Batterie auf*) und erreichte mit ihren Kugeln die Pontonbrücke der Franzosen. Oberst Duhamel wurde auf derselben erschossen. Die Jäger debouchierten nun in ein ziemlich freies Feld, auf welchem ein massives fünfzig Schritt langes Gebäude, die Cascina bi S. Pietro, von den Piemontesen stark besetzt war.**) Das Haus wurde genommen, und von diesem Erfolge allzu dreist gemacht, zog man sowohl das Grenadierregiment Wilhelm als fünf Geschütze über die Kanalbrücke vor, die man mit drei Geschützen und einer als Plänklerlinie aufgelösten Kompagnie besetzte,***) während der Rest der Brigade, drei Bataillone, auf der Chaussee halten blieb. Die über den Kanal vorgegangenen Truppen, denen man später noch zwei Kompagnien zum Schutze ihrer linken Flanke folgen ließ, brangen gegen Palestro an, als sie sich in der Front durch fünf Sardinische Bataillone†) und eine Batterie, gleichzeitig aber auch durch eine Französische Batterie der Division Bourbaki vom linken Sesiaufer her beschossen und dann in der linken Flanke von den Zuaven angegriffen sahen, welche bis dahin das hohe Korn und eine Pappelreihe verborgen hatten. Am Morgen des 31. von Torrione bis an die Südfront Palestros hinter den in die Sesietta mündenden Arm des Cavo Scotti vorgeschoben, war das 3. Zuavenregiment††) im Begriff gewesen seine Biwaksplätze daselbst einzurichten, als der Österreichische Angriff erfolgte. Sobald das Feuer heftiger geworden, eilten die Zuaven von selbst auf den Kampfplatz. Sie trieben die ihnen entgegenstehenden zwei Kompagnien nach der Brücke zurück, erfaßten den richtigen Moment, wateten bis an die Brust durch den Cavo Scotti und stürzten sich,

---

*) Von der bei der Brigade Sjabo befindlichen Batterie gingen fünf Geschütze bei la Bribba über den Kanal Sartirana (Cavo Sartirana) mit der Infanterie vor, drei blieben südlich la Bribba. Diese sind hier gemeint. Sie hatten am Ufer der Sesia gutes Schußfeld auf die Brücke. Östr. G. St. W. 1, S. 435; Preuß. Offz. 1, S. 261.

**) C. S. Pietro war von zwei Kompagnien 9. Piemontesischen Regiments besetzt. Östr. G. St. W. 1, S. 434.

***) Von den über den Sartiranakanal vorgezogenen fünf Geschützen wurden zwei links der Brücke an der Mündung der Sesietta aufgestellt, um den Raum zwischen dieser und der Sesia zu beherrschen, zum Schutz der Geschütze aber eine Kompagnie Erzherzog Wilhelm aufgelöst. Gegen C. S. Pietro folgten den Jägern drei Geschütze und die Grenadiere. Endlich aber wurde als Sicherung gegen die beim Vorgehen auf C. S. Pietro in der linken Flanke bemerkten feindlichen Abteilungen eine Jägerkompagnie über die Sesietta detachiert, der später zwei Kompagnien von den südlich la Bribba auf dem Wege (nicht Chaussee, wie im Text steht) nach Rosasco belassenen Bataillonen Wilhelm folgten. Östr. G. St. W. 1, S. 436 und Preuß. Offz. 1, S. 259 ff.

†) 7. Bersaglieri und 16. Infanterieregiment.

††) Vgl. Historique du 3e régiment de Zouaves, S. 83 ff.

da die Munition durchnäßt, mit dem Bajonett in den Rücken der am weitesten vorgeschrittenen Österreicher. Gleichzeitig gingen die Piemontesen über die Brücke vor, die dicht an dem Dorfe bei S. Antonio über den Cavo führt, und nahmen die Cascina wieder. Unaufhaltsam drängten die Zuaven die überraschten Gegner gegen die Kanalbrücke und den Kanal selbst, welcher, zwanzig Schritt breit, zehn Fuß tief, von fünfundzwanzig Fuß hohen Dämmen eingefaßt wird. Da jene Brücke äußerst schmal ist, so wurden eine Menge Menschen hinabgestürzt. Viele warfen sich in den Kanal und die Sesia, die meisten ertranken. Eine ungeheure Verwirrung trat ein. Das Grenadierbataillon des Regiments Wilhelm gab eine Salve und war dann nicht mehr zu halten. Die Leute, seit gestern auf dem Marsch und ohne Verpflegung, hatten jetzt in der brennendsten Tageshitze jede andere Willenskraft verloren als die, sich um jeden Preis Lebensmittel und Ruhe zu verschaffen. Vom Feinde umringt, suchte man sich Bahn zu brechen, kam auch durch, aber mit Verlust des Regimentskommandeurs und von 500 Mann. Die Batterie hatte nicht umwenden können; von acht Geschützen wurde nur eins zurückgebracht, welches an der Brücke postiert gewesen.*) Der Führer war erschossen, und die Fahrer flüchteten mit den Pferden. Die auf dem linken Kanalufer halten gebliebenen Truppen wurden, so scheint es, mit in die Flucht verwickelt.**) Erst bei Rivoltella setzten vier hier aufgestellte Kompagnien des Regiments Leopold der feindlichen Verfolgung ein Ziel und deckten den weitern Rückzug der Brigade Szabo, die sich bis 2° wiederum bei Rosasco zu sammeln vermochte.

Inzwischen hatte auch Feldmarschalleutnant Jobel selbst mit der noch intakten Brigade Koudella, drei Bataillonen des Regiments Jellacic, versucht, Palestro zu nehmen, was gegen einundzwanzig dort aufgestellte Bataillone natürlich nicht gelingen konnte, so tapfer man auch anstürmte.***)

Der Feldmarschalleutnant hatte in dem Augenblick an das Hauptquartier berichtet, wo das brave 21. Jägerbataillon mit so gutem Erfolg gegen Palestro

---

*) Gerettet wurde nur eins der südlich la Bribba belassenen drei Geschütze. Die dort befindliche Infanterie wurde auch vom rechten Sesiaufer aus durch französische Artillerie beschossen; zum Feuern ist sie gar nicht gekommen, da die eigenen Truppen dadurch gefährdet worden wären.

**) Die in der Front über die Brücke bei la Bribba vorstürmenden Zuaven verfolgten die fliehenden Österreicher bis Rivoltella.

***) Die Brigade Koudella war anfangs mit Erfolg bis zum Kanal Borghesa vorgedrungen; Jobel gab aber den Kampf auf, da Weigl gemeldet hatte, er sei außerstande in Confienza einzudringen; auch war auf seiner linken Flanke bei Szabo das Geschützfeuer plötzlich verstummt; vor allem machte sich aber in der Front eine Überlegenheit bemerkbar. Hier waren in der Tat die Sardinier durch die Französische Division Renault verstärkt worden. Östr. G. St. W. 1, S. 430; Frz. G. St. W. 3. 184; Piem. Bericht.

vorrückte; aber schon um 1⁰ war jede Hoffnung auf einen glücklichen Ausgang verloren und um 3⁰ endete der Kampf.*)

Die Division Herby war morgens 5⁰ bei Mortara angelangt: sie mußte infolge der eingehenden Meldung sofort noch nach Robbio weitermarschieren.**)

Das III. Korps hatte bis Mittag auf Befehle gewartet; es fragte an, ob es abkochen dürfe, und wurde angewiesen Biwaks zu beziehen. Kaum war dies geschehen, so ging der Befehl ein nach Mortara zu rücken. Die Leute kamen um ihr Mittagessen, und die Division Schönberger wurde von Mortara aus noch nach Castel d'Agogna vorgeschickt.***)

Eine allgemeine Konzentration der Armee wurde durch diese Bewegungen natürlich nicht erreicht.†)

Die Verluste der beiden Tage waren bedeutend, sie betrugen

an Toten . . . . . . 15 Offiziere, 513 Mann,
» Verwundeten . . . 23 » 878 »
» Vermißten . . . . 6 » 774 »

im ganzen . . . 44 Offiziere, 2165 Mann.

Es hatte sich an diesem Unglückstage eine Grenze der Leistungen gezeigt, über welche hinaus die Kraft der Truppen und auch der gute Wille nicht mehr reichten.

Vor und während des Gefechts bei Palestro hatte das 3. Französische Korps seinen Übergang über die Sesia fortgesetzt, so daß es zur Zeit des

---

*) Dondorf sammelte sich um 2⁰ in Robbio, Koubella vor Robbio hinter dem Roggione Busca, wo die letzten Truppen erst gegen 4⁰ eintrafen. Östr. G. St. W. 1, S. 431.

**) Die Division Herby wurde am 31. Mai 1⁰ nachmittags nach S. Angelo in Marsch gesetzt, sollte später auf Robbio weitergehen, wurde aber schließlich bei ersterem Ort festgehalten. Östr. G. St. W. 1, S. 439, 442.

***) Das III. Korps erhielt im Laufe des 31. Mai wiederholt Gegenbefehle. Um 10⁰ früh von Trumello und Garlasco auf Casoni bei S. Albino und Trumello in Marsch gesetzt, erreichte es abends Castel d'Agogna und Mortara. Daß die Leute um ihr Mittagessen gekommen seien, geht aus dem Östr. G. St. W. (1, S. 440/1) nicht hervor, im Gegenteil machten sie eine lange Mittagspause, und hatte das Korps gerade die Weisung erhalten, abzukochen. Von Biwakbeziehen ist nirgends die Rede.

†) Am 31. Mai abends standen:
II. Armeekorps   Robbio—S. Angelo,
VII.   »   Robbio—Candia—Cozzo,
III.   »   Castel b'Agogna—Mortara,
VIII.   »   Sartirana—Mede—Lomello,
V.   »   Sannazzaro—Po,
IX.   »   Baccarizza—Piacenza,
Kavallerie Mensdorff Ricorvo.

Beginns des Kampfes mit der Division Renault teils schon auf dem linken Flügel Cialdinis aufmarschiert, teils hinter Palestro als Reserve aufgestellt war. Die während des Gefechtes übergegangene Division Trochu machte zwischen der Brücke und dem Orte Halt; sie ließ auf einen Augenblick die Brigade Bataille zur Unterstützung des 3. Zuavenregimentes vorgehen, zog indessen dieselbe bald wieder an sich heran.*)

Die Division Bourbaki, die Kavallerie und Artillerie des 3. Korps konnten ihren Übergang jedoch erst nach beendigtem Gefecht bewerkstelligen.

1. Juni.

Handzeichnung VIII.

Nach der ursprünglichen Disposition des Kaisers sollte die Französische Armee, welche seit vier Tagen ununterbrochen marschierte, am 1. Juni Ruhetag haben, wenigstens nur Spitzen auf Novara, Casalvolone und Casalino vortreiben, die Piemontesische Armee dagegen eine die weiteren Bewegungen der Hauptarmee deckende Stellung bei Robbio beziehen. Aber die Krisis, in welcher man sich befand, veranlaßte schon gestern, daß die Märsche des 4. und 2. Korps bis Cameriano und Borgovercelli verlängert worden waren; diese Korps hatten über vier Meilen zurückgelegt.**) Die hierdurch bewirkte bessere Konzentrierung der Französischen Armee, der glückliche Ausgang des Gefechtes von Palestro wie die eingegangene Meldung, daß auf dem Wege nach Novara nur schwache feindliche Detachements befindlich, veranlaßten den Kaiser, von der Bewegung der Sardinischen Armee auf Robbio abzusehen, dahingegen das 4. und 2. Korps, die Garden und die Kavalleriedivision Desvaux am 1. Juni noch nach Novara abmarschieren zu lassen.

Nach einigem Widerstande der schwachen Österreichischen Besatzung unter Oberst Ceschi nahm General Niel Novara und rückte auf der Straße nach Mortara in eine Stellung vorwärts la Bicocca. Unmittelbar dahinter lagerten das 2. Korps und die Garden;***) das Kaiserliche Hauptquartier befand sich in Novara, die Kavalleriedivision Desvaux stand vor dem Orte auf der Ticinoseite.

Auch das 1. Korps und die Kavalleriebrigade Sonnaz wurden bis Vercelli und Borgovercelli herangezogen; dagegen verblieben die Sardinische Armee†)

---

*) Das Vor- und Zurückziehen der Brigade Bataille erfolgte auf Befehl Canroberts. Frz. G. St. W., S. 130.

**) Am 31. Mai marschierten das 4. Französische Korps von Borgovercelli nach Cameriano, 8 km, das 2. von Casale nach Borgovercelli, 27 km; keines von beiden demnach „über vier Meilen".

***) Nach Hérisson S. 83 ist das Gardekorps von Vercelli nach Novara mit der Bahn gefahren.

†) Die 5. Division Cucchiari blieb noch weiter in ihrer alten Stellung am Po und vor der Sesia. Vgl. S. 78 u. 84.

und das 3. Korps zur Deckung des nun überaus wichtigen Vercelli in ihren am gestrigen Tage eingenommenen Stellungen.*)

Sonach standen heute die Verbündeten in zwei Hälften auf mehr als zwei Meilen Entfernung auseinander und zwar mit rund 60 000 Mann bei Novara und 100 000 bei Palestro und Vercelli, beide durch die Agogna getrennt.

Der Kaiser besichtigte mit besonderer Sorgfalt die Stellung des Generals Niel und seine Vorposten. Er ließ gegen Mortara und Vespolate rekognoszieren, aber man fand nur Kavallerie.**) Dennoch glaubte man, mit ziemlicher Gewißheit dem Österreichischen Angriffe zum 2. Juni früh entgegensehen zu müssen.

Es soll die Absicht gewesen sein, falls derselbe gegen Vercelli gerichtet war, mit den bei Novara versammelten Kräften wieder über die Agogna zurück und über Monticello und Lumellogno in die rechte Flanke desselben zu marschieren; andernfalls, wenn Novara das Ziel des Gegners war, mit dem 3. Korps und der Sardinischen Armee in dessen linker Flanke offensiv vorzugehen. Trotz der Gefahr, bei einem Echec vor Novara in das Gebirge geworfen zu werden oder durch ein ungünstiges Gefecht vor Vercelli alle Verbindungen zu verlieren, sieht der Französische Bericht die Lage der Armee in ihrer Trennung als vorteilhaft an, da beide Hälften sich gegenseitig unterstützen konnten und entscheidende Offensivbewegungen durch den einen oder den andern Teil möglich waren.

Gegen diese Anschauung möchte sich einwenden lassen, daß der Marsch von Palestro nach Novara oder umgekehrt einen halben Tag in Anspruch nahm, daß die Initiative beim Gegner lag und daß bei gleichzeitiger Demonstration gegen beide Punkte es äußerst schwer war zu unterscheiden, gegen welchen der Hauptangriff gerichtet sei.

Wir sehen in der Lage der Verbündeten am 1. Juni vielmehr eine jener Gefahren, die eine Armee zu bestehen hat, wenn sie ein großes Ziel erreichen will, eine der Krisen, die sich nicht immer vermeiden lassen und welche die Geschichte nach dem Erfolg als kühnes Unternehmen oder als strategischen Fehler aufzuzeichnen pflegt. Erwägt man aber, daß die Hälften der ver-

---

*) Östlich der Sesiabrücke ließ Napoleon vom 1. bis 7. Juni den vorhandenen Brückenkopf erweitern. Frz. G. St. W., S. 138.
**) Alle vom Kaiser befohlenen Erkundungen wurden schlecht ausgeführt, daher waren die Verbündeten am 2. und 3. Juni trotz zahlreicher Kavallerie stets im unklaren über die Verhältnisse bei den Österreichern. Précis S. 126/7.

bündeten Armeen jede ungefähr ebenso stark waren wie das Ganze der Österreichischen, so wird man einräumen müssen, daß der Kaiser schon einiges wagen durfte, ohne allzuviel aufs Spiel zu setzen.

Österreichischerseits mußte man gestern notwendig den Übergang des 3. Französischen Korps bei Palestro bemerkt haben. Noch am Vormittag des 1. Juni ging im Hauptquartier zu Mortara die Nachricht ein, daß französische Abteilungen Olengo südlich Novara besetzt hätten und bis Vespolate streiften. Die Reservekavallerie war von Ricorvo ausgerückt und hatte die feindlichen Patrouillen aus Vespolate zurückgetrieben. Etwas später meldete Oberst Ceschi den Anmarsch der Franzosen auf Novara. Eine Kompagnie Grueber hatte die Agognabrücke mit großer Ruhe eine Stunde lang gegen die Spitze der feindlichen Kolonne, welche zwei Brigaden entwickelte, verteidigt. Ceschi zog sich mit seinen zwei Bataillonen und vier Eskadrons auf Trecate zurück. Bis zum Mittag hatte man zuverlässige Nachricht, daß zwischen Novara und Vercelli 80 000 Franzosen sich befänden.

Die Österreicher standen an diesem Tage in folgender Weise:*)

die Reservekavallerie . . . . bei Vespolate,
das VII. Korps mit der Division Reischach . . . - Cozzo,
   »   »   Lilia . . . . = Robbio,
» II. » versammelt . . . . = Robbio,
» III. » mit der Division Martini . . = Mortara,
   »   »   Schönberger . = Castel b'Agogna,
= V. » = » Sternberg . = Olevano,
   »   »   Baumgarten . = Sannazzaro,
» VIII. = ... = Lomello und am Po,
          eine Brigade = Vaccarizza,**)
= IX. mit einer Brigade . . . . = Vaccarizza.

     das heißt, es befanden sich:

bei Robbio ungefähr . . . . 26 000 Mann,
auf der Linie Mortara—Cozzo . . . . 38 000 »
» » » Lomello—Sannazzaro . . 32 000 »
   bei Vaccarizza . . . . 10 000 » ***)

---

*) S. 91, Anm. **).
**) Die Brigade des VIII. Korps war am 31. Mai durch eine des IX. abgelöst worden. Vgl. S. 83, Anm. *).
***) Bemerkung aus den alten Ausgaben. Seit Anfang des Feldzuges war soviel Nachschub zur Armee gestoßen, daß die Korps, trotz der eingetretenen Verluste, ihre ursprüngliche Stärke behalten und einige sogar einen etwas höheren Stand erreicht hatten (S. die Ordre de Bataille.)

Unstreitig hätte man daher auch noch am 1. Juni gegen 90 000 Mann bei Mortara zu versammeln vermocht, um am 2. die Offensive gegen Palestro oder Olengo zu ergreifen. Die momentane Lage des Feindes, wenn man sie kannte,*) forderte dazu auf, und wollte man sich am rechten Ticinoufer ferner behaupten, so gab es dafür kein anderes Mittel.

Im unglücklichsten Fall hatte man eine Reihe von befestigten Übergängen

---

*) Der Grund für die Unterlassung der Offensive ist wohl darin zu suchen, daß die Österreicher die Lage des Feindes nicht kannten. Am 31. Mai nachmittags und am 1. Juni bis zum Abend rechneten sie immer noch mit einem Hauptangriff von Westen her über Po und Sesia, verbunden vielleicht mit einem Nebenangriff von Vercelli aus. Am 31. nachmittags wird zwar vorübergehend ein Angriff des II., III. und halben VII. Korps für den 1. Juni erwogen, und es werden sogar die nötigen Befehle gegeben, in den frühen Morgenstunden des 1. gibt Graf Gyulai diese Absicht indes wieder auf. „Die Akten des Feldzuges geben über die Motive dieser Unterlassung keinen Aufschluß." Weisungen von 10⁰ vormittags lassen vermuten, daß der Oberfeldherr sowohl einem von Norden wie von Westen erfolgenden Angriff gegenüber sich defensiv verhalten will, denn der rechte Flügel sollte zur Agogna zurückgebogen werden, eine Meldung über die befohlene Aufstellung an den Kaiser von 10⁴⁰ spricht sich über die Absichten nicht aus. Zwischen 11⁰ und 12⁰ werden die kaum erlassenen Befehle indes abgeändert, weil „der Feind von Bespolate über die Agogna vordringt". Vom III. Korps soll die Division Martini auf Bespolate rücken und, unterstützt von der Kavalleriedivision, den Feind werfen, Division Schönberger nördlich Mortara bereit stehen. II. Korps soll sich bei S. Angelo konzentrieren, VII. stehen bleiben. Gyulai gibt zwar auch Weisungen an Bagagen und Kolonnen für den allgemeinen Rückzug, scheint jedoch die Möglichkeit eines Widerstandes zwischen Sesia und Ticino noch nicht ganz aufgegeben zu haben. Nachdem um 1⁰ das I. Korps in Mailand angewiesen war, angesichts des auf 50 000 bis 80 000 Mann geschätzten Feindes bei Novara, die „Stellung von Magenta" zu nehmen, erfolgten zwischen 4⁰ und 5⁰ nachmittags neue Befehle an das III. Korps, die man als Einleitung für die Rückzugsbewegung der ganzen Armee ansehen darf. Gyulai ist zwar noch nicht zur vollen Erkenntnis der Lage gekommen, hat aber anscheinend jetzt das Vertrauen zu einer erfolgreichen Defensive verloren. Die Division Schönberger soll von Mortara aus noch am 1. Juni eine Brigade nach Bigevano zur Besetzung des Brückenkopfes senden (Avantgarde Cassolnovo). Die Kavalleriedivision wird dem III. Korps unterstellt. Am Abend des 1. Juni standen schließlich:

III. Korps. Division Schönberger (Brigaden Dürfeld und Ramming) Bigevano—Mortara,
    » Martini (Brigaden Hartung und Weglar) in und südlich Bespolate.
Kavalleriedivision Mensdorff Borgolavezzaro;
II. » S. Angelo, Teile Robbio, Rosasco, Castelnovetto;
VII. » Division Lilia Robbio,
    » Reischach Candia—Cozzo;
VIII. » Lomello, Teile Torre bei Beretti—Mezzanabigli;
V. » Sannazzaro—Ferrera—Ottobiano;
IX. » eine Brigade Baccarizza.

Am Abend endlich erkannte Graf Gyulai, daß nicht nur 50 000 Mann, sondern bereits die Hauptkräfte der Verbündeten über Vercelli vorgedrungen waren, und telegraphierte 10³⁰ dem Kaiser, es läge „mit Sicherheit eine einfache strategische Umgehung" in ihrer Absicht. Nunmehr sah der Österreichische Oberkommandierende den einzigen Ausweg in dem Rückzuge, wozu der Befehl am 2. Juni morgens zwischen 7⁰ und 9⁰ gegeben wurde. Östr. G. St. W. 1, S. 443 ff., 453 bis 470; vgl. Kuhn, S. 21.

über den Ticino oder die vorbereitete Stellung von Mortara hinter sich, und wurde man selbst auf Pavia gedrängt, so fand man ein Terrain, in welchem die Kavallerie die günstigste Gelegenheit hatte den Abzug zu decken.

Es heißt, der Chef des Generalstabes habe solche Ansichten im Hauptquartier vertreten. Eingewendet wurde dagegen: daß in diesem Lande größere Truppenabteilungen sich nur auf den Chausseen bewegen könnten. Über Straßen waren von Cozzo, Lomello, Sannazzaro und Baccarizza in der Richtung auf Mortara vorhanden. Von dort auf Novara ist das Land wenigstens nicht ungangbar zu nennen. Man hob hervor, daß der Feind bei Palestro in der Flanke eines solchen Vorrückens stehe, allein die Agogna und vor allem die Tätigkeit des 26 000 Mann starken Korps bei Robbio mußten es sichern. Man erinnerte daran, daß die Franzosen näher an Mailand ständen als die Österreicher. Umsomehr war eine baldige Entscheidung nötig und diese war diesseits des Ticino schneller als jenseits herbeizuführen. Vorlegen konnte man sich ohnehin nicht mehr, denn, wenn die Franzosen in der geraden Richtung auf Mailand im Fortschreiten blieben,*) so durfte man schwerlich hoffen ihnen auf dem Umwege über Bereguardo zuvorzukommen.

Wenn dennoch schließlich der Rückzug beschlossen wurde, so entschied dabei ohne Zweifel das allerdings sehr zu berücksichtigende Mißverhältnis der gegenseitigen Streitkräfte, welches durch Verstärkungen jetzt nur noch am linken Ticinoufer einigermaßen auszugleichen war.

Für den Zweck des Rückzuges wurde sogleich die Division Martini gegen Vespolate in Bewegung gesetzt, um den Rechtsabmarsch der Armee gegen die Franzosen bei Novara zu decken, und dafür die Division Schönberger nach Mortara gezogen.

2. Juni. Am 2. Juni**) stellte sich die Reservekavallerie bei Cozzago auf, nur eine Meile entfernt von Olengo.

*) Im Bericht Rederns bemerkt Moltke: „Daß die Franzosen den Ticino überschreiten würden, ohne die versammelten Österreicher bei Mortara zu berücksichtigen, ist in keiner Weise anzunehmen."
**) Auch am 2. Juni zeigt sich in den Anordnungen des Österreichischen Armeeoberkommandos eine große Unsicherheit, hervorgerufen durch die vorübergehende Einstellung des Rückzuges zwischen 10³⁰ und 12⁰ mittags. Die Darstellung Moltkes erwähnt diese Unterbrechung nicht und bedarf daher einiger Ergänzungen auf Grund des Östr. G. St. W. I, S. 471 ff. Vom III. Korps blieben die Brigaden Dürfeld und Hartung in ihren Stellungen bei Vigevano und Vespolate, Wezlar wurde von Vespolate herangezogen Ramming dorthin in Marsch gesetzt. Die Annahme eines feindlichen Angriffs erfüllte sich indes nicht. Am Abend standen Wezlar bei Tornaco, Ramming bei Borgolavezzaro, Mensdorff bei Gravellona. Das II. Korps wurde bei Mortara angehalten und erreichte über Vigevano spät in der Nacht die Gegend zwischen Gorla und Ticino, war also als erstes auf dem

Vom III. Korps rückten die Brigaden Hartung und Ramming hinter Vespolate. Dürfeld und Wezlar wurden rechts auf den verschiedenen Wegen, die von Novara nach Vigevano führen, aufgestellt.

Handzeichnungen IX und X.

Hinter diesem Schirme weg marschierten:

das II. Korps von Robbio nach Vigevano;
das VII. Korps aus Robbio und Cozzo ebendahin;
das V. Korps, Division Sternberg, von Olevano nach Mortara und dann noch nach Garlasco;
       Division Baumgarten von Sannazzaro nach Garlasco;
das VIII. Korps von Lomello, wo eine Arrieregarde zurückgelassen wurde, nach Trumello;
das Hauptquartier kam nach Garlasco.

Im allgemeinen also war das III. Korps vorwärts geschoben und hinter demselben fort die Bewegung des II. und VII. auf Vigevano, des V. und VIII. auf Bereguardo, wo am folgenden Tage der Ticino passiert werden sollte, eingeleitet. Diese Märsche mußten zum Teil während der Nacht zum 3. Juni fortgesetzt werden und mehrere Abteilungen legten die Wegstrecke, zu welcher sie beim ersten Einrücken vier Tage gebraucht hatten, jetzt binnen 24 Stunden zurück.

Das Fuhrwesen und zahlreiche Verwundete, namentlich aus Robbio, wurden vorweg nach Vigevano und Bereguardo geschafft, von wo sie auf dem

---

östlichen Ufer; bis Vigevano folgt ihm das VII., dem ursprünglich Olevano als Marschziel angegeben war, das aber bei Castel b'Agogna halten mußte. Vom V. Korps erreichte die Division Sternberg, von S. Giorgio und Cergnago aus, mittags Mortara, in der Nacht zum 3. Borgo S. Siro; die Division Baumgarten von Sannazzaro aus Garlasco.

Merkwürdig berührt die Begründung des endgültig beschlossenen Rückzuges in dem am 2. Juni 12° mittags an den Kaiser gerichteten Telegramm: „Unter den gegenwärtigen Verhältnissen, wo die Absicht des Feindes, die strategische Umgehung meines rechten Flügels, die Vorrückung gegen Mailand bereits ausgesprochen ist, auch meine linke Flanke und nach Mitteilungen des Herzogs von Modena der untere Po bedroht und wegen der verzögerten Ankunft des mangelhaft ausgerüsteten XI. Armeekorps als nicht gesichert zu betrachten ist, erscheint es mir als erste Pflicht die Kraft der Armee zu weiteren Operationen zu erhalten; ich ordne daher den Rückzug der Armee hinter den Ticino an und glaube morgen mit derselben zwischen Magenta und Pavia zu stehen." In dem Konzept dieses Telegramms stand ursprünglich: „erscheint es mir als erste Pflicht die Zentralstellung hinter dem Mincio mit möglichst erhaltener Kraft zu erreichen". Dieser Satz stimmt mit Kuhns Behauptung in den „Rückblicken" überein, daß Gyulai gleich bis Verona zurückgehen wollte, und ebenso mit Gyulais Ansichten in seiner Denkschrift vom 14. Februar 1859, daß die Armee, wenn sie erst die Offensive aufgegeben habe, ruhig in die Festungsgruppe am Mincio und an der Etsch zurückgehen müßte.

Moltkes militärische Werke III, 3.   7

Naviglio auf Schiffen, teils nach Mailand, teils nach Pavia geführt werden sollten.*)

Das IX. Korps rückte nur mit einem geringen Teil seiner Stärke gegen Pavia heran. Ein Regiment desselben**) war mit Feldmarschallleutnant Urban gegen Garibaldi gezogen; drei Brigaden standen noch vor Piacenza. So zuversichtlich hatte man angenommen, der feindliche Hauptangriff werde gegen diesen Punkt gerichtet sein, daß selbst das jetzt nach Italien herangezogene I. Korps eben dorthin instradiert war.***) Glücklicherweise bewirkte eben die Garibaldische Unternehmung eine Abänderung.

Das I. Korps war am 22. erst von Prag aufgebrochen, über Leipzig, Innsbruck mittels Eisenbahn transportiert, über den Brenner bis Bozen zu Fuß marschiert und dann mittels Eisenbahn auf dem Kriegsschauplatz angelangt. Es hatte in zehn Tagen 200 Meilen zurückgelegt und war im wünschenswertesten Moment zur Stelle. Die Division Cordon war bereits bis Magenta vorgerückt, während die Division Montenuovo sich in Mailand sammelte.

In der Erwartung am 2. früh angegriffen zu werden hatte die Französische Armee von Novara aus ihre Bewegung nicht fortgesetzt.†) Erst nachdem eine vom Kaiser Napoleon selbst geleitete Rekognoszierung gegen Vespolate diese Besorgnis zerstreut hatte und das 1. Korps sowie die Kavalleriebrigade Sonnaz bei Lumellogno an der Agogna angelangt waren, befahl der Kaiser das Vorrücken der Division Espinasse des 2. Korps nach Trecate und S. Martino, der Division Camou des Gardekorps nach Turbigo, wohin die Generale Leboeuf und Frossard letzteres begleiteten. Zur Herstellung eines Überganges dort über den Ticino wurden Verstärkungen an Artillerie und die Brückenequipage beigegeben.

(Vgl. Skizze 5)

General Camou traf schon um 4° nachmittags am Ticino ein, mithin früher als die Kolonnen der Österreicher den Fluß sechs Miglien weiter unterhalb erreichten.††) Es wurden sogleich 200 Voltigeurs auf Kähnen über-

---

*) Dem IX. Korps teilte Gyulai am 2. Juni mit, daß ein Teil der Kranken von Pavia auf Poschiffen nach Borgoforte und von da über Mantua nach Verona geschafft werden solle. Ebenso würden von Piacenza aus Krankentransporte poabwärts stattfinden. Cfrr. G. St. W. 1, S. 489.

**) Regiment Prinz von Preußen.

***) S. 77, Anm. *).

†) Préeis, S. 127 und Billefranche 2, S. 33 halten den König Victor Emanuel für weitblickender, denn er hatte Gyulais Absichten rascher erkannt und ihm sofort über den Ticino folgen wollen.

††) Das II. Österreichische Korps überschritt den Ticino am Nachmittage des 2. und in der Nacht zum 3. Juni. S. 96, Anm. **). — (Vier Miglien = eine Deutsche Meile.)

geschifft; ihre Tirailleure sahen hinter Turbigo nur einige Reiter in weißen Mänteln. 24 Geschütze*) wurden teils auf der Höhe, teils unmittelbar am Fluß zu beiden Seiten der Stelle aufgefahren, wo General Leboeuf den Brückenbau leitete. Um 7³⁰ abends war derselbe beendet, auch eine Art Brückenkopf auf dem linken Ufer mittels Verhau und Pallisadierung hergestellt. Um 2⁰ in der Nacht konnte ein Jägerbataillon nach Turbigo geschafft werden. Es war wichtig sich der Brücke dort über den Naviglio zu versichern. Um 4⁰ folgte General Manèque mit noch zwei Bataillonen dahin; zwei Bataillone blieben zur Besetzung des Brückenkopfes, zwei andere wurden in dem mit Bäumen bedeckten Flußtal zum Schutze der Kanalbrücke von Pabregnano südlich vorgeschoben. Die Brigade Decaen biwakierte am rechten Ufer.

Alles übrige blieb heute stehen. Ehe der Übergang über den Ticino hergestellt war, konnte man nicht vorwärts. Die Alliierten standen sonach von Palestro bis Turbigo auf fünf Meilen auseinander. Solange die feindlichen Absichten nicht näher aufgeklärt, wollte man sich die so wichtige Verbindung über Vercelli auf jeden Fall sichern. Marschall Canrobert und die Sardinier hielten sich auch vollkommen passiv und belästigten den Rückzug der in so großer Nähe von Robbio abziehenden Gegner in keiner Weise.

Von der Division Espinasse zu Trecate war am Morgen des 3. Juni die Brigade Castagny gegen den Brückenkopf von S. Martino, die andere, Gault, weiter rechts gegen Cerano vorgegangen. Eben im Begriff den Brückenkopf anzugreifen entdeckte man, daß die Österreicher ihn verlassen hatten. Derselbe wurde augenblicklich von der Brigade Castagny besetzt. Die Genietruppen gingen sogleich an die Gangbarmachung der nicht völlig zerstörten Eisenbahnbrücke, womit man nach wenigen Stunden soweit gediehen war, daß zwei Kompagnien Zuaven dieselbe passieren konnten. Als bald nachher der Kaiser dort eintraf, befahl er, daß die Brigade Gault sogleich, die zweite, sobald sie von der Garde hier abgelöst sein werde, nach Turbigo abrücke. Die Grenadierdivision Mellinet langte um 1⁰ in Trecate an und die Division Espinasse vereinte sich nun wieder mit der Division Motterouge, welche nachmittags 2⁰ bei der Übergangsstelle eingetroffen war.

Vorwärts Turbigo liegt das Dorf Robecchetto auf einer kleinen Erhöhung. General Mac Mahon begab sich dort auf den Kirchturm, von welchem man eine in dieser Gegend selten weite Umsicht hatte. Oben angelangt erblickte er eine Kolonne von 600 Mann, die, im Anmarsch begriffen,

---
*) Duquet, S. 51, erwähnt nur 12 Geschütze.

nur noch wenige hundert Schritte entfernt war. Kaum hatte man Zeit wieder auf die Pferde zu kommen. In Turbigo war soeben der Kaiser angelangt. Das Regiment tirailleurs algériens wurde sogleich zum Angriff auf Robecchetto vorgeführt, ohne dessen Besitz sich die Franzosen auf dem linken Ticinoufer nicht zu halten vermochten. Es formierte drei Kolonnen, welche das Dorf in Front und Flanke angriffen; das 45. Regiment von der Brigade Lefebvre*) folgte als Reserve, weiter links wurde die Brigade Polhès vorgeschoben. Selbst General Camou erhielt vom Kaiser den Befehl, mit der Gardedivision zur Unterstützung Mac Mahons die Kanalübergänge südlich von Turbigo zu besetzen. Mit diesen Kräften belogierte man etwa um 3⁰ den Gegner.**) Es war die Infanterie der Brigade Reznicek***) unter spezieller Leitung des Feldmarschalleutnants Cordon und ein Detachement Hallerhusaren, welches letztere von der Urbanschen Reservedivision aus Gallarate zur Rekognoszierung bis zum Ticino vorgegangen war. Zwar versuchte die Brigade, sich aufs neue bei Malvaglio zu formieren, allein der Gegner folgte mit der Brigade Lefebvre und einer zahlreichen Artillerie, gegen deren überlegenes Feuer sie nicht standzuhalten vermochte und sich nach Magenta zurückzog, wobei ein demontiertes Geschütz verloren ging.

Wenn zwar der Kaiser während des 2. Juni in seiner Stellung bei Novara nicht angegriffen worden war, so konnte doch daraus ein allgemeiner Rückzug der Österreicher hinter den Ticino noch nicht gefolgert werden. Da man bis Abend ohne Nachricht über die feindlichen Unternehmungen geblieben, so hatte der Kaiser es für nötig erachtet, dem General Niel für den 3. eine neue Rekognoszierung gegen Mortara aufzutragen.

Man erfuhr nun in Bespolate, daß die Division Martini am Morgen früh 3⁰ in der Richtung auf Vigevano aufgebrochen sei.

---

*) Zur Brigade Lefebvre gehörte auch das Regiment der tirailleurs algériens. Vgl. Le livre d'or des tirailleurs indigènes de la province d'Alger S. 896 ff.

**) Rotterouge, S. 77, sagt, daß der Kampf von 1³⁰ bis 4⁰ nachmittags gedauert habe.

***) Cordon hatte Infanterie der Brigaden Reznicek (2½ Bataillone Erzherzog Josef), Hobitz (14. Jäger, bisher bei Urban), Burbina (2 Bataillone Wasa) sowie vier Geschütze zur Verfügung und war mit den Jägern, III., ½ II. Josef sowie mit den Geschützen um 11⁰ vormittags von Cugglono über Induno, Malvaglio auf Robecchetto vorgegangen, während I./Josef zur Flankensicherung auf Castelletto marschierte. I. und II. Wasa waren über Inveruno auf Castano gerückt und standen seit 8⁰ morgens I. in Castano, II. in Buscate, beide Bataillone Wasa blieben aber während des Gefechts untätig. Den eigentlichen Kampf im Dorf führten die Jäger; zwischen Robecchetto und Malvaglio wollte zwar die Josefinfanterie sie aufnehmen, auch fuhren zwei Geschütze auf, indes war die feindliche Übermacht zu groß. Jäger und Artillerie wichen auf Magenta, Josefinfanterie auf Marcallo. Der Feind folgte nicht über Malvaglio. Östr. G. St. W. 1, S. 603 ff.

Diese Bewegung deutete wohl unstreitig mehr auf eine Konzentration des Feindes am linken als am rechten Ticinoufer, denn für den Zweck der letzteren würde er seinen Posten in Bespolate eher verstärkt als zurückgezogen haben.

Da aber die Hälfte der verbündeten Armee noch an der Sesia um einen vollen Marsch zurück war, so beschloß der Kaiser, seine den Übergang bei Turbigo sichernde Stellung von Novara auch am 3. Juni noch zu behaupten.

An das 4. Korps daselbst wurde daher zunächst noch das 3. von Palestro herangezogen, welches mit seiner ersten Division 3° nachmittags, mit der letzten abends 8° eintraf; sodann an das 1. Korps die 1. und 4. Sardinische Division, welche sich bei Lumellogno der Stellung anschlossen. *Handzeichnung XI.*

Die 2., 3. und die Kavalleriedivision der Sardinier wurden in der Richtung auf Turbigo nach Galliate in Marsch gesetzt, wo sie jedoch erst am folgenden Morgen anlangten.

Die Kavalleriedivision Desvaux und die leichte Brigade Cassaignolles standen bei Novara, die Grenadierdivision Mellinet bei Trecate, die Division Camou am Ticinoübergange bei Turbigo und an der Brücke bei Pabregnano, das 2. Korps zwischen Turbigo und Robecchetto.

Danach befand sich am Abend des 3. Juni die Masse des verbündeten Heeres zwischen Agogna und Ticino in der Tiefe von wenig mehr als einer Meile versammelt. Nur drei Divisionen hatten bis jetzt den Grenzstrom der Lombardei überschritten. Griffen die Österreicher noch jetzt am rechtseitigen Ufer an, so hatte man die Schlacht mit halb verwandter Front, alle Verbindungen in der Flanke, zu schlagen, aber man schlug sie mit fast doppelten Kräften.

Die Österreicher hatten dabei hinter sich ihre verschanzten Stellungen, ihre gesicherten Brücken und die Festung Piacenza. Die strategischen Verhältnisse lagen zu ihren Gunsten, aber der taktische Sieg war kaum zu hoffen, solange die Übermacht ihrer Feinde, wie es an diesem Tage der Fall war, versammelt blieb.

Die so entschiedene Überlegenheit der Zahl gewährte den Verbündeten eine Freiheit des Handelns, welche sich von vielen Rücksichten losmachen durfte, die eine schwächere Armee hätte nehmen müssen.

Die Österreicher waren, wie wir wissen, heute in vollem Rückzug hinter dem Ticino. Sie traten dort in ein Verhältnis, welches auch militärisch jetzt gewiß nicht günstiger war, als wenn sie, ohne den Krieg zu erklären, den vereinten Gegner ruhig abwarteten. Sie hätten dann ihre Rüstungen vollenden können und wären mit sieben kompletten Armeekorps und mit geschonten

Kräften in versammelter Aufstellung den Verbündeten beim Überschreiten des Ticino oder des Po entgegengetreten.*) Jetzt standen sie von Barese bis Piacenza auseinander, die Truppen waren durch Märsche ermüdet, durch Gefechte geschwächt und durch den Rückzug verstimmt.

Dem Armeekommandanten konnte diese Betrachtung nicht entgehen; doch war er von der Überzeugung durchdrungen, für die Besiegung des Feindes auf dem linken Ticinoufer mehr Chancen zu haben als auf dem rechten. Er hatte daher in seiner letzten Depesche an den Kaiser, der seit dem 30. in Verona eingetroffen war, nur eine Andeutung über das gegeben, was er im Sinne hatte, und sich vorbehalten die Ausführung des Rückzuges erst nach glücklicher Vollendung desselben mitzuteilen.**) Dennoch gelangte eine Nachricht darüber schon am 2. an den Feldzeugmeister Heß, der sich im Gefolge des Kaisers befand, und darauf den Allerhöchsten Befehl erhielt sich sogleich zur Armee zu begeben.***) Von Verona bis Mailand sind 23 Meilen in wenigen Stunden zurückzulegen; von dort bis Garlasco, obwohl nur fünf Meilen, hielten aber der Mangel an Pferden und schlechte Wege die Fahrt auf, so daß der Feldzeugmeister erst gegen 5⁰ morgens in Bereguardo anlam. Dort begegnete er dem Armeehauptquartier, das sehr früh von Garlasco aufgebrochen war, um auf den schmalen Wegen zum Ticino die Kollision mit den Kolonnen zu vermeiden. Es wurde Halt gemacht und der Feldzeugmeister Heß zog sich mit dem Armeekommandanten in ein Haus zurück, zu einer näheren Besprechung der Sachlage, die in Verona nicht für so gefährlich hatte angesehen werden können, um den Rückzug vollständig zu motivieren. Wenngleich mit unbeschränkter Vollmacht ausgerüstet, wollte der Feldzeugmeister doch nur als Ratgeber auftreten. Der Oberst Kuhn, als Chef des Generalstabes, mußte natürlich auch gehört werden; da dieser aber wegen eines örtlichen Leidens, das ihm schon seit Wochen das Reiten sehr erschwerte, nach Rosate voraufgefahren war,†) so verging einige Zeit, ehe man ihn von dort herbeiholte.

---

*) Ähnlich äußert sich General v. Moltke S. 42.

**) Kaiser Franz Josef war im Gegenteil bereits am 2. Juni mittags durch Gyulai von dem endgültig beschlossenen Rückzug über den Ticino benachrichtigt worden (vgl. S. 96, Anm. **) und telegraphierte um 4⁰ nachmittags zurück: „Erhalten Sie jedenfalls durch eine energische Offensivbewegung den Ticinofluß." Gyulai erwiderte, ebenfalls telegraphisch, 9³⁰ abends nach Verona, daß ein Wiedervorgehen jetzt nicht mehr möglich sei. Inzwischen war Heß 6¹⁵ abends von Verona abgereist. Östr. G. St. W. 1, S. 474, 490.

***) Moltke bemerkt im Bericht Rederns: „Ein solches spätes Eingreifen konnte den Kommandierenden nur lähmen und Verzögerung bewirken."

†) Kuhn war dem Feldzeugmeister Heß entgegengefahren, gab in Bereguardo den Befehl zum Abtragen der Ticinobrücke, verfehlte auf der Weiterfahrt indessen den Kaiserlichen Abgesandten. Östr. G. St. W. 1, S. 492.

Das erste Resultat der gehaltenen Beratung war, daß Ordonnanzoffiziere mit dem Befehl nach Vigevano und Garlasco entsendet wurden, die rückgängige Bewegung der Korps sollte bis auf weiteren Befehl eingestellt bleiben.*) Es scheint also die Möglichkeit nochmals erwogen worden zu sein, die Armee noch jetzt auf dem rechten Ticinoufer zu konzentrieren; aber diese Idee wurde wieder aufgegeben infolge der Meldungen, die vom Grafen Clam und von Vigevano eintrafen.

Graf Clam stand, wie bekannt, mit einer Division seines Korps seit dem 1. bei Magenta. Zu seiner Verstärkung hatte man noch das IV. Bataillon Rainer und zwei Bataillone Grenzer von Mailand zu ihm herangesendet; und da von der Kolonne des Obersten Ceschi das II. Bataillon Wimpffen sich nach S. Martino zurückgezogen, so konnte er über 14 Bataillone, 2 Batterien, 13 000 Mann verfügen,**) mit denen er dem Feinde den Flußübergang streitig machen sollte. Eine Brigade war, wie wir schon gesehen, gegen Turbigo vorgeschoben worden und mit einigen Bataillonen der Brückenkopf von S. Martino, welcher mit mehreren schweren Geschützen armiert war, besetzt. Sobald jedoch die Franzosen am 2. Detachierungen auf der Straße von Novara über Galliate gegen den Ticino und dort, Turbigo gegenüber, Vorbereitungen zum Brückenbau machten, glaubte Graf Clam den Brückenkopf nicht mehr für verteidigungsfähig halten zu dürfen***) und räumte denselben in der Nacht vom 2. zum 3., ehe noch der Feind Miene gemacht hatte ihn anzugreifen. Die Positionsgeschütze wurden teilweise mit zurückgenommen,

---
*) „Bestimmung" des Feldzeugmeisters Heß, wie Graf Gyulai Anfang 1860 im Operations-Journal seiner Armee ausdrücklich vermerkt hat. Das VIII., VII. und III. Korps wurden 7^{15} früh angehalten. Östr. G. St. W. 1, S. 492.

**) Das Östr. G. St. W. 1, S. 509 berechnet Clams Streitkräfte vom I. Korps am 3. Juni auf 12½ Bataillone, 4 Eskadrons, 52 Geschütze (rund 11 000 Mann). Übrigens war es keine geschlossene Division des I. Korps, sondern die Truppen setzten sich aus beiden Divisionen zusammen.

***) Graf Clam faßte den Entschluß zur Räumung des Brückenkopfs auf Vorschlag seines Generalstabschefs, des Obersten v. Thom, der sich am 2. Juni abends sowohl von der mangelhaften Beschaffenheit der Befestigungen wie auch von der schlechten Verpflegung der Truppen bei S. Martino überzeugt hatte, dem aber gleichzeitig auch der Übergang der Franzosen bei Turbigo gemeldet worden war. Unter diesen Umständen hätten am 3. wenige, ausgehungerte und ermüdete Bataillone (5 Bataillone, 17 Geschütze in S. Martino, 1 Bataillon, 6 Kompagnien, 1 Batterie in Reserve) 50 000 bis 60 000 Mann in der Front aufhalten müssen, beständig dabei in Gefahr auch von Turbigo aus im Rücken angegriffen zu werden. Zweckmäßiger erschien es Thom, die Stellung vorwärts des Ticino aufzugeben und alle Kräfte zur Abwehr gegen die in der rechten Flanke drohende Hauptgefahr hinter dem Naviglio grande zu versammeln, umsomehr, als die von Gyulai, ebenfalls am 2. abends, in Aussicht gestellte Hilfe durch das II. Korps (vgl. S. 98, Anm. ††) sowie S. 104, Anm. †) vor dem 3. abends kaum erwartet werden durfte. Östr. G. St. W. 1, S. 482 ff.

einige vernagelt stehen gelassen.*) Die hier über den Strom führende Eisenbahnbrücke mußte natürlich zerstört werden, wollte man dem Feinde nicht ganz bequem den Übergang gestatten. Sie war von besonders fester Konstruktion, ganz von Quadern erbaut, und es hatte sich das Geniekomitee in Wien die Mühe genommen, eine Berechnung der zu ihrer Sprengung nötigen Minenladung nach Italien zu schicken. Da der Offizier aber, der die Minen in der Boffalorabrücke vorbereitet, auch noch einige andere kleine Objekte auf Befehl des Korpskommandos sprengen sollte und nur genau das in Wien berechnete Pulverquantum geliefert erhalten hatte, so nahm er die anderweitig nötige Menge Pulver von jenem, in der Voraussetzung, die Sprengung der großen Brücke werde noch nicht so schnell nötig werden und bis dahin das Fehlende von Mailand herbeizuschaffen sein. Die Räumung des Brückenkopfes machte nun aber auch die schleunige Sprengung der Brücke plötzlich notwendig, wenigstens wurde sie befohlen, und das Resultat konnte nur ein ungenügendes werden.**) Die Minen lagen in zwei Pfeilern, explodierten und erschütterten den zwischenliegenden Bogen, ohne ihn jedoch einzuwerfen; die Brücke blieb also passierbar. Das Verhältnis, in dem sich nun die Division des I. Korps befand, war dadurch vollständig verändert, sie konnte in Front und Flanke zugleich angegriffen werden und war nicht stark genug nach beiden Seiten Widerstand zu leisten. Zu den Nachrichten über diese Unglücksfälle kam noch die Meldung von Vigevano zurück, daß das II. Korps den Fluß bereits passiert habe. Die rückgängige Bewegung der ganzen Armee wurde nun eine Notwendigkeit, die der Feldzeugmeister Heß anerkannte, und die Befehle zur Ausführung der ursprünglichen Disposition für den 3. wurden den Korpskommandanten durch Ordonnanzoffiziere überschickt.***)

Es war der Plan die Armee in einer Flankenstellung gegen die Mailänder Straße so aufzustellen, daß drei Korps im ersten Treffen, zwei im zweiten bereit wären den Feind anzugreifen, falls er die Bewegung gegen Mailand fortsetzen wollte.†) Gestört wurde derselbe durch die nicht vor-

---

*) Die fünf Positionsgeschütze blieben sämtlich vernagelt im Brückenkopf stehen. Östr. G. St. W. 1, S. 485.

**) Die Sprengung gelang vollkommen bei zwei Brücken, die über den westlich des Ticino befindlichen Kanal führen; die Brücke über den Strom selbst blieb auch nach der Sprengung für Infanterie gangbar. Östr. G. St. W. 1, S. 485.

***) Kuhn, S. 26 (ähnlich Östr. mil. Zeitschr. 1873, 3, S. 48), sagt, durch die lange Beratung mit Heß sei viel Zeit verloren gegangen, bis die Korps den Befehl zur Fortsetzung des Marsches erhielten. V. und VIII. hätten dadurch ihre Stellungen nicht erreichen und am 4. nicht an der Schlacht teilnehmen können.

†) Gyulai nahm (Meldung vom 2. Juni 11⁰ abends an Heß) an, daß die Verbündeten eher über Turbigo—Tornavento ihre Umgehung fortsetzen würden, als daß sie in

herzusehende Lage des Grafen Clam, der unmittelbarer Unterstützung bedurfte und um dessentwillen das II. Korps den Befehl bekam, gleich bis Magenta, und die Division Reischach, soweit wie möglich vorzurücken. Auch Graf Mensdorff mit der Reservekavallerie ging ohne weiteren Befehl, als er den Kanonendonner von Turbigo hörte, bis gegen Magenta vor und stellte sich unter die Befehle des Grafen Clam.

Das Armeekommando*) setzte sich von Bereguardo aus wieder in Bewegung und gelangte gegen 1° nach Rosate, wohin sich auch der Feldzeug-

---

der Front zwischen Magenta und Bereguardo den Übergang erzwingen würden, wollte aber am 8. für beide Fälle vorbereitet sein, um entweder gegen die Flanke des Feindes nach Norden vorzustoßen oder den Strom in der Front zu verteidigen. Deshalb sollten am 3. stehen:

II. und Truppen der 1. Kavalleriedivision (1 Brigade Castano) Magenta,
III. Abbiategrasso,
IV. als Reserve bei Gaggiano,
V. zwischen Morimondo und Besate,
VIII. als Reserve westlich Binasco,
  1 Division Bereguardo,
IX. 1 Brigade Piacenza,
  Gros echeloniert zwischen Piacenza und Corte Olona,
  1 Brigade Baccarizza,
A. H. D. Rosate.

Die Annahme Moltkes, daß Gyulai mit seiner Aufstellung eine Flankenstellung gegen die Straße Novara—Trecate—Magenta—Mailand nehmen wollte, ist demnach nicht zutreffend. Für den 3. Juni mußte es dem österreichischen Feldherrn zunächst darauf ankommen einem Frontalangriff der Verbündeten genügende Kräfte entgegenzustellen. Deshalb waren auch bereits am 2. mittags, bei Ausgabe der endgültigen Rückzugsbefehle, das II. Korps sowie die Kavalleriedivision angewiesen worden, am 3. bezw. 4. Magenta zu erreichen und sich Clam zur Verfügung zu stellen, nicht erst infolge der „nicht vorherzusehenden Lage des Grafen Clam", wie Moltke annimmt. Die Frontalbesetzung des Ticino dachte sich Gyulai derart, daß Clam mit seinen Kräften die Strecke Bernate—la Borsinetta, mit Reserven in Magenta und Robecco, das III. usw. Korps anschließend von Abbiategrasso aus den Fluß verteidigen sollten. Östr. G. St. W. 1, S. 475 ff. 490/91.

*) Am 3. Juni 9⁰ morgens erfuhr Gyulai den Übergang der Franzosen bei Turbigo durch das II. Korps, das von Clam angewiesen worden war den Truppen des I. über Magenta—Menebrago auf Turbigo zu folgen. Die Nachricht von der mißlungenen Brückensprengung bei S. Martino, deren Eintreffen im österreichischen Hauptquartier sich nicht genau feststellen läßt, veranlaßte den Befehl des Oberkommandierenden an das II. Korps Clams Weisung nicht zu befolgen, sondern das alte Marschziel Magenta einzuhalten. Ebenso wurden die Truppen des I. Korps im Marsch auf Turbigo angehalten (S. 100), bis nähere Nachrichten vom II. Korps da seien. Heß sah infolge der eingegangenen Nachrichten ein, daß die Fortsetzung des Rückzuges notwendig sei, und 10¹⁵ gingen hierzu die Befehle ab. 10³⁰ wurde das VII. Korps, statt auf Gaggiano, „in die Stellung von Magenta" gewiesen, die „um jeden Preis zu behaupten" sei, da das II. Korps mit dem I. eigenmächtig nach Turbigo gerückt wäre und dadurch eine sehr gefährliche Lücke entstanden sei"!? Östr. G. St. W. 1, S. 492. 496. Gleichzeitig wurde Clam aufgefordert sich nicht zu weit nach Norden auszudehnen, der Feind werde auch bei

meister Heß begab. Neue vom I. Korps eingehende Meldungen veranlaßten den Armeekommandanten mit dem Chef des Generalstabes sich sehr bald darauf nach Magenta zu begeben,*) um das Terrain zu rekognoszieren und dann das ganze Hauptquartier am Abend nach Abbiategrasso zu verlegen.

Über die Brücke bei Vigevano passierten drei Korps und die Kavallerie. An der Tete befand sich das II. Korps,**) dann folgte das VII. und das III. Korps hatte, vom Feinde unbelästigt, die Queue. Es besetzte den Brückenkopf schließlich mit zwei Bataillonen der Brigade Dürfeld. Das VIII. Korps hatte eigentlich von Trumello über Bereguardo noch bis Binasco vorgehen sollen; da aber ein großer Transport Verwundeter, die Armee-Artilleriereserve, die Pontontrains, das Fuhrwesen und das V. Korps vorauf waren, so konnte es erst nachmittags 3 ⁰ antreten und kam wenig über Bereguardo hinaus.***) Die letzten Abteilungen gelangten erst nach Mitternacht in die Biwaks.

Nachdem alle Marschbewegungen endlich ausgeführt waren, standen in der Nacht zum 4. Juni:

die 1. Division†) des I. und das II. Korps bei Magenta und Umgegend,

das VII. Korps mit der Division Reischach bei C. Cerella und Castellazo di Barzi und der Division Lilia bei Castelletto,

das III. Korps bei Abbiategrasso, die Brigade Dürfeld††) hatte zwei Bataillone im Brückenkopf bei Vigevano,

das V. Korps bei Fallavecchia,†††) zwischen Besate und Coronate,

das VIII. Korps bei Bereguardo und gegen Binasco†*) zu;

das IX. Korps war noch im Anmarsch auf Pavia,

die Reservekavallerie bei Corbetta, wo sie auch während des ganzen folgenden Schlachttages verblieb.

Tornavento eine Brücke schlagen; alle Clam auch dorthin, so sei er ganz von der Armee getrennt. Aus Rosate wird das V. Korps zur Beschleunigung seines Marsches, das VIII. zum Halten bei Bereguardo angewiesen.

*) Nach 8⁰ nachmittags. Östr. G. St. W. 1, S. 497.

**) Das II. Korps war, wie erwähnt, schon am Nachmittage des 2. und in der Nacht zum 3. übergegangen. Östr. G. St. W. 1, S. 498/9.

***) S. 105, Anm. *).

†) S. 103, Anm. **).

††) Die Brigade Dürfeld blieb über Nacht bei Soria. Östr. G. St. W. 1, S. 511.

†††) Nur Brigade Gaal lag bei Basiano. Brigade Bils war an der Brücke von Bereguardo geblieben, bis das VIII. Korps sie passiert hatte. Sie erreichte Montebello nordwestlich Pavia am 4. früh. Östr. G. St. W. 1, S. 511.

†*) Gegen Abbiategrasso zu. Östr. G. St. W. 1, S. 511.

Stellung der Österreicher in der Nacht vom 3. zum 4. Juni 1859. 107

Hiernach gruppierte sich die vorhandene Truppenmacht ungefähr folgender Art:

	Mann.	Geschütze.
1. um Magenta das II. Korps, die Divisionen Cordon und Reischach und die Reservekavallerie . . .	41 000	(86 500) (109)
2. um Abbiategrasso das III. Korps und die Division Lilia . . .	27 000	(29 000) (72)
3. rückwärts Fallavecchia das V. und VIII. Korps	47 000	(51 500) (144)
4. hinter Pavia das IX. Korps .	21 000	(21 000) (56)
5. bei Varese*) General Urban .	11 000	(11 000) (42)
6. in Mailand die Division Montenuovo des I. Korps	13 000	(13 000) (48)
Im ganzen:	160 000	(162 000) (470)**)

(einschl. Armeegeschützreserve bei Bereguardo 64 Geschütze = 534.)

Sieht man ab von den in Pavia, Varese***) und Mailand befindlichen Abteilungen, so standen die übrigen 5½ Korps mit 115 000 Mann auf der Linie Magenta—Bereguardo in gerader Entfernung noch 3½ Meile, also einen starken Marsch, auseinander, und es ist klar, daß man sich am folgenden Tage zwar nach der Mitte zu konzentrieren, die Queue aber von Bereguardo bis zur Tete bei Magenta, wenn überhaupt, so nur spät abends heranbringen konnte. Die Truppen hatten sehr starke Märsche gemacht, so das III. Korps drei, das VII. und V. vier Meilen. Durch den unerwarteten Befehl haltzumachen waren Stunden verloren, während welcher man doch nicht abkochen konnte; man kam dann, nachdem der Marsch wieder fortgesetzt wurde, um ebensoviel später in den Biwaks an.†)

Unter den geschilderten Umständen war ein Ruhetag dringendes Bedürfnis, wenn die Truppen einigermaßen gestärkt auf den Kampfplatz geführt werden sollten, und wirklich war das im Hauptquartier für den 4. Juni so angeordnet worden.††) Allerdings vollendeten dann die Verbündeten ihren

---

*) Urban marschierte am 3. von Varese nach Gallarate; nur eine Brigade blieb bei Varese. Öftr. G. St. W. 1, S. 509.
**) Die eingeklammerten Zahlen sind dem Öftr. G. St. W. 1 entnommen.
***) Garibaldi konnte von Gallarate aus (vgl. S. 171) mit zwei Brigaden bei der Schlacht mitwirken.
†) Die Märsche der Korps sind zu hoch berechnet. Der Haltbefehl hat nach dem Öftr. G. St. W. 1, S. 502 auf das II., III., VII. Korps und die Kavallerie gar keine Wirkung gehabt.
††) Ein Ruhetag war nicht festgesetzt worden, vielmehr erhielten das I., II., III., V., VII., VIII. Korps um 11° abends den Befehl am 4. früh abzukochen und von 8° an

Übergang ungestört, dies konnte man aber am 4. ohnehin nicht mehr verhindern. Denn schon Tags zuvor standen 20000 Franzosen am linken Ufer bei Turbigo, und von Magenta dorthin sind zwei, von Abbiategrasso drei Meilen. Im großen ganzen war dabei auch noch nichts verloren, denn wenn die Österreichische Armee sich auch erst am 5. nach der Mitte in einer die Offensive gestattenden Stellung konzentrierte,*) so konnten die Verbündeten unmöglich auf Mailand marschieren, ohne sie anzugreifen.

Die unerläßliche Bedingung des Ruhetages aber war, daß man kein Gefecht mit der Tete annahm, sondern daß Graf Clam, wurde er angegriffen, sich auf Abbiategrasso zurückzog. Wollte man sich in Magenta schlagen, dann durfte kein Ruhetag sein.

4. Juni.
Skizze 5.

Wenn es nun dennoch am 4. Juni zu einer wirklichen Schlacht bei Magenta kam, so darf man wohl annehmen, daß diese Österreichischerseits nicht eigentlich beabsichtigt gewesen ist, und daß sie vielmehr daraus entstand, daß man sich verleiten ließ den Grafen Clam zu unterstützen, was man bei der Entfernung des V., VIII. und IX. Korps mit ausreichenden Kräften nicht zu tun vermochte.

Ebensowenig aber war die Schlacht von Magenta eine vom Kaiser Napoleon vorhergesehene oder gewollte.**)

Die Österreicher hatten am 2. den Brückenkopf von S. Martino ganz freiwillig aufgegeben,***) die Franzosen ihn am 3. unbesetzt, die Brücke nur teilweise zerstört gefunden. Der Übergang auf der geraden Straße nach Mailand bot sich ihnen von selbst dar, und schwerlich konnten sie unter diesen Umständen vermuten, daß 40000 Österreicher dahinterstehen würden.

Nach der Disposition des Kaisers für den 4. Juni†) sollte daher die Division Mellinet über S. Martino nach Boffalora vorgehen und sich dort mit der andern von Turbigo anrückenden Division Camou des Gardekorps

---

marschbereit zu sein, das VIII. Korps sollte sich „echeloniert", mit dem Anfang in Tainate, mit dem Ende in Conigo aufstellen. Es hatte also in der Frühe des 4. noch einen kleinen Marsch zurückzulegen (eine Brigade blieb in Bereguardo). Östr. G. St. W. 1, S. 508.

*) Moltke dachte sich die Offensivstellung der Österreicher nördlich des Naviglio grande. Auf Grund einer Bemerkung Moltkes bei Stranz.

**) Selbst nach der Erkundung Niels war Napoleon noch mißtrauisch und befürchtete, Gyulai massiere vielleicht nur seine Kräfte am Ticino, um dann wieder auf dem westlichen Ufer vorzustoßen. Vgl. S. 100/1; Précis, S. 128/9.

***) S. 108, Anm. ***).

†) Précis, S. 134 meint, durch die Anordnungen des Kaisers für den 4. Juni sei erkennbar, daß es sich für ihn nicht um die Armee des Gegners, sondern um Mailand als Operationsziel handelte. Er hatte sich in den Gedanken hineingelebt, daß die Besetzung Mailands die Österreichische Armee zum Stehen bringen müßte. Vgl. S. 20/21.

wieder vereinen, das 2. Korps von Turbigo nach Magenta marschieren. Beide Korps bildeten so den linken Flügel der verbündeten Armee.

Von Novara aus sollten das 3. Korps nach S. Martino, das 4. nach Trecate rücken und das Zentrum einnehmen.*)

Das 1. Korps als rechter Flügel hatte in die vom 4. verlassene Stellung bei Olengo und la Biccoca einzurücken.

Die Sardinische Armee, bei Galliate vereint, gab die allgemeine Reserve ab.

Bei S. Martino war das Schlagen von Pontonbrücken beabsichtigt.

Der Gedanke des Kaisers bei diesen Anordnungen soll gewesen sein, eine Stellung mit der Front gegen Süden à choval des Ticino zu nehmen, in welcher man den angegriffenen Flügel noch rechtzeitig unterstützen, eventuell selbst zur Offensive schreiten könne.

Wir glauben, daß der einsichtige Führer der verbündeten Heere selbst diese Stellung à cheval eines Flusses wohl schwerlich als eine wünschenswerte angesehen hat, sondern als einen nicht zu vermeidenden Übergangszustand. Klüglich hatte er immer noch drei Viertel seiner Streitkräfte auf einem Ufer behalten, alles aber jetzt so versammelt, daß er, im Besitz von zwei Brücken, am 5. die ganze Armee an einem Tage überzuschaffen vermochte. Fast möchte man glauben, daß ursprünglich das ganze 3. Korps nach Turbigo, nicht nach S. Martino, bestimmt gewesen ist.**) Man würde es sonst vor dem 4. in Marsch gesetzt haben, welches nur bis Trecate gehen sollte. Es rückte aber nur die Brigade Picard um 9⁰ von Novara ab, dann folgte das 4. Korps, und das 3. konnte erst um 1⁰ von dort aufbrechen.***)

---

*) Laforge „Mac Mahon" 1, S. 106 will in den Archives Historiques einen Befehl für den 4. gefunden haben, wonach „Mac Mahon, verstärkt durch die Gardevoltigeure und gefolgt von den Sardiniern, von Turbigo auf Boffalora und Magenta vorgehen, die Gardegrenadiere sich des Brückenkopfes von S. Martino auf dem linken Ufer bemächtigen, das Korps Canrobert auf dem rechten Ufer vorgehen und den Ticino auch bei S. Martino »au même point« überschreiten soll." Zeit der Ausgabe des Befehls und Zeit des Überganges für das 3. Korps sind nicht angegeben.

**) Bazancourt 1, S. 241, ebenso Preuß. Offz. 2, S. 77 (vgl. Fruston, S. 125) behaupten, das 3. Korps habe ursprünglich nach Turbigo marschieren sollen, erst am 4. morgens sei der Befehl abgeändert worden. Wahrscheinlich handelt es sich aber nur um die Brigade Picard.

***) Die Angaben über die Ursachen der Trennung der Brigade Picard von ihrem Armeekorps weichen voneinander ab. Nach dem Französischen Generalstabswerk S. 169 ist die Brigade um 9³⁰ morgens von Novara als Avantgarde des 3. Korps abmarschiert und hat unterwegs den Befehl bekommen ihren Marsch zu beschleunigen. Wahrscheinlich

Die übrigen Korps waren am 4. Juni den getroffenen Anordnungen entsprechend bereits in Marsch, als man morgens die bestimmtesten Meldungen erhielt, daß Graf Gyulai das rechte Ticinoufer völlig geräumt habe und auf dem linken seine Truppen gegen die Straße Magenta—Mailand vorschiebe. Diese Nachricht bestimmte den Kaiser, die zunächst stehenden Korps sofort an die Übergangspunkte heranzuziehen. Die abändernden Befehle erklären zum Teil das Durcheinander der Korps, als man später gezwungen war, die vordersten Truppenteile, gleichviel von welcher Abteilung, schleunigst auf das Gefechtsfeld vorzuführen.

Der Armee des Königs wurde der Übergang von Turbigo angewiesen. Aber nur die 2. und 3. Division erreichten ihn, und zwar viel später, als man erwartete. Die 1. und 4. Division wurden am heutigen Tage erst von Lumellogno nach Galliate in Bewegung gesetzt.*) Anderseits sehen wir infolge jener Abänderung, unmittelbar hinter der Brigade Picard des 3. Korps, die Division Vinoy des 4. und hinter dieser erst wieder den übrigen Teil des 3. Korps auf dem Schlachtfelde anlangen.

Wir müssen nun zunächst einen Blick auf das Terrain werfen, in welchem im Verlauf des Tages der Kampf sich entwickelte.**) Es ist für die nach-

---

ist hierdurch eine große Lücke zwischen der Brigade und dem noch bei Novara liegenden Gros des Korps entstanden, in die sich dann das 4. einschob. Die Brigade Picard kam schließlich infolge der Verstopfung auf der Straße Novara—Trecate—S. Martino erst um 2³⁰ an den Ticino und um 3³⁰ ins Gefecht. Vgl. S. 126, 128. — Précis, S. 144 erklärt, Picard, ursprünglich auf Turbigo angesetzt, sei in der Frühe des 4. nach S. Martino zur Unterstützung der Garden vorgeschickt; der Rest des 3. Korps sollte erst Novara verlassen, wenn das 4. auf Trecate abmarschiert und durch das 1. bei Olengo ersetzt sei.

*) Der Piemontesische Bericht behauptet, alle Divisionen seien bereits am 3. Juni in der Gegend von Galliate vereinigt gewesen; die 2. und 3. sollen am Morgen des 4. Juni von Galliate nach Turbigo marschiert sein, die 2. den Fluß hinter dem Korps Mac-Mahon passiert haben. Mit dieser Darstellung setzt sich der amtliche Bericht in Gegensatz zu allen anderen Quellen, in erster Linie zum Französischen Generalstabswerk.

**) Die Geländebeschreibung ist dem Bericht des Majors v. Stranz entnommen, der, wie im Vorwort erwähnt, im Herbst des Jahres 1859 persönlich das Schlachtfeld besuchte. Ihm ist nur insofern ein kleiner Irrtum unterlaufen, als nach den Piemontesischen und Französischen Karten bereits 1859 zwischen Ponte Nuovo di Boffalora und Ponte Vecchio eine Verbindung vorhanden war, während sie hier (S. 113) als fehlend angenommen wird. Im übrigen entspricht das Gelände noch heute im großen und ganzen den damaligen Verhältnissen, nur haben sich die Ortlichkeiten natürlich vergrößert; auch besitzt Boffalora jetzt eine steinerne Brücke, ferner ist der von dort nach dem Ticino führende Weg heute breiter und in besserem Zustande als 1859.

Auffallend ist, daß die bei Bernate befindliche Brücke, von deren Zerstörung nirgends berichtet wird, anscheinend während des Kampfes von den Verbündeten nicht benutzt wurde; wenigstens erwähnen weder das Französische Generalstabswerk noch der amtliche Piemontesische Bericht etwas davon, ebenso nicht andere Französische Quellen. Merkwürdig

folgende Darstellung nötig, genau die Namen zu unterscheiden, deren Ähnlichkeit selbst in den offiziellen Berichten große Verwirrung veranlaßt hat. Westlich des Ortes Magenta nämlich liegen über den Naviglio von Süden her die Brücken von Robecco, Ponte Vecchio di Magenta, Eisenbahnbrücke, Ponte Nuovo di Magenta und Boffalora; dagegen liegt die von Ponte Nuovo di Boffalora über den Ticino selbst.

Der linke Talrand dieses Flusses zieht sich von Boffalora an in Wellenlinien bald mehr gegen den Fluß vorspringend, bald zurücktretend, südwestlich bei Ponte Nuovo und Ponte Vecchio di Magenta vorbei nach Carpenzago. Er ist etwa 26 Fuß hoch und fällt so steil ab, daß Artillerie und Kavallerie nicht überall hinaufkönnen. Auf dem kurzen Abhange ist er meist unbebaut, auf der Höhe findet sich die gewöhnliche Oberitalienische Kultur. Die Flußniederung wird vom Talrande vollständig beherrscht, doch ist sie ihres großen Baumreichtums halber schwer zu übersehen.

In den Talrand nun schneidet der weiter oberhalb aus dem Ticino abgeleitete und an seinem Fuße entlang geführte Naviglio grande bei Boffalora ein und geht von hier aus in fast gerader Linie über Ponte Nuovo di Magenta und Ponte Vecchio di Magenta nach Robecco. Der Kanal fließt also auf dieser Strecke nicht sowohl in Dämmen, als in einem tief ausgegrabenen Bette, und nur insofern ist es gerechtfertigt, von Dämmen zu sprechen, als die ausgehobene Erde an beiden Ufern aufgeworfen ist. Hierdurch sind diese etwa fünf bis sechs Fuß höher als das übrige Terrain, doch fällt dies bei der Annäherung an den Kanal umsoweniger auf, als die Erde nach außen hin glacisartig verzogen ist.

Der Kanal ist 30 Fuß breit, 5 bis 6 Fuß tief, sehr schnellfließend und außer auf Brücken absolut unpassierbar, schon wegen der ganz steilen, mit Gebüsch bewachsenen und an mehreren Stellen gemauerten, 25 bis 30 Fuß hohen Böschungen seiner Ufer.

Auf den Uferrändern laufen zu beiden Seiten gute und teilweise chaussierte Wege; sie überschreiten die dicht über dem Niveau des Wassers geführte Eisenbahn auf Brücken, welche daher gleichsam Tore bilden, unter denen jene fortführt.

---

ist, daß bei Aufzählung der Brücken über den Naviglio nur Précis, S. 143 die von Bernate besonders erwähnt. Clam hatte am Morgen des 4. Bernate mit vier Kompagnien besetzt, wahrscheinlich doch nur wegen der dortigen Brücke, denn ohne eine solche wäre die Besetzung wenig zweckmäßig gewesen. Vgl. Cämmerer S. 163. Hier wird nachgewiesen, wie leicht die Verbindung zwischen Mac Mahon und Napoleon über Bernate herzustellen gewesen wäre.

Boffalora, ein für die Verteidigung ziemlich starkes Dorf, liegt an beiden Seiten des Naviglio. Der Teil rechts des Kanals ist, mit Ausnahme eines hochstehenden Gehöfts, im Tal gelegen, die ganze am linken Ufer liegende Hälfte aber auf dem dort 30 Fuß hohen Talrande erbaut.

Ponte Nuovo bi Magenta, wo die große Mailänder Straße den Kanal überschreitet, besteht aus vier Gehöften, welche, paarweise auf beiden Seiten des Kanals und der Chaussee gelegen, durch ihre Beschaffenheit gegen Ost sowie gegen West einen vortrefflichen Brückenkopf bilden. Die Häuser und Mauern sind alle massiv und eignen sich vorzüglich zur Verteidigung. Besonders stark sind die beiden großen Etablissements der Österreichischen Maut auf dem linken Kanalufer.

Etwa 500 Schritt unterhalb Ponte Nuovo liegt die Eisenbahnbrücke.

Ponte Vecchio bi Magenta ist ein kleines Dorf, von dem bloß drei ganz offene Gehöfte auf dem rechten Kanalufer liegen; auf dem linken sind die Häuser größer und besser gebaut, namentlich befindet sich an der Brücke eine große sehr verteidigungsfähige Villa, deren Garten mit einer Mauer umgeben ist.

Auch Robecco wird durch den Kanal in zwei Hälften zerschnitten. Die dort über denselben liegende Brücke war nicht abgebrochen, sondern nur zum sofortigen Sprengen vorbereitet worden.

Das Terrain zwischen dem Ticino und seinem linken Talrande, die Flußniederung, besteht aus Wiesen, die zum Teil feucht sind, dann aus Reisfeldern, mehreren dichtbestandenen Buschparzellen und ist von vielen nassen, mit Gebüsch und Bäumen besetzten Gräben durchzogen.

Die Gegend ist besonders unübersichtlich und der Blick reicht selten weiter als über ein Feld- oder Wiesenstück von 200 bis 300 Schritt im Quadrat.

Truppenbewegungen sind außerhalb der Wege äußerst schwierig und vielfach unmöglich.

Die Franzosen waren auf folgende Straßen beschränkt:

1. die Eisenbahn. Sie ist von der hochgewölbten Ponte Nuovo bi Boffalora auf einem etwa 15 Fuß hohen Damm durch das Tal zu dem etwas höheren Talrande, in den sie dann einschneidet, geführt;

2. die Chaussee. Diese geht nördlich dicht neben der Eisenbahn von derselben Ticinobrücke allmählich zur Talsohle hinab, läuft eine Zeitlang im Niveau derselben und steigt dann wieder sanft zur Brücke über den Naviglio an;

3. den schmalen und nicht sonderlich guten Weg, der ebenfalls von der Ticinobrücke nach Boffalora führt.

Es sei noch besonders bemerkt, daß von Ponte Nuovo bi Boffalora nach Ponte Vecchio bi Magenta kein direkter Weg existiert, sondern man, um dorthin zu gelangen, über Ponte Nuovo bi Magenta sich dirigieren muß.*)

Die obere Fläche endlich, zwischen dem Talrande und dem Naviglio, also das Dreieck Casterno, Boffalora, Robecco ist eine Ebene, in der kein Graben die Bewegung in irgend einer Richtung hindert, aber von Maulbeerbäumen mit Weinranken bestanden und völlig unübersichtlich. Denselben Charakter trägt auch die Gegend nördlich bis Turbigo.

Von dorther hatte man beim Vormarsch mit besonderen Schwierigkeiten nicht zu kämpfen, doch ist in Betracht zu ziehen, daß es nur schlechte Nebenwege gab, die zur Zeit der Schlacht, wie das ganze Land, vom Regen aufgeweicht waren. Die Kolonnen sind, um jeden Augenblick sich zum Gefecht entwickeln zu können, oft neben den Wegen marschiert, und nach Monaten sah man noch die Spuren der tiefeingeschnittenen Geschützgleise.

Der Ort Magenta ist von allen Seiten zugänglich, hat aber eine Menge Örtlichkeiten, die zur lokalen Verteidigung sehr geeignet sind, so westlich die etwas erhöhte Kirche, den isoliert liegenden Kirchhof, welcher mit einer Mauer umgeben ist, nördlich das Bahnhofsgebäude und ein an dem Ausgange nach Marcallo gelegenes großes Haus. Die Straßen im Ort sind eng und münden alle nach einem beschränkten Platz in der Mitte desselben.

Die Österreicher hatten als erste Verteidigungslinie den Talrand gewählt. Dabei hatten sie denn natürlich nur auf dem rechten Flügel bei Boffalora auch gleichzeitig den Naviglio als Hindernis vor der Front. Im Zentrum aber, bei Ponte Nuovo bi Magenta und auf dem linken Flügel bei Ponte Vecchio bi Magenta, lag der Kanal unmittelbar im Rücken der Truppen. Er war dort von Anfang an als zweite Verteidigungslinie angesehen worden.

Wenn man sich einmal entschloß, den Ticino selbst nicht zu verteidigen, wofür, nachdem der Brückenkopf dort verlassen war, manche Gründe sprachen, so wäre es vorteilhafter gewesen, überall gleich hinter den Naviglio zurückzugehen. Man gab dann freilich die Beherrschung des Vorterrains bis zum Fluß auf, aber diese war auch vom Talrande, wegen der Unübersichtlichkeit der Niederung, nur sehr unvollkommen zu erreichen. Für die Defensive bildete der Naviglio selbst einen fast unüberwindlichen Schutz. Ihn dagegen unmittelbar hinter der Front zu haben, war jedenfalls bedenklich, denn er bot mit seinen wenigen Übergängen zu geringe Sicherheit für den Rückzug und lag so nahe, daß man Gefahr lief, mit der ersten Linie zugleich die zweite zu verlieren, wie dies nachher auch wirklich geschah.

---
*) Vgl. S. 110, Anm. **).

Da man nun nicht im entferntesten daran dachte und auch nicht füglich daran denken konnte, in dieser Richtung offensiv vorzugehen, so wäre es gewiß geraten gewesen, die vorgenannten vier Übergänge gänzlich zu zerstören. Man war dann gegen den Ticino völlig gesichert und konnte fast alle Kräfte gegen Norden verwenden, von wo nach dem, was die Brigade Reznicek gestern erfahren, der bei Turbigo bereits übergegangene Feind notwendig kommen mußte. Es wurden aber nur die Brücken bei Boffalora und die bei Ponte Vecchio di Magenta wirklich abgebrochen; hingegen blieben die beiden mittleren, da man über sie hinausging, unversehrt.*)

Im allgemeinen bildet das Schlachtfeld von Magenta ein von West nach Ost langgestrecktes Viereck, auf dessen vier Spitzen Ponte Nuovo di Boffalora, Boffalora, Magenta und Ponte Vecchio di Magenta liegen.

Auf der langen Diagonale dieses Vierecks laufen die große Chaussee nach Mailand und die Eisenbahn. Sie bildeten die Hauptoperationslinie der über die Ticinobrücke vorrückenden Franzosen. Die kurze Diagonale wird durch den Talrand des Ticino und den an ihm fließenden Naviglio grande bezeichnet. Auf ihr lag die eigentliche Verteidigungslinie des Grafen Clam. Die Angriffsbewegung des Kaisers begann von der Westspitze des Vierecks, von Ponte Nuovo di Boffalora, auf dessen Ostspitze lag bei Magenta der Schlußpunkt der Österreichischen Aufstellung. Jenes war der Ausgangspunkt, dieses der Endpunkt der Bewegung. Mac Mahon hingegen rückte, von Norden kommend, gegen Flanke und Rücken der Navigliofront vor und entschied mit der Fortnahme von Magenta die Schlacht.

Nach dieser, den Begebenheiten vorgreifenden kurzen Skizze wenden wir uns zu der Lage der Dinge zurück, wie sie vor Beginn der Schlacht war.

Die Truppen des I. Österreichischen Korps, wie durch einen Zauberschlag aus Böhmen nach Italien versetzt, fanden sich dort in einer neuen Welt wieder. Ursprünglich nicht zur Verwendung für Italien bestimmt, war das Korps erst Ende April auf den Kriegsfuß gesetzt. Die große Entfernung der Ergänzungsbezirke vieler seiner Infanterieregimenter (Ungarn) hatte deren rechtzeitige Komplettierung auf die Kriegsstärke verhindert. Als daher die Ordre zum Marsch nach Italien eintraf, befanden sich noch ganze Truppenteile auf dem Friedensfuße. So marschierte z. B. das 60. Infanterieregiment Prinz Wasa

---

*) Bereits am 8. Juni hatte Graf Clam befohlen, die Sprengung „aller Kanalbrücken im Bereiche der Stellung von Magenta" vorzubereiten, das nötige Pulver kam aber erst am 4. früh aus Pavia an. Bei den Brücken, die unversehrt blieben, waren die Vorbereitungen nicht fertig geworden, und nur aus diesem Grunde konnten die Sprengungen nicht ausgeführt werden. Vgl. S. 104; Östr. G. St. W. 1, S. 518.

mit drei Bataillonen, die Kompagnie nur 100 Mann stark, darunter ein Drittel noch keineswegs ausgebildete Rekruten, aus seinen Garnisonen Josefstadt und Königgrätz aus. Bei dem vorläufigen Ausbleiben der Ergänzungsmannschaften mußten die 4. Grenadier- und 6. Ergänzungskompagnien durch Abgabe von Leuten der übrigen gebildet werden, wodurch dann der Effektivstand der Kompagnien auf 90 Mann mit höchstens zwei Offizieren herabsank. Der lange und rasche Marsch mittels Eisenbahn und zu Fuß hatte die Truppen in nicht geringem Grade ermüdet. Bei den völlig ungewohnten Eindrücken, welche jetzt auf sie eindrangen, hatten sie kaum noch Zeit gehabt, sich nur einigermaßen zu orientieren und zur Besinnung zu kommen. Erst teilweis hatte man die einzunehmende Position bezogen, sich unter dem Wald von Maulbeerbäumen und Rebenfestons umgesehen, und vergebens blickte die Artillerie und die Kavallerie nach einem freien Felde für ihre Tätigkeit aus. Weder Führer noch Truppen konnten sich sogleich zurecht finden, ja der Kommandierende kannte noch nicht einmal genau die Aufstellung seines Korps, als die Franzosen bereits gegen den Ticino anrückten. Sonst wußte man vom Feinde wenig, von dem eigenen Heere nur, daß es in aller Eile heranziehe, und dabei hatte man gegen zwei Seiten zugleich Front zu machen.

Die Stärke des Grafen Clam betrug, wie schon gesagt, gegen 13 000 Mann. Zu seiner Verfügung war das II. Korps des Fürsten Liechtenstein gestellt, welches 17 000 Mann zählte, zusammen 30 000 Mann.*)

Diese waren folgendermaßen verteilt:

Hand-
zeichnung
XII.

I. Korps, die Division Cordon, stand mit der Brigade Burbina hinter dem Naviglio zwischen Boffalora und Ponte Nuovo di Magenta,

mit der Brigade Reznicek**) ⎫
II. Korps, die Division Jellacic,   „   Koudelka   ⎬ bei Magenta,
                                    „   Szabo   ⎭
          „   Herdy,   „   Baltin
                                     „   Kintzl bei Robecco mit Vorposten
bei Ponte Vecchio di Magenta.

---

*) Clam zählte rund 11 000 Mann (vgl. S. 103, Anm. **), Liechtenstein rund 15 000 (500 Pferde, 48 Geschütze), beide vereinigt demnach etwa 26 000 Mann. Östr. G. St. W. S. 509.

**) Burbina befehligte am 4. Juni: 3 Kompagnien/Jäger 2, 4/Grenadiere Wasa (Brigade Burbina); je 4/II. Bataillons Josef und II. Bataillons Banal; 2/I. Bataillons Banal (Division Montenuovo I. Korps); 4/II Bataillons Wimpffen, 6/III. Bataillons Gruber, 2/Ottocaner Grenzer (VII. Armeekorps); 2 sechspfündige Geschütze, 1½ Kavallerie-Batterien, (20 Geschütze im ganzen), 3 Eskadrons. Reznicek hatte unter sich: 2 Kompagnien/II. Bataillons Banal (Brigade Reznicek), 1/Jäger 2 (Brigade Burbina),

8*

Ein Bataillon des Regiments Hartmann,*) Brigade Baltin, auf Vorposten gegen Rubone, Cuggiono und Inveruno.

Der Morgen verging bei der Österreichischen Armee in aller Ruhe. Die Truppen kochten ohne Störung und waren mit dem Essen fertig, als die Nachricht einging, daß Französische Spitzen diesseits der Ticinobrücke (Ponte Nuovo di Boffalora) vordrängen.

Die Brigade Burdina erhielt jetzt Befehl, die beiden nicht zerstörten Brücken, die der Eisenbahn und der Chaussee, bei Ponte Nuovo di Magenta zu verteidigen. Die Ottocaner Grenzer besetzten eine aus den Erdarbeiten der Eisenbahn hergerichtete kleine Verschanzung vorwärts der Bahnbrücke, ein Bataillon Wasa**) wurde zur Reserve dahinter gestellt. Auf der Chaussee schob man ein paar Geschütze vor; die Gebäude an dem rechten Naviglioufer wurden zur Verteidigung eingerichtet. Eine starke Tirailleurlinie besetzte den Damm längs des Kanals, der Rest der Brigade blieb als Reserve hinter dem Naviglio aufgestellt. Von Magenta aus wurde zur Unterstützung die Brigade Szabo bis C. Girola vorgeschoben.

Die Brigade Baltin marschierte nach Boffalora und die Brigade Koudella folgte zu deren Unterstützung bis Cascina Nuova.***) Nur die Brigade Reznicek blieb demnach als allgemeine Reserve bei Magenta stehen.

Daß alle die Anordnungen überhaupt noch zustande kamen, verdankte man dem späten Angriff der Franzosen.

Wir wissen, daß die Garde-Grenadierdivision Mellinet um 8° von Trecate aufgebrochen war. Sie hatte eine halbe Meile bis S. Martino zu marschieren,†) die Brücke wurde durch darüber gelegte Bohlen gangbarer

---

3/I. Bataillons Banal (Division Montenuovo I. Korps), 6/IV. Bataillons Rainer (I., II., III. beim VIII. Korps) sowie 4 sechspfündige Geschütze.
Die am 3. Juni mit Cordon zur Erkundung gegen Robecchetto vorgegangenen Truppen (S. 100, Anm. ***) wurden am 4. vormittags nach Magenta zurückgeführt und auf die beiden Brigaden verteilt. Öftr. G. St. W. 1, S. 509/510 u. Beilage IX.

*) Vgl. Geschichte des Infanterieregiments 9 (Hartmann). S. 430 ff.
**) Vgl. Geschichte des 60 Infanterieregiments (Wasa) S. 429 ff.
***) Die Brigade Baltin war bereits 8³⁰ morgens durch den kommandierenden General II. Armeekorps, Fürst Liechtenstein, hauptsächlich zur Deckung gegen Turbigo, nach Boffalora entsandt worden und traf um 9⁰⁰ dort ein, eine halbe Stunde früher, als die Französische Brigade Wimpffen die Ticinobrücke überschritt. Sie ist demnach nicht erst gegen diese Brigade vorgeschickt worden.
Die Brigade Koudella, bisher östlich Magenta, wurde zunächst nur westlich des Ortes aufgestellt; erst um 1⁰ nachmittags ließ sie Graf Clam zur Unterstützung der Brigade Baltin vorrücken. Öftr. G. St. W. 1, S. 517 519.
†) Die Entfernung Trecate—S. Martino beträgt fast fünf, Trecate—Ticinobrücke sechs Kilometer.

gemacht, eine Pontonbrücke neben derselben geschlagen, und die Brigade
Wimpffen ging mit zwei Geschützen über.

Um 10⁰⁰ vormittags rückten die Französischen Spitzen vor. Zwar
zogen sich die Österreichischen Geschütze nach ein paar Schüssen auf den
Talrand vorwärts des Kanals zurück, aber es zeigte sich nun doch, daß die
Gegend stärker besetzt war, als man vermutet hatte. Man griff daher nicht
ernstlich an, der Kaiser zog vielmehr seine Truppen aus dem Gefecht. Sie
sollten erst wieder vorgehen, wenn der Angriff der von Turbigo anrückenden
Kolonne wirksam werde. Durch diesen mußte sich das von Westen her so
überaus schwierige Defilee von selbst öffnen, und es erschien nicht gerechtfertigt hier für dessen Wegnahme blutige Opfer zu bringen.

Hand-
zeichnung
XIII.

Die Brigade Cler der Grenadierdivision wurde indes über die Brücke
herangezogen,*) General Mac Mahon zur Beschleunigung seines Marsches
aufgefordert und der König in Galliate ersucht mit den Sardiniern sobald
wie möglich über Turbigo zu folgen. Dagegen wurden vorläufig noch keine
Mitteilungen an den General Niel und den Marschall Canrobert gemacht,
welche ihren Marsch sukzessive ruhig antraten.**)

Noch immer schien Graf Clam über seine Lage keine Besorgnisse gehegt,
am wenigsten einen Angriff von Norden her erwartet zu haben. Wir sehen,
daß er fast seine ganze Truppenmacht hinter dem Naviglio, Front gegen
Westen, aufgestellt hatte. Auf der Chaussee zwischen dem Naviglio und
Magenta standen noch die Reserveartillerie, die Munitions- und Proviant-
kolonne aufgefahren, es waren keine Kolonnenwege gebahnt, Magenta zur
Verteidigung nicht eingerichtet worden. Nach dem Hauptquartier war zwar
schon morgens früh berichtet worden, daß der Feind über S. Martino vorgehe,
und es scheint, daß infolge davon Graf Gyulai auf den Ruhetag verzichtete
und dem V. und VIII. Korps Marschbefehle erteilte; aber eine Mitteilung,
daß man der Unterstützung bedürfe, war bis jetzt nicht gemacht. Und doch
wußte man, daß schon gestern bedeutende Truppenmassen bei Turbigo und

---

*) Die Brigade Cler war erst um 10⁰ von Trecate aufgebrochen. Frz. G. St. W.,
S. 168.

**) Das Frz. G. St. W., S. 160, behauptet, bereits in der Frühe des 4. Juni
seien sowohl der König Victor Emanuel angewiesen worden Mac Mahon zu folgen, wie
auch des 3. und 4. Französische Korps ihren Marsch auf S. Martino zu beeilen. Tatsächlich mußte aber das 4. Korps aus den schon bei Trecate bezogenen Biwaks am
Nachmittage des 4. Juni auf das Kampffeld herangezogen werden. Befehle und Gegenbefehle scheinen auch hier Verwirrung herbeigeführt zu haben.

Robecchetto nur anderthalb Meilen entfernt am linken Ufer des Naviglio standen.*)

Diese hatten sich denn auch um 9⁰ in Bewegung gesetzt. General Mac Mahon ließ die Division Motterouge über Cuggiono und Casate vorgehen, die Division Camou eine Stunde später folgen. Die Division Espinasse dirigierte er über Buscate und Mesero; ihr sollten die Sardinier nachrücken, sobald sie die Brücke passiert haben würden. Das Defilieren derselben verzögerte sich noch durch ein Mißverständnis und begann erst um 12ᵘ.**)

Bei der ersten Kolonne bildete die Brigade Lefèbvre die Avantgarde. Die Turkos an ihrer Spitze stießen in Casate und Rubone auf Vorposten, welche das Bataillon Hartmann dort aufgestellt hatte, und die sich fechtend auf Boffalora zurückzogen. Die Franzosen folgten lebhaft. Gegen den Befehl Mac Mahons versuchten die tirailleurs indigènes auch hier den Angriff, da sie mit dem ersten Anlauf den Ort zu nehmen gedachten; sie fanden aber ernstlichen Widerstand und wurden abgewiesen.***) Zwei Französische Batterien fuhren 1800 Schritt von Boffalora entfernt auf dem Plateau von Bernate sehr günstig auf und eröffneten ein lebhaftes Feuer gegen eine Österreichische Rohr- und Raketenbatterie.

General Mac Mahon war nach seinem Bericht um Mittag in Cuggiono eingetroffen, als er erfuhr, daß die Avantgarde den Feind bei Casate vor sich habe. Das Vorgehen von dort bis vor Boffalora wird eine halbe Stunde erfordert haben, und so war jener Geschützkampf der Kanonendonner,

---

*) Graf Gyulai hatte für den 4. Juni, wie erwähnt (S. 107, Anm. **), keinen Ruhetag angeordnet. Er war durch Clams Meldungen von 7⁰ und 9⁴⁵ morgens über das Erscheinen des Feindes bei S. Martino orientiert worden und hatte auf Grund aller eingegangenen Meldungen zunächst gegen Morgen der Division Reischach direkt befohlen, über Corbetta hinter die Division Cordon zu marschieren. Graf Clam sollte mit diesen beiden Divisionen den gefährlichsten Feind, den bei Turbigo — dessen Stärke übrigens noch keineswegs erkannt, gegen den aber bereits eine Brigade bestimmt (S. 116, Anm. *) worden war, — werfen, bei Überlegenheit sich aber zurückziehen. Das II. Korps wurde beauftragt die Stellung von Magenta zu halten und „den übergegangenen Feind heute abends anzugreifen und zurückzuwerfen" — also wohl den bei S. Martino gemeldeten Feind?! — Öftr. G. St. W. 1, S. 517/521 ff. — Die Marschbefehle für das VII. und VIII. Korps erfolgten später. Vgl. S. 122.

**) General Fanti, Kommandeur der 2. Sardinischen Division, berichtet, er habe nach Überschreiten des Ticino bis Mittag seitwärts der Straße in der Annahme gewartet, daß noch eine Französische Division den Fluß passieren müsse. Anscheinend haben demnach die Sardinier irrtümlicherweise auf die Brigade Picard gewartet, die ursprünglich für sie die Deckung der Brücke bei Turbigo übernehmen sollte, aber Gegenbefehl erhielt. Von letzterem haben die Piemontesen wahrscheinlich nichts erfahren. Piem. Bericht. vgl. Précis, S. 164.

***) Vgl. Le livre d'or des tirailleurs indigènes, S. 201 ff.

welchen man um 12³⁰ an der Ticinobrücke (Ponte Nuovo di Boffalora) hörte. Der Kaiser, welcher noch immer glaubte, nur eine geringe Streitmacht vor sich zu haben, auch Mac Mahon wohl zu Hilfe kommen wollte, ließ nun sogleich zu einem ernstlichen Angriff schreiten.*)

Allein das 2. Korps war noch keineswegs in der Lage jenem Angriff eine wirksame Unterstützung zu leisten. Sein Chef des Generalstabes,**) welcher von einem Kirchturm die Gegend übersehen konnte, berichtete, daß sehr bedeutende feindliche Kräfte gegenüberständen. Man erkannte die Brigade Koudelka***) bei Cascina Nuova, deren Aufstellung ganz geeignet erschien die Division Motterouge von der Division Espinasse zu trennen. Diese sowohl wie die Division Camou waren noch weit zurück und von den Sardiniern gar nichts zu sehen. Um 2³⁰ erst langte die Avantgarde der Division Espinasse vor Marcallo an; ihr verspätetes Eintreffen war zum Teil durch den zeitraubenden Marsch der Division in der Gefechtsformation verursacht.

General Mac Mahon erachtete es für angemessen seine Kräfte erst zu sammeln, bevor er sich in ein ernstes Gefecht einließe; er war mit Recht nicht ohne lebhafte Besorgnis, selbst angegriffen zu werden.†)

Währenddem die Division Motterouge sich auf der Linie Bernate— C. Balifio, zwischen Casate und Boffalora, entwickelte, wurden einstweilen die Tirros und die Artillerie ganz zurückgezogen und somit entstand am linken Ufer des Naviglio eine Unterbrechung des Gefechts und tiefe Stille, während am rechten Ufer ein furchtbarer Kampf entbrannte. Hier ging der Kaiser in zwei Kolonnen vor. Die linke, das 2. Grenadierregiment, etwa 2000 Mann stark, rückte auf dem dammartigen Weg gegen Boffalora an.

Dort hatten die Österreicher nur das linke Ufer des Naviglio besetzt, die Häuser zur Verteidigung vorbereitet und auf dem nördlich des Dorfes äußerst günstig gelegenen M. Rotondo††) eine starke Batterie etabliert.

---

*) Mac Mahon hatte durch Napoleons Ordonnanzoffizier Schmitz melden lassen, er werde gegen 2³⁰ Boffalora, gegen 3³⁰ Magenta mit den Kolonnen erreichen. Fleury 2, S. 30, Duquet S. 61, 63, Précis S. 148 usw. geben etwa 1³⁰, Fleury 2, S. 60 gibt 2⁰ als Zeit an, zu der der Kanonendonner von Boffalora her hörbar gewesen sei. Fleury, 2, S. 40, meint, Napoleon habe mit vollem Rechte den Angriff Mac Mahons dort als ernst annehmen müssen, die französischen Schützen seien mit dem Augenglas von Napoleons und Fleurys Standpunkt aus auch sichtbar gewesen.

**) Lebrun.

***) S. 116, Anm. *).

†) Moltke sagt bei Kederns Schilderung, wie vereinzelt die Division Espinasse bei Casate gestanden habe: „Der Moment zur Offensive (für die Österreicher), wenn die linke Flanke durch Abbruch der Brücke gesichert war." Vgl. S. 113/114.

††) Heute Höhe 143 der Italienischen Generalstabskarte.

Die Französischen Grenadiere bogen links vom Wege aus, stürzten sich durch das feindliche Feuer vorwärts, durchwateten einen Kanal, der das Dorf umgibt, übersprangen die Mauern und kletterten mit Katzenbehendigkeit an den Weinspalieren oder einer über den andern durch die Fenster in die freilich unbesetzten Häuser. Ohne Artillerie begannen sie nun ein heftiges Tirailleurfeuer. Die Franzosen verloren hier bedeutend, namentlich durch die Batterie vom M. Rotondo, doch waren sie aus den Häusern dadurch nicht zu vertreiben. Bei späterer Besichtigung lagen mehrere Wohnungen in Aiche, und selbst die gemauerten Kanalufer trugen zahlreiche Spuren von Kugeln.*) Aber ebensowenig vermochten sie ihrerseits weiter vorzubringen. Das passive Hindernis des Naviglio unterstützte die Verteidigung des Gegners und machte hier alle weiteren Unternehmungen vorerst unmöglich.

Rechts war das 3. Grenadierregiment, vor sich drei Kompagnien Zuaven, auf dem Eisenbahndamm vorgegangen; der Rest des Garde-Zuavenregiments wurde zur Aufnahme einer Terrainfalte an der Chaussee aufgestellt und diese Straße selbst vorerst gar nicht zum Vorbringen benutzt, da sie von der feindlichen Artillerie beherrscht war, gegen welche nur zwei Französische Geschütze aufgefahren werden konnten. Das 1. Grenadierregiment, in diesem Augenblicke nur zwei Bataillone stark, da das 3. noch zur Bewachung des kaiserlichen Hauptquartiers in Novara zurückgelassen war, beobachtete die rechte Flanke, in welcher man mit Recht einen feindlichen Angriff befürchten mußte. Trotz des heftigsten Artillerie- und Infanteriefeuers erstieg nun das 3. Grenadierregiment nicht nur den Talrand da, wo ihn die Eisenbahn durchschneidet, im ersten Anlauf, sondern nahm auch die daselbst gelegene kleine Verschanzung und warf die Österreicher sehr bald bis hinter den Kanal zurück. Die Franzosen erreichten mit ihnen zugleich die Brücken und machten die vorbereitete Zerstörung derselben unmöglich.**) Der Unteroffizier, welcher die Leitung zünden wollte, wurde niedergemacht. Alsbald breiteten die Grenadiere sich links und rechts aus und benutzten die Dämme, um sich hinter denselben zu logieren. Über das Defilee hinaus vermochten sie vorerst nicht vorzubringen, und nur mit äußerster Anstrengung war auf lange hin dieser Punkt zu behaupten.

Jetzt ging auch das Zuavenregiment auf der Chaussee vor; es fand Widerstand in den Häusern am rechten Ufer des Naviglio neben der Chaussee-

---

*) Ein Eckhaus an der jetzt steinernen Brücke trägt noch heute Kugelspuren.
**) Nach dem Cstr. G. St. W. 1, S. 518, waren am 4. Juni 7⁰ morgens die Navigliobrücken von Boffalora, Robecco, Ponte Vecchio geladen und zum Sprengen bereit, der Brücke an der Eisenbahn fehlte noch die Ladung, und bei der Brücke an der Straße S. Martino—Magenta war sogar die Minenarbeit noch um einige Stunden im Rückstand.

brücke. Allein ein Bataillon des 3. Grenadierregiments hatte sich gleich von der Eisenbahn links gewendet, war, durch die Dämme gedeckt, bis zur Chaussee herangekommen, und so gelang es diese Gebäude zu erstürmen, freilich nicht ohne die blutigsten Opfer. Auch hier kamen die Verteidiger nicht dazu die Brücke zu zerstören; die in den Brückenpfeilern angebrachten Minen waren noch nicht geladen und die Franzosen fanden das Pulver in Fässern in den Häusern diesseits. So drohte nun jeden Augenblick das weitere Vorbringen der Franzosen, selbst über den Naviglio hinaus. Und wirklich gelang es ihnen nach halbstündigem Kampf, also bald nach 2^u, sich erst des Mautgebäudes rechts der Straße am östlichen Ufer des Kanals, dann auch des anderen links zu bemächtigen.*)

Man muß die unübertreffliche Bravour anerkennen, mit welcher hier 4000 Mann den Talrand ersteigen, die verteidigungsfähigsten Baulichkeiten erstürmen und sich in unmittelbarer Nähe eines bis dahin weit überlegenen Feindes festsetzen.**)

Der Angriff der Grenadierdivision gegen den Naviglio und das Herannahen einer feindlichen Abteilung von Norden her hatten den Feldmarschallleutnant Grafen Clam erkennen lassen, daß seine Kräfte wohl nicht ausreichen würden dagegen nach zwei Seiten Front zu machen. Aber erst um Mittag hatte er die Meldung über seine Lage nach Abbiategrasso erstattet, mit welcher der Rittmeister Prinz Arenberg um 12^{15} eintraf. Den Feldmarschallleutnant Reischach hatte Graf Clam direkt benachrichtigt, und derselbe brach auch sofort gegen Magenta auf.***)

*) Die damaligen Mautgebäude sind heute bedeutend vergrößert und dienen industriellen Zwecken.
**) In jedem Zollgebäude am östlichen Kanalufer war je eine Kompagnie Erzherzog Josef, an der Brücke standen zwei Geschütze, teils auf dem Damm, teils zu beiden Seiten der Gebäude befand sich eine Raketenbatterie, weiter rückwärts Jägerbataillon 2 und eine Kompagnie Erzherzog Josef, hinter diesen drei Bataillone Wasa. Die Verteidiger der Zollhäuser sahen die Franzosen die Eisenbahnbrücke stürmen, glaubten diese schon in Feindeshand, sich dadurch im Rücken bedroht und räumten ihren Standort. Östr. G. St. W. 1, S. 527, 528/29, 530. Kunz, S 54, berechnet 3800 Franzosen gegen 12 600 Österreicher.
***) Auf Grund der Meldung Clams ordnete Gyulai 12^{30} mittags an: VII. Korps marschiert auf Corbetta, III. auf Robecco, mit einer Brigade gegen die feindliche Flanke über Cassinetto, V. Korps geht nach Abbiategrasso, läßt Vorposten am Ticino, VIII. Korps marschiert über Gaggiano nach Besiazzo, Armeegeschützreserve von Rosate nach Castelletto Mendosio. Division Reischach war schon 10^{30} auf Corbetta angesetzt worden (S. 118, Anm. *). An V. und VIII. Korps ist der Befehl von 12^{30} mittags an allen Anschein nach der erste zum Vormarsch. Östr. G. St. W. 1, S. 522/23. — Übrigens hatte sich Graf Clam mittags auch direkt an das III. und VII. Korps sowie an die Division Reischach mit der Bitte gewandt, ihren Marsch auf das Schlachtfeld zu beschleunigen. Östr. G. St. W. 1, S. 522.

Aus einem Schreiben des Grafen Gyulai an den General Urban ist zu entnehmen, daß Graf Clam für einen früher beabsichtigten Angriff auf Turbigo am 4. Juni dahin instruiert war sich gegen überlegene feindliche Kräfte in ein ernstes Gefecht nicht einzulassen, sondern in seine Stellung und auf seine Reserven zurückzugehen.*) Dagegen geht nirgends hervor, daß derselbe für den Fall, wo er in dieser Stellung selbst angegriffen würde, angewiesen war, sich auf das Gros der Armee zurückzuziehen. Graf Clam war jetzt in ein ernsthaftes Gefecht verwickelt, und so glaubte man ihn nun nachhaltig unterstützen zu müssen. Das III. Korps erhielt sogleich Befehl nach Robecco zu marschieren. Die Division Lilia des VII. Korps hingegen wurde angewiesen von Castelletto über Albairate nach Corbetta zu gehen, das V. und VIII. Korps ihren Marsch zu beeilen und womöglich Robecco bezw. Bestazzo zu erreichen.

Die Beschuldigung, daß Graf Gyulai anderthalb Stunden habe vergehen lassen, ehe er seine Befehle erteilt, ist völlig grundlos. Ihm fällt nicht zur Last, daß er Graf Clam zu spät unterstützte, sondern nach unserer Ansicht, daß er ihn nicht zurückzog, bevor er eine Unterstützung bedurfte.

Der halbe Tag war verflossen. Das V. Korps stand zwei und eine halbe, das VIII. vier Meilen von Magenta entfernt. Nur das III. und VII. Korps konnten heute noch das Gefechtsfeld erreichen, und von diesen wurde auch noch eine Division rechts weg, gegen Mailand zu, geschoben.

Wir sehen hier dieselben Anordnungen wie bei allen früheren Gefechten. Ein Teil der Armee wird gegen den Feind geführt und dabei noch durch allerlei rück- und seitwärtige Aufstellungen geschwächt, während die Franzosen mit allem, was sie haben, angreifen.**)

---

*) S. 118, Anm. *).

**) Dem Grafen Gyulai ist der Vorwurf nicht zu ersparen, daß er die entfernteren Korps zu spät herangezogen hat. Wenn er auch aus den am Vormittage eingehenden Meldungen nicht zu der Überzeugung gelangen konnte, daß ein allgemeiner Angriff der Verbündeten bevorstand, so mußte er doch seine Kräfte für alle Fälle sofort zusammenziehen. Da, wo die meisten Korps am Morgen des 4. Juni standen, waren sie ganz nutzlos. — Moltke bemerkt zu den Entschlüssen Gyulais um Mittag in Neherns Bericht: „Dies ist ein Wendepunkt. Man konnte noch jetzt Clam zurückziehen, der bis jetzt nicht allgemein engagiert war, dann blieb den Franzosen die Mailänder Straße offen, aber eine Meile in ihrer rechten Flanke standen dann am Abend das II., III., V., VII., VIII. und halbe I. Korps: 117 Bataillone, 4 Eskadrons, 46 Batterien, nach allen Detachierungen doch wohl über 100000 Mann. Man konnte Clam unterstützen, aber dann entfernte man sich von dem anrückenden V., VIII. und IX. Korps. Es konnten nur wirksam werden ½ I., II., III. und VII. Korps: 68 Bataillone, 84 Eskadrons, 38 Batterien, also nur etwa 60000 bis 70000 Mann. Auch damit ließ sich großes leisten

Nach Ausfertigung seines Orders begab sich Graf Gyulai sogleich selbst auf den Weg und erreichte in einer halben Stunde Magenta, wo auch Feldzeugmeister Heß eintraf.

Es war 2⁸, und damals standen die Verhältnisse noch ziemlich befriedigend. Wir wissen, daß General Mac Mahon seine Vortruppen aus dem Gefecht zurückgezogen hatte. Wohl war das rechte Naviglioufer verloren, aber man verhinderte doch das Debouchieren des Gegners über die Brücken hinaus. An der Eisenbahn wurden die sich vorwagenden Kolonnen durch das Kartätschfeuer einiger Geschütze zurückgewiesen,*) und an der Chaussee bei Ponte Nuovo glaubte man sich um diese Zeit noch im Besitz der Mautgebäude. Lange, meinte Graf Clam, würden seine Truppen freilich nicht mehr Widerstand leisten können, da sie zu ermüdet seien, und jetzt traf auch noch die Nachricht ein, daß die Franzosen von Norden her in Marcallo eingerückt seien.**) Da man für den Augenblick nur die einzige Brigade Reznicek noch in Reserve hatte, so wurde diese gegen Marcallo vorgeschickt, umsomehr, als die Division Reischach sich nun schon Magenta genähert hatte.

Graf Gyulai verfügte sich nach Robecco, um einen Angriff in der rechten Flanke der über Ponte Nuovo bi Boffalora gegen den Naviglio vorgerückten Franzosen anzuordnen.***)

---

in der Offensive, dazu war aber die Zeit verstrichen, es war Mittag, und man hatte zwei Meilen bis zum Feind. In der Defensive war wenig Erfolg zu erwarten, da schließlich der Feind größere Kräfte zusammenbringen mußte. Es wäre demnach geratener gewesen am 4. Juni sich nur zu konzentrieren, am 5. zu schlagen."

*) Die Eisenbahnbrücke verteidigten eine Kompagnie Banal und das Grenadierbataillon Wasa; hinter diesen fünf Kompagnien stand bei C. Girola die Brigade Szabo. Erstere waren „schon durch den Anblick der feindlichen Übermacht erschüttert". Zwei Geschütze Szabos trafen gerade noch rechtzeitig ein, um ein Vordringen der Franzosen auf das linke Naviglioufer zu verhindern. General Szabo ging schließlich mit den 7. Jägern und drei Bataillonen Erzherzog Wilhelm zum Sturme vor und trieb den Feind über die Eisenbahnbrücke zurück. Östr. G. St. W. 1, S. 528/9.

**) Die Avantgarde der Division Éspinasse ist gegen 1¹⁰ aus Mesero herausgetreten und auf Marcallo weitermarschiert (Frz. G. St. W., S. 168), von wo sie mit Feuer empfangen wurde. Angesichts der heranrückenden Division zogen sich, nach französischer Angabe, die Österreicher zurück, und Marcallo wurde von den Franzosen besetzt, doch dürfte dies kaum vor 2⁰ nachmittags gewesen sein. Clam kann daher kaum vor 2²⁰ die Meldung von der Besetzung Marcallos erhalten haben. Das Östr. G. St. W. erwähnt nichts hierüber, behauptet auch, Marcallo sei gar nicht besetzt gewesen. Vgl. S. 132/3.

***) Graf Gyulai ordnete 8¹⁵ nachmittags in Robecco an: III. Korps geht mit einer Brigade (Ramming) auf östlichem Kanalufer auf C. Girola, Rest des Korps, drei Brigaden, auf westlichem gegen Ponte Vecchio vor. Clam hält Magenta bis aufs äußerste, weicht nur im dringendsten Fall nach Cisliano; 3⁰ folgt an V. Korps die Weisung, südlich Robecco bei Lugagnano weitere Befehle abzuwarten. Hervorzuheben ist, daß in

Wir verließen die Division Mellinet, als sie bald nach 2° festen Fuß auch auf dem linken Naviglioufer gefaßt hatte. Die Vorsicht hätte erheischt, daß sie in dieser Stellung die Ankunft ihrer Verstärkungen erwartete; denn nach allen glänzenden und fast unglaublichen Erfolgen befand sich diese vereinzelte Gardedivision in einer sehr bedenklichen Lage. Ihre rechte Flanke obwohl noch nicht angegriffen, war doch von Ponte Vecchio her aufs gefährlichste bedroht und zu deren Sicherung nur ein Teil des 1. Grenadierregiments vorhanden.

Der Ungestüm der Franzosen riß sie nichtsdestoweniger zu einem verwegenen Vorgehen fort. Um die durch die Wegnahme der Zollgebäude erlangten Vorteile noch mehr auszubeuten, drangen das III. Bataillon des 3. Grenadierregiments, unterstützt von vier reitenden Geschützen, unter der Führung des Generals Cler über die Brücke vor.

Das überhaupt nur schwache Regiment Wasa*) (es zählte zur Stelle nur 13 Kompagnien, da das auf dem Marsche in Bozen zurückgebliebene III. Bataillon noch nicht eingetroffen war) konnte einen nachhaltigen Widerstand nicht leisten. General Burdina selbst fiel schwer verwundet. Die Dämme wurden verlassen und alles wich bis an die Cascinen zurück, wo einzelne Bataillone und einzelne Kompagnien den Kampf noch fortsetzten, und obwohl die einheitliche Leitung aller dieser Teile aus zwei verschiedenen Korps aufgehört hatte, so kam doch das Gefecht hier wieder zum Stehen, da die Französische Garde noch lange auf keine ausgiebige Hilfe vom 3. und 4. Korps zu hoffen hatte. Sie harrte im Kampf gegen Teile der Brigaden Burdina und Szabo mit musterhafter Standhaftigkeit aus.**)

Die Bataillone der Brigade Baltin in Boffalora hörten den Kampf in ihrem Rücken; sie liefen Gefahr***) von Magenta völlig abgeschnitten, zwischen der Division Mellinet und der von Norden bis jetzt nur drohenden Division Motterouge gänzlich erdrückt zu werden, und räumten den Ort. Dadurch gelang es nunmehr dem 2. Grenadierregiment, die hölzerne Brücke von Boffa-

---

dem Befehl Gyulais an Clam die Absicht ausgesprochen wird, „morgen jedenfalls einen Flankenangriff mit der ganzen Armee" zu machen. Östr. G. St. W. 1, S. 535/6.

*) S. 121, Anm. **).

**) Außer den S. 121, Anm. **) genannten Truppenteilen griffen noch das III. Bataillon Gruber von Casa Nuova aus und das II. Erzherzog Wilhelm mit in den Kampf ein. Später schickte Fürst Liechtenstein auch noch drei Bataillone der Brigade Koudelka zur Unterstützung an den Naviglio; sie nahmen auch an dem Kampf um die Zollhäuser teil, mußten schließlich weichen, machten dann an der Straße Magenta—Boffalora halt und leisteten dort erneut Widerstand. Dies muß der Kampf gewesen sein, den die Brigade Baltin in ihrem Rücken hörte. Östr. G. St. W. 1, S. 530/1.

***) Moltke sagt im Bericht Rederns am Rande: „Die Besorgnis war nicht ohne Grund... Der Verlust der beiden nicht abgetragenen Brücken entschied alles."

Schlacht von Magenta. 4. Juni 1859.

lora herzustellen, sich des am hohen östlichen Ufer des Kanals belegenen Teils des Ortes zu bemächtigen und sich dort festzusetzen.

So war denn die Linie des Naviglio für die Österreicher verloren, und als Feldmarschalleutnant Reischach noch durch Magenta defilierte, schlugen dort schon die ersten Granaten ein. Es herrschte eine unbeschreibliche Verwirrung im Orte. Alles Fuhrwerk, welches man auf der Chaussee zwischen Ponte Nuovo und Magenta gelassen, drängte nach dem Eingang dieses Ortes; auch schon ein Teil der vom Naviglio zurückgeworfenen Truppen schlug die Wege dorthin ein, und aus eben dem Tore sollte die Division Reischach debouchieren.

Nachdem dies mit der größten Anstrengung und natürlich nur langsam bewirkt worden und zunächst die Brigade Gablenz à cheval der Chaussee aufmarschiert war, setzte sich General Reischach selbst an ihre Spitze und führte sie gegen Ponte Nuovo vor. Der Angriff gelang vollkommen. Vergebens stürzte sich General Cassaignolles mit nur 110 chasseurs à cheval auf die anstürmende Österreichische Brigade, umsonst warf sich General Cler an der Spitze von vier Kompagnien des 1. Grenadierregiments ihr entgegen. Er fiel; die Franzosen mußten der Überlegenheit des Angriffs weichen, über die Brücke zurück und verloren auch die Häuser am östlichen Ufer des Kanals und ein Geschütz, welches das III. Bataillon Kaiserjäger und Grenadiere vom Regiment Grueber eroberten. Der tapfere Führer dieses gelungenen Angriffs Feldmarschalleutnant Reischach, war dabei durch die Hüfte geschossen worden und Generalmajor Gablenz übernahm die Führung der Division.*)

Etwas später als die Brigade Gablenz konnte die Brigade Lebzeltern antreten. Der General hatte erst zwei Bataillone beisammen, als er auf wiederholtes Drängen zur Eile mit denselben seinen Vormarsch begann. Boffalora war ihm als allgemeines Ziel angegeben; die vorausgeschickten Offiziere fanden auf weiter Strecke keinen Feind mehr. Am Kanaldamm angekommen traf man Jäger aus der Brigade Gablenz, welche die Direktion nach Boffalora zeigten, wohin man nun längs des Dammes weitermarschierte.

---

*) Division Reischach, 12¹⁵ mittags von C. Cerella über Castellazzo und Corbetta abmarschiert, erreichte gegen 2¹⁵ (nach „Division Reischach" schon 1⁴⁰) mit Brigade Gablenz Magenta. Letztere (III. Kaiserjäger, I. und Grenadiere Grüber) ging sofort (2⁰⁰) gegen die fünf Bataillone, zwei Eskadrons starken Franzosen vor, nahm die Brücke wieder, mußte aber einem erneuten Vorstoß des Gegners weichen. Etwa 1000 Schritt östlich des Kanals durch II. und III. Kaiserinfanterie der Brigade Lebzeltern verstärkt gelangten die Österreicher durch einen zweiten Vorstoß wieder in Besitz des Kanalüberganges. Östr. G.St.W. 1, S. 532 ff.; vgl. Geschichte des 51. Infanterieregiments (Grüber), S. 315 ff., des Regiments Kaiser Franz Josef Nr. 1 (Kaiserinfanterie), S. 602 ff. — Der weitere Kampf an dieser Stelle ist S. 127,8 geschildert.

Das III. Bataillon des Regiments Kaiser sollte, sobald es sich formiert, den ersten beiden folgen; das Grenadierbataillon behielt Graf Clam als Reserve bei Magenta zurück. Als der General Lebzeltern dicht bei Boffalora angekommen war, sah er die Häuser mit feindlicher Infanterie besetzt; da er keine Artillerie bei sich hatte, um den Kampf damit vorzubereiten, führte er das eine Bataillon gleich selbst zum Sturm auf den Ort vor. Ein heftiges Feuer empfing dasselbe; der General wurde durch die Schulter geschossen und mußte sich zurückführen lassen; das Bataillon drang zwar bis in die Mitte des Ortes vor, sah sich dann aber genötigt denselben wieder zu räumen, und auch ein zweiter Sturm vertrieb den Feind nicht aus den Häusern.*) Der Erfolg war in der rechten Flanke nicht vollständig; die Franzosen wagten zwar jetzt noch nicht aus Boffalora herauszubrechen, das spätere Avancieren des Mac Mahonschen Korps wurde aber dadurch außerordentlich erleichtert, daß dasselbe in Boffalora die Gardegrenadiere schon vorfand.**)

Die Situation der Grenadierdivision war seit dem glücklichen Gegenangriff der Österreichischen Division Reischach äußerst kritisch geworden. Es fehlte fühlbar an verwendbaren Reserven. Da endlich nach 3° erschien die Brigade Picard,***) die Avantgarde des 3. Korps, auf dem Kampfplatze und dirigierte sich sofort auf Ponte Nuovo, von wo sie rechts detachierte, um die Flanke der Division Mellinet gegen die nunmehr von dieser Richtung her drohende Gefahr zu schützen.†)

Das III. Österreichische Armeekorps war nämlich im Anmarsch auf Robecco; ein Angriff von dort aus konnte der Grenadierdivision geradezu verderblich werden, indem er sie von der Chaussée zwischen dem Ticino und der Kanalbrücke ganz ab und in den Winkel zwischen dem Strom und dem Naviglio drängen konnte.

---

*) Von diesem Kampfe bei Boffalora ist in dem amtlichen Österreichischen Werke nichts erwähnt. An dem Gefechte um die Navigliosübergänge sind von der Brigade Lebzeltern nur die oben erwähnten beiden Bataillone Kaiserinfanterie (S. 125, Anm. *), die Gablenz verstärkten, beteiligt gewesen. I. und Grenadiere desselben Regiments waren auf Boffalora zwar 8° nachmittags angesetzt, wurden aber, beim Vormarsch dorthin „in ihrer rechten Flanke und im Rücken bedroht" — also durch die Division Espinasse —, auf Bahnhof Magenta zurückgezogen. Östr. G. St. W. 1, S. 635.

**) Durch Mac Mahons Zögern waren demnach die Rollen vertauscht. Moltke bemerkt deshalb auch in Rederns Bericht: „Also die Grenadiere waren zuerst und über den Kanal in Boffalora, Mac Mahon erst später eingedrungen!" — Dessen Sache wäre es gewesen, den Grenadieren das Vordringen zu erleichtern.

***) Die Brigade Picard ist nach der amtlichen Darstellung 8° nachmittags auf dem Gefechtsfeld erschienen. Frj. G. St. W., S. 176.

†) Zwei Bataillone gingen auf Ponte Vecchio, fünf auf Ponte Nuovo vor. Précis, S. 184.

Fürst Schwarzenberg erkannte diese Lage der Dinge mit richtigem Blick,*) und da es noch eine lange Zeit dauern mußte, bevor sein Korps aus den engen Feldwegen aufmarschieren und sich zum Angriff formieren konnte, so setzte er sich gleich selbst an die Spitze der Brigade Kintzl vom II. Korps, welche, wie wir wissen, bereits in Robecco stand, und führte sie ungesäumt über Ponte Vecchio hinaus, am westlichen Ufer des Kanals, in die Flanke des Gegners.

Hier stieß er nun auf die Bataillone Picards. Die Brigade Kintzl bestand nur aus vier Bataillonen des Italienischen Regiments Sigismund; dieses hatte selbst um die Vergünstigung gebeten an dem Feldzug teilzunehmen. Man weiß, wie solche wohlgefälligen Bitten zustande gebracht werden; aber die Italiener bekundeten ihre Abneigung gegen ihre Landsleute und deren Verbündete zu fechten durch die Tat.**) Vergebens gaben die Offiziere das Beispiel von Mut und Unerschrockenheit, vergebens ritt Fürst Schwarzenberg den Bataillonen vorauf bis in die Tirailleurkette.***) Es gelang nicht vorwärts zu kommen, im Gegenteil bemächtigten sich die Bataillone der Brigade Picard Ponte Vecchios am westlichen Kanalufer, fanden aber die Brücke dort abgetragen.

Gleichzeitig drangen zwei Französische Bataillone des 23. Regimentes, unterstützt von zwei Kompagnien des 8. Jägerbataillons†) derselben Brigade und der hier schon längere Zeit im Gefecht gestandenen Abteilungen der

---

*) Fürst Schwarzenberg war, wie erwähnt (S. 123, Anm. ***) auf Weisung Gyulais zwischen Strom und Kanal vorgegangen. Bei Redern sagt Moltke über diesen Entschluß: „Es war sehr einladend den Franzosen zwischen Ticino und Naviglio eine Schlappe beizubringen. Ein früheres Erscheinen der Brigaden Ramming und Wetzlar hätte das gewiß auch bewirkt. Aber die Entscheidung lag meiner Ansicht nach in der Offensive gegen Mac Mahon durch das gesamte III. Korps, während Clam nur zur Deckung dieses Angriffs die linke Flanke sicherte."

**) Fraston, S. 166 sagt: „Sie beeilten sich, sich gefangen nehmen zu lassen". Das Östr. G. St. W. berichtet nichts von der Kampfesunlust des Regiments Sigismund; Preuß. Oftz. 2, S. 123 sagt, das Regiment habe sich dreimal tapfer an den Angriffen beteiligt, erst dann sei die Auflösung eingetreten.

***) Daß Fürst Schwarzenberg sich an die Spitze der Brigade Kintzl gestellt habe, wird im Östr. G. St. W. nicht erwähnt. Die Darstellung des Kampfes ist hier (1, S. 527 ff.) überhaupt ganz anders: Ursprünglich stand ein Bataillon zwischen Ponte Vecchio und der Bahn, eines in Ponte Vecchio, zwei in Robecco. Das vorderste Bataillon wurde geworfen. Kintzl sammelte darauf alle vier Bataillone bei Carpenzago, nachdem er die Brücke bei Ponte Vecchio gesprengt hatte. Von Carpenzago aus unternahm die Brigade einen zweimaligen Sturm auf das inzwischen von den Franzosen besetzte Ponte Vecchio, aber ohne Erfolg. Sie sammelte sich schließlich bei Casterno.

†) Vgl. Richard, Les chasseurs à pied, S. 202 ff.

Garbezuaven, auch über die Eisenbahnbrücke vor und bemächtigten sich der C. Mainaga, nach kurzer Zeit wurden sie indessen aus derselben wieder delogiert und über den Kanal zurückgeworfen.*)

Größeren Erfolg hatte ein anderer, ebenfalls von Teilen der Brigade Picard, dem 90. Regiment,**) unterstützter Angriff der Grenadiere auf die linksseitigen Gehöfte des Kanals in Ponte Nuovo. Dieselben wurden den Österreichern zum zweiten Male entrissen.***)

Alle diese Begebenheiten fallen in den kurzen Zeitraum von bald nach 2° bis 3³⁰ und füllen nur reichlich anderthalb Stunden aus.

Die Lage des Kaisers war indes sehr bedenklich. Die Österreicher drohten bei Ponte Nuovo und an der Eisenbahn die Kanalübergänge zu forcieren, nur mit äußerster Anstrengung wurden sie zurückgehalten. Von allen Seiten war Unterstützung gefordert. „Je n'ai personne à envoyer. Qu'on barre le passage! Qu'on se maintienne!" waren die Antworten des Kaisers †) Die Französischen Bataillone standen an den Häusern der Chausseebrücke dicht aneinandergedrängt. Ihre Reihen lichteten sich sichtlich. Man konnte nicht vorwärts und wollte nicht zurück. Zur Linken war das Gefecht des von Turbigo her erwarteten Mac Mahon seit Stunden völlig verstummt und zur Rechten drängte der Feind mit immer größerer Gewalt an.

Das 3. und 4. Korps erfuhren erst jetzt, daß jenseits des Ticino eine Schlacht geschlagen wurde. Niel hatte der kaiserlichen Disposition gemäß begonnen in Trecate Biwaks zu beziehen; Canrobert war, mit Ausnahme der um 9³⁰ morgens abmarschierten Brigade Picard, erst unlängst von Novara aufgebrochen, als an beide Korps die nunmehr in schneller Folge wiederholten Befehle des Kaisers zur möglichsten Beschleunigung ihres Marsches ergingen.††)

---

*) Stärkere Abteilungen der links von der Division Reischach kämpfenden Brigade Szabo vertrieben die 2½ Bataillone Picards aus C. Mainaga und folgten ihnen über die Eisenbahnbrücke bis in die Redoute. Zwei dort den Franzosen abgenommene Geschütze konnten indes nicht über die Brücke zurückgebracht werden. Cstr. G. St. W. 1, S. 534/5.

**) Vgl. Historique du 90ᵉ régiment d'infanterie, S. 219ff.

***) Bereits zum dritten Male räumten die Österreicher die Zollhäuser (S. 126, Anm.*); wiederum ermöglichte ihnen Verstärkung (II./Grüber) erneut, mit nunmehr sechs Bataillonen, vorzustoßen und die alte Stellung am Kanal einzunehmen. Gegen 4° waren sie im vollen Besitz der Ravigliobübergänge. Cstr. G. St. W. 1, S. 534/5.

†) Bazancourt 1, S. 285/6.

††) Siehe auch S. 109, Anm. ***) und S. 117, Anm. **). — Oberst Perroffier sagt (le 3 corps de l'armée d'Italie à Magenta et Solferino. Journal des sciences militaires 1897, IV, S. 75), das 3. Korps habe Novara um 11° vormittags verlassen sollen, aber erst um 1° sei der Marsch infolge der Wegeversperrungen in Fluß gekommen.

Allein es setzten sich dem schnellen Vormarsche, namentlich des 3. Korps, die erheblichsten Schwierigkeiten entgegen.

Obwohl die Truppenteile des 4. auf dem Eisenbahndamm marschierten, so war doch durch die Artillerie und das Fuhrwesen die Chaussee völlig bedeckt. Bei Trecate fand man das Biwak jenes Korps und mußte eine Stunde halten, bevor es möglich war vorwärts zu kommen. Es schob sich hinter der Brigade Picard, also innerhalb der Marschordnung des 3. Korps, die Division Binoy des 4. ein, die, obwohl alle Hindernisse auf der Straße rücksichtslos auf die Seite geworfen wurden, doch erst um 4^{45} die Brücke von S. Martino zu überschreiten vermochte.*)

Dagegen war schon gegen 4° das Österreichische III. Korps bei Robecco angriffsfähig geworden. Auf Befehl des Grafen Gyulai rückte die Brigade Ramming am östlichen, die Brigade Hartung am westlichen Ufer des Naviglio gegen Ponte Vecchio hinauf. Links wurde die Brigade Dürfeld über Carpenzago auf S. Damiano dirigiert und die Brigade Wetzlar (die nur drei Bataillone zur Stelle hatte)**) sollte im Flußtal selbst Terrain gewinnen.***)

General Ramming trat, über Ponte Vecchio hinaus vorgehend, mit dem linken Flügel der Division Reischach in Verbindung.

General Hartung verdrängte sofort die wenigen Bataillone der Brigade Picard, die zur Deckung der rechten Französischen Flanke aufgestellt waren, und warf sie jetzt aus dem am rechten Kanalufer liegenden Teil von Ponte Vecchio hinaus, ja selbst bis zur Schanze an der Eisenbahn zurück.†) Hier aber von den Bataillonen des 90. Regiments aufgenommen ging General Picard seinerseits sofort wieder zum Angriff vor. Mit wechselndem Erfolge

---

*) Binoy kam ohne Artillerie. Perroisier (Journal des Sciences militaires IV S. 79).

**) Die Brigade Wetzlar hatte sogar nur zwei Bataillone, da eines im Armeehauptquartier Abbiategrasso, zwei auf Vorposten am Ticino zurückgelassen worden waren. Östr. G. St. W. 1, S. 636.

) Auf den 1¹/₂ nachmittags eintreffenden ersten Befehl zum Marsche auf das Schlachtfeld (S. 121, Anm.) waren angetreten: Avantgardenbrigade Hartung von Abbiategrasso über Casterno auf Carpenzago, ihr folgte von Ojero aus Ramming, mit der Bestimmung, zwischen Custerno und Carpenzago neben Hartung aufzumarschieren. Das Ende bildete Dürfeld, der von Soria aus Robecco erreichen sollte. Wetzlar deckte die Flanke durch Marsch über Cassinello und C. Boolsa. Der 3^{30} erhaltene zweite Befehl (S. 123. Anm.**) traf das Korps mit der Brigade Hartung bereits über Casterno gegen Carpenzago vorgerückt. Deshalb sandte Schwarzenberg den General Ramming über Robecco auf das östliche Kanalufer. Die Brigaden Dürfeld und Wetzlar blieben im Marsch. Östr. G. St. W. 1, S. 636.

†) Vgl. S. 127, Anm.***). Vor den drei Brigaden des III. Korps westlich des Naviglio kämpfte bekanntlich die Brigade Kintzl des II. Von ersteren trat zunächst die Brigade Wetzlar bei S. Damiano in den Kampf, während Hartung durch die zurückflutenden Bataillone Kintzls etwas später auf Ponte Vecchio vorging. Wiederholte Stürme des

wogte eine Zeitlang dieser Kampf, aber die Brigade Hartung vermochte nicht auf die Dauer festen Fuß in dem Terrain zwischen Ponte Vecchio und Ponte Nuovo zu fassen, sie verlor sogar den erstgenannten Ort selbst wieder gegen die wiederholten Anstrengungen des Gegners. Siebenmal ging das Regiment Hessen am westlichen Ufer stürmend vor; es konnte sich in den Gehöften nicht behaupten. Vergeblich suchte die Brigade Dürfeld den Feind zu überflügeln. Der Kampf wurde in größter Nähe geführt und kostete beiden Teilen viele Offiziere. Dem General Dürfeld selbst wurde der Arm zerschmettert, auf Französischer Seite fiel beim Sturm auf Ponte Vecchio der Oberst Charlier des 90. Regiments. Nachdem um 4^{45} die ersten Truppen des Generals Niel den Ticino überschritten hatten, disponierte der Kaiser das 73. Regiment der Brigade Martimprey sogleich zur Unterstützung des 2. Grenadierregiments nach Boffalora. Der Rest der Brigade, das 52. Regiment und 6. Jägerbataillon,*) unterstützt von drei Bataillonen der Brigade La Charrière, drang auf Anordnung des Generals Regnaud de St. Jean d'Angély über die Brücke von Ponte Nuovo, teils in der Richtung auf Magenta, teils über die C. Mainaga längs des linken Kanalufers gegen Ponte Vecchio vor. Durch diese Bewegung wurde das letztgenannte Dorf auch in seiner östlichen Hälfte von den Franzosen bedroht und wurden nun die noch immer fortgesetzten Anstrengungen der Österreicher am entgegengesetzten rechten Ufer um so hoffnungsloser, als gleichzeitig auch hier unter des Marschalls Canrobert eigener Führung zwei Bataillone des 85. Regiments der Brigade La Charrière zur Unterstützung der hart bedrängten und fast erschöpften Brigade Picard vorgingen.

Nach 6^h war auch die Brigade Janin (3. Korps) eingetroffen und auf beiden Seiten des Naviglio gegen Ponte Vecchio disponiert. Dieselbe Bestimmung erhielt auch das bei Boffalora entbehrlich gewordene 73. Regiment.

Von nun an wurden die Abteilungen des III. Österreichischen Korps allmählich, aber an allen Punkten, zurückgedrängt.

Als einige Französische Bataillone aus Ponte Vecchio lebhaft vorbrachen, erschien im rechten Moment der Oberst Edelsheim mit fünf Schwadronen vom Regiment König von Preußen Husaren**) von Carpenzago her. Trotz des

---

Regiments Hessen hatten schließlich Erfolg, und 4^{30} nachmittags war Hartung im Besitz des Plateaus nördlich Ponte Vecchio. Doch bald trat der Rückschlag ein. Da Dürfeld ein Bataillon bei Coria auf Vorposten, eines bei C. Bajano „zur Deckung des rechten Flügels" zurücklassen mußte, kam er mit drei Bataillonen (15. Jäger und I., II./Stefan) zur Aufnahme Hartungs bei Ponte Vecchio an. Östr. G. St. W. 1, S. 536 ff. u. 557/8; vgl. Geschichte des Infanterieregiments 14 (Heß n), S 385 ff.

*) Vgl. Historique du 52e régiment d'infanterie, S. 184 ff.; Le 6e bataillon de chasseurs à pied, S. 53 ff.

**) Vgl. Geschichte des (Preußen) Husarenregiments 10, S. 343 ff.

ungünstigen Terrains stürzten sich die Schwadronen von allen Seiten, jede einzeln attackierend, um den Feind über die Zahl der Angreifer zu täuschen, auf die zwischen den Bäumen gedeckt stehenden Gegner. Viele wurden zusammengehauen, andere eilten dem Dorfe zu. Der Marschall Canrobert selbst befand sich in diesem Gedränge; die Offiziere seines Gefolges verteidigten sich mit dem Degen in der Faust und mehrere derselben wurden verwundet.

Die Husaren sprengten mitten durch das Dorf und verfolgten bis an den Kanal. Als sie aber endlich Kehrt machen mußten, hatten sie nun zum zweitenmal das Feuer aus allen Fenstern und Türen der Häuser auszuhalten, die dicht besetzt geblieben waren. Die Verluste, die das Regiment dabei erlitt, waren groß, aber den Bataillonen von Hessen und Stefaninfanterie war Zeit verschafft und der Französischen Infanterie gelüstete nicht zum zweitenmal über die Lisiere des Dorfes hinauszugehen.

Es mochte fast 4° nachmittags sein, bevor das 2. Korps angriffsfähig geworden war. Die Division Motterouge mußte zwischen Bernate und C. Malastalla zurückgehalten werden, bis die Gardedivision Camou hinter derselben aufmarschiert, die Division Espinasse links in die Flanke eingerückt und Marcallo besetzt war.*)

Vergeblich hatte die Division Espinasse auf das Eintreffen der Sardinischen Divisionen gewartet, die ihr die linke Flanke decken sollten.**) Auf besonderen Befehl des Generals Mac Mahon mußte dieselbe nunmehr Fühlung nach rechts zur Division Motterouge nehmen, da die Aufstellung der Österreichischen Brigade Koudelka bei Cascina Nuova für die Trennung beider Divisionen gefahrdrohend schien.***) General Espinasse ließ deshalb die 2. Brigade, Castagny, in den bis dahin offenen Zwischenraum einrücken.

Wir haben bereits gesehen, wie gleich anfangs Graf Clam die Brigade Baltin bei Boffalora, die Brigade Koudelka zu ihrer Unterstützung bei Cascina Nuova, Front gegen Westen, aufgestellt hatte.†)

---

*) Espinasse wollte Marcallo mit der 1. Brigade stark besetzen, um der 2., die anscheinend zurückgeblieben war, Zeit zum Herankommen zu lassen und dann mit allem auf Magenta rücken. Frz. G. St. W. S 174.

**) S. 118, Anm. **). Die Division Fanti wurde auf dem Marsche über Inveruno—Asero durch die Bagage der Division Espinasse aufgehalten. Später verließ sie die Straße, hatte aber dadurch infolge des ungünstigen Geländes nur noch mehr Aufenthalt. Sirm. Bericht.

***) Wäre das Gelände weniger bebaut, weniger ungangbar und weniger übersichtlich gewesen, so war die Gefahr drohend. So wie das Gelände in Wirklichkeit war und noch ist, erscheint sie geringer.

†) S. 116, Anm. *) und S. 124 Anm. **). Die Brigade Koudelka war demnach erst nach 1° bei Cascina Nuova angelangt, von wo aus sie dann später in den Kampf um die Zollhäuser eingriff. Östr. G. St. W. 1, S. 530.

Um 2°, als die Division Reischach sich noch im Anmarsch befand, die Division Espinasse aber bei Inveruno erschien,*) wurde dieser die einzige in Magenta noch verfügbare Brigade Reznicek gegen Norden in der Richtung auf Marcallo entgegengeworfen.

Wir wissen ferner, daß die Brigade Baltin, als in ihrem Rücken Ponte Nuovo di Magenta von den Franzosen genommen war und bevor Feldmarschallleutnant Reischach mit der Brigade Gablenz diesen wichtigen Punkt zurückeroberte, Boffalora räumte,**) und daß die Brigade Lebzeltern ihn dem 2. Grenadierregimente, welches eben nur Zeit gehabt sich darin festzusetzen, nicht wieder abzunehmen vermocht hatte.

Ihrerseits verhielten die Franzosen sich in Boffalora defensiv, selbst als das vom Kaiser dorthin abgeschickte 73. Regiment eingetroffen war. Man warf noch zwei Brücken über den Kanal und richtete das Dorf zum Stützpunkte für die weiteren Operationen ein.

Es scheint, daß inzwischen die Brigaden Baltin und Reznicek die erste, die Brigade Koudelka und die gegen Boffalora schon tätig gewesenen Teile der Brigade Lebzeltern die zweite Gefechtslinie***) gegen den linken Flügel des 2. Französischen Korps gebildet haben.

Der rechte, die Division Motterouge, fand Boffalora bereits vom Ticino her durch die Franzosen besetzt; dagegen wurde die Division Espinasse in Marcallo, wo die Brigade Gault sich eben zur Verteidigung eingerichtet hatte, selbst lebhaft angegriffen. In dem richtigen Gefühl, wie dringend notwendig es sei dem weiteren Vordringen des Feindes in dieser entscheidenden Richtung Schranken zu setzen, hatten beide Brigaden, Reznicek und Baltin, mit ihren geringen Mitteln eine kräftige Offensive ergriffen.†)

Der ersteren gelang es indessen nicht mehr Marcallo dem Gegner zu entreißen. Auch ein erneuter Angriff auf die nunmehr südlich des Orts hervorgetretenen beiden Fremdenregimenter scheiterte. Erst nach großen Verlusten zog sich die Brigade auf Magenta zurück. Die andere, Baltin, war bei ihrem Vorrücken auf die 2. Brigade Castagny der Division Espinasse gestoßen. Es

---

*) S. 123, Anm. **). Espinasse muß bei Inveruno früher gewesen sein, denn 1⁴⁵ tritt seine Avantgarde aus Mesero in Richtung Marcallo heraus. Frz. G. St. W., S. 168.

**) 4° nachmittags etwa. Östr. G. St. W. 1, S. 544.

***) S. 126, Anm. *). Lebzelterns Bataillone wurden zum Teil bei den Zollhäusern, zum Teil nördlich Magenta verwendet, hier in vorderster Linie.

†) Der Angriff der Brigade Baltin sowie der halben Brigaden Reznicek und Lebzeltern wurde nicht von Artillerie unterstützt. Preuß. Offz. 2, S. 137; Bartels, „Krieg in Italien", S. 115.

kam an der Ziegelei von Marcallo zu einem heftigen Gefecht, in welchem es dem 2. Zuavenregiment durch ein geschicktes Manöver gelang, ein Bataillon des Regiments Hartmann zu umzingeln und dessen Fahne zu nehmen. Auch die Brigade Baltin mußte schließlich weichen.*)

Generalfeldzeugmeister Gyulai selbst war um diese Zeit, nach 4⁰, nach Magenta zurückgekehrt. Er fand nirgends intakte Bataillone mehr, durch welche man das Vordringen der Franzosen von Norden her hätte verhindern können.**)

Was sich im Städtchen von Leuten aller Regimenter zusammenbringen ließ, wurde nun nördlich herausgeführt, um an der Lisiere von Magenta eine Aufnahmestellung für die Brigaden Baltin und Reznicek vorzubereiten.***)

Während General Espinasse die beiden österreichischen, auf der Nordseite des Schlachtfeldes geführten Gegenstöße paralysierte, war auch die Division Motterouge, nachdem sie die Bewegung auf Boffalaro als nicht mehr nötig erkannt hatte,†) auf Magenta vorgegangen und um 5^{30} bis zur Casa Nuova vorgedrungen. Dieses massive Gehöft, 80 Schritt im Geviert, war ringsum von Mauern umgeben und von dem 10. Jägerbataillon (Brigade Baltin) und einem Bataillon Gruber (Brigade Gablenz) besetzt.

Das Gehöft bildete in diesem Augenblicke schon den Scheitelpunkt der beiden österreichischen Verteidigungslinien gegen Westen und Norden, und so war es natürlich, daß ebenso wie im Gehöft selbst so auch nördlich und westlich davon die verschiedensten Abteilungen der hier noch vorhandenen österreichischen Brigaden sich an dem Kampfe um dasselbe beteiligten. Selbst zwei Bataillone der Brigade Ramming des III. Korps, die, wie man sich erinnert, in der Richtung von Süden nach Norden auf dem linken Kanalufer vorgegangen waren, wurden zur Behauptung von Casa Nuova mit herangezogen. Ähnlich vereinigten auf französischer Seite die von der Brigade Martimprey von Ponte Nuovo gegen Magenta vorgegangenen Abteilungen, das 2. Zuavenregiment (zur Division Espinasse gehörig) und die Division Motterouge, ihre Anstrengungen gegen das Gehöft.

---

*) Gegen 5⁰ nachmittags. Östr. G. St. W. 1, S. 545.
**) Bei Corbetta, 8 km von Magenta, stand seit 3^{30} nachmittags die Division Lilia. Auch die bei Magenta verfügbare Kavalleriedivision Mensdorff wurde nicht eingesetzt. Vgl. S. 135; Östr. G. St. W. 1, S. 542.
***) Auch ein Bataillon der Brigade Szabo nahm an der Verteidigung der Nordfront von Magenta teil. Östr. G. St. W. 1, S. 548.
†) General Motterouge ist aber durch Boffalora marschiert. Frz. G. St. W., S. 186; Motterouge, S. 89.

Durch diesen umfassenden von drei Seiten geführten Angriff der Franzosen wurde Casa Nuova bald genommen und 1500 Österreicher darin zu Gefangenen gemacht.*)

Nachdem so das letzte Hindernis gefallen, konnte General Mac Mahon wohl seinen Truppen den Turm von Magenta als den allgemeinen Richtungspunkt bezeichnen. Dorthin wurden nun die Österreicher von allen Seiten zurückgetrieben.

Um nur einigermaßen die Verbindung mit dem III. Korps zu erhalten, war jetzt nur noch der Rest der Brigade Ramming verfügbar.**) Die Trümmer der sämtlichen hier in Aktion gewesenen Brigaden bildeten eine einzige dünne Linie von Ponte Vecchio bis gegen Magenta, welche das schon berichtete Vorgehen der Division Vinoy (Martimprey und La Charrière) über C. Mainaga immer weiter gegen Robecco zurückdrängte.

Dort war indes um 6³⁰ die Brigade Dormus (früher Hessen), die Tete des V. Korps, von Besate kommend, angelangt. Sie rückte bis C. Limido und trieb alles, was von den Franzosen über Ponte Vecchio südlich vorgedrungen war, sofort wieder auf diesen Ort zurück.***)

Mit Einbruch der Dunkelheit verstummte hier das Kanonenfeuer, und

---

*) Das Öftr. G. St. W. erwähnt den Kampf um Casa Nuova überhaupt nicht. Nach der französischen amtlichen Darstellung kann die Wegnahme des Gehöfts nur kurze Zeit in Anspruch genommen haben. Erst bei Station Magenta scheint es zu einem heftigeren stehenden Gefecht gekommen zu sein, an dem auch die im Moltkeschen Texte bei Casa Nuova angenommenen zwei Bataillone der Brigade Ramming teilnahmen. Frz. G. St. W., S. 185 ff.; Öftr. G. St. W. 1, S. 548/9.

**) Die Brigade Ramming (vgl. S. 129) war mit den 13. Jägern, III., I./Belgier, drei halben Batterien im ersten Treffen, mit II., Grenadieren/Belgier, einer Eskadron, einer halben Batterie im zweiten von Robecco aus auf C. Girola vorgegangen. Während hier und im östlichen Teil von Ponte Vecchio das erste Treffen in den Kampf trat, setzte Ramming, einer Aufforderung des Generals Gablenz folgend, das zweite unter Kommando des Herzogs von Württemberg bei Magenta ein, wohin sich später auch noch I./Belgier von C. Girola auszog. Öftr. G. St. W. 1, S. 549/50; Magirus „Herzog W. von Württemberg", S. 139; vgl. Geschichte des Regiments 27 (König der Belgier), S. 723 ff.

***) Von der Division Vinoy waren nur zwei Bataillone unter General Martimprey den geschlagenen Truppen der Division Relschach auf Magenta gefolgt. Vinoy selbst wandte sich nach Eintreffen von Verstärkungen mit dem Gros gegen Ponte Vecchio, trieb die dort befindlichen Teile der Brigade Ramming auf C. Limido zurück und hielt den Ort auch gegen spätere Angriffe der Bataillone Rammings, die bei C. Girola bezw. Magenta gefochten hatten und beim Rückzuge auf Robecco versuchten Ponte Vecchio den Franzosen wieder zu entreißen. In Ponte Vecchio wurde zwischen 7⁰ und 8⁰ abends Vinoy weiter verstärkt, nicht nur durch Truppen seiner Division, sondern auch durch die Brigade Janin 3. Korps, so daß er schließlich 14 Bataillone in und bei dem Ort versammelt hatte. Von diesen wollten einige gegen 8⁰ abends C. Limido stürmen, wurden aber durch Truppen Rammings und durch die gerade von Morimondo aus eintreffende Brigade Dormus zurückgewiesen. Vgl. S. 129/130; Öftr. G. St. W. 1, S. 548 ff.; Frz. G. St. W., S. 187 ff.

obwohl die Tirailleure noch bis in die Nacht hinein schossen, so endete doch um 7³⁰ das Gefecht.

Wir kehren jetzt nach Magenta selbst zurück.

Zur Verteidigung dieses Punktes war kein vollständiger, geschlossener Truppenkörper mehr vorhanden; denn die einzige intakte Division Lilia war nicht nach dem Schlachtfelde, sondern rechts über Cerella auf Corbetta dirigiert worden. Sie traf dort schon um 4⁰ ein, ließ die Brigade Weigl daselbst halten, während die Brigade Dondorf sogar noch nach Bittuone, eine Meile östlich Magenta, marschierte, von wo sie dann doch abends zurückgenommen wurde und um 7⁰ wieder bei Corbetta anlangte. Auch die Reservekavallerie war aus der Hand gegeben und nicht zum Gefecht herangezogen worden.*) Nur das Regiment Civalartulanen unter Befehl des Generals Palffy hatte zu verschiedenen Malen die linke Flanke der Division Espinasse bedroht.**)

Man sammelte in Magenta, was von den verschiedenen Brigaden noch kämpfen wollte und konnte, und richtete sich damit in den Häusern bestmöglichst ein.***)

Es war 6³⁰, als die Bataillone des Mac Mahonschen Korps sich dem Orte näherten, nunmehr auch durch die inzwischen bei Marcallo eingetroffene Sardinische Division ansehnlich verstärkt, die der Division Espinasse als zweites Treffen, beziehungsweise in der Verlängerung des linken Flügels folgte.†) Dennoch machten es die Österreicher dem Gegner noch recht ernstlich schwer sie allesamt aus ihren Positionen zu vertreiben; lange leisteten dabei sowohl auf der Nord- wie der Westseite einige Geschütze außerordentliche Dienste; als dieselben aber abzogen und die Division Motterouge ein überlegenes Geschützfeuer auf den Ort richtete, mußten zuerst die Verteidiger an der Lisière, dann allmählich Haus für Haus sich ergeben. Erst um 7³⁰ waren die Franzosen Herren der Stellung. General Espinasse fiel, als er den Zuaven

---

*) Vgl. S. 133, Anm. **). Ein Vorstoß der Divisionen Lilia und Mensdorff in die linke Flanke des 2. Französischen Korps würde voraussichtlich großen Erfolg gehabt haben. Nach Bartels, S. 114, ist die Division Lilia auch zwischen 4⁰ und 5⁰ auf Marcallo vorgegangen, aber auf Kuhns Veranlassung wieder zurückgezogen worden. Vgl. Kuhn, S. 26/8.

**) Ein Teil der Civalartulanen unter Graf Zeppelin stieß bei Inveruno auf die Kavalerie Fantis und stellte dabei den Anmarsch der Sardinier fest. Östr. G. St. W. 1, S. 542; vgl. „Erinnerungen aus 1859 und 1866 von einem ehemaligen Rittmeister des 1. Ulanenregiments", S. 69 ff.

***) Die Nordfront verteidigten hauptsächlich Truppen des I. und II. Korps, die Westfront solche der Division Reischach und der Brigade Ramming. Östr. G. St. W. 1, S. 548.

†) Von der Division Fanti nahmen nur die 9. Bersaglieri und vier Geschütze am Kampfe um Magenta teil. Vgl. S. 131, Anm. †).

seiner Division bis an ein Gebäude voranging, das sie stürmen sollten. Selbst die Garde-Voltigeurdivision Camou, desgleichen Teile der Sardinischen Division Fanti waren hier noch zum Gefechte gekommen. Der größte Teil der Österreichischen Verwundeten, die im Laufe des Tages nach Magenta gebracht worden waren, blieb in den Händen des Feindes. Man hatte zwar am Nachmittag einen Eisenbahntrain von Mailand herauskommen lassen, um die Verwundeten zurückzuführen, aber der Zugführer fuhr davon, bevor die Kranken aufgeladen waren.*) Ein einziges Gehöft der ganzen Stadt war noch von den Österreichern besetzt geblieben; es war der Pfarrhof, in dem zwei schwache Kompagnien vom Grenadierbataillon des Regiments Belgien fortfuhren sich aufs tapferste zu verteidigen. Die Nacht war schon hereingebrochen, als ein Französischer Offizier sie aufforderte sich zu ergeben. Nach wiederholten Vorstellungen schloß man schriftlich eine Kapitulation, nach welcher diese Abteilung über die Vorposten hinaus zur Österreichischen Armee zurückkehren sollte. Dieses Abkommen wurde indes nicht anerkannt, sondern fünf Offiziere und 103 Mann entwaffnet und den übrigen Gefangenen zugeteilt, was wahrscheinlich zu dem Gerücht Veranlassung gab: „es hätten sich in Magenta zwei ganze Regimenter ergeben".

 Die vielen partiellen Gefechte in einer so unübersichtlichen Gegend bewirkten, daß in sehr großer Zahl Mannschaften umherirrten, die nicht wußten, wo sie sich sammeln sollten. Die Aufstellung der Brigade Weigl bei Corbetta bot den nächsten Anhalt, und so sehr wuchs dort schon im Laufe des Nachmittags die Zahl der Versprengten, daß Fürst Eduard Liechtenstein sich selbst dorthin begab, um Ordnung in diese aufgelöste Masse zu bringen. Was vom I. und II. Korps bis zu Ende gefochten hatte, führte Graf Clam eben dorthin zurück. Die Division Reischach ging nach Castellazzo de Barzi, woher sie gekommen war. Die Brigaden Ramming und Dormus blieben in Robecco stehen, und noch zwei Bataillone der Brigade Koller wurden zu ihrer Unterstützung herangezogen. Der Rest des V. Korps war rückwärts auf der Straße von Abbiategrasso echelonniert. Die drei Brigaden des III. Korps standen hinter Carpenzago und hatten C. Bajano besetzt.**)

Handzeichnung XIV.

---

 *) Während des Kampfes am Nordwesteingang von Magenta traf Feldmarschallleutnant Graf Montenuovo mit zwei Kompagnien und einer Batterie in der Nähe der Station auf der Eisenbahn von Mailand her ein. „Der Train geriet in Geschützfeuer.. Da die Batterie im Bereiche von Magenta nicht ausgeladen werden konnte", fuhr das Detachement nach Mailand zurück. Östr. G. St. W. 1, S. 553.
 **) Das I. und II. Korps sowie die Division Reischach VII. Korps gingen über Corbetta bezw. Castellazzo de Barzi (Gablenz) nach Cisliano, Teile bis C. Ceretta

Auf Französischer Seite kam das kaiserliche Hauptquartier nach S. Martino. Die Stellung der verschiedenen Korps während der Nacht vom 4. zum 5. war folgende:

Die Division Vinoy des 4. und die Division Renault des 3. standen bei Ponte Vecchio auf beiden Seiten des Kanals; zu ihnen stießen vom 3. Korps noch abends 7³⁰ die Brigade Bataille, später auch Collineau, und nachts 1⁰ die Division Bourbaki. Die Vorposten standen vorwärts des Dorfes, wenige hundert Schritte von denen der Österreicher entfernt.

Die Division Mellinet nächtigte bei Boffalora und Ponte Nuovo;
die Division Camou hinter Magenta;
das 2. Korps in und um Magenta;
der Rest des 4. Korps (Divisionen Luzy und Failly), desgleichen die Kavalleriedivision Desvaux bei Trecate.

Das 1. Korps verblieb bei Olengo, ein Teil befand sich auf dem Marsche nach S. Martino;

die Kavalleriedivision Partouneaux war in Novara;
die Sardinische Division Fanti bei Marcallo;*)
der Rest der Sardinischen Armee bei Turbigo**) und Galliate;
das Hauptquartier des Königs in Fortuna.

Im ganzen beschränkten sich also die Franzosen darauf, mit der Tete ihrer Armee Magenta, Ponte Nuovo und Ponte Vecchio zu halten, während fünf Österreichische Korps in einem Kreisbogen, von Carpenzago bis Corbetta reichend, um jene Punkte herum sich behaupteten.

Blicken wir noch einmal auf den Verlauf der Schlacht zurück, so sehen wir, wie die Eigentümlichkeit des Schlachtfeldes ein fortdauerndes Einzelgefecht

---

(von Brigade Gablenz) und Casarile (von Brigade Lebzeltern) zurück. Über 8000 Versprengte erreichten Mailand; die Kavalleriedivision bezog Lager zwischen Cisliano und Barreglo. Von der anderen Division VII. Korps blieben Brigade Fleischhacker bei Corbetta, Dondorf bei C. Gerella. Die Korpsgeschützreserve II. Korps war nach Abbiategrasso, von ihren Korps getrennt, ausgewichen. Brigade Kinzl II. Korps war bei Casterno geblieben, Wetzlar III. bei C. Bovlia.

Das V. Korps stand in der Nacht zum 5. Juni bei Castellazzo de Barzi, Robecco, Casterno und Lugagnano verteilt; nur die Brigade Bils traf erst am Morgen des 5. in ganz erschöpftem Zustand bei Abbiategrasso ein. Östr. G. St. W. 1, S. 551 bis 568.

*) Fanti ist in der Nacht vom 4. zum 5. Juni an der Eisenbahn bei Magenta geblieben und hat am Morgen mit der Brigade Aosta den Ort besetzt. Plem. Bericht; Rotterouge, S. 100; Östr. G. St. W. 1, S. 577.

**) Die Division Durando war bei Turbigo geblieben, weil Patrouillen Urbans befürchten ließen, daß bedeutende feindliche Kräfte sich in ihrem Rücken der Brücke bemächtigen könnten. Östr. G. St. W. 1, S. 577.

erheischt hatte.*) An eine so allgemeine Vereinzelung waren die Österreicher nicht gewöhnt, die Leitung durch die Offiziere wurde dadurch außerordentlich erschwert, ja unmöglich gemacht. Wir wissen, daß die Österreichische Armee in der Tat zum sehr großen Teil aus Rekruten bestand und daß selbst die gedienten Mannschaften das neue Gewehr nicht kannten, welches man ihnen in die Hand gegeben hatte. Gerade die Truppen, welche den ersten Teil des Gefechtes allein führten, hatten geruht und gegessen, aber in der glühenden Hitze des Tages waren sie sehr bald ermattet, und viel trug dazu ihre Bepackung bei. Außer dem 12½ Pfund schweren Tornister trug der Mann noch den Uniformrock mit sich herum, überhaupt einschließlich Gewehr 46 Pfund 22 Lot. Der Mantel en bandoulière machte ihn unbehilflich, und manche warfen zuletzt alles weg, um nur frei atmen zu können.

Nach vierstündiger Anstrengung waren bereits so viel Marode und Versprengte beim I. und II. Korps, daß die Widerstandsfähigkeit in der Front darunter litt. Das Zurückgehen wurde unter diesen Umständen leicht zu einem völligen Aufgeben des Kampfes, und der gute Wille ist wenigstens nicht bei allen Nationalitäten derselbe gewesen, wobei nicht zu übersehen ist, daß das Deutsche Element im Österreichischen Heere nur ein Fünftel des Ganzen ausmacht.

Demgegenüber zeigte sich die Ausdauer und Zähigkeit der Französischen Infanterie, die Findigkeit und Selbständigkeit des einzelnen Mannes bei weitem überlegen. Das Feuer ganzer Kompagnien und ganzer Bataillone, welche in Schützenlinien sich auflösten, wurde bei geschickter Benutzung deckender Gegenstände den Österreichischen Kolonnen sehr fühlbar und die Behendigkeit der Leute dadurch noch erhöht, daß sie meistens vor dem Gefecht das Gepäck ganz ablegten, eine Maßregel, die freilich nicht überall zu empfehlen ist. Wenn zwar jene Fechtweise auch die Französischen Truppen sehr auseinanderbrachte und manche von ihren Fahnen abkamen, so wohnte doch jedem einzelnen der Trieb bei, sich immer wieder am Gefecht zu beteiligen.

Die Österreichische Artillerie und Kavallerie, soweit sie zur Verwendung gelangten, hatten sich ihrem Gegner vollkommen gewachsen, ja überlegen gezeigt. Die zähe Ausdauer im Marschieren also und die Selbständigkeit des Französischen Infanteristen im Gefecht waren es, welche hier den Ausschlag gaben.

---

*) General v. Moltke will hier wohl weniger das Einzelgefecht als berechtigt hinstellen als die Tatsache erklären. Denn zweifellos würden bei mehr überlegter Führung auf beiden Seiten fortdauernde Einzelgefechte nicht nötig gewesen sein.

Schlacht von Magenta. 4. Juni 1859.

Die Verluste waren auf beiden Seiten bedeutend.
Die Franzosen geben offiziell an:

Tote	52 Offiziere,	605 Mann
Verwundete	194 "	3029 "
Vermißte	— "	655 "
Im ganzen:	246 Offiziere,	4289 Mann

d. h. etwas über 10 Prozent von sämtlichen zum Gefecht gelangten Abteilungen.

Am beträchtlichsten waren die Einbußen da, wo der Kaiser während des ganzen Tages sich befand, unausgesetzt bemüht, den Marsch der Verstärkungen zu beschleunigen und nach den bedrohtesten Punkten zu dirigieren.*)

Die Division Mellinet, rund 6000 Mann stark, verlor 916, also ungefähr den sechsten Mann.

Bei den Divisionen Renault und Vinoy wurde der neunte Mann außer Gefecht gesetzt, beim 2. Korps nur der elfte Mann; dies aber innerhalb drei bis vier Stunden.

Die Österreicher berechneten an:**)

Toten	63 (64) Offiziere,	1302 (1304) Mann,
Verwundeten	218 (221) "	4130 (3147) "
Vermißten aber	— "	4000 (4500) "
Im ganzen:	281 Offiziere,	9432 Mann.

Die große Zahl von Vermißten folgt allerdings daraus, daß ein Teil des Schlachtfeldes in den Händen des Gegners blieb, daß also die Verwundeten sowohl als die Verteidiger in den Häusern Gefangene wurden; dennoch erklären diese Verhältnisse nicht alles.

Wie die Offiziere ihren Leuten mit gutem Beispiel vorangingen, leuchtet aus dem, den Französischen noch um 35 übersteigenden Verlust hervor.

Die Österreicher haben geglaubt, es in dieser Schlacht mit 80 000, die Franzosen, es mit 100 000 Feinden zu tun zu haben. Beide haben sich getäuscht. Der Irrtum der ersteren erklärt sich daraus, daß man Gefangene

---

*) Fleury sagt (2, S. 42 ff.), nicht Mac Mahon, sondern der Kaiser habe die Schlacht gewonnen: „C'est à son sangfroid, à ses encouragements, à ses ordres envoyés dans toutes les directions pour hâter l'arrivée des secours, qu'est dû le dénouement glorieux de cette sanglante bataille". Hérisson, S. 117, erzählt, Fleury habe Napoleon bestimmt, nicht Mac Mahon allein auszuzeichnen; auf des ersteren Vorschlag sei auch dem kommandierenden General des Gardekorps, Regnaud de Saint-Jean d'Angély, der Marschallstab verliehen worden. Vgl. Ollivier: Revue des deux mondes 1899, S. 837 (Napoléon III général en chef).

**) Die eingeklammerten Zahlen sind dem Öst. G. St. W. 1, S. 583 entnommen, die Abweichungen von denen Moltkes demnach nur unbedeutend.

von vier verschiedenen Korps machte und diese daher für anwesend hielt.*) Die Natur der Gegend verhinderte allerdings, eine richtige Überzeugung zu gewinnen.

Daß das verbündete Heer überhaupt dem Österreichischen überlegen war, wissen wir; es fragt sich aber, was davon wirklich zur Stelle gewesen ist. Von beiden Seiten war es nur ein Teil der Streitmacht, wie es denn eine Eigentümlichkeit der Schlacht von Magenta ist, daß die Truppen nur sukzessive, oft bataillonsweise, sobald sie ankamen, ins Gefecht geführt worden sind.

Wenn wir die Begebenheit mit 8⁰ abschließen, so haben an der Schlacht direkt teilgenommen:

Auf Französischer Seite:
unter General Mac Mahon:

das 2. Korps	19 000	
vom Gardekorps die Division Camou .	8 000	
von der Sardinischen Armee die Division Fanti	11 000**)	38 000 M.

Unter dem Kaiser Napoleon:

von dem Gardekorps die Grenadier-division Mellinet	6 000	
vom 3. Korps: Division Renault . .	9 000	
= 4. = Division Vinoy . .	7 000	22 000 M.
	Im ganzen .	60 000 M.

Auf Österreichischer Seite:
unter Graf Clam:

vom I. Korps eine Division etwa	.	13 000	(11 000)
= II. = nach Abzug der Verluste, welche die Division Jellacic bei Palestro erlitten		17 000	(15 000)
= VII. = Division Reischach, welche gleich anfangs herangezogen wurde	.	8 000	(7 300) 38 000 M.

---

*) Gyulai nahm an, die Franzosen hätten in der Schlacht ihre letzten Reserven aufgeboten, da von fast allen Regimentern der Französischen Armee Gefangene gemacht worden waren. Östr. G. St. W. 1, S. 569.

**) Vgl. S. 135, Anm. †). Nur ein Bataillon, vier Geschütze der Division Fanti nahmen am Kampfe teil.

Übertrag 38 000 M.
sodann:
das III. Korps welchem drei Bataillone
fehlten 16 000 (20 500)
vom V. „ die Brigade Hessen*) 4 000   20 000 M.
Im ganzen . . . 58 000 M.**)

Hierbei sind nicht mitberechnet: auf alliierter Seite die Brigade Bataille, welche zwar 7³⁰ abends in Ponte Vecchio anlangte, aber nicht mehr zum Gefecht kam; auf Österreichischer Seite die Division Lilia, welche eine halbe Meile vom Schlachtfelde stehen blieb.***)

Das Stärkeverhältnis der fechtenden Truppen stellt sich sonach auf beiden Seiten fast gleich. Aber es waltet der Unterschied ob, daß am Vormittag des 4. Juni die Franzosen durch den Naviglio und eine Entfernung von anderthalb Meilen in zwei Hälften geteilt waren, deren Vereinigung von der Eroberung dieses starken Abschnittes abhing, während die Österreicher hinter demselben versammelt standen.†)

Wenn sie sich gegen Westen ganz abwehrend verhielten, wenn nach Zerstörung aller Brücken der Naviglio mit 17 000 Mann defensiv besetzt blieb, so behielt Graf Clam, sobald man ihn durch die beiden Divisionen Reischach und Lilia verstärkte, noch 30 000 Mann gegen den General Mac Mahon, dem er dadurch sogar überlegen wurde.††)

Das III. Korps blieb dabei für die Operation auf dem westlichen Ufer des Naviglio verfügbar.

Seit dem gestrigen Gefecht der Brigade Reznicek bei Turbigo wußte man mit Bestimmtheit, daß die Alliierten dort mit beträchtlicher Truppenmacht den Ticino überschritten hatten.†††) Dennoch nahm, als das Vorgehen der Franzosen über S. Martino bekannt wurde, Graf Clam eine fast ausschließlich gegen Westen gerichtete Gefechtsaufstellung von Robecco bis Boffalora, aus welcher dann später der rechte Flügel und die einzige Reservebrigade

---

*) Brigade Dormus (früher Hessen). Vgl. S. 134.
**) Das Östr. G. St. W. 1, S. 509, kommt auch auf rund 58 000 Mann im ganzen; ihm sind die kleingedruckten Zahlen entnommen.
***) Ebenso die Kavalleriedivision Mensdorff. Vgl. S. 133, Anm. **) und S. 135.
†) „Versammelt" ist nicht wörtlich zu nehmen.
††) Moltke meint wahrscheinlich das 2. Französische Korps allein, ohne die Sardinier. Vgl. auch S. 122, Anm. **).
†††) Vgl. S. 118, Anm. *). „Mit Bestimmtheit" wußte man auf Österreichischer Seite nicht, daß „beträchtliche" Truppen bei Turbigo übergegangen waren. Die Nachrichten über die Stärke des Gegners schwankten vielmehr. Östr. G. St. W. 1, S. 519.

Front gegen Norden machen mußten, als General Mac Mahon von dieser Seite anrückte.

Auch die glänzendste Tapferkeit vermag einen tiefen und breiten Wassergraben nicht zu überspringen. Weder bei Boffalora noch bei Ponte Vecchio, wo die Brücken abgetragen waren, gelang es den Franzosen durchzubringen. Dagegen eroberten sie beide Brücken von Ponte Nuovo, wo die Österreicher sich vor dem Defilee aufgestellt hatten, und es trat so das überraschende Resultat ein, daß 6000 Französische Grenadiere, die noch dazu einen Teil ihrer Kräfte zur Bewachung ihrer sichtlich gefährdeten rechten Flanke verwenden mußten, dem 25 000 Mann starken Gegner eine unbesiegbar scheinende Position wegnahmen.

General Reischach, der dem Schlachtfelde am nächsten stand, leistete die von ihm geforderte Hilfe augenblicklich. Die Richtung seines Anmarsches von Castellazzo de Barzi auf Magenta zeigt deutlich genug, daß diese Verstärkung ursprünglich gegen den General Mac Mahon gerichtet war. Jetzt indessen mußte sie ebenfalls zur Abwehr gegen Westen bestimmt werden, und eine einzige feindliche Division hielt von nun an über 30 000 Österreicher in Schach.

Das Vorgehen des Fürsten Schwarzenberg westlich des Naviglio konnte dort dem Gegner verderblich werden. Schlossen sich die Division Lilia von Castelletto und die Brigade Kintzl von Robecco dem III. Korps an, so waren gegen 30 000 Mann versammelt. Der Kaiser Napoleon verfügte selbst nach dem Eintreffen der Brigade Picard und bis 4° nachmittags nicht über mehr als 11 000 Mann.

Aber für den Grafen Clam wurde diese Unternehmung erst wirksam, wenn sie bis zur Linie S. Martino—Ponte Nuovo vordrang. Dann erst wurden die gegen letzteren Punkt aufgestellten Massen zur Verwendung gegen Norden frei.

Nun ist aber die Entfernung von Turbigo am östlichen Ufer des Naviglio nach Ponte Nuovo wenig größer als die von Abbiategrasso am westlichen Ufer dorthin, und dabei führte die letztere Richtung durch ein wenig gangbares, vom Feinde bereits besetztes und hartnäckig verteidigtes Terrain. Wenn also der Gegner schon morgens bei Turbigo zum Abrücken bereit stehen konnte, das III. Korps in Abbiategrasso aber erst nachmittags Marschbefehl erhielt, so war kaum noch zu hoffen, daß selbst ein erfolgreicher Angriff jenseit des Kanals einen wirklichen Einfluß auf das Gefecht diesseits desselben üben werde.

Tatsächlich wurde die Division Lilia weder zur Verstärkung des III., noch zur Unterstützung des I. oder II. Korps verwandt, sondern nebst der Reservekavallerie rechts weg gegen die Mailänder Straße geschoben, welche man dem Gegner am sichersten verlegt hätte, wenn jene Abteilungen dem Grafen Clam die Behauptung von Magenta selbst ermöglichten. Die Brigade Kintzl, vom Fürsten Schwarzenberg im richtigen Augenblick vorgeführt,*) war zu schwach und entsprach der an sie gestellten Anforderung nicht. Das III. Korps, welches mit so ausgezeichneter Tapferkeit vorging, konnte dies erst zu einer Zeit tun, wo der Erfolg nicht mehr zu erreichen war. Es stieß sehr bald auf die Abteilungen des Französischen 3. und 4. Korps. Die von 3° bis 7³⁰ nach und nach eintreffenden Brigaden Picard, Martimprey, Charrière, Janin und Bataille verstärkten den Kaiser zwischen Fluß und Kanal auf 26 000 Mann. Fürst Schwarzenberg war nach Detachierung der Brigade Ramming kaum mehr als halb so stark.

Von dieser Brigade, welche Graf Clam direkt unterstützen sollte, konnten nur zwei Bataillone die schließliche Aufstellung gegen Norden noch am Abend erreichen. Außer ihnen, der Brigade Reznicek und der Brigade Koudelka (welche so stand, daß sie auch Front gegen Norden machen konnte), zusammen 12 Bataillone, sind gegen 41 Bataillone des Generals Mac Mahon keine frischen Truppen mehr verwendbar gewesen.**)

Wenn man also, als mittags die Meldung des Grafen Clam im Hauptquartier einging, diesen General in seiner Stellung bei Magenta weder zur rechten Zeit, noch mit ausreichenden Kräften mehr zu unterstützen vermochte, so blieb in der Tat nur übrig ihn zurückzuziehen.

Das war selbst um 3° noch möglich, als General Reischach mit so glänzender Tapferkeit und gutem Erfolg das Gefecht am Naviglio wieder hergestellt, der Angriff Mac Mahons aber noch nicht begonnen hatte. Unter dem Schutz einer starken Arrieregarde hinter solchen Defileen, wie die des Kanals, konnte es keine allzugroße Schwierigkeit haben, den Kampf abzubrechen.***)

General Mac Mahon war spät von Turbigo aufgebrochen. Das Defilieren der Sardinischen Armee hatte sich außerordentlich verzögert. Eine feindliche Abteilung bedrohte von Norden her jenen Punkt, welcher die einzige Verbindung mit dem Rest der Armee am rechten Ticinoufer bildete.†) Die

---

*) Vgl. S. 127, Anm. ***).
**) Vgl. S. 134, Anm. **).
***) Vgl. S. 122, Anm. **).
†) Vgl. S. 171. Urban, mit den Hauptkräften bei Gallarate, hätte durch einen Vorstoß auf Turbigo oder Buscate Mac Mahons Rücken in empfindlichster Weise bedroht und den Erfolg der Franzosen gegen Magenta vielleicht in Frage gestellt. Urban ver-

Vereinigung am linken sollte erst erkämpft werden. Da die Gegend von Magenta überhaupt besetzt war, so erschien es sehr zweifelhaft, ob die Grenadierdivision von S. Martino her würde durchbringen können. Wir wissen freilich, daß die Österreicher, nachdem sie drei ihrer Korps hatten rückwärts stehen lassen, nicht die erforderlichen Streitkräfte zusammenzubringen vermochten, um eine höchst entscheidende Offensive am linken Naviglioufer durchzuführen. Aber General Mac Mahon wußte das nicht. Bei seinem vereinzelten Vorrücken konnte das 2. Korps möglicherweise auf die gesamte Österreichische Armee stoßen. Von dem, was jenseits des Naviglio sich zutrug, hatte man während des ganzen Tages absolut gar keine Kenntnis.*) Dies waren die Gründe, welche den General Mac Mahon bestimmten, mit der größten Vorsicht zu Werke zu gehen.**)

Als er aber endlich gegen Abend mit 19 000 Mann und einer ebenso starken Reserve zum wirklichen Angriff schritt, da standen ihm höchstens 8000 Mann noch intakt gebliebener Truppen entgegen. Alles, was man sonst herzog, konnte nur, indem es den Andrang von Westen her freigab, Front gegen Norden machen. In beiden Richtungen rückten schließlich so überlegene Streitkräfte gegen Magenta vor, daß der Kampf dort von den Österreichern um die militärische Ehre geführt werden, Aussicht auf Erfolg aber nicht mehr haben konnte.

Indes, wenn der Kaiser am Abend des 4. Juni seine Lage überblickte, so mußte er sich sagen, daß er nur einen Teil der Österreichischen Streitmacht vor sich gehabt habe. Was gegen ihn gefochten, war in drohendster Nähe stehen geblieben. Der Rest des feindlichen Heeres konnte im Laufe des Tages herangezogen sein, und wirklich war dies, wie wir gesehen haben, fast

---

hielt sich indes untätig. Östr. G. St W. 1, S. 521. Östr mil. Zeitschrift (Streffleur) 1878, 3, S. 49, geht so weit, dem General Urban die Schuld an dem Verlust der Schlacht zu geben.

*) Bemerkung aus den alten Ausgaben. Le général par intuition le devine... les nuages, sagt Bazancourt (1, S. 144), passant au dessus de sa tête lui en apportent la nouvelle, d. h. er erfuhr eben nichts.

**) Bei Redern sagt Moltke, Mac Mahon habe fast zu vorsichtig gehandelt; „wäre das III. Korps eine Stunde früher verfügbar gewesen, ehe Vinoy anlangte, so hinderte Mac Mahon nicht, daß der Kaiser total geschlagen wurde". Vgl. S. 127, Anm. *). — Fleury 2, S. 41 und Duquet S. 76 tadeln, daß Mac Mahon dem Kaiser keine einzige direkte Meldung geschickt habe; Napoleon dagegen sandte wiederholt Ordonnanzoffiziere an den General. Fleury 2, S. 39/42 führt Moltkes Darstellung hier (S. 143 45) als gegen Mac Mahon sprechend an. — Lebrun, S. 264, entschuldigt das Versäumnis der fehlenden Verbindung mit dem Kaiser damit, es seien beim 2. Korps keine Offiziere vorhanden, auch sei dies Sache des Großen Hauptquartiers gewesen! Übrigens erwähnt er auch, daß Napoleon am 4. vorübergehend an den Rückzug gedacht habe.

vollständig gelungen. Ein beträchtlicher Teil der Französischen Armee stand noch jenseit des Ticino. Der Übergang von S. Martino lag völlig in der rechten Flanke. Der erste Erfolg der Österreicher am rechten oder linken Raviglioufer konnte durch Wegnahme von Ponte Nuovo diese Verbindung gänzlich unterbrechen, und es blieb nur die über Turbigo.

Jedenfalls mußte man darauf gefaßt sein, am folgenden Tage den Kampf wieder aufzunehmen, und ein neuer taktischer Sieg war dann nötig, wenn die strategische Einleitung nicht in die bedenklichste Lage führen sollte.

Mit allem Eifer suchte daher der Kaiser seine Streitkräfte zu versammeln. Noch nach der Division Bourbaki befilierten zwei Divisionen, Failly und Luzy, des 4. Korps bis 3° früh über die Ticinobrücke. Die Artillerie und zahlreiches Fuhrwerk folgten. Auch das 1. Korps hatte während der Nacht vom 4. zum 5. den mit einem Teil seiner Truppen schon angetretenen Marsch von Olengo nach S. Martino fortsetzen müssen, woselbst es am 5. früh eintraf. Eine zweite Pontonbrücke über den Ticino hatte man dort zu bauen begonnen. Von den Sardinischen Divisionen stand Fanti bei Marcallo; Durando blieb bei Turbigo stehen, um diesen empfindlichen Punkt gegen Urban zu sichern. Castelborgo und Cialbini befanden sich noch auf dem rechten Ufer des Ticino in der Gegend von Galliate.

Die Verbündeten konnten sonach am Morgen des 5. Juni ungefähr mit 110 000 Mann, von denen 70 000 Mann frische Truppen, bei Magenta das Gefecht wieder aufnehmen.*)

Die Französische Armee hatte vom 28. Mai an, in fast nur durch Gefechte unterbrochenen Märschen von Boghera über Alessandria und Vercelli nach Magenta, zwanzig Meilen zurückgelegt. Die Österreicher waren innerhalb dieser selben Zeitdauer eigentlich nur von einem Ufer des Ticino auf das andere gegangen, die Korps hatten in zwei Tagen nicht über sechs Meilen marschiert, aber unter erschwerenden Verhältnissen, plötzlich, rückgängig, mit allem Troß voraus, über nur zwei Brücken.

Am 4. abends war, trotz des spät befohlenen Aufbruchs, das V. Korps mit seiner Tete noch auf dem Schlachtfelde angelangt; das VIII. Korps hatte

---

*) Canrobert, Bourbaki und Trochu bedauern mit Ducrot, daß am Morgen nach der Schlacht keine Verfolgung stattfand. Canrobert rechnet in diesem Fall auf 30 000 Gefangene und Eroberung der ganzen Österreichischen Artillerie. Mangel an Lebensmitteln habe ein Verfolgen aber unmöglich gemacht. Ducrot meint dagegen, man würde genug in Mailand, Pavia, Lodi gefunden haben. Nichts hätte daher die Verfolgung hindern dürfen. Ducrot 1, S. 329 u. 341.

Bestazzo erreicht.*) Das IX. Korps freilich scheint wie vergessen hinter Pavia stehen gelassen zu sein, als ob man noch jetzt eine Operation am rechten Poufer besorgt hätte.

Jedenfalls konnte man am folgenden Morgen binnen wenig Stunden das I., II., III., V., VII. und VIII. Korps konzentrieren, nach Abzug des Verlustes in der Schlacht gegen 100 000 Mann, von denen über 50 000 Mann frische Truppen.**)

Ob man mit dieser Macht den Angriff auf den Feind erneuern durfte, hing vor allem von dem Zustande der Truppen ab, welche Tags zuvor gefochten hatten, und von dem Vertrauen, welches der Feldherr noch auf dieselben setzte.

Der Feldzeugmeister hatte sich während der letzten Stunden des 4. Juni bei Robecco aufgehalten, wo der Kampf zwar keinen für das Ganze erfolgreichen, aber doch auch keinen unglücklichen Schluß genommen hatte. Dort sah man auch noch die Ankunft eines frischen Armeekorps. Als Graf Gyulai um 9⁰ nach Abbiategrasso zurücktritt, hatte man im Hauptquartier nicht das Gefühl, daß die Österreichische Armee geschlagen sei; die Wiederaufnahme des Kampfes am folgenden Tage war beschlossen und die Dispositionen dazu wurden noch in der Nacht entworfen.***) Allein zwischen 2 und 3⁰ morgens traf die Meldung des Grafen Clam ein, daß er seine Truppen im Augenblick nicht für gefechtsfähig halte und mit dem I. und II. Korps bis Cisliano zurückgegangen sei. Graf Clam hatte einen bestimmten Befehl sich weiter vorwärts zu behaupten oder eine Nachricht, daß man am folgenden Tage wieder vorgehen wolle, nicht erhalten. Der Zustand seiner Truppen war erklärlich, aber sie hätten im Anschluß an das bei Bestazzo nur eine Viertelmeile entfernte VIII. Korps immer noch eine Reserve für die in erster Linie stehenden völlig gefechtsfähigen Abteilungen bilden können. Der Kommandierende entschied sich indes für den Rückzug.†)

---

*) Mit Ausnahme einer Brigade, die bei Bereguardo zur Bewachung des Ticino geblieben war. Östr. G. St. W. 2, S. 2.

**) Kuhn S. 30 rechnet aus, daß am 5. Juni die Österreicher den Verbündeten eine Überlegenheit von 45 000 Mann Infanterie, 296 Geschützen hätten entgegenstellen können.

***) Um 8²⁰ abends hatte Gyulai, noch von Robecco aus, angeordnet, daß am 5. Clam den Befehl über den rechten Flügel (I., II., VII., VIII.), Schwarzenberg den über den linken (III., V.) führen sollten. VII. hatte in der Nacht Corbetta, III. Robecco zu halten. Von Abbiategrasso aus wurden dann später eingehendere Befehle gegeben. Anscheinend beabsichtigte Gyulai, zunächst in der Linie Corbetta—Casterno den Angriff der Franzosen abzuwarten und dann zur Offensive überzugehen. Östr. G. St. W. 1, S. 563/5.

†) Graf Clam hatte am späten Abend des 4. Juni soeben den Befehl zur Fortsetzung des Rückzuges nach Binasco für 3⁰ früh gegeben und einen Ordonnanzoffizier

Damit war den Franzosen der Sieg bei Magenta zuerkannt und die Räumung der Lombardei die unausbleibliche Folge.*)

---

zur Meldung an Gyulai abgesandt, als er 11⁴⁵ die Anordnungen des Armeeoberkommandos zur Fortsetzung des Kampfes am folgenden Tage erhielt. Sofort, 12⁰ mitternachts, berichtete er zurück, daß er wegen des aufgelösten Zustandes seiner Truppen die erhaltenen Aufträge nicht ausführen könne und daher den Rückzug vor Tagesanbruch antreten werde. Diese Meldung war 1³⁰ früh im Hauptquartier. Zobel hatte dorthin noch vorher berichtet, I. und II. Korps sowie Division Reischach seien abends in teilweiser Auflösung zurückgegangen und voraussichtlich mehrere Tage gefechtsunfähig. Auf diese Nachrichten hin stand Gyulai von der beabsichtigten Offensive ab und erteilte am 5. Juni 3⁰ früh die Befehle zum Rückzuge. Östr. G. St. W. 1, S. 567/8. — Mußte am 5. mit dem Ausfall der Division Cordon I. Korps, des II. Korps und der Division Reischach VII. Korps gerechnet werden, so verfügte Gyulai nur noch über 3¹/₂ Korps und war mit ihnen den Verbündeten an Zahl weit unterlegen.

*) Vgl. S. 148.

Zweiter Abschnitt.
Vom 5. Juni bis zum Schluß des Feldzugs.

Der Oberbefehlshaber des Österreichischen Heeres hatte darauf verzichtet, am 5. Juni die Franzosen seinerseits anzugreifen. Es blieb aber immer noch zu erwägen, ob man den Rückzug ohne weiteres fortsetzen oder in einer nahen und starken Stellung den Angriff des Gegners erwarten wollte.

Die Möglichkeit, sehr bedeutende Streitkräfte zwischen Abbiategrasso und Gaggiano zu versammeln, war vorhanden.

Das V. und VIII. Korps, die Division Lilia des VII. und die Kavalleriedivision Mensdorff hatten bisher gar nicht oder nur mit geringen Abteilungen gefochten. Außer ihnen war das III. Korps zur Stelle, welches zwar starke Verluste gehabt, aber durchaus nicht erschüttert war. Man verfügte sonach gleich im ersten Augenblick über 70 000 Mann kampffähiger Truppen, welche hinter einem Terrainabschnitt wie der Naviglio grande nicht leicht vertrieben werden konnten. Wurde das IX. Korps endlich noch herangezogen,*) so wuchs die Stärke auf fast 100 000 Mann,**) und an diesen konnten die Franzosen unmöglich in der Entfernung einer Meile vorüber und nach Mailand marschieren. Sie hätten dabei ihre Flanke und alle Verbindungen preisgeben müssen.

Solange die Österreicher am Naviglio standhielten, brauchte auch die Lombardische Hauptstadt nicht geräumt zu werden,***) wo inzwischen die Division

---

*) IX. Korps stand am 4. Juni abends mit der Masse zwischen Pavia und Casalpusterlengo, mit einer Brigade bei Strobella. Östr. G. St. W. 1, S. 543; 2, S. 4.

**) Am 6. Juni konnte das IX. Korps den Naviglio grande erreichen. Erst an diesem Tage wären die Verbündeten in der Lage gewesen, die alsdann etwa 99 000 Mann (Östr. G. St W. 2, Beilage VIII) starken Österreicher hinter dem Kanal anzugreifen. Vgl. S. 140/1.

***) Merkwürdigerweise ordnete Gyulai bereits am 4. Juni 10⁰ abends die Räumung Mailands auf Lodi an, zu einer Zeit, als noch die Absicht bestand, den Kampf am nächsten Tage fortzusetzen. Östr. G. St. W. 1, S. 565.

Montenuovo sich formierte.*) Man hatte die Rückzugslinie auf die Festung Piacenza senkrecht hinter sich, während die Operationsstraße des Feindes parallel und nahe der Aufstellung hinzog. Zu umgehen war diese überhaupt nicht, und wenn die Franzosen vorwärts wollten, so mußten sie in der Front angreifen.

Die Lage der Französischen Armee, von welcher wir demnächst sprechen werden, ließ sich vom Österreichischen Standpunkt damals schwer beurteilen. Wenn Kaiser Napoleon, wie wirklich der Fall, das 1. Korps und die Sardinische Armee zum größeren Teil bereits herangezogen hatte, so war zwar die numerische Überlegenheit auf seiner Seite, dagegen konnten die strategische Lage und die taktischen Verhältnisse für die Österreicher nicht als ungünstig angesehen werden.

Diese Rücksichten bewogen jedoch nicht zu einem Halt hinter dem Naviglio.

Das Gefühl, daß man nicht geschlagen sei, herrschte lebhaft selbst in dem hart mitgenommenen III. Korps vor. Ganz früh am Morgen des 5. Juni schon entbrannte ein kurzes, aber heftiges Gefecht bei Ponte Vecchio di Magenta. Das tapfere Regiment Hessen der Brigade Hartung hatte diesen Punkt gestern verteidigt, dabei einen Stabsoffizier, neun Hauptleute und 25 verwundete Offiziere eingebüßt und ihn schließlich verloren. Da man dort noch glaubte, daß heute die Schlacht fortgesetzt werden solle, so beschloß das Regiment auf eigene Faust sich in Vorteil zu setzen und griff, von dem 13. Jägerbataillon der Brigade Ramming mutvoll unterstützt, ohne weiteren Befehl die ihm gegenüberstehende Brigade Bataille des 3. Korps an. Die Österreicher drangen bis in den Ort ein, allein der allgemeine Rückzugsbefehl, der jetzt eingetroffen war, rief die Kämpfenden ab. Dies kurze Gefecht kostete der Französischen Brigade einen Verlust von 229 Mann an Toten und Verwundeten, darunter 13 Offiziere.

5. Juni.

Gleichzeitig war ein Geplänkel bei Carpenzago entstanden, welches aber sogleich aufhörte, als die Schützen der Brigade Koller auf Robecco zurückgingen, wo letztere einstweilen als Arrieregarde ruhig stehen blieb.**)

---

*) Am 4. Juni befanden sich von der Division Montenuovo eine Brigade auf der Eisenbahnfahrt von Verona nach Mailand, eine in Bergamo zur Deckung der Bahnlinie Bergamo—Brescia, eine auf dem Marsche (?) zwischen Bozen und Verona. Östr. G. St. W. 2, S. 1. — Meixner, S. 121, betont, daß das ganze I. Korps bei besserer Verbindung von Bozen aus auf dem Schlachtfelde von Magenta hätte vereinigt werden können. Doch war die Linie Verona—Trient erst am 23. März, Trient—Bozen erst am 16. Mai 1859 eröffnet worden und dadurch nur eine Tagesleistung von drei Zügen möglich.

**) Die Franzosen schreiben den Österreichern, diese den Franzosen die Wiederaufnahme des Kampfes bei Robecco zu. Nach dem Östr. G. St. W. 1, S. 571/3 warf die Brigade Hartung vorrückende Französische Abteilungen zurück, I./Hessen verfolgte sie und drang in Ponte Vecchio ein, mußte aber weichen. Nach und nach wurde die ganze Divi-

Am entgegengesetzten Flügel bei Corbetta zeigten sich vom Feinde nur Patrouillen.

Der Österreichische Rückzug ging, der Stellung der Armee entsprechend, nicht auf Mailand, sondern südlich gegen den Po. Im allgemeinen waren das V. und das VIII. Korps nebst der Kavallerie bestimmt, denselben zu decken. Sie stellten ihre Arrieregarden bei Abbiategrasso und Gaggiano*) auf. Der Rest des V. Korps und das III. Korps marschierten, unter Führung des Fürsten Schwarzenberg, nach Morimondo und Fallavecchia auf der Straße nach Pavia zurück.**) Das VII. Korps sammelte sich bei Rosate,***) die Reste der Division Cordon†) und des II. Korps in Binasco, woselbst das Hauptquartier durch das VIII. Korps gedeckt wurde; die Kavalleriedivision stand rechts in Gudo Gambaredo. Das IX. Korps scheint an diesem Tage nicht vorwärts heran, sondern bereits rückwärts gegen den Lambro dirigiert worden zu sein.††)

Im Laufe des Tages war, bis zum Eintreffen der Brigade Bils vom V. Korps, die Brigade Ramming bei Abbiate aufgestellt worden, um die Brigade Koller aus Robecco durchzulassen und, wenn nötig, aufzunehmen. Allein die Franzosen folgten an keinem Punkt.

Mitten im Drange der Begebenheiten und unter den Eindrücken des gestrigen Tages hatte General Ramming die feste Überzeugung gefaßt, daß die Franzosen weit davon entfernt seien, die Österreichische Armee zu ver-

---

sion Trochu eingesetzt, worauf Hartung und Dürfeld auf Robecco zurückgingen. Der Feind folgte, wurde aber durch die Brigade Koller im Verein mit Teilen Hartungs und Rammings zurückgeworfen. Einen erneuten Vorstoß Trochus auf Robecco wies Koller ab, worauf die Franzosen auf Carpenzago wichen. Vgl. Frz. G. St. W., S. 907/8.

*) Die Arrieregarde VIII. Korps besetzte Bestazzo und S. Pietro Bestazzo. Östr. G. St. W. 2, S. 4.

**) V. Korps marschierte nach Fallavecchia und setzte 10⁰ abends von dort den Rückzug bis Bereguardo fort, wo es am 6. in der Frühe zwischen 1⁰ und 6⁰ eintraf. III. Korps ging bis Morimondo zurück; es sollte eigentlich noch am 5. von dort bis Motta Visconti weitermarschieren, konnte dies aber erst am 6. 2⁰ morgens, da die Straße von Fuhrwerk und Truppen V. Korps verstopft war. Östr. G. St. W. 2, S. 4.

***) VII. Korps rückte über Bestazzo und Gaggiano nach Gudo Visconti. Östr. G. St. W. 2, S. 3.

†) Die Division Cordon wurde am 5. Juni als „kombinierte Brigade" unter den Befehl des Generals Reznicek gestellt. Sie war nur 4200 Mann, 10 Geschütze stark. Östr. G. St. W. 2, S. 3.

††) IX. Korps stand am 5. Juni 11⁰ vormittags mit einer Brigade bei Bochetto, einer in Pavia, einer bei Corte Olona, einer bei Strabella. Auf Befehl des Oberkommandos rückte noch am 5. die Brigade in Pavia auf Lodi, um mit dem I. Korps die Verteidigung dieser Stadt zu übernehmen, und erreichte zunächst S. Angiolo. Östr. G. St. W. 1, S. 575 (nach Östr. G. St. W. 2, S. 5 u. 11 erreichte die Brigade am 5. nur Villanterio).

folgen. Viel eher glaubte er sie selbst auf dem Rückzuge begriffen; jedenfalls könne man ohne alle Gefahr haltmachen, aufmarschieren und sich erst besinnen. Wollte man auch heute die Schlacht nicht mehr erneuern, so hindere doch nichts, alle Kräfte zu versammeln und am folgenden Tage wieder die Offensive zu ergreifen. Zunächst am Feinde stehend, überzeugte man sich von dessen völliger Untätigkeit.

Auch andere Generale des III. Korps teilten die Anschauung des Generals Ramming. Derselbe richtete ein Privatschreiben an den Chef des Generalstabes, Baron Kuhn, in welchem er diesen bat dahin zu wirken, daß die Armee wenigstens zum Stehen komme. Das Schreiben wurde mittags in das Hauptquartier befördert.*)

Daß der Feind so gar nicht suchte, aus dem ihm überlassenen Siege Nutzen zu ziehen, hatte auch im Hauptquartier diejenigen in ihrer Meinung bestärkt, welche den Rückzug nicht für geboten erachtet. Zu diesen gehörte der Oberst v. Kuhn. Allein an entscheidender Stelle war man solcher Ansicht nicht beigetreten und glaubte, dem Vorschlag, haltzumachen, auch heute keine Folge mehr geben zu dürfen. Freilich bildete die Schlacht von Magenta nur den Abschluß einer Reihe von unglücklichen Operationen. Die erfolglose Anstrengung während eines Zeitabschnitts von sechs Wochen mochte dem Führer das Vertrauen geraubt haben, ein besseres Resultat erlangen zu können, als die Armee vor weiteren Verlusten zu schützen und sie dem Kaiser möglichst intakt am Mincio zuzuführen, wo man Verstärkungen fand und die Festungen zur Geltung gelangten. Eine früher gegebene allgemeine Instruktion hatte dem Grafen Gyulai außerdem jene Örtlichkeit als den eigentlichen Kriegsschauplatz bezeichnet,**) und so blieb der Rückzug dorthin beschlossen.

Den ganzen übrigen Tag sah man von den Franzosen nichts mehr,***) und die österreichische Armee ging völlig unbelästigt hinter den Naviglio grande zurück. Die Brücken sollten abgetragen werden; allein es gelang nicht,

---

*) Ramming, „Beitrag zur Darstellung der Schlacht von Solferino", S. 11 schlägt in demselben Schreiben ferner vor: „wenn es nicht möglich sein sollte, noch am 5. Juni die Hauptkräfte zu einem neuen Kampfe bei Magenta, Robecco und Boffalora zu vereinigen, so doch am 6. mit dem III., V., VIII. und IX. Korps eine Offensivbewegung über Vigevano und Bereguardo am rechten Ticinoufer aufwärts zu unternehmen". Kuhn erhielt das Schreiben gegen Mittag. Auch Fürst Schwarzenberg schrieb um diese Zeit an das Armeeoberkommando (Östr. G. St. W. 1, S. 580): „es unterliegt keinem Zweifel mehr, daß der Feind bereits im vollen Rückzug über den Ticino gewesen, den er aber nun bei der rückwärtigen Bewegung der Österreicher eingestellt habe".

**) Vgl. S. 31, Anm. *).

***) Eine Ausnutzung des Sieges von Magenta unterblieb nach Ducrot 1, S. 333 aus Mangel an der nötigen Verpflegung. Vgl. S. 145 Anm. *).

die steinerne bei Castelletto Mendoslo zu zerstören.*) Ein beträchtlicher Vorrat an Brot, Zwieback, Reis und Hafer blieb in Abbiategrasso zurück und fiel später in Feindes Hände.

Von dem I. und II. Korps waren viele Mannschaften gleich bis Mailand geeilt,**) wo sie teils schon am 4. abends, teils im Laufe des 5. ankamen. Sie wurden sämtlich mit der Division Montenuovo des I. Korps***) nach Lodi dirigiert und später ihren Truppenteilen wieder eingereiht.

Aus Mailand suchte man fortzuschaffen, was irgend möglich war; da man aber jeden Augenblick das Erscheinen der Franzosen befürchtete und die größte Eile für notwendig hielt, so blieb sehr vieles, namentlich die Armierung des Kastells, eine große Anzahl Kranker und Verwundeter sowie bedeutende Vorräte zurück.†) Der Kommandant, Feldmarschalleutnant Melczer, verließ abends die Stadt und befahl die Eisenbahnbrücke über die Adda bei Cassano, sobald der letzte Zug dieselbe passiert hätte, zu sprengen.

Auch in Pavia wurde mit Räumung der Stadt begonnen, doch konnte hier ebensowenig wie in Mailand alles gerettet werden. Nur die bronzenen Geschütze wurden, in Kähnen verladen, den Po hinuntergeschafft; 30 eiserne schweren Kalibers dagegen mußten vernagelt und die Munitionsvorräte ins Wasser versenkt werden. Die Lazarette übergab man der Obhut der Stadt; die Besatzungsbrigade marschierte nach Piacenza.††)

Bei Baccarizza wurde aus dem Brückenkopf nur das bronzene Geschütz fortgeschafft, die Brücke selbst verbrannt.†††)

Bei dieser Richtung des Rückzuges blieb nun freilich die direkte Straße

---

*) Die über den Naviglio führenden Brücken wurden nach dem Übergang der Armee teils wirklich gesprengt, teils zur Zerstörung vorbereitet. Die bei Vigevano, Bereguardo und Pavia geschlagenen Ticinobrücken waren schon am 4. abgebrochen worden. Östr. G. St. W. 2, S. 5, 6.

**) Vgl. S. 136, Anm. **).

***) Vom I. Korps kämpfte bekanntlich die Division Cordon bei Magenta mit. Von den übrigen Truppen des Korps erreichte eine Brigade am 4. Juni Mailand. Mit dieser, ferner mit einer aus Besatzungstruppen von Mailand gebildeten Brigade sowie mit den bei Magenta Versprengten verließ Graf Montenuovo die Lombardische Hauptstadt am 5. um 10º vormittags. Die zweite Brigade I. Korps blieb in Bergamo, die dritte erreichte am 6. von Verona aus mit der Bahn Treviglio. Vgl. S. 136, Anm. *) u. S. 149, Anm. *); Östr. G. St. W. 2, S. 3, 6, 10.

†) Die Eisenbahn Mailand—Lodi—Piacenza sollte am 1. Juli 1859 eröffnet werden. Der Krieg hinderte dies. Ihre Benutzung würde die Räumung Mailands erleichtert haben. Meyner, S. 118.

††) Östr. G. St. W. 2, S. 16 sagt nichts vom Zurücklassen von Geschützen in Pavia.

†††) Nach Östr. G. St. W. 2, S. 7, ist die Brücke bereits in der Nacht vom 4. zum 5. Juni abgebrochen worden, und sollte das Material nach Piacenza für einen neuen Poübergang geschafft werden.

Die Österreicher am 5. u. 6. Juni 1859.

von Magenta über Mailand und Brescia ganz frei. Die Verbündeten standen näher an Verona als die Österreicher.*)

Am folgenden Morgen früh wurde der Marsch fortgesetzt. Er führte in den drei Hauptrichtungen über Lodi, S. Angiolo und Pavia. Das VIII. Korps ging auf der ersteren, kürzeren Straße, welche am leichtesten vom Feind bedroht erscheinen konnte, nur bis Melegnano;**) die Division Corbon, das II. und VII. Korps marschierten auf der zweiten bis Gualdrasco und Torre Vecchia,***) das III. und V. bis Pavia,†) das IX. Korps stand echeloniert von Belgiojoso bis Cobogno.††) Das Hauptquartier kam nach Belgiojoso. 6. Juni.

Auch an diesem Tage zeigte sich nichts vom Feinde. Man hielt es für nötig, die Brigade Bils des V. Korps durch Pavia auf das rechte Ufer zu schicken, um dort die Gegend aufzuklären. Die Brigade marschierte noch in der Nacht bis Carbonara und kehrte am folgenden Tage zurück, ohne auch nur eine feindliche Patrouille gesehen zu haben. Die Division Autemarre, welche in dortiger Gegend den Abmarsch der Franzosen gedeckt hatte, war seit dem 5. schon mit der Eisenbahn herangezogen.

Nachdem die Richtung auf Mailand völlig freigegeben, war jetzt wohl nicht daran zu zweifeln, daß der Feind diese einschlagen werde, und man durfte weit eher für den rechten als für den linken Flügel besorgt sein. Wollte man dafür nur eine indirekte Bestätigung, so konnte eine schwache Kavallerieabteilung diese Rekognoszierung schneller und weiterreichend ausführen, und man hätte nicht nötig gehabt, eine ganze Infanteriebrigade ohnehin schon genugsam ermüdeter Truppen aufs Geratewohl noch einen beschwerlichen Nachtmarsch machen zu lassen. †††)

Auch am 7. wurde der Rückzug fortgeführt. Das VIII. Korps behielt 7. Juni.

---

*) Das trifft nicht zu.
**) VIII. Korps erreichte mit Gros Landriano, Avantgarde (Brigade Roden) Melegnano. Die am Ticino bisher belassene Brigade gewann am 6. abends bei Cavagnera Anschluß an das Korps. Östr. G. St. W. 2, S. 9.
***) Division Corbon, d. h. die kombinierte Brigade Reznicek, und II. Korps bezogen bei Torre Vecchia, VII. bei Sijlano, Pontelungo und Campomorto Lager. Kavalleriedivision Mensdorff marschierte nach Cantalupo. Östr. G. St. W. 2, S. 10. 9.
†) III. Korps erreichte Pavia, V. Fossarmato. Östr. G. St. W. 2, S. 10.
††) Nur eine Brigade kam nach Lodi. Vgl. S. 150, Anm. ††).
†††) Nicht eine ganze Infanteriebrigade, sondern nur ein Bataillon, zwei Eskadrons und eine halbe Batterie waren vorübergehend auf das andere Ticinoufer zur Besetzung der Position von Cava und zu Erkundungen geschickt worden. Das Oberkommando wollte damit den von Ramming (vgl. S. 150/1 u. S. 151 Anm. *) angeregten offensiven Rückstoß vorbereiten. Östr. G. St. W. 1, S. 680. Vgl. Preuß. Offz. 3, S. 20.21.

Melegnano besetzt und blieb vor Lodi, wohin auch das VII. und die Kavallerie sich dirigierten. Das III. Korps ging bereits in nordöstlicher Richtung nach S. Angiolo*) und deckte die Division Cordon und das II. Korps, welche nach Borghetto und Villa Nuova kamen. Das V. Korps marschierte nach Corte Olona**) und das IX. Korps stand in der Gegend bei Codogno,***) woselbst das Hauptquartier sich befand.†)

Die Österreicher hatten sonach die Abda erreicht, ohne daß auch nur ein einziges der Französischen Korps ihnen folgte, geschweige denn sie verfolgte, und da sich auch heute vom Feinde gar nichts blicken ließ,††) so wurde für

8. Juni. den 8. ein Ruhetag angeordnet.†††) Es war dies umsomehr gerechtfertigt,

*) Nach S. Angiolo kam auch die Besatzung von Pavia. Östr. G. W. 2, S. 16.
**) V. Korps marschierte nach Campo Rinaldo und Sa. Cristina. Östr. G. St. W. 2, S. 16/17.
***) Nur die Brigade Fehlmayr marschierte nach Cremona. Östr. G. St. W. 2, S. 16.
†) Division Montenuovo I. Korps beobachtete mit drei Brigaden die Abda zwischen Lodi und Treviglio. Die Brigade in Bergamo räumte diesen Ort erst in der Nacht zum 8. und zog sich auf Befehl Urbans bei Osio di sotto zusammen. Östr. G. St. W. 2, S. 15, 26.
††) Am 7. Juni wurde in Erfahrung gebracht, daß ein von Magenta anmarschierendes Korps am 6. abends einige „Miglien" von Mailand Lager bezogen habe. Die Besetzung Mailands durch die Franzosen am 7. wurde bis zum Nachmittage durch Kundschafter teils bestätigt, teils entschieden in Abrede gestellt. Östr. G. St. W. 2, S. 19.
†††) Ein Ruhetag wurde nicht festgesetzt, vielmehr sollte am 8. der Rückzug in drei Kolonnen über Soncino auf Montechiari, über Bertonico—Robecco auf Goito und über Cremona auf Mantua fortgesetzt werden. Diese Bestimmungen hatten nur bei heftigem Nachdrängen des Feindes Geltung. Unterließen die Franzosen eine kräftige Verfolgung, so beabsichtigte der Feldzeugmeister, die Armee in der vorteilhaften Stellung zwischen Castiglione und Lonato zusammenzuziehen, von wo die Minciolinie am besten gedeckt werden konnte. Zur Erleichterung auf dem Marsch und zur größeren Bequemlichkeit im Gefecht waren die Tornister auf Anordnung des Hauptquartiers nachzuführen und hatte der Mann sämtliche Patronen in der Patronentasche zu tragen. — Inzwischen hatte sich das Armeeoberkommando in Verona zur unverzüglichen Offensive entschlossen, da eine Vorwärtsbewegung der Verbündeten von Magenta aus bisher nicht gemeldet worden war. Gyulai erhielt Befehl, an der Abda haltzumachen und, falls die Armee den Fluß bereits überschritten hätte, mit der Arrieregarde zwischen Lodi und Piacenza Stellung zu nehmen. Pavia sollte, wenn es noch besetzt wäre, auch fernerhin behauptet werden. Diese Weisungen erhielt Gyulai am 8. Juni 12⁰⁰ früh. Er erließ nun um 2⁰ morgens die Befehle zur Wiederaufnahme der Offensive, die zum Teil bei den Korps erst eintrafen, als diese bereits den Rückmarsch angetreten hatten. Meldung über die getroffenen Anordnungen ging 3³⁰ morgens nach Verona. Im Laufe des 8. besetzte vom V. Korps die Brigade Bils Pavia, das Gros stand am Abend bei Corte Olona und Sa. Cristina. Das III. Korps blieb bei S. Angiolo und schob die Brigade Ramming nach Landriano vor. Oberst Edelsheim stieß bei Cavagnera auf bedeutende feindliche Streitkräfte. I. und II. Korps, seit 3⁰ morgens auf dem Marsche nach dem Abdaübergang bei Bertonico, kehrten 4³⁰ morgens um und bezogen bei Borghetto und Villa Nuova wieder ihre Lager. Das VII. Korps hatte 9⁰ vormittags mit seinem Anfang beinahe Crema erreicht, als es die abändernden Befehle erhielt. Nur die Division Lilia konnte sogleich wieder nach Lodi

als die Truppen seit sechs, einige sogar seit neun Tagen fortwährend marschiert und dabei noch gefochten hatten. Auch war durch den eiligen Rückzug und das Preisgeben der Magazine in Mailand, Bereguardo und Pavia große Unordnung in die Verpflegungsangelegenheiten gekommen und eine Regelung derselben bringend notwendig; denn der Mangel an Lebensmitteln,*) namentlich an Wein, wirkte nachteilig auf die durch den Verlust der Gefechte und den Rückzug an sich schon gedrückte Stimmung der Truppen.

Dabei hatte man nunmehr die Fühlung am Feinde so vollständig verloren, daß es notwendig wurde, sie selbst durch eine Vorwärtsbewegung erst wiederzugewinnen.**) Es schien jetzt, daß diejenigen doch recht gehabt, welche
_____
vorgehen, wohin Gablenz wegen Ermüdung seiner Truppen erst 8⁰ abends gelangte. VIII. Korps und Kavalleriedivision Mensdorff bekamen den Befehl rechtzeitig und blieben bei Lodi. Das IX. Korps sollte sich am 8. bei Codogno vereinigen, Brigade Fehlmayr also von Cremona dorthin marschieren. Der Befehl erreichte die Brigade aber auf dem Rückmarsch erst in Sella, und konnte sie daher am 8. nur bis Cremona wieder vorrücken. Durch direkte Weisung aus Verona wurden zwei Brigaden Montenuovos dem General Urban direkt unterstellt und diesem befohlen, seine fünf Brigaden bei Canonica und Treviglio zusammenzuziehen (eine Brigade I. Korps sammelte sich von Bergamo aus [s. oben] bei Osio di sotto, eine blieb bei Treviglio). Graf Montenuovo beließ die ihm gelassenen Brigaden in Spino und Lodi. Das Armeehauptquartier blieb in Codogno, dort traf es am 8. Juni 2³⁰ nachmittags ein. Östr. G. St. W. 2, S. 19/26.

*) Das österreichische amtliche Werk sagt nichts von einer Unordnung in den Verpflegungsangelegenheiten und einem Mangel an Lebensmitteln in diesen Tagen; Metzner, S. 187/9, betont im Gegenteil, die Verpflegung sei vom 7. Juni an geregelter gewesen, erst östlich der Adda sei wieder eine Verschlechterung eingetreten..

**) Am 8. Juni 1⁰ nachmittags waren dem Oberkommando in Codogno Nachrichten über ein am Morgen begonnenes Vorrücken feindlicher Kräfte von Mailand auf Melegnano zugegangen und gleichzeitig gemeldet worden, daß Benedek deshalb die Brigade Boer von Lodi nach Melegnano vorgeschickt habe. „Es wurde darauf für den 9 ein offensives Vorgehen auf die Flanke des gegen Mailand marschierenden Gegners unter gleichzeitiger Deckung in der linken Flanke gegen den Ticino beschlossen," und zwar sollten: VIII. Korps nach Melegnano, VII. nach Sordio, III. nach Landriano, I. und II. nach Bigonzone, V. nach Pavia, IX. nach S. Angiolo rücken. Diese Anordnungen lagen 6⁰ abends zum Abgang an die Korps bereit, als vom III. die Meldung vom Vordringen einer 6000 bis 7000 Mann starken feindlichen Kolonne bis Gnignano einging. Gyulai fügte daraufhin seinen Befehlen hinzu, III. Korps solle vor überlegenen Kräften die Avantgarde aus Landriano zurückziehen und in die Stellung bei S. Angiolo rücken, schwächere Kräfte aber zurückwerfen. VIII. Korps hatte sich bei S. Grate aufzustellen und die Avantgarde, wenn sie gedrängt würde, von Melegnano zurückzuziehen. VII. Korps sollte sich über Lodi auf das linke Abdaufer, I. und II. sich, falls III. zurückginge, nach Borghetto zurückziehen, V. Korps hatte, „sobald es durch Kanonenfeuer von dem Rückmarsch des III. in Kenntnis gelangt" nach Corte Olona auszuweichen und Pavia zu räumen. — Daß das Kanonenfeuer ein Zeichen für den Rückmarsch des III. Korps sein sollte, ist nicht zu verstehen; denn da das Korps den Befehl hatte, schwächere Kräfte zurückzuwerfen, konnte es auch hierbei zu einem Geschützkampf kommen. — Den Schluß des Zusatzbefehls Gyulais bildete die allgemeine Weisung, falls der Feind welche, im Sinne des ersten Befehls vorzurücken.

von Hause aus gegen den Rückzug gestimmt und sich demnächst für ein Halt=
machen ausgesprochen hatten. Oberst Kuhn regte im Hauptquartier diesen
letzten Gedanken aufs neue an. Der Feldzeugmeister Heß, welcher am 8. wieder
bei der Armee eintraf,*) teilte die Ansicht, und so wurde beschlossen, durch das
III. und VIII. Korps, welche in S. Angiolo bezw. Lodi dem Feinde zunächst
standen, am 9. eine Rekognoszierung gegen Mailand ausführen zu lassen.

Ersteres hatte für diesen Zweck eine Vorwärtsbewegung auszuführen
und sollte heute seine Avantgarde bis Landriano vorschicken.

Wir müssen jetzt zu den Alliierten zurückblicken.

Der Kaiser Napoleon war während des 4. Juni persönlich auf dem=
jenigen Teil des Schlachtfeldes zugegen,**) wo die größten Opfer fielen, und
wo ein weiteres Vordringen der Österreicher im höchsten Grade verderblich
hätte werden müssen. Schon war die Nacht eingebrochen***) und noch
wußte man nicht, was aus dem Korps Mac Mahons geworden sei. Ebenso=
wenig hatte dieser General Kenntnis von dem Schicksal der übrigen Armee.

Der Kaiser nahm sein Hauptquartier nicht auf dem Schlachtfelde, sondern
in S. Martino, eine Meile rückwärts, hinter dem Ticino. Dort erst
brachte Oberst Toulongeon die Nachricht von der schließlichen Wegnahme des
Dorfes Magenta, von beträchtlichen Verlusten und dem Tode des Generals

---

Heß war mit der für den 9. geplanten offensiven Bewegung indes „angesichts der
Überlegenheit des Feindes" nicht einverstanden und beauftragte Kuhn, einen Marschplan
für den Rückzug der Armee in Eilmärschen nach Mantua zu entwerfen. Gleich nach Ab=
reise des Generals beantragte Syulai aber, die Armee in die Stellung Lonato—Castiglione
führen zu können, was auch sofort die Allerhöchste Genehmigung erhielt. Östr. G. St.
W. 2, S. 27 ff.

*) Heß war am 5. abends von Binasco nach Verona zurückgekehrt. „Seine An=
wesenheit (am Abend von Magenta), wenn er nicht den Oberbefehl wirklich
übernahm, konnte überhaupt die Unsicherheit nur noch vermehren," schreibt
Moltke bei Rüstow.

**) Napoleon hielt sich während der Schlacht an der Ticinobrücke bei S. Martino auf.
Duquet, S. 194, ist der Ansicht, daß der Sieg in der Zukunftsschlacht dem Feldherrn ge=
hören wird, der sich weit genug vom Schlachtfeld aufhält, dort, wo ihn nichts beunruhigen,
zerstreuen oder aufregen kann.

***) Bemerkung aus den alten Ausgaben: Le colonel de Toulongeon après
bien des obstacles et des dangers était enfin parvenu à rejoindre le général de
Mac Mahon. — C'était au tomber de la nuit, le général venait de s'emparer de
Magenta, il ignorait entièrement ce qui s'était passé sur le Naviglio, n'ayant pu
pendant toute la journée avoir aucune communication avec le reste de l'armée. —
Le général chargea le colonel d'apprendre à Sa Majesté etc. . . . (Bazancourt.)

A la tombée de la nuit, vers neuf heures. . le Maréchal (Canrobert)
de Ponte Vecchio se rend auprès de l'Empereur, qui a établi son quartier-général dans
une auberge de S. Martino. Il apprend là tout le résultat de la journée et les succès
brillants qu'a obtenus le 2ᵉ corps . . . (Cdt. Clémear, historique du 3ᵉ corps etc.

Espinasse. Beim Schein einer Kerze erblickte man während der Nacht den Kaiser der Franzosen über seinen Tisch gebeugt, die nach und nach eingehenden Berichte lesend oder in tiefen Gedanken auf- und abschreitend.

So schildert Bazancourt die Szene; aber die Gedanken des Kaisers, wie er seine Lage ansah, ehe der Rückzug der Österreicher bekannt wurde, wird man, nachdem der Rückzug stattgehabt hat, schwerlich erfahren.

Wir müssen uns an die Tatsachen halten. Im Moniteur las man, daß „die Französische Armee sich organisiere." Sie machte am 5. Juni keine Bewegung vorwärts, sondern zog nur das 1. Korps von S. Martino nach Boffalora heran.*) Man beerbigte die Gefallenen und suchte die Verwundeten nach Novara zurückzuschaffen.

Die 3. Sardinische Division hingegen erhielt Befehl, bei Turbigo wieder hinter den Ticino zurückzugehen. Sie traf abends auf der Heide von S. Martino ein und stellte sich neben den ebenfalls dorthin beorderten Divisionen Castelborgo, Cialdini und Sambuy, Front gegen den Strom, auf.

Erst am 6. Juni, als der Abmarsch der Österreicher notorisch war, verlegte der Kaiser sein Hauptquartier nach Magenta. Da man den Feind völlig aus den Augen verloren hatte, so bestimmte der Kaiser, daß sowohl südlich gegen die Österreichische Hauptarmee als nördlich gegen die Reservedivision Urban stärkere Rekognoszierungen gemacht werden sollten.**) Zu ersterem Zwecke hatten das 3. und 4. Korps auf Abbiategrasso, zu letzterem das 2., die Kavalleriedivision Desvaux und die Sardinische Armee auf Rhó und Garbagnate vorzurücken. In Ausführung dieser Befehle gingen die Kavalleriedivision Desvaux bis Rhó, zwei Meilen, das 2. Korps***) bis S. Pietro l'Olmo, eine Meile, auf der Mailänder Straße, das 3. und 4. Korps bis Castelletto, eine Meile weit gegen den Naviglio vor. Die Sardinische Armee überschritt den Ticino bei Turbigo, woselbst sie erst ihre eigene Brücke schlagen mußte, da die Französische nach S. Martino verlegt worden war. Aber noch am 7. war man dort mit dem Defilieren beschäftigt, wie dies Cesare Rovighi†) ausdrücklich anführt. Nur Abteilungen der Division Fanti erreichten am 6. Garbagnate.

---

*) Das 1. Französische Korps marschierte in der Nacht vom 4. zum 5. Juni von Dlengo nach S. Martino und blieb dort am 5. Frz. G. St. W., S. 207.

**) Diese Erkundungen sollten auch die Sicherheit der Lombardischen Hauptstadt bewerkstelligen und den Einzug der Truppen dort vorbereiten. Frz. G. St. W., S. 209.

***) Im 2. Französischen Korps hatte nach dem Tode des Generals Espinasse dessen Division General Decaen übernommen.

†) „Geschichte der 3. Sardinischen Division im Kriege 1859" von Rovighi.

Erst am 7. Juni rückten das Korps Mac Mahons und die Division Desvaux in das von den Österreichern seit zwei Tagen verlassene Mailand ein; die Garde erreichte Quarto Cagnino, die Korps Canrobert und Niel näherten sich der Stadt längs des Naviglio, ersteres bis Gaggiano, das zweite bis Corsico, Marschall Baraguey d'Hilliers kam nach S. Pietro l'Olmo, die Kavalleriedivision Partouneaux bis Magenta.

Die Armee des Königs echelonierte sich von Garbagnate bis Castano;*) das Hauptquartier des Kaisers wurde nach Pobbietta, das des Königs nach Salnate verlegt.

Die Armee war drei Tage nach der Schlacht mit ihrem vordersten Korps drei Meilen über das Schlachtfeld hinausgekommen.

Es wird erlaubt sein, aus diesem Verlauf der Dinge zu folgern, daß die Alliierten am Abend des 4. Juni nicht das Bewußtsein hatten, einen entscheidenden Sieg erfochten zu haben, sondern daß erst der Abzug der Österreicher ihnen dies am folgenden Tage sagte, und daß letztere, wenn sie hinter dem Naviglio stehen blieben, am 5. Juni schwerlich schon angegriffen worden wären.

8. Juni.
Skizze 6. Handzeichnung XVI.

Am Morgen des 8. Juni zog Kaiser Napoleon an der Spitze seiner Garden mit dem König Victor Emanuel in Mailand ein. Auch das 3. Französische Korps war dorthin beordert, während das 4. auf der Straße nach Landriano, das 1. und 2. auf der nach Lodi der Österreichischen Armee nunmehr folgen sollten.

Wie unbestimmte Nachrichten man auch über die Rückzugsrichtung der Österreicher haben mochte, da man sie über das Schlachtfeld hinaus nicht verfolgt hatte, so erfuhr man doch, daß Melegnano von ihnen besetzt sei. Aus dieser unbequemen Nähe mußte der Gegner vertrieben werden, ehe man sich in der Hauptstadt sicher fühlen und die zu erwartenden Huldigungen in aller Ruhe entgegennehmen konnte.

Wohl um dem 1. Korps, welches bei Magenta nicht gefochten hatte, Gelegenheit zur Auszeichnung zu geben, erhielt Marschall Baraguey d'Hilliers, obgleich am weitesten zurück, den Befehl den Feind noch heute aus Melegnano zu verdrängen.**) Das 2. Korps sollte zu diesem Zweck mitwirken, das

---

*) Nach dem Frz. G. St. W., S. 213, standen die Sardinier von Busto Carolfo bis Garbagnate.

**) Ursprünglich sollte das 1. Französische Korps am 8. Juni nur bis S. Donato—S. Giuliano marschieren, stets bereit, das vor ihm befindliche 2. zu unterstützen. Zweck des Marsches beider Korps auf der nach Lodi führenden Straße war hierbei, die von Binasco und Landriano auf Lodi sich zurückziehenden Österreicher abzuschneiden. Die veränderte Bestimmung erhielt Canrobert bei Ausführung des ersten Befehls von Napoleon

4. Korps die Bewegung im Notfall unterstützen. Man verabredete in S. Donato folgende Disposition:*)

Die 1. Division des 2. Korps geht bis S. Giuliano vor, wo man die feindlichen Vorposten vermutet, wendet sich nach Vertreibung derselben links, überschreitet bei Carpianello den Lambro und marschiert auf Mediglia, während die 2. Division, den Fluß nördlich Trivulzo bei Casa Nuova passierend, sich über Bettola ebenfalls dorthin dirigiert. Von Mediglia aus sucht dann das vereinigte 2. Korps, Melegnano in der rechten Flanke zu umgehen.

Vom 1. Korps gehen die 1. Division, Forey, von S. Donato ab rechts der Chaussee über Civesio und Pedriano, die 2., Ladmirault, von S. Giuliano ab links über Zivido und S. Brera vor und unterstützen mit ihrer ganzen Artillerie den Hauptangriff, welcher von der 3. Division, Bazaine, auf der großen Straße gegen die Front von Melegnano geführt wird.

Während des gleichzeitigen Angriffs der drei Divisionen des 1. Korps sollte das 2. Korps über Dresano und Casalmajocco nach Sordio auf die Rückzugsstraße nach Lodi, das 4. Korps endlich auf der Straße nach Landriano und St. Angiolo vorgehen.

Diese etwas komplizierte Disposition, bei welcher auf ein rechtzeitiges Eingreifen aller Teile schwerlich zu rechnen war, beabsichtigte also, den Posten bei Melegnano völlig zu umwickeln, und man durfte dies tun, da hier fünf französische Divisionen gegen eine Österreichische Brigade in Bewegung gesetzt waren.

Das 1. Korps hatte von S. Pietro l'Olmo nicht allein einen sehr starken Marsch**) bis Melegnano, sondern fand die Straße auch voll Fuhrwerk und konnte nur mit Mühe vorwärts kommen. Erst gegen 6° abends langte es auf der Linie Sa. Brera—Mezzano an, auf welcher die Divisionen nunmehr aufmarschierten.

In Melegnano stand die Brigade Roden, rund 4500 Mann stark. Der General, anstatt sich damit zu begnügen,***) die Linie des Lambro zu

---

mündlich. Für die Wegnahme von Melegnano wurde dem Marschall das 2. Korps unterstellt. Frz. G. St. W., S. 214 ff.; Fruston, S. 205; Östr. G. St. W., S. 2, 30/31; vgl. Précis, S. 174.

*) Canrobert und Mac Mahon. Nach Lebrun, S. 284, 288, fand die Verabredung 8° morgens in S. Giuliano statt.

**) Die Divisionen des 1. Französischen Korps waren in der Reihenfolge ihrer Nummern um 3°, 4° und 5° früh aufgebrochen. Frz. G. St. W., S. 217.

***) General v. Roden war für die getroffenen Maßregeln nicht verantwortlich, sondern sein Divisionskommandeur, Feldmarschalleutnant v. Berger, dem am 7. von Stadel befohlen war, Melegnano mit den Brigaden Roden und Boer zu verteidigen und wenn möglich zu behaupten. Roden verließ das Korps am 8. Juni mittags. Östr. G. St. W. 2, S. 31 ff., 51.

halten, hatte mit dem Regiment Sachsen den auf dem rechten Flußufer gelegenen Stadtteil und die davor befindlichen einzelnen Gehöfte nebst dem Kirchhofe, diesen mit einer ganzen Kompagnie, besetzt. Die verschiedenen Lokalitäten waren zur Verteidigung eingerichtet; die Chaussee hatte man in der Nähe des Kirchhofs durch Barrikaden und Gruben gesperrt und am Eingange des Orts eine Aufstellung für vier Geschütze vorbereitet. Das Grenzerbataillon, drei Eskadrons und vier Geschütze standen als Reserve auf dem linken Lambroufer, teils in der Nähe der Brücke, teils am südöstlichen Ausgange von Melegnano.*) Am Morgen waren Nachrichten von dem Vorrücken des Marschalls Mac Mahon auf der Mailänder Straße eingegangen, und General Roden hatte deshalb bis Mittag nicht abkochen lassen. Da sich indes vom Feinde nichts sehen ließ, so befahl Feldmarschalleutnant Benedek, welcher nachmittags die Stellung inspizierte und dabei dem Divisionsgeneral, Feldmarschalleutnant Berger, das Kommando bei Melegnano übertrug, daß gekocht werden solle. So wurden die Truppen, hiermit beschäftigt, von dem feindlichen Angriff überrascht.**)

Das Terrain, durch die überaus dichte Kultur sehr unübersichtlich und von unzähligen Kanälen durchschnitten, war dem Anmarsch der Franzosen höchst ungünstig. Namentlich hinderte ein von Pebriano im Bogen, 300 Schritt nördlich, um Melegnano zum Lambro sich hinziehender Kanal***) die Annäherung der Kolonnen des linken Flügels und Zentrums, welche letztere außerdem von der ebenfalls durch tiefe Kanäle zu beiden Seiten eingefaßten Chaussee nicht ausbiegen konnte.

Um 6º abends befahl der Marschall Baraguey d'Hilliers der Division Bazaine, zum Angriff vorzugehen †) Außerstande, von der Chaussee herunterzukommen, entwickelte dieselbe zwei, dann drei Geschütze,††) die der verdeckt

---

*) Es standen: a) Rechtes Lambroufer: 1. am Nordrand von Melegnano, Front nach Mailand: III. und ½ II./Sachsen, 4 Geschütze/Kav. Battr.; 2. am Westrand, Front nach Landriano: ½ II./Sachsen. Reserve: ½ Gren./Sachsen (an der Hauptkirche und im übrigen Stadtteil); b) Lambrobrücke: 1 Komp. I./Sachsen: c) Linkes Lambroufer (im Winkel der nach Lodi und Mulazzano führenden Straßen): 5 Kompn. I./Sachsen, II /Sziluiner Grenzer, 2 Esk. Horvath Drag., 5 Züge Kaiser-Hus., ½ Batterie Östr. G. St. W. 2, S. 32.

**) Weder von dem Abkochen noch von einem Überraschtsein erwähnt Östr. G. St W. etwas.

***) Mit dem Kanal kann nur der Vettabiabach gemeint sein.

†) Der Angriff begann „gegen 6ᵘʰʳ abends. Frz G. St. W., S. 219.

††) Die Französischen Geschütze fuhren 1400 Schritt vom Nordwestausgang des Ortes auf und gingen bis auf 900 Schritt heran. Frz. G. St. W., S. 219. Östr. G. St. W. 2, S. 85.

aufgestellten Österreichischen Batterie gegenüber bald in eine nachteilige Lage versetzt worden wären, wenn nicht die eben bei Pebriano angelangte Division Forey
sofort zwei Batterien vorgenommen und von dort die Österreichische Geschützauf-
stellung auf das wirksamste in der linken Flanke beschossen hätte.*) Um sich indes
dem die Chaussee enfilierenden verheerenden Feuer der Österreicher so bald als
möglich zu entziehen, ging von der Brigade Goze das 1. Zuavenregiment, gefolgt
von dem 33., nachdem die Tornister abgelegt waren, im Laufschritt auf der
Chaussee zum Angriff vor, welchen das 34. Regiment nach Überschreitung des
Bettabiabaches durch einen Angriff auf die Westseite des Ortes unterstützte.**)

Die Österreichische Artillerie hatte sich gegen die Französische gut gehalten und empfing die anrückende Kolonne mit einem mörderischen Feuer,
während diese gleichzeitig vom Kirchhofe aus unmittelbarer Nähe wirksam in
der Flanke beschossen wurde. Dessenungeachtet drangen die Franzosen unaufhaltsam vorwärts, gingen im Laufschritt bei dem Kirchhofe vorbei, über-
kletterten die dortige Barrikade und warfen sich mit dem Bajonett auf die
Batterie am Eingang des Orts. Auch hier gelang es der ebenso heldenmütigen als hartnäckigen Verteidigung nicht, dem Ungestüm der Franzosen
und ihrer Übermacht lange zu widerstehen.***) Die niedrige Brustwehr wurde
erstiegen, und kaum hatten die Österreichischen Geschütze Zeit schleunigst ab-
zufahren. Die Zuaven setzten sich in den nächstgelegenen Häusern und Gassen fest.

Inzwischen war die 2. Französische Division,†) deren Marsch über Zivido
und Sa. Brera das sehr durchschnittene Terrain und schlechte Wege verzögerten,
gegen die rechte Flanke der Österreichischen Stellung††) vorgegangen, hatte

---

*) Das Östr. G. St. W. 2, S. 36, spricht den Geschützen der Division Forey für den
Anfang ihres Feuerns jede Wirkung ab und führt auf die Erfolglosigkeit des Artillerie-
kampfes den Entschluß Bazaines zum Bajonettangriff zurück. Kunz, S. 89, glaubt die
Überlegenheit der Österreichischen Artillerie gegen die gezogenen Französischen Geschütze der
besseren Ausbildung der ersteren zuschreiben zu müssen.

**) Nur I. und II./34. Regiments griffen die Westseite des Dorfes an; III. fand
keinen Raum und folgte dem Regiment 33. 37. und 38. Regiment bildeten die Reserve.
Frz. G. St W., S. 219; Östr. G. St. W. 2, S. 86; vgl. Historique du 34e régiment
d'infanterie, S. 190/191.

***) Zweimal stürmten die Franzosen vergebens; erst der dritte Anlauf 7³⁰ abends
hatte Erfolg, diesmal dank der Unterstützung der Geschütze und 17. Jäger von der Division
Forey. Östr. G. St. 2, S. 36.

†) Die Division Ladmirault marschierte in zwei Kolonnen, die rechte folgte Bazaine
bis Sa. Giuliano und wandte sich dann gegen Sa. Brera, die linke ging über Carpianello
und Sa. Brera vor. Frz. G. St. W., S. 217; Östr. G. St. W. 2, S. 37/8.

††) Hier standen zwei Kompagnien, Sachsen (vgl. S. 160, Anm. *) gegen die in der
Front die 10. Französischen Jäger, in der Flanke das 15. Linienregiment vorgingen.
Frz. G. St. W., S. 220; Östr. G. St. W. 2, S. 88.

die vorwärts der Stadt liegenden Gehöfte genommen und drang nun auch in diese selbst ein. Die Österreicher wichen nach dem kleinen Marktplatz zurück, wo ein Bataillon als Reserve stand und wo das Gefecht mit erneuerter Heftigkeit entbrannte.

Andere Abteilungen der Division Ladmirault hatten sich längs des Lambro dirigiert und es gelang denselben im vollsten Durcheinander mit Truppenteilen der Division Bazaine und den Österreichern selbst über die dortige Brücke hinüber zu bringen. Die Österreichische Batterie, welche vorwärts des Lambro bis zum letzten Augenblicke gefeuert, verlor ein demontiertes Geschütz, entkam aber mit den übrigen, indem sie im vollen Galopp über die Brücke sprengte. Allein den noch in der Stadt kämpfenden Österreichern*) war jetzt der Rückzugsweg abgeschnitten. Ihr Verderben schien unvermeidlich. Der bedeutenden, stets wachsenden Übermacht gegenüber war die Bedrängnis groß; selbst zwei Fahnen kamen in Gefahr und konnten nur mit äußerster Mühe gerettet werden, indem zwei Offiziere mit ihnen den reißenden Lambro durchschwammen.**)

Da traf glücklicherweise der General Boer mit seiner Brigade, welche General Benedek von Lodi herangeordert hatte, als Unterstützung ein. Ein Bataillon Miguel warf sich sofort mit dem Bajonett auf den Feind und nahm die Brücke wieder. General Boer und sein Adjutant wurden hierbei erschossen.***) Unter dem kräftigen Beistande des Regiments Miguel wurde nun der Rückzug†) des größten Teils des Regiments Sachsen auf das linke Lambroufer glücklich bewerkstelligt. Einzelne Abteilungen entkamen auf dem rechten über Riozzo und Cerro. Ein um 8° ausbrechendes starkes Gewitter und die damit früh hereinbrechende Dunkelheit setzten dem blutigen Straßen-

---

*) II./Sachsen hielt sich nach Aufgabe der Westfront noch einige Zeit im Castell von Melegnano, machte dann vergebliche Versuche, über die Lambrobrücke sich durchzuschlagen, und ging schließlich auf dem rechten Ufer über Riozzo, Cerro und Lodi Vecchio auf Lodi zurück. Östr. G. St. W. 2, S. 41.

**) Es waren die Fahnen I. und II./Sachsen, die vom Oberleutnant Salenfels und Leutnant v. Rau gerettet wurden. Mit den beiden Offizieren erreichten von 20 Mann nur sechs das linke Lambroufer, die übrigen ertranken. Östr. G. St. W. 2, S. 41.

***) Die Brigade Boer (3. Jäger und Regiment Miguel) ist bei dem Kampfe in der Stadt nicht beteiligt gewesen, sondern nahm nach ihrem Eintreffen 3ⁿ nachmittags eine Aufnahmestellung zwischen C. Bernarda und Vizzolo. Unter ihrem Schutze bewirkte die Brigade Roden den Rückzug auf Lodi. Boer wurde bei einem der wiederholten Angriffe der Franzosen auf C. Bernarda verwundet. Den Tod seines Adjutanten erwähnt das Östr. G. St. W. 2, S. 34 ff., nicht; vgl. Geschichte des Infanterieregiments 39 (Miguel), S. 502 ff.

†) Entscheidend für den Entschluß des Generals v. Berger zum Rückzug war die Nachricht von dem Vormarsch des 2. Französischen Korps über Mediglia auf Salbiano sowie der Division Forey von Pedriano auf Riozzo-Cerro. Östr. G. St. W. 2, S. 39.

kampfe ein Ziel; auch behielt das Regiment Miguel noch C. Bernarda so lange besetzt, bis alle Verwundeten zurückgeschafft waren.

Da das Unwetter fortdauerte, die Truppen durch den langen Marsch und das heftige Gefecht sehr ermüdet waren, auch die Division Ladmirault, sobald sie aus der Stadt heraustrat, durch ein heftiges Kartätschfeuer empfangen wurde, so stellte Marschall Baraguey nunmehr jede weitere Verfolgung ein.

Die Französische rechte Flügelkolonne, unter General Forey, mit Ausnahme ihrer Batterie,*) kam ebensowenig wie das 2. Korps zum Kampfe. Zwischen Reisfeldern, Kanälen und Gräben, wo die Kolonnen auf engen und schlechten Wegen sich lang auseinanderzogen und fast bei jedem Schritte auf Hindernisse stießen, war deren Marsch bedeutend verzögert worden.

Die Spitze des 2. Korps erreichte Dresano, als das Gefecht fast zu Ende war, und Marschall Mac Mahon begnügte sich damit eine Batterie an der Straße aufzustellen, um den zurückweichenden Österreichischen Abteilungen einige Kugeln nachzuschicken.**) Bei früherem Eintreffen würde er ihren Rückzug auf Lodi geradezu unmöglich gemacht haben.***)

General Forey gewann erst um 9³⁰ die Straße von Landriano und wurde dann nach Melegnano beordert. Die ermüdeten Truppen des 1. Korps, seit 4° morgens auf dem Marsch, biwakierten in der Stadt. Das 2. Korps lagerte bei Dresano und Balbiano.

Das 4. Korps, welches, wie wir wissen, nötigenfalls zur Unterstützung dienen sollte, war am Abend des 8. mit zwei Divisionen bis Carpiano, mit

---

*) Auch die 17. Jäger der Division Forey waren am Kampfe beteiligt. Vgl. S. 161, Anm. ***).

**) Vom 2. Französischen Korps hatte die Division Decaen eben ein Lager bei Balbiano bezogen, als der Kanonendonner von Melegnano herübertönte. Sechs Bataillone und zwei Batterien rückten darauf sofort über Dresano auf die Straße Mulazzano—Melegnano, um von dort über Cologno auf Sordio vorzugehen und den Österreichern den Rückzug auf Lodi abzuschneiden. Doch war beim Eintreffen auf der genannten Straße der Kampf bei Melegnano beendigt. Frz. G. St. W., S. 220/221; Östr. G. St. W. 2, S. 43.

***) Duquet, S. 120, wirft Mac Mahon wegen seines späten Erscheinens Mangel an Initiative vor und glaubt in der Darstellung des Französischen Generalstabswerkes (S. 225) den Ausdruck des Bedauerns über das Verhalten des Marschalls zu erblicken. Lebrun, S. 285/287, schiebt die Schuld auf Baraguey d'Hilliers, der das Eintreffen des 2. Korps, der Verabredung entgegen, nicht abgewartet und dadurch die Einnahme von Melegnano ohne Schwertstreich unmöglich gemacht habe; denn zweifellos würden wohl die Österreicher durch schleunigen Abzug der Umfassung ausgewichen sein. Übrigens habe Mac Mahon vorausgesagt, daß Baraguey nicht warten würde; er sei zu ungeduldig seinen „Coup" zu machen. Vgl. Lecomte 2, S. 14; Hérisson, S. 150; Bazancourt 2, S. 62; Rotterouge, S. 115/116.

der britten bis Guignano gelangt, hier aber halten geblieben, obwohl das Feuer von Melegnano deutlich vernehmbar war.*)

General Berger führte seine Truppen noch in der Nacht bis Lodi zurück.**)

Die Österreicher hatten verloren ein demontiertes Geschütz und

    tot . . .   7 Offiziere, darunter 1 General, 112 Mann,
verwundet . 16   „   233 „

    im ganzen 23 Offiziere,   345 Mann,
außerdem etwa 1200 Mann Vermißte.***)

Der Französische Verlust beträgt 15 tote, 55 verwundete Offiziere, unter letzteren 2 Generale; 887 Mann tot und verwundet, 64 vermißt, im ganzen 951 Mann. Hiervon kommen auf die Division Bazaine allein 780 Mann.

Die Absicht, welche der Französischen Unternehmung zugrunde lag, konnte erreicht werden, wenn das 1. Korps den Gegner in Melegnano einfach beschäftigte und fest hielt, während das 2. ihn umging. Entzog der Österreichische Posten sich dieser Umgarnung durch früheren Abmarsch, so nahm man ohne große Opfer von Melegnano Besitz.†)

Allein der Tag war fast abgelaufen, als das 1. Korps herankam, und doch war die Umgehung noch nicht wirksam geworden; sonach blieb nur übrig, die gänzliche Vernichtung des Feindes fallen zu lassen und seine Stellung in der Front zu erstürmen.

Die obigen Zahlen beweisen, wie blutig das dadurch entstandene kurze Gefecht, und ganz besonders für den Angreifer, gewesen ist. Die große Zahl von

---

*) Die 3. Division 4. Korps sandte ein Bataillon, zwei Geschütze auf der Straße nach Landriano vor. Frz. G. St. W., S. 221; Östr. G. St. W. 2, S. 44.

**) Lodi wurde in der Nacht nicht mehr erreicht, sondern nur die Gegend von Tavazzano. Östr. G. St. W. 2, S. 44.

***) Das Östr. G. St. W. 2, S. 45, gibt an:

    tot . . . . 1 General, 7 Offiziere, 112 Mann,
    verwundet 1   „   7   „   232 „
    vermißt 0   „   10   „   1114 „
        im ganzen 2 Generale, 24 Offiziere, 1458 Mann.

Die Österreicher rechnen 66 Bataillone, 24 Eskadrons, 114 Geschütze auf Französischer Seite gegen 10 Bataillone, 3¾ Eskadrons, 10 Geschütze auf der eigenen. Da das 2. Französische Korps ganz ausfällt, kann höchstens das 1. Korps voll, d. h. 41 Bataillone, 16 Eskadrons, 64 Geschütze, in Anrechnung gebracht werden, obwohl von der Division Forey bekanntlich nur ein Bruchteil in den Kampf trat.

†) Vgl. S. 163, Anm. ***). Ähnlich wie Moltke urteilt Fruston, S. 210.

Vermißten bei den Österreichern ist hauptsächlich der gewagten Aufstellung auf dem rechten Ufer zuzuschreiben.

Eine Stellung vorwärts des Defilees und überhaupt ein so ernstes Gefecht konnten wohl nur dann gerechtfertigt erscheinen, wenn man mit der Armee wieder über den Lambro vorgehen wollte. Eine allgemeine Offensive gegen die nunmehr völlig versammelte Macht der Alliierten lag aber gewiß nicht in der Absicht. Man wollte einen Halt auf dem Rückzug und Nachricht über die Bewegungen des Feindes, und es scheint, daß man füglich die Opfer des blutigen Kampfes bei Melegnano sowie die moralisch nachteilige Wirkung einer abermaligen unglücklichen Unternehmung hätte vermeiden können.*)

Die Meldungen über das Gefecht von Melegnano erreichten das Österreichische Hauptquartier in Codogno am 9. Juni in der Frühe. Gleichzeitig ging die Nachricht ein, daß die vom III. Korps am 8. nachmittags nach Landriano vorgeschobene Brigade Ramming dort auf eine starke feindliche Kolonne gestoßen sei. Es war dies, wie wir wissen, das 4. Französische Korps, welches sich auf der Straße von Mailand her jener Stadt näherte. Die Franzosen hatten zwar dort nicht angegriffen, aber ihre Bewegungen überhaupt lieferten den Beweis, daß sie im Vorrücken begriffen waren. Die Rekognoszierung auf Mailand wurde also überflüssig, und alle Stimmen im Hauptquartier waren jetzt darüber einig, daß der Rückzug ohne weiteren Aufenthalt gegen den Mincio fortgesetzt werden müsse.**) Auch der Feldzeugmeister v. Heß hielt dies unter den obwaltenden Umständen für das einzig Richtige, und es schien ihm die Konzentration aller verfügbar zu machenden Kräfte dort so sehr Hauptsache, daß er, kraft seiner Vollmacht, sogar die Räumung Piacenzas befahl.***)

9. Juni.

---

*) Die Betrachtungen Moltkes sind unter der Annahme, daß die Österreicher eine Offensive nicht beabsichtigten, ganz zutreffend. Das Gegenteil war aber zur Zeit der Besetzung von Melegnano durch die Brigade Roden der Fall. Vgl. S. 154, Anm. †††) und Preuß. Offz. 3, S. 303 ff. Das Treffen von Melegnano veranlaßte Gyulai, die für den 9. bereits angeordnete Offensive endgültig aufzugeben, da er nunmehr überzeugt war, daß die Verbündeten mit einem großen Teil ihrer Kräfte Mailand bereits hinter sich hatten. Östr. G. St. W. 2, S. 47.

**) Man nahm an, daß die Verbündeten beabsichtigten, durch einen Angriff auf Lodi ihre Hauptoperation über Cassano und Treviglio zu verschleiern, und wollte daher die eigenen Kräfte hinter dem Oglio versammeln. Östr. G. St. W. 2, S. 50; Bazancourt 2, S. 91.

***) Gyulai war am 8. Juni abends angewiesen worden, bezüglich Piacenzas ganz nach dem Ermessen des Feldzeugmeisters Heß zu verfahren. Gyulai selbst hatte am 9. Juni 2º nachmittags die Absicht, wenn der Feind nicht dränge, die Armee in der Stellung Lonato—Castiglione zu konzentrieren. Vgl. S. 170, Anm.**); Östr. G. St. W. 2, S. 55.

Piacenza war bei der Vorbereitung zu dem Feldzuge erst in einen verteidigungsfähigen Zustand versetzt worden. Die Wichtigkeit des Punktes, wie wir dieselbe schon früher hervorhoben, hatten die Österreicher sehr wohl erkannt und die Stadt auf dem rechten Poufer, sowie auch einen geräumigen Abschnitt auf dem linken, durch 17 einer selbständigen Verteidigung fähige Werke umgeben. Die Besatzung bestand aus dem Regiment Heß und der aus zwei vierten, einem Grenz- und einem Italienischen Depotbataillon (Airoldi) formierten bisherigen Besatzungsbrigade von Pavia, zusammen rund 7000 Mann.

Es ist die Ansicht aufgestellt worden, daß, statt Piacenza zu schleifen, man vielmehr, gestützt auf diesen Platz, die Lombardei aus einer Flankenaufstellung dort hätte verteidigen sollen. Durch den Rückzug über den Po entzog man sich augenblicklich der Verfolgung. Die Verstärkungen, das X. und XI. Korps und die Kavalleriedivision Zedwitz, konnten über Mantua und Borgoforte auch am rechten Flußufer herangezogen werden. Waren dann die Alliierten gegen den Mincio marschiert, so rückte man aus oder unterhalb Piacenza in ihre rechte Flanke, ja man konnte oberhalb sogar auf das rechte Ticinoufer zurücktreten und so jede Verbindung der Franzosen und der Sardinier mit ihrer Heimat durchschneiden.

Dagegen muß bemerkt werden, daß zunächst das Österreichische Heer, ohne verfolgt zu werden, des augenblicklichen Schutzes nicht bedurfte, und daß Flankenstellungen ihre Wirksamkeit über gewisse Entfernungen hinaus nicht mehr üben. Eine Flankenstellung hinter dem Raviglio grande hätte unbedingt den Anmarsch der Franzosen nach Mailand verhindert, eine solche hinter dem Po gewiß nicht das weitere Vorrücken.

Machte man bei Piacenza halt, so näherte man sich den erwarteten Verstärkungen nicht, und die Vereinigung mit denselben mußte um so später erfolgen. Inzwischen richteten die Verbündeten sich in der nunmehr ganz freigelassenen Lombardei ein. Sie waren im Besitz, und die Österreicher mußten handeln, um den Gegner daraus zu vertreiben. Eine feindliche Abteilung in dem Flußwinkel von Codogno konnte das Wiedervorgehen aus Piacenza wesentlich erschweren. Jede andere Operation mußte mit einem Flußübergang angesichts der Verbündeten beginnen.

Alle Kommunikationen beider Parteien lagen dann in deren rechter Flanke. Aber die Alliierten standen so gut wie im eigenen Lande. Sie konnten ohne jede weitere Verbindung diesen Zustand eine geraume Zeit ertragen. Die Österreicher hingegen, von einer abgeneigten Bevölkerung umgeben, standen mit dem Rücken an dem insurgierten Mittelitalien, das Korps des Prinzen Napoleon hinter sich.

Das Standhalten der Österreichischen Armee bei Piacenza hätte für beide Teile alle Verhältnisse auf die Spitze gestellt. Solche Situationen aber sind zugunsten des Stärkeren, des rücksichtslos Wagenden, der mit dem Gefühl des Sieges eben erst erfüllten Armee. Nach unserer Anschauung konnte das Österreichische Heer bei Piacenza in die unheilvollste Lage geraten.

Nur ein entscheidender Sieg vermochte den Besitz der Lombardei noch zu retten.*) Für diesen mußte man auch der Zahl nach stark sein. Die Österreicher waren, weit mehr als die Franzosen, darauf angewiesen, ihren Hilfsquellen nahe zu sein. Mußte aber der Rückzug in der Richtung auf das Festungsviereck fortgesetzt werden, so entstand die Frage, ob der kaum vollendete Platz Piacenza bis zum Erfolg der Entscheidung im freien Felde sich selbst überlassen werden konnte, und wenn diese Frage verneint werden mußte, so blieb nur übrig, den Punkt aufzugeben. Es war dies gewiß kein kleiner Entschluß, und die Räumung von Piacenza verfehlte nicht, einen betrübenden Eindruck hervorzurufen.**)

Wenn man zwar auf die Zerstörung der Erdwerke verzichtete, die eisernen Geschütze vernagelt zurückließ und große Proviantvorräte opferte, so wollte man doch die gemauerten Reduits in den detachierten Werken sprengen, die Trebbiabrücke westlich des Orts und, nach Abzug der Besatzung, die Pobrücke zerstören, auch 90 bronzene Geschütze sowie sonstiges kostbares Material zu Schiffe den Po hinunter nach Mantua senden. Trotz aller Beschleunigung nahmen diese Arbeiten 24 Stunden in Anspruch.***) Da die Besatzung wegen der in Parma von neuem ausgebrochenen Revolution nicht auf dem rechten Ponfer ihren Abzug bewerkstelligen konnte, so mußte sie aufgenommen werden,†) und es war daher nicht möglich, schon am 9. das rechte Abdaufer zu räumen. Nur das Hauptquartier und das IX. Korps gingen bei Pizzighettone, die Division Cordon des I. und das II. Korps auf einer bei Vinzasca

Handzeichnung XVII.

---

*) Zu Reberns Bemerkung über den hohen politischen Wert Piacenzas zu allen Zeiten schreibt Moltke: „Die Entscheidung des Feldzuges hing von der Schlacht ab."

**) Moltke sagt hierzu bei Redern: „und doch wohl gerechtfertigt, wenn nur eine Entscheidungsschlacht am Mincio die Verhältnisse herstellen konnte". Es ist beachtenswert, wie Moltke bei jeder Gelegenheit betont, daß die Entscheidung im freien Felde liege.

***) Bei Redern bemerkt Moltke über die Zerstörungsarbeiten: „Dies alles waren nur notwendige Folgen, seit man nach der Schlacht von Magenta den Rückzug gewählt."

†) Die Besatzung von Piacenza zog sich am 10. Juni über Pizzighettone an die Armee. Östr. G. St. W. 2, S. 80 ff.

geschlagenen Pontonbrücke über den Fluß und erreichten, jene Cavatigozzi,*) diese Gombito. Das V. Korps, speziell mit Aufnahme der Truppen aus Piacenza beauftragt, blieb an der großen Straße in der Gegend von Cobogno stehen. Die anderen Korps standen am Abend:

    das III. Korps bei Bertonico und Robecco,
    = VIII.   = , die Division Montenuovo des I. Korps und die Reservekavallerie bei Lodi,**)
    = VII.   = nördlich davon bis Galgagnano.

General Benedek erhielt Befehl, Lodi gegen einen etwaigen Angriff, den man nach dem gestrigen Gefecht erwarten durfte, zu verteidigen.

Die drei Französischen Korps, welche in der Gegend von Melegnano der Österreichischen Armee gegenüberstanden, blieben indes ruhig in ihren Biwaks, und nur vom 2. wurde ein Detachement bis Sordio auf der Straße nach Lodi vorgeschoben.

Die Österreichischen Truppen marschierten infolge eines kaiserlichen Befehls heute zum erstenmal ohne Gepäck und trugen nur, was sie durchaus notwendig hatten, im Brotsack, ein zweites Paar Schuhe an der Patronentasche befestigt. Die Tornister, über deren Schwere vielfache Klagen erhoben waren, wurden zunächst auf Wagen nachgefahren, später jedoch samt den Uniformstücken in den Festungen niedergelegt und so die verspätete Maßregel getroffen, daß der Soldat von nun an nur mit dem Leinwandrock und dem Mantel ausgerüstet war.***)

10. Juni.   Am 10. überschritten sämtliche Truppen die Adda, und es wurden die bei Pizzighettone und Lodi vorhandenen Brücken zerstört. Das Hauptquartier etablierte sich in Soresina. Die Besatzung von Pizzighettone, das IV. Bataillon des Regiments Heß, schloß sich beim weiteren Rückzuge der Armee an.

Die Franzosen behielten auch heute noch ihre gestrigen Stellungen, Front gegen Südost,†) inne.

11. Juni.   Erst am 11., acht Tage nach der Schlacht von Magenta, nachdem der

---

*) Drei Brigaden IX. Korps kamen nach Acquanegra. Östr. G. St. W. 2, S. 55.
**) Die Division Montenuovo stand nördlich Lodi bei Treviglio, Spino und Pandino. Östr. G. St. S. 2, S. 51.
***) Vgl. S. 154, Anm. †††).
†) Vom 10. Juni ab übernahm die seit dem 18. Mai dem 1. Korps unterstellte Division Autemarre 5. Korps (vgl. S. 185) die Sicherung des rechten Flügels der Französischen Armee und marschierte zunächst von Magenta nach Abbiategrasso. Gleichzeitig sollte sie dem Korps des Prinzen Napoleon den Poübergang und die Vereinigung mit der Hauptarmee erleichtern. Frz. G. St. W., S. 243.

Kaiser*) die Gewißheit von dem Rückzuge der Österreicher auch über die Abda erhalten hatte, setzte er seine Armee gegen diesen Fluß in Bewegung,**) und zwar in östlicher Richtung: die Sardinische Armee auf der Straße Monza—Vaprio, die Französische auf der von Mailand—Cassano.

Das 3. Korps, mit welchem jetzt wieder die Kavalleriedivision Partouneaux***) vereint war, nahm die Tete und ging bis Melzo vor.

Das 2. Korps rückte, um die Bewegung gegen allerdings nicht mehr wahrscheinliche Offensivbewegungen des Gegners zu sichern, längs der Muzza nach Paullo.

Hinter demselben fort zogen sich das 1. Korps nebst der Kavalleriedivision Desvaux nach Tregarezzo und Limito, das 4. nach Mailand.

Die Garde und das Kaiserliche Hauptquartier verblieben in Mailand.

Die Sardinier, seit dem 9. durch die bei der Armee wieder eingetroffene 5. Division Cucchiari verstärkt, erreichten die Gegend von Vaprio an der Abba.†)

Die verbündeten Armeen verließen also gänzlich die Richtung, in welcher der Österreichische Rückzug erfolgte, und gingen auf den von Mailand nach Brescia führenden Straßen vor.††)

---

*) Angesichts der voraussichtlich notwendigen Belagerung der Minciofestungen trug Napoleon in diesen Tagen Sorge für Herstellung eines bedeutenden Parks gezogener Geschütze mit großer Tragweite, ebenso zog er einen Luftschiffer heran. Hierbei verdient hervorgehoben zu werden, daß Napoleon durch Anwendung des Telegraphen in der Nähe der Vorposten während des Feldzuges Nutzen zu ziehen suchte. Bazancourt 2, S. 99, 112; Preuß. Offz. 3, S. 4.

**) Ducrot 1, S. 333, schreibt am 11. Juni 1859 in Mailand, man behaupte, die Lebensmittelfrage halte die Armee in der Lombardischen Hauptstadt zurück. Wenn das wahr sei, trage die Intendantur die Schuld, denn es sei nicht schwer, die Verpflegung in einem so reichen Lande sicherzustellen. Molinary, „Operationen und Taktik der Franzosen 1859," S. 39/40, tadelt den Halt die seit Mailand und verwirft die Gründe des Frz. G. St. W., S. 250, daß die Truppen Ruhe nötig gehabt hätten und Napoleon für die bevorstehenden Flußübergänge erst Mittel herbeischaffen wollte. Vgl. S. 145, Anm. *)

***) Die Division war seit Palestro von ihrem Korps getrennt, bis zum 4. Juni bei Novara und bis zum 6. bei S. Martino gewesen. Am 7. folgte sie der Armee über Magenta nach Mailand und wurde erst am 9. Juni dem Marschall Canrobert wieder unterstellt. Ebenso trat die seit Beginn der Umgehungsbewegung vom 1. Französischen Korps detachierte Kavalleriedivision Desvaux am 9. wieder in ihr altes Verhältnis. Vgl. S. 85, 101, 172, Anm. **); Frz. G. St. W., S. 249.

†) Die Sardinische Armee war am 8. Juni in Mailand eingerückt und blieb dort bis zum 10. einschließlich. Piem. Bericht; Frz. G. St. W., S. 249.

††) Nach dem Frz. G. St. W. (vgl. Précis, S. 185 ff.) wählte Napoleon die nördliche Operationslinie, weil die Gegend an der unteren Abba durch die Österreicher ausgesogen wäre, weil ferner die Umgehung des rechten Österreichischen Flügels bereits Erfolge gebracht habe, auch könnten die Alpenausgänge dort besser bewacht werden; endlich aber würden die großen Mittelpunkte (Bergamo, Brescia) berührt und die Eisenbahn sei zur Hand. Molinary, S. 46, läßt nur den letzten Grund gelten.

Die Österreicher setzten, nach Überschreitung der Abba, ihren Rückzug in aller Ruhe fort; doch änderten sie die bisher innegehaltene südöstliche Richtung*) und nahmen, da die Zweite Armee nach dem oberen Mincio disponiert war, die Direktion nach Montechiari, wodurch sie sich nun der Operationslinie der Verbündeten wieder näherten.**)

Nur das IX. Korps verblieb auf der Straße von Mantua. Es sollte jetzt in den Verband der Ersten Armee, zu der es ursprünglich gehörte, zurückkehren, und da dieser die Aufstellung am mittleren Mincio angewiesen war, so wurde das Korps direkt dorthin instradiert. Am 16. überschritt es jenen Fluß bei Goito.

12. Juni. Am 12. waren alle Österreichischen Korps hinter den Oglio zurückgenommen und standen:

Das I. Korps in Orzivecchi und Pompiano,***)
„ VIII. „ und die Kavalleriedivision bei Orzinovi,
„ III. „ in Oriano und Gegend,†)

---

*) Urban meldete am 11. Juni 10⁰ abends seinem obersten Kriegsherrn, er beabsichtige am 16. hinter dem Chiese zwischen Lonato und Castiglione zu stehen. Diese Stellung (vgl. Moltkes Urteil S. 177) beherrsche das Vorland, einen Frontalangriff werde seine an Zahl überlegene Artillerie zurückweisen, einem Flankenangriff aber durch die von Mailand und Goito vorbrechenden Armeekorps begegnet werden. Jedenfalls sei diese Stellung der Mincioverteidigung vorzuziehen, wo Übersicht nach vorn fehle und der Feind seine Bewegungen maskieren könne. Für Lonato—Castiglione spreche endlich, daß vom Feinde eine energische Offensive nicht zu befürchten sei! Östr. G. St. W. 2, S. 701. Angesichts dieser letzten Begründung muß man fragen, warum Gyulai denn nicht selbst sofort offensiv wurde.

**) Graf Gyulai hatte (Östr. G. St. W. 2, S. 55 ff.) am 9. Juni 2⁰ nachmittags, folgende Marschtafel ausgegeben:

	10.	11.	12.	13.	14.
VII. A. K. . . .	Crema	Orzinovi	Coniolo	Leno	Montechiari
VIII. A. K. . . . } Kav. Mensdorf . . }	(Lodi)	Crema	Orzinovi	Manerbio	Montechiari
III. A. K. . . .	Soresina	Acqualunga	Rast	S. Gervasio	Carpenedolo
I. A. K. . . . } II. A. K. . . . }	Castel Bisconti	I. Gabbiano II. Mottella		Rast	Carpenedolo	—
V. A. K. . . . }	Zanengo Farfengo	Quinzano	Rast	Pralboino	Casalmoro
A. H. Q.	Soresina	Berolanova	Rast	Pavone	Carpenedolo
Urban			Urago d'Oglio	Corticelle	Castenedolo
IX. A. K. . . .	Acquanegra	Cigognolo	Piadena	Marcaria	Pinbega

Diese Ziele wurden aber nicht durchweg innegehalten. Das VIII. Korps mußte Lodi in der Nacht zum 10. Juni räumen, um eine Schlacht zu vermeiden, blieb aber am 10. noch am linken Abbaufer.

***) Das I. Korps, seit dem 6. Juni dem III. unterstellt, wurde am 12. wieder selbständig. Östr. G. St. W. 2, S. 74.

†) Das Gros III. Armeekorps lagerte bei Pabernello. Östr. G. St. W. 2, S. 74.

das VII. Korps in Manerbio und Gegend,
 „   II.   „   in Quinzano,
 „   V.   „   in und südlich Verolanuova, die Arrieregarde noch in Robecco,
das Hauptquartier in Verolanova.*)

Der Feldmarschallleutnant Urban trat von jetzt an mit der Armee wieder in unmittelbare Verbindung. Wir verließen denselben in der Gegend von Varese, wo er am Fuße des Gebirges Garibaldi gegenüberstand, und müssen nun kurz das weitere nachholen.

Als das österreichische Heer hinter den Ticino zurückging, erhielt auch General Urban den entsprechenden Befehl. Auf die am 3. Juni früh erhaltene Meldung von dem Tags zuvor bei Turbigo unternommenen Übergang des Feindes über den Ticino und dem Entgegenrücken der Division Corbon marschierte Urban, den General Rupprecht zur Beobachtung Garibaldis in Varese zurücklassend, mit den beiden anderen Brigaden am 3. nachmittags nach Gallarate und am 4. auf die Meldung seiner Vorposten, daß in der Richtung auf Cuggiono ein Gefecht stattfinde, nach Vanzaghetto und Bienate.**) Am Mittag dieses Tages war dem General Urban vom Hauptquartier eine Aufforderung zur Mitwirkung für einen an demselben Tage vom Korps des Grafen Clam-Gallas beabsichtigten Angriff in der Richtung auf Turbigo zugegangen.***) Bei der Unmöglichkeit, diese Gegend noch heute zu erreichen, machte General Urban halt,†) und erst am 5. früh stieß beim weiteren Vorrücken seine Avantgardenbrigade, Schaffgotsche, bei Castano auf die Vorposten des Generals Durando, welcher, wie wir wissen, auf die Nachricht vom Anrücken Urbans bei Turbigo zum Schutz nach jener Seite hin stehen geblieben war. Die Spitzen wechselten einige Schüsse; doch ließ General Urban (welcher nicht wissen konnte, daß diese Division bereits Befehl hatte zurückzugehen, hauptsächlich aber, da es ihm nicht gelungen war, die Verbindung mit der eigenen Hauptarmee aufzufinden), so überlegenen Kräften gegenüber

---

*) Vgl. Marschtabel. Das IX. Korps kam nach Piadena.
**) Urban stand am 4. Juni abends mit den beiden Brigaden in Busto Arsizio. Östr. G. St. W. 2, S. 2.
***) Urban will die Aufforderung erst am 19. Juni erhalten haben. Übrigens nahm Graf Gyulai an, daß Urban erst am 5. Juni eingreifen würde, und zwar in dem Falle, daß Clam am 4. bei Turbigo auf überlegene Kräfte des Feindes stieß und sich zurückziehen müßte. Östr. G. St. W. 1, S. 521.
†) Wenn es Urban auch unmöglich schien, das Schlachtfeld noch vor Einbruch der Dunkelheit zu erreichen, so durfte er doch nicht stehen bleiben. Vgl. S. 149, Anm. †.

das Gefecht abbrechen*) und zog sich auf Castegnate zurück. Nachdem er dort am 6. von dem Ausgange der Schlacht von Magenta und dem in südlicher Richtung erfolgten Rückzuge der Österreichischen Armee unterrichtet worden war, wich er von Castegnate und Trabate, wohin er noch am 5. die Brigade Rupprecht zurückgenommen hatte, über Deflo und Canonica am oberen Lambro aus.**) Das langsame Weiterrücken der Verbündeten nach der Schlacht rettete ihn glücklich aus seiner gefährlichen Lage, und die nachmaligen Versuche, die Division zu erreichen, kamen zu spät. Nach zwei forcierten Märschen überschritt General Urban am 7. abends glücklich bei Canonica die Abba und blieb daselbst bis zum 11. unbehelligt stehen. Die Besatzungsbrigade Hobitz aus Bergamo,***) welche das dortige Castell auf höheren Befehl am 7. geräumt und sich nach Ostio bi sotto zurückgezogen hatte, wurde von ihm aufgenommen. Am 11. trat die Division ihren weiteren Rückzug an†) und überschritt am 12. den Oglio bei Urago.

Sobald Feldmarschallleutnant Urban die Gegend des Lago Maggiore verlassen, war ihm auch Garibaldi wieder gefolgt und hatte sich, am Fuße des Gebirges entlang ziehend, über Lecco auf Bergamo dirigiert, woselbst er am 8. eintraf.††) Er bildete beim weiteren Vorrücken den linken Flügel der verbündeten Armee, verstärkte sich bedeutend durch Freiwillige, welche ihm jetzt

---

*) Nach Östr. G. St. W. 1, S. 575 und 2, S. 17 rückte Urban am 6. früh mit den Brigaden Schaffgotsche und Augustin zur Aufsuchung der Verbindung mit dem I. Korps über Blenate nach Busto Garolfo und unternahm von dort mit der erstgenannten Brigade eine Erkundung gegen Castano. das besetzt gefunden wurde. „Da alles auf einen für die eigene Armee ungünstigen Ausgang der Schlacht hinzuweisen schien", trat Urban den Rückzug hinter die Olona an. Am Abend des 5. lagerte er bei Legnarello und Castegnate (Rupprecht bei Trabate).

**) Die Brigade Schaffgotsche erreichte am 6. Juni abends, Augustin und Rupprecht am 7. 3⁰ morgens Canonica am Lambro. Am 7. 4⁰ morgens setzte die Division den Rückzug fort und erreichte Canonica an der Abba. Östr. G. St. W. 2, S. 18.

Seitens der Verbündeten wurden am 6. Detachements von S. Lorenzo und Garbagnate aus der Division Urban nachgeschoben. Frz. G. St. W., S. 211; Östr. G. St. W. 2, S. 13. Nach Almazan, S. 224, waren zur Verfolgung angesetzt: Kavallerie Desvaux, 2. Korps, Sardinische Armee. — Nach den fruchtlosen Bemühungen der Alliierten zur Abschneidung der Division Urban erhielt General Desvaur, der ihr am weitesten gefolgt war, am 7. den Befehl, von der weiteren Verfolgung abzustehen und sich gegen Mailand zu wenden. Frz. G. St. W., S. 211, 212; Duquet, S. 109; Östr. G. St. W., 2, S. 14.

***) Vgl. S. 152, Anm. **) sowie S. 154, Anm. †) u. ††) am Schluß.

†) VIII. Korps und Division Urban wurden von Gyulai angewiesen sich von jetzt an in gleicher Höhe zurückzuziehen und überhaupt stets im gegenseitigen Einverständnis zu handeln. Östr. G. St. W. 2, S. 66.

††) Garibaldi blieb dort bis zum 11. Juni und beschränkte sich darauf Streifkorps nach allen Richtungen zu senden. Frz. G. St. W., S. 265; Östr. G. St. W. 2, S. 46.

in Menge zuströmten, und detachierte in das Valtellin (obere Abbatal) und Val Camonica (obere Ogliotal).*)

Die Forts von Laveno am Lago Maggiore waren sonach augenblicklich gar nicht bedrängt; doch hielt es der Kommandant, da keine Aussicht auf Entsatz vorhanden war, für ratsam, den Moment der Ruhe zu benutzen, um sich mit der aus 6 Offizieren, 650 Mann (meist vom Regiment Carl) bestehenden Besatzung auf den Kriegsdampfern „Benedek" und „Radetzki" nach Magadino zu begeben und dort auf Schweizergebiet überzutreten. Früher erhaltene Instruktionen ermächtigten ihn zu diesem Schritt.

Französischerseits passierte am 12. Juni das 3. Korps auf drei Brücken die Adda bei Cassano. Ein heftiges, sehr lange anhaltendes Unwetter verzögerte die Vollendung des Überganges bis abends spät. Das Korps biwakierte bei Treviglio, die anderen Korps setzten ihren Marsch in der Richtung auf Cassano fort und trafen, das 1. Korps in Melzo, Pozzuolo und Vignate, das 2. Korps in Albignano und Truccazzano, das 4. Korps in Pioltello ein.

Das Hauptquartier wurde nach Gorgonzola verlegt, wohin auch die Garde rückte.

Die Sardinische Armee ging bei Vaprio über die Adda und schob sich demnächst dergestalt vor die Französische, daß die einzelnen Divisionen nach Morengo, Pagazzano, Cologno, Ciserano, Romano und Lurano, das Hauptquartier des Königs nach Vimercate kamen.

Es scheint, daß der Kaiser Napoleon noch immer einen Angriff der Österreicher erwartet hat, wenigstens läßt sich dies aus der engen Konzentration schließen, in welcher die Armee verblieb. Man würde sich nicht ohne bestimmten Zweck den großen Nachteilen, welche eine so zusammengedrängte Bewegung notwendigerweise mit sich führt, ausgesetzt haben.**) Da man nur wenige Straßen zur Disposition hatte, so behinderten sich die langen Marschkolonnen der verschiedenen Korps häufig gegenseitig; es entstanden Verzögerungen, durch welche die Truppen bei der großen Hitze sehr ermüdet wurden, und nur langsam konnte die Armee weiter vorrücken.

Im Österreichischen Hauptquartier war am 12. abends die unerwartete 13. Juni. Nachricht eingegangen, daß die Besatzung des Kastells von Brescia auf Aller-

---

*) Garibaldi rückte am 12. Juni nach Martinengo und Palazzolo am Oglio und gelangte am 13. nach Brescia. Frz. G. St. W., S. 265.

**) Vgl. Fruston, S. 213.

höchsten Befehl am 11. abmarschiert sei.*) Hierdurch war dem rechten Flügel der Armee der wichtige Stützpunkt, auf den man mit Bestimmtheit gerechnet hatte, entzogen. Es mußte also die Disposition für dem heutigen Tag, welche einen Ruhetag ansetzte, teilweise geändert**) und dem rechten Flügel eine Frontstellung nach Norden gegeben werden. Die Division Urban wurde nach Capriano und Poncarale,

    das VII. Korps nach Castenedolo,
    = I. = = Bagnolo,
    = VIII. = = Offlaga,***)

die Kavalleriedivision nach Faverzano beordert. Das Hauptquartier ging nach Leno.

Man wußte Garibaldi schon weit vorgerückt und dieser konnte von Brescia aus der Armee leicht ernste Ungelegenheiten bereiten.

In der Tat war derselbe von Bergamo auf die Nachricht von der Räumung Brescias herbeigeeilt und hatte die Stadt heute besetzt.

Die Piemontesische Armee überschritt den Serio in der Gegend von Martinengo und gelangte bis an den Oglio, wo der König in Palazzolo sein Hauptquartier nahm, während die Kavalleriedivision Sambuy sogar bis Coccaglio und Cologne vorpoussiert wurde.

Von den Franzosen rückte das 3. Korps bis Mozzanica am Serio vor. Das 1. und 2. passierten bei Cassano die Abda und erreichten Treviglio bezw. Caravaggio, das 4. Korps Albignano, die Garden Le Fornaci und Inzago.

14. Juni. Am 14. erst überschritt der Rest der Französischen Armee die Abda†) und stand nun folgendermaßen:

    das 3. Korps in Fontanella, auf der Straße Antignate—Soncino,
       ·zum Schutz der rechten Flanke,
    = 2. = = Antignate auf der Straße nach Calcio,
    = 1. = = Mozzanica,
    = 4. = = Caravaggio,
    die Garde = Treviglio und Cassano,
    das Hauptquartier des Kaisers in Treviglio.

---

*) Östr. G. St. W. 2 geht auf die Räumung Brescias nicht näher ein.
**) III. Korps blieb in Padernello, II. bei Quinzano, V. bei Berolanova und Pontevico; IX. rückte von Piadena nach Marcaria. Östr. G. St. W. 2, S. 81.
***) Bezw. Cignano. Östr. G. St. W. 2, S. 81.
†) Wimpffen, S. 171, führt am 13. Juni 1859 in seinem „Prés de Vaprio" geschriebenen Tagebuche als Grund für das verzögerte Überschreiten der Abda an, daß neuem Mangel an Lebensmitteln die Armee aufgehalten habe.

Die Piemontesen gingen bei Palazzolo und Pontoglio über den Oglio und auf der Straße nach Brescia zum Teil bis zur Mella vor.*) Von der Division Cialdini wurden das 9. Regiment und vier Geschütze die Mella aufwärts zur Beobachtung ihres oberen Tals entsandt.

Die Österreichische Armee stand hinter der Mella mit dem rechten Flügel, General Urban, in Castenedolo, dem linken, dem V. Korps, in Gottolengo,**) während das VII. Korps schon Montechiari an dem Chiese erreicht hatte.***) Das Hauptquartier verblieb in Leno.

Der 15. war für die Französische Armee mit Ausnahme der Garde, welche nach Romano, und des 2. Korps, welche bis Urago am Oglio marschierte, zum Ruhetag bestimmt. Garibaldi†) rückte von Brescia auf der Straße von Ponte S. Marco gegen den Chiese vor; dahinter die Sardinische Armee bis Brescia und Castegnato.

Die Österreichische Armee ging über den Chiese, das Hauptquartier bis Castiglione zurück. Da man den Feind in der Nähe vermutete und glaubte, auf einen Angriff gefaßt sein zu müssen, so wurden das I. und VIII. Korps und die Division Urban um Montechiari konzentriert, wo langgestreckte Höhenrücken, welche das linke Ufer des Chiese begleiten und steil zu demselben abfallen, gute Gelegenheit zu einer Defensivaufstellung gaben. Dahinter stand das VII. Korps in Desenzano,††) das V. bei Carpenedolo, das II. bei S. Cassiano. Die Reservekavallerie verblieb vorwärts in dem ihr besonders günstigen Terrain bei Rhó und Vighizzolo. Das III. Korps ging nach Castel Goffredo, um einer etwa beabsichtigten Umgehung von Süden her begegnen zu können, eine Besorgnis, die bei der nördlichen Stellung des Feindes kaum gerechtfertigt erscheint.

Feldmarschalleutnant Urban sollte erst um 11° vormittags seine Stellung bei Castenedolo verlassen. Die Truppen schickten sich eben zum Abmarsch an, als die Vorposten, zwei Kompagnien Kellner, um 10³⁰ in dem kupierten

---

*) Victor Emanuel wollte durch schnelles Vorgehen den Kaiser Napoleon zwingen, seine Bewegungen zu beschleunigen; andererseits wollten die Sardinier auch bereit sein, Garibaldi, wenn nötig, zu unterstützen. Précis, S. 187.
**) Das V. Korps stand in Gottolengo und Isorella. Östr. G. St. W. 2, S. 84.
***) I. Korps Bagnolo (Ruhe), VIII. u. Kavalleriedivision Leno, III. Gambara, II. Pralboino, IX. Marcaria (Ruhe). Nicht V., sondern III. bildete somit den linken Flügel der Österreicher. Östr. G. St. W. 2, S. 84.
†) Garibaldi hatte bereits am 14. Juni die Gegend von S. Eufemia östlich Brescia erreicht. Frz. G. St. W., S. 265; Östr. G. St. W. 2, S. 87.
††) VII. stand am 14. und 15. Juni bei Montechiari, IX. erreichte am 15. Gajoldo. Östr. G. St. W. 2, S. 91/93.

Terrain nordöstlich des Orts von Cilverghe her durch die Alpenjäger angegriffen wurden.*) General Rupprecht mußte sich vor der Übermacht nach den Höhen, auf welchen das Städtchen liegt, zurückziehen, wo er sich so lange verteidigte, bis General Urban mit drei Bataillonen zur Unterstützung herankam und nun, in Verbindung mit einer vom Major Bourguignon in der Richtung auf Cilverghe vorgeführten zweiten Kolonne von einem Bataillon, einer Eskadron und zwei Geschützen, seinerseits die Offensive ergreifend, die Freischaren nachdrücklich zurücktrieb. Er ließ jedoch, da man noch einen Marsch zu machen hatte und der Feind von S. Eufemia her Unterstützung erhielt, die errungenen Vorteile nicht weiter verfolgen, sondern brach das Gefecht ab.**)

Der Verlust der Österreicher war unbedeutend, doch zählten sie 10 verwundete Offiziere. Der Feind verlor 15 Tote, 120 Verwundete. 70 Gefangene, darunter drei Offiziere, fielen den Österreichern in die Hände.***)

Die Kanonade dieses Gefechts veranlaßte den König Victor Emanuel, die Division Cialdini sogleich bis S. Eufemia zur Aufnahme der Garibaldischen Truppen vorzuschicken.

16. Juni.   Am 16. Juni hatte die Piemontesische Armee Ruhetag, während die Französische Armee

        mit dem 1. Korps nach Urago,
        „ „   2. „   „ Castrezzato,
        „ „   3. „   „ Soncino und Orzinovi,
        „ „   4. „   „ Antignate und Fontanella,
        mit der 1. Gardedivision und dem kaiserlichen Hauptquartier nach Calcio,
        „ „   2. Gardedivision nach Chiari und
        der Kavalleriedivision Desvaux nach Comezzano rückten.

---

*) Nach Östr. G. St. W. 2, S. 89, erfolgte der Angriff 7³⁰, nach Frz. G. St. W., S. 266, 8⁰ morgens. Die Darstellung des Kampfes ist in den Werken verschieden. Das Östr. G. St. W. 2, S. 88, gibt an, drei Kompagnien seien angegriffen und trotz Bestärkung durch eine vierte auf Castenedolo geworfen worden. Dort hatte Urban zwei Bataillone Rupprecht zur Aufnahme bereitgestellt. Um 11⁰ vormittags sei dann mit drei Bataillonen erfolgreich zum Gegenstoß geschritten und der Feind bis hinter die Eisenbahn verfolgt worden. Während dieses Vorganges bei der Brigade Rupprecht richtete sich der Angriff der Kolonne Bourguignon mit vollem Erfolg gegen Cilverghe. Preuß. Gsch. 3, S. 59 bis 71, stellt das Gefecht ganz anders dar.

**) Urban rückte nach dem Gefecht nach Calcinato. Östr. G. St. W. 2, S. 90.

***) Die Österreicher hatten 109 Mann (einschl. zwei Offiziere), die Alpenjäger 185 Mann und 73 Gefangene verloren. Östr. G. St. W. 2, S. 90, 91 und Frz. G. St. W., S. 268.

Inzwischen war es den Österreichern nunmehr gelungen, sich dem Feind auf dessen Hauptoperationslinie wieder direkt vorzulegen.

Auf dem Höhenterrain südlich des Garda-Sees, mit der Arrieregarde an dem Chiese, befand die Österreichische Armee sich schon jetzt in einer Stellung, welche für die Verteidigung wie für Ergreifung der Offensive gleich günstig erscheint. Das linke Ufer dieses Flusses dominiert an allen Übergangsstellen und bildet eine Vorpostenlinie, hinter welcher das Gros der Armee im Falle eines Angriffs volle Zeit gewinnen konnte, sich an dem Höhenrand, zwischen Lonato*) und Volta, je nachdem es erforderlich wurde, zu formieren. Der Frontalangriff auf diese Stellung, welche die ganze vorliegende Ebene beherrscht und unter das Feuer einer zahlreichen Artillerie nimmt, bietet große Schwierigkeiten. In der rechten Flanke ist eine Umgehung derselben unmöglich. Wollte der Feind südlich an ihr vorbeimarschieren, so fand die treffliche Kavallerie der Österreicher das günstigste Terrain dem entgegenzutreten, während die Hauptarmee die Offensive ergriff. Wenn die allerdings nicht sehr wahrscheinliche Nachricht begründet war, daß zwei Französische Korps sich gegen den Po dirigierten, um in Verbindung mit dem Prinzen Napoleon gegen die linke Flanke der Österreicher zu wirken, so lag darin nur eine Aufforderung mehr, der so geschwächten Hauptarmee der Alliierten ohne jeden Zeitverlust auf den Leib zu gehen. Ein Sieg über diese hätte alle Nebenunternehmungen zu Lande wie zu Wasser ganz von selbst unterbleiben lassen.**) Im allerunglücklichsten Fall hatte man das schützende Festungsviereck auf einen Marsch hinter sich, und der Rückzug auf Peschiera konnte nie gefährdet werden. Wenn das Hügelterrain das Zurückführen des Armeematerials erschwerte, so hinderte es anderseits ebensosehr ein heftiges Nachbringen des Feindes.

Ein später veröffentlichtes Schriftstück, welches vom 11. Juni datiert ist, setzt es außer Zweifel, daß man im Hauptquartier des Grafen Gyulai die Vorteile sehr wohl erkannt hat,***) welche das Festhalten des Höhenterrains am Garda-See gewährte, daß dieser General entschlossen war, dort Stellung zu nehmen, und daß für solchen Zweck durch Verschanzungen und Wegebesserungen bereits Vorbereitungen getroffen wurden. Die Verstärkungen und alles, was zur Ergänzung und Ernährung nötig, waren auf der Eisen-

---

*) Bei Lonato und Castiglione hatten die Österreicher 1706 und 1796 durch die Franzosen Niederlagen erlitten.
**) Ebenso S. 187.
***) Vgl. S. 170, Anm. *).

bahn und auf zahlreichen guten Straßen vorwärts an die Armee heranzuziehen, diese selbst aber gewann dann voraussichtlich mehrere Tage Ruhe.

Derselben Ansicht war Feldmarschalleutnant Ramming, und als derselbe am 14. Juni in das Kaiserliche Hauptquartier zu Verona berufen wurde,*) konnte er noch dazu aus unmittelbarster Anschauung versichern, daß die Truppen in durchaus schlagfertigem Zustand die Wiederaufnahme der Gefechtstätigkeit mit Freuden begrüßen würden.

Feldzeugmeister Baron v. Heß war seither in allen seinen Maßnahmen von der Überzeugung geleitet worden, daß die Armee sich sammeln, daß sie ausruhen und sich mit allen vorhandenen Mitteln verstärken müsse. Manches sprach dafür, daß dies innerhalb des Festungsvierecks am sichersten geschehen könne, und namentlich wird wohl auch hier die mangelhaft organisierte Verpflegung mit eingewirkt haben. Es scheint, daß der fernere Rückzug dem Grafen Gyulai bestimmt befohlen worden ist.**)

Auch in der Absicht des Baron Heß lag es, demnächst die Offensive wieder zu ergreifen. Eine dauernde Defensive hinter dem Mincio hat er keinesfalls gewollt. Dem standen der Wille des Kaisers und alle Verhältnisse entgegen. Die Finanzen des Staates ertrugen ein längeres Hinausschieben der Entscheidung nicht. Was an Streitmitteln im Innern des Reichs irgend entbehrt werden konnte, war bereits südlich der Alpen versammelt. Alles drängte zum sofortigen Handeln.

So standen sich im Kaiserlichen Hauptquartier zwei abweichende Meinungen gegenüber, zwischen welchen man bis zum letzten Augenblick schwankte;***) denn erst am 16. Juni wurden Kuriere abgeschickt, um den weiteren Rückzug zu inhibieren, leider aber einige Stunden zu spät.†) Ein Teil der Armee hatte schon den Mincio erreicht und dabei einen starken Marsch zurückgelegt. Nur

---

*) Rammings Brigade übernahm am 17. General Dienstl. Östr. G. St. W. 2, S. 85.

**) Das Armeeoberkommando in Verona hatte in der Tat angeordnet, daß die Zweite Armee am 16. Juni den Rückmarsch fortsetzen und sich derart dem Mincio nähern solle, daß sie am folgenden Tage ihre neue Aufstellung am linken Flußufer zu erreichen vermöchte, um sich mit Teilen der dort bereits lagernden Ersten Armee zu konzentrieren. Östr. G. St. W. 2, S. 96.

***) Vgl. Friedjung (Vorherrschaft) 1, S. 19; Schlichting, „Moltke und Benedek", S. 104.

†) Auf die Nachricht, daß Garibaldi vom Chiese bei Ponte S. Marco aus über Desenzano, Victor Emanuel von Brescia aus die rechte Flanke der Österreichischen Armee gefährdeten, in der Front aber die Franzosen am 15. bei Castenedolo und vorwärts Canneto sich befänden, hatte Gyulai das VII. und I. Korps den Rückzug bereits in der Nacht zum 16. antreten lassen. Den Kaiser Franz Josef veranlaßten dieselben Nachrichten über den Feind zu dem entgegengesetzten Entschluß. Er widerrief den Rückzugsbefehl und ordnete auf Vorschlag Rammings die Besetzung der Stellung Lonato Castiglione an. Östr. G. St. W. 2, S. 101/102.

die in vorderster Linie stehenden Korps kehrten gegen den Chiese zurück. Diesen war ausdrücklich befohlen, falls inzwischen der Feind S. Marco und Montechiari besetzt haben sollte, jene Punkte wieder zu nehmen. Die offensive Absicht ist dabei unverkennbar.

Es standen am Abend dieses Tages:

das VII. Korps	. . . .	bei Lonato	deren Avantgarden an dem Chiese;
" I. " *) u. Division Urban**)		" Esenta	
" VIII. " .	. . .	" Castiglione***)	

dagegen:

das V. "		" Volta,†)
" III. "		" Goito,††)
" II. "	. . . .	" Castellucchio westlich Mantua,
Kavalleriedivision Mensdorff	. . . .	" Guidizzolo;

dann hinter dem Mincio dicht zusammen:

das IX. Korps	. . . .	bei Roverbella,†††)
" XI. "		" Tormene,*†)
Kavalleriedivision Zedtwitz	. . . . .	" S. Zenone.*††)

Die Absicht blieb, die rückwärts stehenden Abteilungen nach einem Ruhetag am 17. in zwei kurzen Märschen an den Chiese heranzuziehen, so daß dann die gesamte Armee am 19. abends auf einer Linie von Lonato bis Acquafredda versammelt gewesen wäre.

Würde man bis dahin nicht selbst angegriffen, so sollte am 20. die Offensive beginnen. Eine vollständige Angriffsdisposition war ausgearbeitet.*†††)

*) Drei Brigaden I. Korps standen bei Castel Venzago, eine bei Peschiera; diese rückte am 17. früh zu den anderen wieder vor. Öftr. G. St. W. 2, S. 109.

**) Die Division Urban übernahm am 16. Juni morgens General Rupprecht. Urban ging nach Verona. Die Division stand abends nicht bei Esenta, sondern mit zwei Brigaden bei Lonato, mit einer bei Castiglione. Öftr. G. St. W. 2, S. 108.

***) Zwei Brigaden VIII. Korps standen bei Guidizzolo, eine bei Cavriana, zwei bei Castiglione; letztere beiden rückten erst am 17. bis Castiglione vor. Öftr. G. St. W. 2, S. 110.

†) Das V. Korps lagerte bei Cereta und Volta. Öftr. G. St. W. 2, S. 110.

††) Das III. Korps stand bei Marengo. Erst am 17. rückte es nach Goito wieder vor. Öftr. G. St. W. 2, S. 111.

†††) Das IX. Korps stand bei Goito; erst am 17. rückte es nach Roverbella. Öftr. G. St. W. 2, S. 111/118.

*†) Das XI Korps stand am 17. Juni in Tormene und Vellaloco. Öftr. G. St. W. 2, S. 119.

*††) Der Anfang der Division Zedtwitz traf am 17. in Verona ein, das Ende am 21. Erst von Verona rückten die Truppen nach S. Zenone. Öftr. G. St. W. 2, S. 119/20 ff.

*†††) Der von Ramming entworfenen „Angriffsdisposition" vom 16. Juni 1859 lag die Annahme zugrunde, daß die Französische Hauptarmee gegen den Po, wahrscheinlich

Die Armee hatte dabei, im großen genommen, eine Rechtsschwenkung in folgender Art auszuführen. Lonato bildet das Pivot, das VII. Korps bleibt zunächst dort stehen. Die Bewegung beginnt staffelweise vom linken Flügel. Das IX. Korps geht von Carpenedolo gegen Oriani, die Kavallerie gegen Ghedi vor, wo sie auf der Heide ein günstiges Gefechtsfeld findet. Das XI. Korps, welches anfänglich als Flankendeckung stehen bleibt, folgt demnächst dieser Bewegung als Reserve.

Das III., V. und VIII. Korps rücken im Zentrum vereint über Montechiari gegen Castenedolo, wohin auch das I. Korps über Calcinato dirigiert wird; endlich folgt das VII. Korps als Reserve des rechten Flügels über S. Marco.

Prüfen wir, wie die Unternehmung, wenn sie ausgeführt wurde, den Feind traf.

17. u. 18. Juni. Die Franzosen setzten am 17. und 18. ihren Marsch auf Brescia fort und standen am Abend dieses letzteren Tages wie folgt:

das 4. Korps . . . . in Bagnolo,
 = 3. = ... = Poncarale und Montirone,
 = 2. = ... = S. Zeno,
 = 1. = ... = Sa. Eufemia und S. Paolo,
die Garde mit dem Hauptquartier . . = Brescia.

Garibaldi marschierte nördlich in die Alpen hinein.

Die Sardinier rückten bis an den Chiese gegen Calcinate und den Chaussee- und Eisenbahnübergang bei Ponte S. Marco vor. General Cialdini wurde mit seiner Division zur Unterstützung Garibaldis über Be-

über Lodi gegen Piacenza und über Soncino gegen Cremona, im Vormarsch sei, mit dem Prinzen Napoleon und den Toskanischen Truppen in Verbindung treten und das Festungsviereck umgehen wolle, daß der Österreichischen Front gegenüber bei Brescia—Castenedolo schwächere feindliche Kräfte seien. Diese sollten durch den Angriff vom Gros abgedrängt werden. Auf Rammings Vorschlag wurde der S. 178 erwähnte Rückmarsch eingestellt. Doch bald kam eine andere Auffassung der Lage im Allerhöchsten Hauptquartier zur Geltung. „Da die (Rammingsche) Supposition nicht zutraf, wurde der Entwurf »beseitigt«." Bereits am 18. lag es nicht mehr in der Absicht des Kaisers, die Stellung Lonato—Castiglione gegen einen überlegenen Angriff des Feindes zu behaupten; auch sollte der Rückzug hinter den Mincio angetreten werden, falls der Feind im Verlauf des 19. und 20. Juni seinen Angriff unternehme. In der Tat wurden aber bereits in der Nacht zum 20. die am Chiese stehenden Infanterieabteilungen zurückgezogen; die Biwakfeuer ließ man brennen. Für den Rückzug sollten benutzen: das VII. Korps Bahn und Chaussee Desenzano—Peschiera nach Cavalcaselle; I. Straße Pozzolengo—Ponti nach Oliosi; VIII. Straße Solferino—Castellaro Lagusello nach Monzambano; V. Straße Volta—Valeggio Gyulai war am 19. früh 8° im Besitz dieser Weisungen. Am 19. Juni hatte inzwischen im Kaiserlichen Hauptquartier wieder der Gedanke der Offensive die Oberhand gewonnen. Östr. G. W. 2, S. 102, 127, 136, 141, 142, 171; vgl. Ramming, S. 27 ff.

stone in das Gebirge entsandt. Er nahm sein Hauptquartier in Breno und besetzte die nach Tirol führenden Straßen zwischen dem Valtellin und dem Garda-See.*)

In der Stellung zwischen Bagnolo und Brescia, Front gegen den Chiese, 19. u. 20. Juni, hielten die Franzosen, durch die eben eingetroffenen beiden schweren Brigaden der Gardekavalleriedivision Morris verstärkt, eine zweitägige Rast.

Was sie getan hätten, wenn am 20. die Österreicher zum Angriff vorgingen, läßt sich natürlich nicht bestimmen. Zurückgewichen wären sie keinenfalls. Sie hatten die Wahl, die Sardinier, welche vorwärts stehend den Stoß von drei Österreichischen Korps nicht aushalten konnten, bei Brescia aufzunehmen oder zu ihrer Unterstützung selbst vorzugehen. Man kann nicht behaupten, daß die Alliierten dabei taktisch in entschiedenen Nachteil getreten wären. Auch ihre Streitkräfte waren vollständig konzentriert, und die Stellung Brescia—Poncarale scheint eine starke zu sein. Die strategische Lage aber war unzweifelhaft zugunsten der Österreicher. Der Verlust der Schlacht konnte ihnen nie in dem Maße verderblich werden wie ihren Gegnern, und jedenfalls hatten sie für sich die Überraschung, welche der Selbstbestimmung und dem Handeln stets zur Seite steht.

Die Französische Armee, welche bis dahin in einer vier Meilen tiefen Kolonne heranrückte, hatte, wie wir gesehen, nunmehr ihren Aufmarsch bewirkt. Der Sieger von Magenta war in 16 Tagen nur 16 Meilen, vom Ticino bis zum Chiese, vorgegangen.**) Trotz des späten Aufbruchs aus Mailand hätten die Franzosen der Entfernung nach immer noch mit den Österreichern gleichzeitig am Chiese anlangen können, und man darf mit Recht fragen, wes-

---

*) Am 17. und 18. Juni änderten nur einzelne Österreichische Korps ihre Stellungen: Am 17. kam Rupprecht (Urban) nach Centinaro (am 18. nach Desenzano), Mensdorff nach Castiglione, das V. Korps wurde bei Volta vereint, das Hauptquartier der Zweiten Armee von Volta nach Pozzolengo verlegt. Von der Ersten Armee lagen am 17. das Hauptquartier in Mozzecane, IX. in Roverbella, II. in und um Mantua, X. (Division Marziani) in Rogara, XI. bei Tormene; die Spitzen der Kavallerie Zedtwitz erreichten Verona am 17., das Ende am 21. Am 20. abends (vgl. S. 180, Anm. *) standen VII. bei Castelnovo, I. bei Olioß, VIII. bei Monzambano, V. bei Valeggio, III. östlich Pozzolo, Mensdorff bei Rosegaferro, das Armeehauptquartier kam nach Custoza. Vgl. S. 198; Östr. G. St. W. 2. S. 114 ff.

**) In der Einleitung zum Preußischen Generalstabswerk 1870/71, S. 29/30, heißt es: „Überdies hatten die Erfahrungen des letzten Krieges in Italien keineswegs bedeutende Marschleistungen der Französischen Truppen in größeren Massen konstatiert. Wenigstens wußte man sich in Preußen sehr wohl zu erinnern, daß die damals nur 100 000 Mann zählende Armee des Kaisers nach dem Siege von Magenta bis zum Tage von Solferino täglich im Durchschnitt nur eine Meile zurückgelegt hatte."

halb die Schnelligkeit der früheren Bewegungen in diesem Zeitabschnitte so auffallend abnahm.*)

Zunächst erschien es wohl nicht ohne strategische Bedenken, in den engen Raum zwischen dem Hochgebirge der Alpen und dem durchaus schlagfähigen Heere der Österreicher einzubringen. Dann aber traten jetzt Verhältnisse in Betracht, welche bei Darstellung kriegerischer Begebenheiten und bei ihrer Beurteilung meist ganz unerwähnt bleiben, und welche doch selbst in einem so reichen Lande wie die Lombardei einen wichtigen Einfluß üben: die Rücksichten nämlich auf die Ernährung eines großen Heeres.**)

Es war bisher der Französischen Administration gelungen, allen Anforderungen zu genügen, selbst als der plötzliche Linksabmarsch vom Po an den Ticino den Nachschub auf eine ganz neue Operationslinie verlegte. Aber das wichtigste Mittel für Erreichung jenes Zwecks war die Eisenbahn, und diese fand man nunmehr unterbrochen, zunächst bei Vercelli, dann bei Magenta.

Als ferner am 5. Juni die Österreicher Mailand räumten, nahmen sie die Betriebsmittel der Lombardo—Venetianischen Bahn bis Verona zurück, sprengten die Brücken über die Muzza und dann auch über den Chiese.

Die Eisenbahnen Magenta—Mailand und Mailand—Verona standen in keiner unmittelbaren Verbindung, sondern waren durch die nicht gebaute Strecke um Mailand von Porta Nuova bis Porta Tosa unterbrochen. Es war daher auch nicht möglich, die Lokomotiven und Wagen der ersteren Strecke fortzuführen, indes hatte man Maschinenstücke mitgenommen.

Dennoch mußten die Franzosen schon bis zum 6. einen Teil dieses Materials soweit herzustellen, daß die Verwundeten vom Schlachtfeld von Magenta nach der Lombardischen Hauptstadt geschafft werden konnten und zwar 3500 Franzosen, 120 Italiener, 1996 Österreicher. Es wurden zwar die Bestände mittels requirierter Wagen und durch Armeefuhrwerk vorwärts gebracht, aber doch, soweit angänglich, von Magenta an durch die schwachen Mittel der Bahn befördert. Täglich gingen von Vercelli drei Transporte zu 60 Wagen ab.

Als aber am 11. die Französische Armee die Operationen wieder aufnahm, mußte am 12. das Armeefuhrwerk derselben folgen. Indes war es gelungen, auf diese Weise und aus den in Mailand selbst reichlich vorhandenen Mitteln dort ein sehr bedeutendes Magazin anzuhäufen.

---

*) Fruston, S. 222, meint, Napoleon sei nur dann in seinem militärischen Verhalten zwischen Magenta und Solferino zu verstehen, wenn man den Einfluß politischer Erwägungen in Rechnung ziehe, die ihn auf die Eroberung Venetiens verzichten ließen. Vgl. Moltkes Urteil, S. 273/274.

**) Vgl. Wimpffen, S. 171; Ducrot 1, S. 339; Della Rocca, S. 147.

Am 12. war auch die Sesiabrücke wieder gangbar gemacht, und es kam nun, um die Piemontesischen Betriebsmittel auf die Lombardischen Bahnen zu bringen, vor allem darauf an, die Brücke bei Magenta herzustellen und eine Verbindungsbahn um Mailand herumzuführen. Über die nur 40 Schritte breite, aber tief eingeschnittene Muzza war binnen 48 Stunden einstweilen eine Laufbrücke hergestellt worden, über welche die Vorräte auf Schubkarren und durch Menschen fortgeschafft wurden, als am 18 das Französische Hauptquartier nach Brescia kam. Aus den dort aufzutreibenden Mitteln und trotz des Nachschubes aus Mailand war indes kaum der tägliche Bedarf zu beschaffen. Die Korpsintendanturen mußten durch Requisition und Brotbacken für sich selbst sorgen. An Heu hat es niemals gefehlt, denn Italien ist reich an Fourage. Der Hafer mußte zuweilen durch gestampften Mais ersetzt werden. Der Kavallerist trug die Ration für einen Tag mit sich, nie mehr. Zwar hatten die Österreicher auf der Zweigbahn nach Bergamo eine Lokomotive und einige Wagen in der Eile stehen lassen; aber das alles reichte nicht aus, und bei der größten Tätigkeit gelang es erst Ende des Monats, die Unterbrechungen der Bahn zu beseitigen, so daß am 28. Juni Lokomotiven von Genua und Susa bis Brescia fuhren.

Bis zu diesem Zeitpunkt standen also einem schnellen Vorrücken der Franzosen, die sich von ihren Hauptmagazinen immer weiter entfernten, große Schwierigkeiten entgegen. Aber der Umsicht und Tatkraft ihrer Administration gelang es, bei ermäßigter Lebhaftigkeit der Operationen den Bedarf des Heeres fortwährend zu sichern, während die Verpflegung der Österreichischen Armee, welche sich doch ihren Hilfsquellen näherte, völlig ins Stocken geraten war. Namentlich fehlte dort das Brot aus Mangel an Backöfen.

Diese Verpflegungsrücksichten werden wohl mit dazu beigetragen haben, daß man den Wiedervormarsch der Armee gegen den Chiese schließlich doch aufgab, und nun mußten auch die dort verbliebenen Abteilungen zurückgezogen werden; denn allerdings konnten sie in ihrer Vereinzelung von der gesamten Macht der Verbündeten angegriffen werden. Angeblicher Wassermangel*) und Umformung der Ordre de Bataille waren dabei von untergeordneter Bedeutung.

Der Kaiser Franz Josef hatte sich am 18. mittels der Eisenbahn nach Lonato begeben, hatte dort das VII., in Esenta das I., in Castiglione das

---
*) Nach Östr. G. St. W. 2, S. 188 war wirklich im Bereiche der ganzen Zweiten Armee Wassermangel eingetreten, der verschiedene Truppenteile zum Beziehen neuer Biwaksplätze zwang.

VIII. Korps gemustert.*) Daß etwa ein ungünstiges Ergebnis dieser Besichtigung bestimmend geworden, ist umsoweniger anzunehmen, als der Vormarsch, wenn er nicht ohnehin schon aufgegeben war, bereits an diesem Tage hätte beginnen müssen.**)

Am 20. und 21. Juni wurde der Rückzug über den Mincio ungestört ausgeführt.

Es wird hier an der Zeit sein, des Korps des Prinzen Napoleon, welches bereits im Marsch gegen den Po begriffen war und dessen Annäherung nicht ohne Einfluß auf die nächstfolgenden Dispositionen der Österreicher blieb, kurz zu gedenken.

Vorwiegend politische Gründe hatten den Kaiser Napoleon bestimmt, das Großherzogtum Toskana zu besetzen. Die große Bereitwilligkeit, mit der man in Turin den Wünschen dieses Landes für den Anschluß an Sardinien entgegengekommen war, hatte nicht den Beifall des Kaisers gehabt, und er hielt es für notwendig, durch aktives Auftreten auch in Mittelitalien die politische Entscheidung in der Hand zu behalten. Durch das Erscheinen eines Französischen Korps daselbst wurde gleichzeitig den regulären Truppen in Toskana sowie den in der Bildung begriffenen Freikorps ein fester Anhalt gegeben, und man hoffte, hierdurch Kräfte des Feindes vom Hauptschauplatz nach jener Seite hin abzuziehen.

Wir wissen bereits, daß in der Tat eine Österreichische Division in den päpstlichen Legationen stehen blieb.***)

Der Prinz Napoleon, den man durch Zuweisung dieses wenig schwierigen und dabei selbständigen Wirkungskreises angemessen beschäftigte, erhielt Befehl, mit der Division Uhrich des 5. Korps, welcher noch die Kavalleriebrigade Lapérouse des 3. Korps zugeteilt wurde, im ganzen 9000 Mann Infanterie, 1000 Pferden, 9 Batterien, nach Florenz zu gehen.

Es landeten der Prinz am†) 23. Mai, die Truppen am 24. bis 26. in Livorno.

Am 31. richtete sich das Hauptquartier in Florenz ein, wohin man auch den größten Teil der Französischen Truppen verlegte. Nur ein Infanterieregiment, ein halbes Jägerbataillon, eine Batterie und eine Geniekompagnie sowie die Toskanischen Truppen unter General Ulloa wurden zur Beobachtung der Apenninenpässe gegen die Nord- und Ostgrenze des Großherzogtums

---

*) Um 2ʰ nachmittags kehrte der Kaiser nach Verona zurück und befahl bald darauf, daß Tornister und Waffenröcke in beiden Armeen abzulegen seien. Vgl. S. 163 u. 164, Anm. †††); Österr. G. St. W. 2, S. 136.

**) Der Vormarsch war am 18. bereits aufgegeben. Vgl. S. 180, Anm. *).

***) Vgl. S. 12.

†) Der Prinz war am 12. Mai mit dem Kaiser Napoleon in Genua eingetroffen und schiffte sich am 22. von dort nach Livorno ein. Frz. G. St. W. S. 229. 231.

entsendet. Das Französische Detachement unter General Cauvin stellte sich vorwärts Pistoja in S. Marcallo und Gegend auf, und General Ulloa breitete sich rechts davon bis zu den nach Faenza und Forli führenden Straßen aus, die Punkte Porreta, Filigare, Borgo Lorenzo und Rocca S. Cassiano besetzt haltend.

Bis nach der Schlacht von Magenta änderte sich in diesen Verhältnissen nichts Wesentliches.*) Nun aber erhielt der Prinz den Befehl, gegen den Po vorzugehen, und setzte infolgedessen am 12. Juni seine Truppen in der Richtung auf Parma in Bewegung.**)

Die Division Ulloa, nunmehr 18 Bataillone, 2 Eskadrons, 2 Batterien, 8901 Mann stark, überschritt von Pistoja aus die Apenninen auf der Straße des Col Albetone und nahm ihren Weg durch das Herzogtum Modena. Die über 10 000 Mann starke Division Uhrich marschierte, nachdem sie sich am 19. in Massa gesammelt hatte, über Pontremoli und Fornuovo. Erst am 25. Juni erreichten die Spitzen des Korps die Stadt Parma.***)

Auch die zum 5. Korps gehörige Division Autemarre,†) welche von der Hauptarmee, wie wir gesehen, anfänglich bis Vercelli, dann nach Magenta herangezogen, wo sie am 9. Juni eintraf, wurde, mit Rücksicht auf ihre jetzt in Aussicht stehende Vereinigung mit dem Prinzen Napoleon, nach Piacenza beordert. Dort blieb sie vom 13. Juni an vorläufig stehen.

Ehe nun in Erzählung der Ereignisse weiter fortgefahren werden kann, müssen wir uns zunächst wichtigen Veränderungen in der Österreichischen Armee zuwenden.

Wir haben gesehen, daß mit ihr die Besatzungen sämtlicher festen Punkte aus der Lombardei hinter den Mincio zurückgezogen wurden; Pavia, Pizzighettone, Brescia und selbst Piacenza waren geräumt; das rechte Pouser mit dem wichtigen Übergangspunkt von Pontelagoscuro wurde aufgegeben; die in Ancona und Bologna stehenden beiden Brigaden sowie die Besatzung von Ferrara über den Fluß zurückgenommen. Die letzten Abteilungen hatten am 21. den Po überschritten.

---

*) Die Zurückziehung der Österreichischen Truppen aus Parma und Modena nach der Schlacht von Magenta hatte naturgemäß den Sturz der regierenden Häuser in beiden Ländern zur Folge. Frz. G. St. W., S. 237.

**) Nach Lecomte 2, S. 100, brauchte das 5. Französische Korps sechs Tage, um sich mit allen seinen Teilen in Bewegung zu setzen. Vgl. Duquet, S. 202.

***) Bazancourt 2, S. 301, behauptet, Napoleon habe den Prinzen Napoleon mehrfach telegraphisch aufgefordert seinen Marsch zu beschleunigen.

†) Vgl. S. 168, Anm. †).

Man hatte die Überzeugung gewonnen, daß nur eine große Schlacht die ungünstigen Verhältnisse wieder herzustellen imstande wäre, und es für notwendig gehalten, zu diesem Zwecke alle noch erreichbaren Kräfte zu versammeln.*)

Es waren das seit Ende Mai in Istrien stehende X. Armeekorps (nur eine Division stark), das XI. Korps aus Ungarn, ferner die aus vier vierten Bataillonen gebildete Brigade Reichlin des VI. Armeekorps aus Tirol und endlich noch mehrere Grenzbataillone nach Italien gezogen worden.

Nach solchen Maßnahmen ließ sich erwarten, daß nunmehr nicht ein Mann unnötig zurückgelassen, sondern alles für die erwartete Entscheidung bereitgehalten werde.

Allein schon für Besetzung der Festungen wurden wohl mehr Kräfte bestimmt, als mit Rücksicht auf die unmittelbare Nähe der gesamten Armee notwendig waren. Von den sämtlichen aus der Lombardei zurückgezogenen vierten Bataillonen ist am Tage von Solferino keines zur Verwendung gekommen. Sofern dieselben also nicht etwa zur Komplettierung der Feldbataillone dienten, müssen sie als Besatzungstruppen verteilt worden sein. Außerdem verblieben drei Linienregimenter in den Festungen. Wollte man von diesen auch das Italienische Regiment Sigismund, welches sich bei Magenta höchst unzuverlässig gezeigt hatte,**) nicht mehr ins Feld führen, so waren die anderen beiden doch sehr wohl zu gebrauchen.

Ferner entsandte man das X. Korps, welchem die beiden Brigaden aus den Römischen Marken als Verstärkung zugeteilt wurden, gegen den unteren Po zur Sicherung der beiden einzigen großen Straßen, welche östlich von Mantua aus Mittelitalien auf Österreichisches Gebiet führen und bei Ostiglia und Pontelagoscuro den Fluß überschreiten.

Endlich wurde das in eine Division, Jellacic, formierte II. Korps bei Mantua aufgestellt, um je nach den Umständen gegen den Übergang des Po bei Borgoforte oder den des Oglio bei Marcaria in Tätigkeit treten zu können.

Diese anderthalb Korps waren somit in einer Richtung verwendet, aus welcher eine wirkliche Gefahr gar nicht drohte.

Es ist wohl anzunehmen, daß das Österreichische Hauptquartier sich völlig in Unkenntnis über die Bewegungen des Prinzen Napoleon befand,

---

*) Vgl. Östr. G. St. W. 2, S. 55.
**) Vgl. S. 127.

gegen welchen diese Maßregeln nur gerichtet sein konnten.*) Aber selbst wenn man denselben in größter Nähe vermutete, so erscheint es dennoch kaum gerechtfertigt, so bedeutende Kräfte gegen ihn zu entsenden. Die Stimmung in Venetien machte allerdings eine gewisse Vorsicht nötig.**) Aber schwerlich konnte der Prinz wagen, an einer Festung wie Mantua vorüberzugehen und den Po unterhalb dieses Platzes zu überschreiten, so lange die Österreicher intakt in ihrem Festungsviereck standen, und vollends würde er an keinem Punkte über den Fluß gegangen sein, wenn die Französische Armee am Mincio geschlagen wurde. Im Gewinn einer Schlacht gegen die Hauptmacht lag die beste Sicherung gegen jede Unternehmung eines Nebenheeres.***) Dennoch wurden über 30 000 Mann aus der Hand gegeben, welche am Tage von Solferino den Österreichern eine wesentliche Überlegenheit verliehen hätten.

Für das eigentliche Operationsheer blieben sonach nur sieben Korps übrig. Diese wurden nunmehr in zwei Armeen geteilt und hinter dem Mincio in enger Aufstellung konzentriert.

Die Erste Armee bestand aus dem III., IX. und XI.,
die Zweite Armee aus dem I., V., VII. und VIII. Korps.
Jeder Armee war eine Kavalleriedivision zugeteilt.

Die beigefügte Ordre de Bataille gibt die stattgehabten Veränderungen in Einteilung der einzelnen Korps usw. näher an. Die Division Herdy des II. Korps, bei welcher sich die Brigade Kintzl (vorerwähntes Regiment Sigismund) befand, sowie die jetzt überflüssige Division Urban waren aufgelöst worden. *Beilage 5.*

Die Stärke der einzelnen Korps berechnet sich in runder Summe folgendermaßen:†) *Beilage 6.*

III. Korps	20 000	Mann
IX. "	22 000 (21 000)	"
XI. "	21 000	"
1. Reserve-Kavalleriedivision . .	3 000	"
Artilleriereserve der Ersten Armee	1 000 (1 300)	"
Stärke der Ersten Armee:	67 000	Mann;

---

*) Vgl. S. 199, Anm. ***). Die Österreicher hatten außerdem Kavalleriepatrouillen unter Führung von Offizieren gegen Reggio, Modena und Bologna entsendet. Östr. G. St. W. 2, S. 184.

) Vgl. S. 199, Anm. *).

***) Ebenso, S. 177.

†) Die kleinen Zahlen sind dem Östr. G. St. W. 2, Beilage VIII. entnommen.

I. Korps	18 000	Mann,
V. "	23 000 (22 000)	"
VII. "	18 000 (17 000)	"
VIII. " einschl. Brig. Reichlin	25 000	"
2. Reserve-Kavalleriedivision	2 000 (3 800)	"
Extrakorps und Genie	2 600	"
Artilleriereserve der Zweiten Armee	2 000	"
Stärke der Zweiten Armee:	90 600	Mann.
Allgemeine Armee-Artilleriereserve	2 000	"

Im ganzen: 160 000 (150 000) Mann mit rund 800 Geschützen, darunter:

    134 700 Mann Infanterie,
      8 300 " Kavallerie,
     17 000 " Artillerie und Extrawaffen,

wie oben: 160 000 Kombattanten.

    Es ist hierbei die aus 15 bis 16 Batterien bestehende allgemeine Armeegeschützreserve in Ansatz gebracht. Wäre diese, da man zur Schlacht vorrückte, mit über den Mincio gefolgt, so würde die Zahl der bei Solferino verfügbaren Geschütze ungefähr 680 betragen.

    Die bedeutenden Truppenheranziehungen hatten die Gesamtstärke der Armee nicht unwesentlich vermehrt, aber die einzelnen Zahlen beweisen, daß man nicht imstande gewesen war, für die Truppenteile in sich auch nur annähernd die Etatsstärken zu erreichen, und daß die Ergänzungsnachschübe kaum hingereicht hatten, den bis jetzt in der Kampagne entstandenen Abgang zu decken. Dieser war allerdings bedeutend gewesen. Die offiziellen Listen über Verlust in stattgehabten Schlachten und Gefechten weisen nahezu 15 000 Mann nach; ungleich bedeutender und in der Tat schreckenerregend war die Zahl der Kranken. Dicht hinter dem Operationsfeld der Österreichischen Armee und rings um das Kaiserliche Hauptquartier zu Verona lagen in Spitälern an 60 000 Mann, obwohl die Verwundeten in der Schlacht von Magenta und in den Rückzugsgefechten den Franzosen in die Hände gefallen waren. Und eben jetzt stand man im Begriff, zu einer neuen und blutigen Waffenentscheidung vorzurücken.

    Diese Lage der Dinge war in der Tat so entsetzlich, daß man sich plötzlich entschloß, den ganzen Bestand aus Italien fortzuschaffen. Es wurden auf der Venetianischen Bahn täglich 1200 Kranke und Verwundete transportiert, dann später die Tiroler Bahn und der Seetransport zu Hilfe genommen und in dieser Weise nach offiziellen Rapporten 48 713 Mann bis nach Ungarn,

Galizien, Böhmen und Mähren verteilt. Der Zustand der Kranken soll sich dabei nicht verschlimmert, sondern im Gegenteil verbessert haben.

Beiläufig sei bemerkt, daß in dem späteren Zeitraum, Juli—Dezember 1859, in Venetien und Tirol, Kärnten und Krain noch 88 070 Kranke in Spitälern behandelt worden sind.

So treten denn auch in diesem zweiten Teil des Feldzuges die Bataillone durchschnittlich zu 800, die Brigaden mit 4000 Mann auf. Die Eskadrons zählen nicht mehr als 100 Pferde, d. i. zwei Drittel ihrer Friedensstärke. Die Normalzahl der Batterien allein ist fast vollständig vorhanden.

In einem Kriege, wo die Haltung Deutschlands Österreichs Grenzen von dieser Seite her völlig sicherte, waren jetzt neun Korps, also rund drei Viertel der gesamten Streitmacht, im Felde zwischen Mincio und Etsch am Südfuß der Alpen versammelt, und das IV. Korps aus Galizien war auf dem Marsch nach Italien mit seinen Spitzen schon bei Vicenza eingetroffen.

In Ungarn befand sich nur noch das auf eine Division zusammengeschmolzene XII. Korps, und bei den politischen Verhältnissen zu Rußland konnte man in der Entblößung der östlichen Grenze unmöglich noch weitergehen. In Tirol stand zwar das VI. Korps, Teile davon waren aber bereits nach Italien herangezogen,*) und der Rest wurde durch die Sardinische Division Cialdini und Garibaldi in Schach gehalten, welche die Eingänge der Alpenpässe bedrohten. Die vierten Bataillone, soweit sie sich nicht in Italien befanden, hatte man im Innern des Landes als Besatzung der festen Plätze und großen Städte verwandt. Die Kräfte der Militärgrenze waren völlig in Anspruch genommen, denn was nicht nach dem Kriegsschauplatz gezogen oder mit Bewachung der Adriatischen Küsten beauftragt war, wurde zum Kordonoder sonstigen Landesdienst gebraucht, der umsoweniger vernachlässigt werden durfte, als es in den Türkischen Grenzprovinzen sehr unruhig aussah.

Somit waren nur noch die beiden Kavalleriekorps in Böhmen und Ungarn, zusammen 30 Regimenter, disponibel. Die Bildung von vier neuen Armeekorps war zwar angeordnet, über deren Aufstellung, wenn sie überhaupt gelang, mußten aber Monate vergehen. Der Kaiserstaat hatte seine ganze Militärmacht entfaltet, um sein Besitztum in Italien zu sichern.

Die sieben Armeekorps nun, welche innerhalb des Festungsvierecks standen, repräsentierten eine Sollstärke von über 250 000 Mann. Tatsächlich aber sehen wir nur 160 000, also kaum zwei Drittel jener Ziffer der großen Entscheidung entgegengeführt, von welcher das Schicksal des Krieges abhing.

---

*) Die Brigade Reichlin. Vgl. S. 185 u. 200.

Den speziellen Oberbefehl über die gesamte Streitmacht in Italien hatte seit dem 16. Juni der Kaiser selbst übernommen und dies der Armee durch folgenden Befehl am 18. Juni kundgegeben:

„Indem Ich heute den unmittelbaren Oberbefehl über Meine gegen den Feind stehende Armee antrete, will Ich an der Spitze Meiner braven Truppen den Kampf fortsetzen, den Österreich für seine Ehre und sein gutes Recht aufzunehmen gezwungen war."

„Soldaten! Euere Ergebenheit für Mich, Euere so glänzend bewiesene Tapferkeit bürgen mir dafür, daß Ihr unter Meiner Anführung jene Erfolge erringen werdet, die das Vaterland erwartet."

In dem Kaiserlichen Hauptquartier stand an der Spitze der Operationskanzlei der Feldzeugmeister v. Heß, dessen wir schon eingangs gedacht haben. Die Generale Roßbacher, Ruff und Giani des Generalstabes waren ihm schon früher beigegeben und außerdem wurde, wie erwähnt, dem General Ramming speziell die Stellung eines Souschefs des Generalstabes übertragen.

General Ramming hatte sich schon in den früheren Kriegsjahren hervorgetan und durch den Generalstab, dem er lange angehörte, eine vorzugsweise rasche Laufbahn zurückgelegt. In den Dienst bei den Truppen zurückgetreten bekleidete er beim Beginn des Krieges die Stelle eines Brigadekommandeurs. Die allgemeine Stimme in der Armee bezeichnete ihn als einen ebenso wissenschaftlich gebildeten wie praktisch tüchtigen Offizier. Am Tage von Magenta hatte er sich vorteilhaft ausgezeichnet und gehörte zu den Offizieren, welche, auch nach dem unglücklichen Verlauf der Kampagne,[*] das volle Vertrauen ihrer Untergebenen bewahrten.

Die Angelegenheiten der Generaladjutantur für die operierenden Armeen

---

[*] General v. Ramming übersandte seinen „Beitrag zur Schlacht von Solferino" im Jahre 1861 durch den Preußischen Militärbevollmächtigten in Wien, Major v. Schweinitz an Moltke, dessen Antwort hier wiedergegeben wird. (Großer Generalstab, Zentralabteilung XIV. 4. 3.):

„Berlin, 18. Juni 1861.

Euer Hochwohlgeboren bitte ich, dem Herrn Feldmarschallleutnant v. Ramming meinen allerverbindlichsten Dank auszusprechen für die gütige Zusendung seiner Schrift über die Schlacht von Solferino.

Sie ist mir Veranlassung gewesen, alle hier gesammelten Nachrichten über den Feldzug 1859 nochmals aufmerksam durchzusehen. Die höchst interessanten Angaben der Broschüre werfen ein klares Licht auf manche bisher nicht aufgeklärten Verhältnisse.

Der Verfasser hat mitten unter dem Eindruck erschütternder Ereignisse eine, wie mir scheint, so richtige Ansicht der Kriegslage gehabt und ausgesprochen, daß man nur lebhaft bedauern kann, daß er damit nicht vollständig durchgedrungen ist.

Die Momente unmittelbar nach der Schlacht von Magenta und unmittelbar vor der Schlacht von Solferino waren von der höchsten Bedeutung. Das leitete Feldmarschallleutnant Graf Grünne, an dessen Seite der zweite und dritte Generaladjutant des Kaisers, die Feldmarschallleutnants Kellner und Schlitter, funktionierten.

Direktor der Artillerie war Feldmarschallleutnant Hauslab, des Geniewesens der Erzherzog Leopold.

Die Erste Armee kommandierte, wie wir wissen, Feldzeugmeister Graf Wimpffen, welcher die Feldzüge von 1848 und 1849 in Italien mit Auszeichnung mitgemacht hatte. Im Jahre 1849 führte er den Befehl über die Österreichischen Truppen, welche nach den Legationen gesandt wurden, und nahm Bologna und Ancona. Er war 62 Jahre alt. Die jetzige Kampagne traf ihn als Kommandanten der Ersten Armee, welche in den Deutschen Provinzen der Österreichischen Monarchie stand.

Chef des Generalstabes der Ersten Armee war Generalmajor Packeny, erster Generaladjutant Oberst Schönfeld. Beide hatten schon im Frieden diese Stellen beim Grafen Wimpffen bekleidet.

Am 16. Juni war Feldzeugmeister Graf Gyulai nach Villafranca befohlen worden und hatte dort die Bitte ausgesprochen, von seinem Kommando entbunden zu werden, welche der Kaiser genehmigte.*)

Die Entlassung des Grafen Gyulai war durch die Verhältnisse geboten. Wenngleich die Armee im allgemeinen an Haltung nichts eingebüßt, so hatten doch die Ereignisse unter allen Graden der Offiziere eine Mißstimmung gegen

---

von dem General Ramming in beiden Fällen angeratene Verfahren konnte möglicherweise dem ganzen Feldzug eine andere Wendung geben.

Es wäre sehr zu wünschen, daß ähnliche Mitteilungen von gleicher Wahrheitstreue und gleicher Sachkenntnis zugänglich gemacht würden. Sie dienen dem Interesse der Österreichischen Waffen mehr als das tiefe Schweigen, welches böswilligen Darstellungen Raum gibt oder doch unbegreifliche Tatsachen unaufgeklärt läßt. Namentlich der erste Teil des Feldzuges läßt fast geschichtlichen Darstellung Rätsel zu lösen, zu denen der General Kuhn den Schlüssel geben könnte, wenn vielfache Rücksichten ihm zu reden gestatten sollten.

Die nähere Angabe der obwaltenden Verhältnisse zeigt fast immer, daß Maßregeln, welche der aufrichtigsten Kritik als tadelnswert erscheinen müssen, nie so verkehrt waren, wie sie sich auf den ersten Blick darstellen.

Euer Hochwohlgeboren werden mich zu Dank verpflichten, wenn Sie mir alles mitteilen wollen, was Licht über diesen Feldzug verbreiten kann, in welchem wir hier das lebhafteste Interesse für die tapfere Österreichische Armee gefühlt haben."

*) Graf Gyulay legte am 17. Juni den Oberbefehl nieder und ging nach Mantua, um den Rest des Feldzuges beim Regiment 38, dessen Inhaber er war, als Bataillonskommandeur zuzubringen. Er hoffte in dieser Stellung bei einer Belagerung noch zur Tätigkeit zu gelangen. Erst nach dem Kriege trat er in den Ruhestand. Östr. G. St. A. V. S 191; Feldzug 1859, Vorspiel usw., S. 62/3; Précis S. 192 bis 193.

die obere Leitung erregt, so daß der Wechsel im Kommando erforderlich schien, um das erschütterte Vertrauen wieder herzustellen.

Der General der Kavallerie Graf Schlick erhielt den Befehl über die Zweite Armee und traf bereits am 17. Juni bei derselben ein.*)

Er hatte sich in den Jahren 1848 und 1849 in Ungarn, als Kommandant eines abgesonderten kleinen Korps, einen guten Namen gemacht und namentlich den Ruf eines unternehmenden Mannes erworben. Diesem hatte Graf Schlick auch wohl jetzt, trotz seiner 70 Jahre, die Berufung nach Italien zu verdanken. Bisher war er Kommandant der in Galizien und der Bukowina stehenden Vierten Armee gewesen.

Die Entlassung des Grafen Gyulay führte auch einen Wechsel in den einflußreichen Stellen seines Hauptquartiers mit sich. Oberst Kuhn wurde in die Armee versetzt, mußte jedoch, krankheitshalber, nach Verona zurückkehren. An seine Stelle trat der Generalmajor Scudier. Der Souschef, Oberst Poschacher, ging als Chef zu einem Armeekorps der Vierten Armee. Er wurde nicht ersetzt.

Feldmarschalleutnant Sztankovics erhielt eine Division im I. Korps, und Oberst Schmidburg wurde erster Generaladjutant.

Auch unter den Divisions- und Brigadegeneralen fanden eine Menge von Veränderungen statt, und am Schlachttage von Solferino führten die Hälfte der Divisionäre und ein Drittteil der Brigadiers zum ersten Male die ihnen untergebenen Truppen.

Um die Verpflegung beider Armeen einer strengen Kontrolle und einheitlichen Leitung zu unterstellen, war der Feldmarschalleutnant Melczer zum Armeeoberintendanten des operierenden Heeres ernannt worden. Es mochte schwer sein, in diesem Augenblicke gut zu machen, was seither versäumt oder unterlassen war, und gerade in dieser Periode entstanden vielfache Klagen über mangelhafte Verpflegung. Am Tage vor der Schlacht von Solferino fehlten mehreren Truppenteilen die Brotlieferungen, einigen sogar ihre ganzen

---

*) Der erste Erlaß des Grafen Schlick richtete sich gegen den mangelhaften Vorpostendienst und insbesondere dagegen, daß gemachte Wahrnehmungen nicht an die oberen Behörden weitergereicht wurden. So hätten nach der Schlacht von Magenta zwei Brigaden III. Korps einen Angriff des Feindes, der aber zurückgeschlagen worden sei, ganz mit Recht für ein zur Deckung seines Rückzugs unternommenes Gefecht erklärt. Das habe sich nachher auch bestätigt. Doch habe weder das Korpskommando den Fall richtig aufgefaßt, noch sei dem Armeeoberkommando Meldung erstattet worden. Denn sonst würde das ganze III. Korps wohl sofort Halt gemacht haben und eventuell hätte ein allgemeiner Angriff der Österreicher die Folge sein können. Östr. G. St. W. 2, S. 131/2.

Kolonnenmagazine. Bei Beurteilung der Leistung der Truppen in der Schlacht dürfen diese Übelstände nicht außer Rechnung gelassen werden.*)

Die Gliederung einer Armee in den großen Hauptabteilungen ist an sich von hoher Wichtigkeit. Sie ist beim Österreichischen Heere nicht ohne Einfluß auf die Entscheidung des Krieges geblieben und muß etwas näher ins Auge gefaßt werden.

Die taktische Einheit einer Armee im Felde bildet derjenige Truppenkörper, in welchem alle Waffen vereint und welcher schon eine solche Stärke hat, daß er selbständig ein mehrstündiges Gefecht führen kann.

Der Österreichischen Brigade war zwar Artillerie, nicht aber Kavallerie zugeteilt, auch war sie kaum über 4000 Mann stark. Erst die Division bildete einen selbständigen Truppenkörper von 8000 bezw. 12 000 Mann.

Vierzehn Infanterie- und zwei Kavalleriedivisionen, also sechzehn Armeeeinheiten, direkt aus einem Hauptquartier zu leiten ist schwer; es setzt ungewöhnliche Mittel und große Tätigkeiten, schon für Märsche und Operationen, voraus. In der Schlacht nehmen sie eine Front von mehr als einer Meile ein**) und sind selten nur noch zu übersehen.

Es muß bei einem Heer von solcher Stärke zwischen Hauptquartier und Division notwendig noch eine Kommandobehörde existieren. Diese war in den Korpskommandos bereits vorhanden.

Die Einteilung der Armee in Korps aus zwei sehr ungleichen Divisionen,***) zusammen nur etwa 20 000 Mann stark, war an sich keine musterhafte, aber sie war eben da. Das Hauptquartier korrespondierte mit sieben Kommandobehörden oder einschl. Kavallerie- und Artilleriereserve mit neun solchen und war damit in der Tat nicht überlastet. Nun schob man aber noch zwei Armeekommandos ein.

Zunächst wurde dadurch die Leiter der Befehlsvermittlung noch um eine Sprosse verlängert, und es ist kaum denkbar, daß ein auf Grund der während des Tages eingegangenen Nachrichten am Abend gefaßter Beschluß durch das

---

*) Vgl. Meixner, S. 180 ff., 163. Ein Zusammenwirken der militärischen Leitung mit jener des Verpflegungswesens hatte bisher gänzlich gefehlt. Die Verbindung zwischen den Truppen und Kolonnenmagazinen ist während des ganzen Rückzuges hinter den Rincis „in wünschenswerter Weise nicht wiederhergestellt worden".

**) Die Begriffe der Gefechtsausdehnung haben sich seitdem allerdings bedeutend verändert. Man würde heute für dieselbe Massen wohl das Fünffache rechnen müssen.

***) Die Divisionen waren 15 und 10 Bataillone stark. Auch Preuß. Offz. 3, S. 149, schreibt der unglücklichen Einteilung den Verlust der Schlacht mit zu und hätte statt sieben zum Teil sehr schwacher Armeekorps deren sechs, 24 000 bis 27 000 Mann starke vorgezogen, entsprechend den feindlichen sechs Korps, mit gleich starken Divisionen.

Medium der Armeekommandos und Korpskommandos bis zum folgenden Morgen an die Divisionskommandos und demnächst an die Truppen gelangen konnte. Ebenso mußte jede Meldung der Truppen verzögert werden, ehe sie das Hauptquartier erreichte.

Und nicht allein die Schnelligkeit der Mitteilung, sondern auch die Intensität des Befehls verliert bekanntlich, je mehr Instanzen er zu durchlaufen hat.*)

Je größer die Hauptunterabteilungen, je mehr Freiheit muß ihnen gelassen werden.**) Man erinnere sich nur, welche Schwierigkeiten sich dem energischen Willen eines Blücher entgegenstellten, um ein Heer zu leiten, das aus drei Armeekorps, zusammen etwa 90 000 Mann, bestand. Hier war nun vollends die Streitmacht in zwei Armeen geteilt, welche jede für sich fast diese Stärke erreichten.***)

Wollte das Hauptquartier den Armeekommandos ihre notwendige Wirksamkeit lassen, so durfte für den Vormarsch nichts weiter bestimmt werden als dessen allgemeine Richtung, die Abgrenzung der Straßen, welche jeder Armee zur Benutzung frei standen, und die Zielpunkte der Bewegung. Dies

---

*) Bereits im Frühjahr 1859 hatte sich General v. Moltke dem Prinzen Friedrich Karl gegenüber für Fortfall der Armeekorpseinteilung ausgesprochen. Die Erfahrungen des Jahres 1866 bestärkten Moltke in dieser Auffassung, denn „die Treffen des Feldzuges" und „selbst die Schlacht, für welche alle Kräfte versammelt waren", wurden „divisionsweise geschlagen. Das Armeekorps ist ein so großer Gefechtskörper, daß er in den seltensten Fällen zur ungeteilten Verwendung gelangen wird." Es könne daher nur vorteilhaft sein, wenn in der Befehlserteilung eine Instanz übersprungen werde. „Sechs Divisionskommandeure werden den Willen des Oberbefehlshabers leichter auffassen und kräftiger ins Werk setzen, wenn sie ihn unmittelbar erhalten, als wenn er zuvor durch drei kommandierende Generale interpretiert, selten genauer geprüft, oft aber abgeschwächt wird." Takt. Strat. Auff. S. 155—158, 163.

**) Vgl. Moltke an Blumenthal 9. 6. 66 über Selbständigkeit der Armeen. Mil. Korr. 1866, S. 204.

***) Bemerkung aus den alten Ausgaben. Clausewitz („Vom Kriege" 2, S. 23) sagt: „Es gibt nichts Ungeschickteres als eine Armee, die in drei Teile geteilt ist, es sei denn eine, die gar nur in zwei geteilt wäre."

Der Ausspruch erscheint heute veraltet. Wenn Moltke auch in den Lehren von Clausewitz groß geworden war, so ist es doch ausgeschlossen, daß er gerade diese Behauptung 1859 noch als berechtigt angesehen hat; seine gleichzeitigen Operationsentwürfe beweisen, daß er in bezug auf Armeeeinteilung moderneren Ansichten huldigte. Der General hat durch die Anführung jenes Ausspruchs wohl mehr seinen Hinweis auf die seiner Ansicht nach ungeschickte Einteilung der Österreichischen Armee verstärken wollen. Leitender Gedanke bei allen Betrachtungen Moltkes, denen wir hier begegnen, ist Zweckmäßigkeit der Anordnungen und Vereinfachung der Befehlsinstanzen. Die Größe der Heere, die dabei in Betracht kommen, hat sich seitdem natürlich geändert, das Ziel Moltkes behält seine Gültigkeit.

geschah nun keineswegs. Die Disposition des Hauptquartiers bestimmte vielmehr jedem einzelnen Korps seine Richtung, und die Armeekommandos blieben dabei ein bloßes Impediment. Sie waren aber nicht nur überflüssig, sondern wurden höchst gefährlich.

Die Korps sahen sich durch das Vorhandensein dieser Behörde verhindert, während der Schlacht frei und selbständig nach eigenem Ermessen zu handeln, wie dies die Französischen Korpsgenerale zum Teil in musterhafter Weise taten.

Diese Schwerfälligkeit der Gliederung der Armee machte sich fühlbar, namentlich da, wo beide Armeen aneinander stießen, und unglücklicherweise war gerade dies der entscheidende Punkt.

Auch die verbündeten Armeen waren durch die Verluste auf den Schlachtfeldern, durch Krankheiten usw. nicht unwesentlich geschwächt. Das ungewohnte Klima hatte nachteilig auf den Französischen Soldaten gewirkt, und die Lazarette lagen voll Fieberkranker.

Die Verpflegung des Heeres unterlag großen Schwierigkeiten. Unermeßliche Vorräte, die fortwährend aus Frankreich nachgeschickt wurden, hatten sich während der Unterbrechung der Lombardischen Eisenbahn in S. Martino am Ticino angesammelt. Dort lagerten Artillerie-, Lazarett- und Zeltmaterial, die Kanonenboote für den Garda-See und Bestände aller Art. Als am 20. Juni die Österreicher Desenzano geräumt hatten, wurde sofort die Herstellung der Chiesebrücke in Angriff genommen, aber sie erforderte zehn Tage Zeit und die Franzosen werden, bei den ungenügenden Mitteln zur Nachführung der Vorräte, meist von Requisitionen an Ort und Stelle gelebt haben.

Die Ergänzungsnachschübe trafen unregelmäßig ein, und manche Regimenter hatten bis zur Schlacht von Solferino noch gar keinen Ersatz erhalten. Die Französischen Bataillone sind daher in dieser Periode zu noch nicht 600 Mann, die Eskadrons wenig über 100 Pferde, die Division nur auf rund 7000 Mann anzuschlagen. Es berechnen sich die einzelnen Korps wie folgt:

Die Garde . . . . 14 022 Mann.
  1. Korps . . . . . . 21 877 *
  2.   *   . . . 17 021 *   1347 Kavallerie.
  3.   *   . . . . 23 013 *) *
           im ganzen 75 933 Mann, 1347 Kavallerie.

*) Bemerkung aus den alten Ausgaben. Clémeur berechnet das 3. Korps:
  1. Division Renault   9 233 Mann.
  2.   *   Trochu   8 772 *
  3.   *   Bourbaki   9 163 *
                     27 168 Mann.

Vom 5. Juni bis zum Schluß des Feldzuges.

	Übertrag	75 933 Mann,	1347 Kavallerie,
4. Korps		21 026 »	986 »
Gardekavallerie			3259 »
Kavalleriedivision Desvaux			2457 »
» Partouneaux			1113 »
	im ganzen	96 959 Mann,	9162 Kavallerie,
Artillerie und Extrawaffen		10 000 »	
	Zusammen*)	106 121 Mann**).	

Bei den Sardiniern war im ganzen der Abgang weder in Gefechten noch durch Krankheiten bedeutend gewesen.

Sie zählten:

Die 1. Division Castelborgo	. . .	10 083 Mann,	400 Kavallerie.
» 2. » Fanti	. . . .	9 558 »	400 »
» 3. » Durando	. . . .	11 153 »	400 »
» 4. » Cialdini	. . . .	10 927 »	400 »
» 5. » Cucchiari	. . . .	10 743 »	400 »
Kavalleriedivision Sambuy	. . . .		2097 »
Die Brigade Garibaldi (Alpenjäger)	.	3 120 »	50 »
	Im ganzen	55 584 Mann,	4147 Kavallerie.
An Artillerie und Extrawaffen		2 500 »	
	Zusammen	62 231 Mann.	

Die Verbündeten zählten sonach, mit Ausschluß des Korps des Prinzen Napoleon, 168 352 Mann nebst 456 Geschützen. Zur Operation gegen die Österreichische Hauptarmee waren hiervon indessen nur 151 290 Mann disponibel, da sowohl die Division Cialdini, die Brigade Garibaldi als auch zwei Französische, in Mailand und Brescia als Besatzungen zurückgelassene Infanterieregimenter, zusammen 17 062 Mann, von der obigen Summe in Abrechnung gebracht werden müssen.

Die Österreicher waren also jetzt ihren verbündeten Gegnern an

---

*) Die Gesamtzahl 106 121 bezieht sich nur auf Infanterie und Kavallerie.
**) Bemerkung aus den alten Ausgaben. Das 5. Korps Prinz Napoleon:

	21 060 Mann Infanterie,
	1 044 » Kavallerie,
	2 000 » Artillerie und Extrawaffen,
zusammen	24 104 Mann.
Dazu die Toskanische Division Ulloa	8 900 »
im ganzen	33 004 Mann mit 66 Geschützen.

Infanterie und Kavallerie um etwas, an Artillerie sogar erheblich überlegen.*)

Wir wenden uns nun den Operationen selbst wieder zu.

Am 21. Juni ging der Kaiser Napoleon, nach einer am 19. in Brescia gehaltenen Besprechung mit seinen Generalen,**) weiter gegen den Chiese vor. 21. Juni. (vgl. Skizze 7.)

Das 4. Korps marschierte nach Carpenebolo. Da dasselbe bestimmt war, in der stellenweise freien Ebene gegen den Mincio vorzurücken, so wurden dem General Niel die beiden Kavalleriedivisionen Desvaux und Partouneaux des 1. und 3. Korps beigegeben. Die Infanterie passierte auf einer Piemontesischen Pontonbrücke, die Kavallerie durch eine Furt den Chiese.

Das 3. Korps, welchem speziell die Deckung der rechten Flanke der Armee übertragen war, rückte nach Mezzane.

Das 2. Korps ging bei Montechiari über den Chiese, stellte sich vorwärts der Stadt auf und schob Vorposten gegen Castiglione und Lonato vor.

Das 1. Korps biwakierte bei Rhó.

Das Kaiserliche Hauptquartier und die Garden erreichten Castenebolo.

Die Piemontesen überschritten nördlich bei Calcinato und Ponte S. Marco den Chiese und nahmen

mit der 1. u. 5. Division bei Lonato,
„ „ 2. „ „ Calcinato, wohin auch das Hauptquartier des Königs verlegt wurde,
„ „ 3. „ „ Desenzano und
der Kavallerie, Sambuy, bei Bedizzole
Stellung.

Am 22. rückte das 2. Französische Korps nach Castiglione vor, und der Kaiser ging dafür mit der Gardeinfanterie nach Montechiari. Sonst blieben die Truppen unverändert stehen. Eine vom General Niel nach Castel Goffredo und Ceresara entsendete Kavalleriepatrouille von 40 Pferden hatte bei Piubega südlich Castel Goffredo ein kleines Gefecht mit feindlichen Ulanen. 22. Juni.

An diesem Tage also stand allerdings die verbündete Armee noch auf beiden Ufern des Chiese, aber in sich eng konzentriert. Der Vormarsch von

---

*) Kunz rechnet S. 96 vor Solferino die Österreicher 134 200 Mann Infanterie, 9490 Reiter, 624 Geschütze, die Verbündeten 132 500 Mann Infanterie, 15 500 Reiter, 420 Geschütze stark. Von diesen hätten, S. 162, in der Schlacht 119 500 Mann Infanterie, 6500 Reiter, 413 Geschütze auf Österreichischer Seite gegen 120 700 Mann Infanterie, 15 500 Reiter, 366 Geschütze auf Französischer gekämpft.

**) Frz. G. St. W. berichtet nichts über eine Besprechung des Kaisers mit seinen Generalen, nur Bazancourt 2, S. 120 u. Östr. G. St. W. 2, S. 192 erwähnen sie.

wenig mehr als einer Meile hätte alle Korps bei Castiglione versammelt. Ohnehin konnte dieser Punkt heute vom Mincio kaum erreicht werden.

(Vgl. Hand-
zeichnung
XVIII.)

Die Österreicher hatten folgende Stellung eingenommen:*)

in erster Linie am Mincio:

das VIII. Korps bei Salionze,
»   V.   »   » Valeggio,
»   III.   »   » Pozzolo,
»   IX.   »   » Goito,

in zweiter Linie dahinter:

das   I. Korps bei Quaderni,
»   VII.   »   » Mozzecane,
»   XI.   »   » Roverbella,
»   II.   »   » Mantua,

die Kavalleriedivision Mensdorff bei Rosegaferro,

Zedtwitz bei S. Zenone.**)

Das Hauptquartier der Zweiten Armee war in Valeggio, das der Ersten in Roverbella,***) das des Kaisers in Villafranca.

Vorwärts des Mincio waren Monzambano, Monticelli und Volta vom VIII., V., und III. Korps besetzt.

Kriegsbrücken†) waren eine bei Ferri und zwei noch neben der festen von Goito geschlagen. Die vor derselben angelegten Verschanzungen waren vom III. und IX. Korps stark besetzt.

Wenn hierbei selbstverständlich auf eine Verteidigung der Minciolinie Bedacht genommen war, so konnte man doch keinenfalls die Absicht haben, in dieser vier Meilen langen Front eine Defensivschlacht zu schlagen. Ohnehin ist der Mincio wegen des vielfach überhöhenden rechten Ufers für die Behauptung weit ungünstiger als der Chiese.

Dagegen war die ausgedehnte Stellung äußerst günstig, um mit Benutzung möglichst vieler Übergänge und Straßen schnell und konzentrisch zur Offensive vorzugehen. Auf diese Absicht deutet auch unzweifelhaft die Konservierung der Kriegsbrücken, nachdem die Armee über sie zurückgegangen war.

---

*) In diese Stellung waren die Österreicher im Laufe des 20. und 21. eingerückt. Vgl. S. 180, Anm. *); Östr. G. St. W. 2, S. 220/1.

**) Zedtwitz war bei Grezzano. Östr. G. St. W. 2, S. 222.

***) Das Hauptquartier der Ersten Armee befand sich in Mozzecane. Östr. G. St. W. 2, S. 223.

†) Es standen für den Vormarsch acht Brücken im ganzen zur Verfügung, zwei bei Peschiera, je eine bei Salionze (Kriegsbrücke), Monzambano, Valeggio, Pozzolo (Kriegsbrücke), zwei bei Goito (eine Kriegsbrücke). Östr. G. St. W. 2, S. 113.

22. Juni 1859.

Im Österreichischen Hauptquartier wußte man von Garibaldi, daß er sich am Westufer des Garda=Sees gegen Norden ausgebreitet habe. Der Dampfer „Thurn und Taxis" hatte schon vor einigen Tagen bei einer Rekognoszierungsfahrt vor Salo Feuer bekommen. Der Schuß eines Zwölfpfünders traf so genau, daß das kleine Schiff nur mit Not das entgegengesetzte Ufer wieder erreichen konnte.

Daß die Hauptarmeen vorrückten, hatte man auf telegraphischem Wege über Paris erfahren.*) Um ihre Stellung näher zu erkunden, wurden Abteilungen von mehreren Schwadronen zur Rekognoszierung abgeschickt.

So durchstreiften eine Eskadron Sicilienulanen und eine Eskadron Kaiserhusaren mit zwei Geschützen, unter den Befehlen des Majors Appel, das Bergland. Sie stießen nirgends auf bedeutende feindliche Kräfte, sondern begegneten nur isolierten Abteilungen. Dennoch kam bei dieser Gelegenheit die Husarenschwadron unerwartet in so heftiges Feuer von Piemontesischer Infanterie, daß sie zwei Offiziere und mehrere Leute tot auf dem Platze ließ.

Im allgemeinen erfuhr man doch, daß Castiglione und Lonato vom Feinde besetzt seien.**)

Vorsichtig und tätig hatte der Feldzeugmeister Baron Heß schon am 20. den Entwurf für das erneuerte Vorgehen der Armee bearbeiten lassen. Die Ausführung war auf den 24. angesetzt, um den Truppen die nötige Ruhe zu gönnen. Nach den nun eingegangenen Nachrichten mußte man aber besorgen, daß bis zu diesem Zeitpunkt der Feind selbst am Mincio erscheinen könne, in welchem Fall der Übergang über den Fluß, und zwar unter ungünstigen Terrainverhältnissen, erst hätte erkämpft werden müssen.

Der Feldzeugmeister eröffnete daher den beiden Armeekommandanten noch am Abend, daß die Vorwärtsbewegung schon am 23. stattfinden werde.***)

---

*) Östr. G. St. W. 2, S. 212.

**) Das Österreichische Hauptquartier wußte am 22. Juni abends, daß Piemontesische Truppen bei Desenzano und Lonato, Französische bei Esenta, Castiglione und Carpenedolo ständen. Östr. G. St. W. 2, S. 233; vgl. Geschichte der 12. (Sizilien) Ulanen, S. 28 ff.

***) Das Österreichische Armeeoberkommando entschloß sich nach dem G. St. W. 2, S. 213 ff., aus folgenden Gründen zur Beschleunigung des Flußüberganges: 1. Der Vormarsch des auf 60 000 Mann geschätzten Korps Prinz Napoleon von Florenz über die Apenninen gegen den untern Po biene zweifellos zur Umgehung des linken Österreichischen Flügels. Die feindliche Hauptarmee werde daher zunächst die Chieseübergänge gewinnen und dort das Fortschreiten jener Umgehung abwarten wollen, um dann gemeinsam die Operationen gegen die Minciolinie fortzusetzen. 2. Das Eintreffen der alliierten Flotte im Adriatischen Meer mit Truppen an Bord könne nur Angriff auf Benedig und Landung an der Benetianischen Küste bezwecken. 3. Es stände zu befürchten, daß die Benetianische Bevölkerung revolutioniert werde; hierdurch würde die Hauptverbindungslinie mit der Monarchie bedroht. 4. Politische Rücksichten forderten dazu auf, die nun verstärkte Armee

ein Entschluß, welcher trotz der damit verknüpften Unbequemlichkeiten für die Truppen vollkommen gerechtfertigt erscheint. Diese verloren ihren Ruhetag. Sie hatten zahlreiche Detachierungen abgeschickt, um Fourage und Lebensmittel in den zum Teil entfernten Empfangsorten zu fassen. Die Rückkehr derselben konnte nicht abgewartet werden. Allein alle diese Rücksichten durften nicht in Betracht kommen gegen die Überzeugung, daß man bei längerem Zuwarten möglicherweise im Vorrücken verhindert werden konnte, daß dann nur die Wahl blieb, in unvorteilhafter Stellung sich angreifen zu lassen oder gezwungenerweise einen neuen Rückzug hinter die Etsch anzutreten.

23. Juni. Am 23. nun rückte die Österreichische Armee nach folgender Disposition über den Mincio:

Handzeichnungen XVIII u. XIX. Das VIII. Korps (Benedek) geht bei Salionze und Monzambano über den Fluß bis Pozzolengo vor. (Unterstützt wurde das Korps durch die Brigade Reichlin, welche von Peschiera über Ponti nach Pozzolengo marschierte und dort unter die Befehle des Feldmarschalleutnants Benedek trat.)

Das V. und I. Korps überschreiten den Mincio bei Valeggio; das V. (Graf Stadion) marschiert bis Solferino. Das I. Korps (Graf Clam) macht schon bei Cavriana halt.

Das III. und VII. Korps benutzen die bei Ferri geschlagenen Kriegsbrücken. Das III. Korps (Fürst Schwarzenberg) dirigiert sich nach Guidizzolo; das VII. (Gobel) folgt demselben, biwakiert aber bei Foresto und Volta.

Die Kavalleriedivision Mensdorff geht ebenfalls bei Ferri über und bis C. Tezze*) vor.

Über Goito marschieren die Reservekavallerie der Ersten Armee, das IX. und das XL Korps.

Die Kavalleriedivision Zedtwitz geht nach Guidizzolo.

Das IX. Korps (Graf Schaffgotsche) biwakiert neben dem III. bei Guidizzolo, und das XI. (Weigl) bleibt bei Cereta stehen.

Diese Bewegungen wurden ohne alle Störung ausgeführt, und die Truppen erreichten, wenngleich teilweise spät abends, die ihnen angewiesenen Punkte.

In Ausführung der Disposition war bei der Ersten Armee das IX. Korps weiter als befohlen vorgegangen. Statt bei Guidizzolo stehen zu bleiben,

---

rasch auf das rechte Mincioufer und dem Feinde entgegenzuführen, um in einer zweiten Schlacht das Glück der Waffen zu versuchen. 5. Die Meldungen des Streifkorps Appel zwangen dazu, keinen Tag mehr zu verlieren und die Verbündeten beim Aufmarsch an Chiese zu stören.

*) Bezw. Bregnedolo. Die Kavalleriedivision Mensdorff hatte zwischen dem III und VII. Korps den Mincio zu überschreiten. Östr. G. St. W. 2, S. 227.

hatte es eine Division nach Rebecco geschoben; ferner biwakierte das XI. Korps, statt vereint bei Cereta, geteilt bei Cerlungo und Castel Grimaldo. Die Kavalleriedivision Zedtwitz*) war bei Medole an die äußerste Spitze der Aufstellung vorgezogen und hatte das südlich davon gelegene Castel Goffredo besetzt. Im allgemeinen war hier eine Kavallerieabteilung, trotz der Ungunst des Terrains, zur Aufklärung in Front und Flanke gewiß sehr nötig, aber die gesamte Reservekavallerie der Ersten Armee gehörte wohl nicht nach Medole.

Die Trains, Bagagen und Proviantkolonnen defilierten bis zur Nacht über die Brücken.

Das Kaiserliche Hauptquartier befand sich in Valeggio, das der Ersten Armee in Cereta, das der Zweiten in Volta.

Außer diesen Kräften war noch die Division Jellacic von Curtatone bei Mantua gegen den Oglioübergang bei Marcaria vorgesandt worden. Fürst Liechtenstein, welcher die Division führte, hatte die Instruktion, wenn er dort keine bedeutenden feindlichen Kräfte träfe, sich rechts zu wenden und zu versuchen, den linken Flügel der Armee zu erreichen.

Ferner wurde auf ausdrückliches Betreiben des Generals Ramming**) auch noch eine Division des X. Korps zur Entscheidung herangezogen; jetzt allerdings zu spät, denn Feldmarschalleutnant Ritter traf erst am 24. abends in Mantua ein.

Die Österreichische Armee hatte also in konvergierendem Vormarsch etwas rechts geschwenkt.

Am Morgen dieses Tages hatte sie von Peschiera bis Goito in einer Front von vier Meilen auseinander gestanden, am Abend war sie zwischen Pozzolengo und Medole auf anderthalb Meile zusammengezogen. Es fallen bei der Stärke von rund 150000 Mann 10 Mann auf den Schritt dieser ganzen Ausdehnung. Aber die Hauptmassen befanden sich auf der nur dreiviertel Meile langen Linie Solferino—Rebecco, und es biwakierten über 100 000 Mann auf dem Raum einer Quadratmeile.

Der rechte, gewissermaßen selbständig detachierte Flügel, das VIII. Korps mit der Brigade Reichlin, war in dem Berglande zwischen Monzambano und Lonato 25 000 Mann stark.

Im Zentrum befanden sich auf dem dominierenden Rande von Solferino bis Cavriana das V. und I. Korps, 41 000 Mann.

---

*) Die Kavalleriedivision Zedtwitz marschierte hinter dem IX. Korps über den Mincio; ihr folgte das XI., das mit einer Division bei Castel Grimaldo, mit einer bei Guidizzolo biwakierte. Östr. G. St. W. 2, S. 229/230.

**) Ramming, S. 67.

Auf dem linken Flügel in der Ebene standen in erster Linie allein das III. und IX. Korps und beide Reserve-Kavalleriedivisionen, diese in dem für sie günstigen Terrain, 47 000 Mann; die Hauptmasse etwas zurückgezogen bei Guidizzolo.

Dahinter waren noch verfügbar das VII. und XI. Korps, 39 000 Mann, welche eine zweckmäßig aufgestellte Reserve gebildet haben würden, wenn sie als solche unter gemeinsamem Befehl und zur alleinigen Disposition des Oberfeldherrn gestellt gewesen wären. Allein die Einteilung der Armee in zwei Teile gestattete dies nicht, das XI. Korps gehörte zur Ersten Armee, das VII. zur Zweiten Armee.

Die Darstellung der Schlacht wird zeigen, welche Nachteile daraus entstanden, daß man nicht imstande gewesen ist, eine große geschlossene Masse im richtigen Augenblick gegen den entscheidenden Punkt zu führen und so den linken Flügel 86 000 Mann stark zu machen.*)

Der Vormarsch an und für sich muß als eine vorzüglich gelungene Einleitung zu der beabsichtigten Unternehmung bezeichnet werden. Man wollte den Feind angreifen, man glaubte ihn erst an dem Chiese zu erreichen,**) aber man wußte, daß man jeden Augenblick zuvor schon auf ihn stoßen könne. Dies war ja der Grund, weshalb man einen Tag früher aufgebrochen war.***) Das Heer stand nun wirklich so, daß es den möglichen Angriff jeden Augenblick annehmen durfte.

Der Österreichische Generalstab hatte alles geleistet, was von ihm gefordert werden konnte. Die Marschdisposition des Feldzeugmeisters Baron Heß stellte die Truppen in zweckmäßigster Weise zur Verfügung, ihre Verwendung in der Schlacht war nun Sache des Feldherrn.

Natürlich konnte eine Disposition für die Schlacht nicht im voraus gegeben werden, ehe man wußte, ob überhaupt und wo man sie schlagen

---

*) Bei Redern bemerkt Moltke: „Schlimm, daß gerade hier die Einheit des Kommandos unterbrochen war. Das III., IX., XI. und VII. Korps unter einem Führer hätten die Schlacht entscheiden können."

**) Ramming, S. 70 ff., betont, daß die Österreichische Heeresleitung hoffte, vor der Linie Castiglione—Carpenedolo höchstens feindliche Kavallerie zu treffen, daß es also erst in jener Linie zur eigentlichen Schlacht kommen würde. Die Verbündeten wollte man wenn möglich in ihrer rechten Flanke umfassen und über den Chiese zurückwerfen. War die Offensive unmöglich, so sollte in jener Stellung die Defensivschlacht angenommen werden. Der durch die späte Aufbruchszeit verlorene Entwicklungsraum nach vorwärts habe wesentlich ein planmäßiges Einsetzen der Streitkräfte im Zentrum und auf dem linken Flügel erschwert, auch sei der unweit hinter der Stellung fließende Mincio von nicht unerheblichem Nachteil gewesen. Vgl. Moltkes Text S. 204.

***) Vgl. S. 199, Anm. ***).

würde. Aber die Truppen waren beisammen, ihre Lenkung durch unmittelbare Befehle von einem Punkte aus ermöglicht. Diese Befehle konnten nur erteilt werden in dem Augenblick, wo man auf den Feind stieß oder wo er selbst angriff; dann freilich waren sie auch augenblicklich zu geben. Die schwächere Hälfte des Österreichischen Heeres fand bei der Stellung, welche man innehatte, eine nachhaltige Unterstützung im Terrain, die stärkere Hälfte in der Ebene ein so günstiges Feld für die Offensive, wie es in diesem Lande überhaupt gefunden werden kann. In solcher Stellung angegriffen zu werden statt, wie man beabsichtigte, aus derselben anzugreifen, ist an und für sich gar nicht als ein Nachteil zu bezeichnen.

Vom Feinde hatten sich den Tag über nur kleine Abteilungen gezeigt, auch liefen bis abends keine Meldungen ein, welche auf eine allgemeine Vorrückung desselben schließen ließen. So verblieb es natürlich für den folgenden Tag bei den ausgegebenen Marschdispositionen. Diese bestimmten, daß das VIII. Korps nach Lonato,*) der Rest der Zweiten Armee, das V., I. und VII. Korps, in die Stellung Esenta—Castiglione, die ganze Erste Armee über Medole nach Carpenedolo vorgehen sollten. Alles beharrte dabei in engster Konzentrierung und schon die Kürze des Marsches zeigt, daß man sich wohl bewußt war, es könne an den genannten Endpunkten, welche von der Avantgarde des Gegners besetzt waren, zur Schlacht kommen.**)

Die gesamte Kavallerie sollte zwischen der Ersten***) und Zweiten Armee, die Division Jellacic zur Flankendeckung nach Castel Goffredo marschieren.

Von großem Einfluß wurde dabei die Bestimmung, daß, wie am heutigen Tage, so auch morgen, der Aufbruch erst um 9° erfolgen sollte.†) Schon

---

*) Dem VIII. Korps waren Lonato und Desenzano als Zielpunkte angegeben. Östr. G. St. W. 2, S. 233.

**) Neberns Anschauung, daß die Österreicher auf eine Offensive des Feindes überhaupt nicht vorbereitet waren, begegnet Moltke in dem Bericht folgendermaßen: „Man mußte darauf gefaßt sein, und man war es der Aufstellung nach wirklich. V., III., IX. Korps in erster Linie, wenig mehr als eine halbe Meile Front. I., VII., XI. in Reserve, VIII. und II. auf den Flügeln."

***) Von der Kavallerie Zedtwitz waren laut Armeebefehl für die Erste Armee die beiden Dragonerregimenter mit den Bayernhusaren und einer Batterie nordwestlich von Medole in Höhe von S. Vigilio, die Württemberghusaren mit der anderen Batterie nördlich Castel Goffredo zu versammeln. Östr. G. St. W. 2, S. 235.

†) Nur VIII. Korps sollte um 8°, Zedtwitz um 10° morgens aufbrechen, XI. sich bei Guidizzolo dem III. anschließen und darnach seine Aufbruchszeit bestimmen. Die Befehle beider Armeeoberkommandos wurden sehr spät ausgegeben und kamen bei der Ersten Armee erst zwischen 2° und 8° früh zu den Korps, als die Franzosen zum größten Teil bereits im Marsch waren. Öst. G. St. W. 2, S. 235/7. Ramming, S. 77, der 7° Aufbruchszeit vorgeschlagen hatte, weist auf die Ähnlichkeit mit den Dispositionen für

mit Rücksicht auf die furchtbare Tageshitze wäre man gewiß gern früher marschiert, wenn die leidigen Verpflegungsrücksichten nicht auch hierbei ihren Einfluß geübt hätten.*)

Aber nicht sowohl der späte als der, gegen die Disposition, ungleichzeitige Aufbruch der Truppen war es, welcher nachmals die Österreicher verhinderte, starke Massen innerhalb ihrer engen Konzentration früher zu versammeln, als die Franzosen es aus einer weit größeren Ausdehnung und Entfernung bewirkten.

Auf Seite der Alliierten hatte nämlich am 23. auch keine weitere Bewegung stattgefunden als nur, daß das 1. Korps von Rhô nach Esenta vorgerückt war.**) Außerdem waren zahlreiche Rekognoszierungen nach allen Richtungen vorgeschoben worden, denen das Vorrücken der Österreicher nicht verborgen bleiben konnte. Sie berichteten, daß Solferino, Cavriana, Guidizzolo, Medole mit starken Abteilungen, zum Teil bis zu 6000 Mann nebst Artillerie, besetzt seien, und daß am Mincio große Truppenbewegungen stattfänden.

Allein im Hauptquartier zu Montechiari wußte man mit Bestimmtheit, daß das ganze österreichische Heer eben erst den Rückzug in der Richtung auf das Festungsviereck angetreten habe; alles deutete darauf hin, daß es dort den Angriff der Verbündeten abwarten werde; es war daher durchaus nicht wahrscheinlich, daß es jetzt aufs neue vorrücke, um eine Position wieder einzunehmen, die eben erst verlassen worden war.***)

Der Kaiser folgerte daher aus den ihm zugehenden Berichten, daß der Gegner, um den Anmarsch der Verbündeten in der Nähe zu beobachten, seine Vorposten über den Mincio vorgeschoben habe und sie durch starke Abteilungen unterstütze. Er beschloß†) nun am folgenden Tage weiter gegen den Mincio heranzurücken.

---

den 6. Juli 1809 (Wagram) hin, die schon im Augenblick der Ausgabe unausführbar gewesen seien. Nicht zum ersten Male also hätten der zu späte Aufbruch und die nicht rechtzeitige Ausgabe der Befehle eine Schlacht zugunsten der Gegner Österreichs entschieden.

*) Bei Stranz schreibt Moltke am Rande: „statt die Uniform mitherumzuschleppen, Lebensmittel auf zwei Tage".

**) Außerdem ging die 1. Sardinische Division Fanti von Calcinato nach Malocco vor. Vgl. S. 197.

***) Nach Stranz hat General Lamarmora bestimmt versichert, daß Napoleon über ein erneutes Vorgehen der Österreicher nicht unterrichtet war. Der Kaiser habe sich oft über das Fehlen von Nachrichten beschwert, das mit dem Einrücken in die Lombardei begonnen hätte. Lebrun behauptet dagegen S. 293, Victor Emanuel habe das Wiedervorgehen der Österreicher erfahren und spätestens am 24. früh an Baraguey d'Hilliers mitgeteilt, der aber nichts darauf gegeben hätte. Nach Gorce 3, S. 74 hat Baraguey die Möglichkeit eines Sturmes auf Solferino bereits am 23. vorausgesehen und Ladmirault Zusammenwirken mit Forey empfohlen.

†) Der Kaiser war am 23. morgens 8⁰ von Montechiari über Lonato bis Desenzano vorgeritten und wurde von Lonato aus hierbei vom König Victor Emmanuel begleitet. Frz. G. St. W., S. 282; vgl. Fruston, S. 217.

Der Disposition nach sollten:

das 1. Korps von Esenta nach Solferino,
das 2. Korps von Castiglione nach Cavriana,
die Garden von Montechiari und Castenedolo nach Castiglione,
das 4. Korps und die beiden Kavalleriedivisionen von Carpenedolo über Medole nach Guidizzolo,
das 3. Korps endlich von Mezzane über Visano, wo es den Chiese zu überschreiten hatte und, um nicht mit dem 4. Korps zu kreuzen, über Castel Goffredo nach Medole marschieren,
die Piemontesen von Lonato und Desenzano in dem Bergterrain nach Pozzolengo vorgehen,*) wobei die Division Fanti die Verbindung mit dem 1. Korps zu halten hatte.

Die Märsche waren nirgends stärker als zwei Meilen. Die ursprüngliche Front (von Lonato bis Mezzane zwei Meilen) wurde durch dieselben auf die Strecke von Pozzolengo bis Guidizzolo auf kaum anderthalb Meilen verkürzt. Es war also auch hier ein geschlossenes, konzentrisches Vorgehen. Die Natur des Bodens nötigte indes die Korps, zum Teil auf einer einzigen Straße, folglich in sehr tiefen Kolonnen zu marschieren.**) Im Gegensatz zu der Österreichischen Anordnung war der Aufbruch sehr früh morgens befohlen, um die große Hitze zu vermeiden, und es erhielten die Soldaten vor dem Ausmarsch ihren Kaffee.

Da nun die für den 24. befohlene Vorwärtsbewegung nur teilweise zur Ausführung kam, der Marsch sich in eine Schlacht und zwar für beide Teile in ein Rencontre verwandelte, so wollen wir hier nochmals die Hauptgruppierung der verbündeten Streitkräfte ins Auge fassen.

Mit Ausnahme des Französischen 3. Korps und der in Castenedolo zurückgebliebenen Gardekavallerie und Artillerie hatten schon am 23. sämtliche Truppen den Chiese überschritten und standen, ähnlich wie die Österreicher, in drei Hauptgruppen geteilt:

Den linken Flügel bildeten die Piemontesen, 45 287 Mann (einschl. Artillerie);

das Zentrum die Garde, das 1. und 2. Korps, 57 000 Mann (einschl. Artillerie);

---

*) Ein Seitenkorps sollte auf Peschiera marschieren. Piem. Bericht.

**) Moltke führt in seinem „Memoire über die bei der Bearbeitung des Feldzuges 1866 gemachten Erfahrungen" den Vormarsch der Franzosen am Tage von Solferino als Beispiel dafür an, daß sehr tiefe Kolonnen den Aufmarsch verzögern, die Benutzung möglichst vieler Straßen daher vorzuziehen ist. Takt.-Strat. Aufs., S. 154.

den rechten Flügel das 3. und 4. Korps und die beiden Kavalleriedivisionen 53 595 Mann (einschl. Artillerie).

Den Österreichern standen sonach auf dem rechten Flügel wie im Zentrum überlegene feindliche Kräfte entgegen, aber eben dort fanden sie eine mächtige Hilfe im Terrain. Entschieden stärker war ihr linker Flügel, und wenn es gelang, im Gebirge so lange standzuhalten, bis in der Ebene ein Erfolg erkämpft wurde, so mußten die Franzosen in der ihnen verderblichsten Richtung zurückgedrängt werden.*)

Das Schlachtfeld von Solferino zerfällt in zwei völlig verschiedene Teile. Der südliche gehört der absoluten Ebene, der nördliche dem sogenannten Mincioterrain, einem von diesem Flusse durchschnittenen Hügellande, an.

Es ist dasselbe der Südspitze des Garda-Sees in zwei Meilen weitem Halbkreise vorgelagert, steigt vom See amphitheatralisch auf, erreicht an seinem äußeren Rande mit etwa 300 bis 400 Fuß die größte Höhe und fällt dann kurz zur Ebene ab. Langgestreckte schmale Rücken, die das Südende des Sees in konzentrischen Reihen umlagern, bilden die vorherrschende Formation; doch sind sie häufig mit plateauartigen Erhebungen und einzelnen Kuppen bunt durcheinander gewürfelt.

Die Abfälle sind meist nicht sehr steil und für Infanterie gangbar. Die sie trennenden Senkungen haben gewöhnlich einen muldenförmigen Charakter, und nur hin und wieder schneidet ein Wasserlauf schärfer ein.

Der äußere hohe Rand macht jedoch eine Ausnahme. Er hat steilere Böschungen, und seine Täler, namentlich die Querschnitte, sind scharf markiert. Von seinen Höhen kann man Ebene und Hügelland, so weit das Auge reicht, übersehen. Einer der höchsten Punkte ist la Rocca bei Solferino. Rings im Lande umher erblickt man aus meilenweiter Entfernung den dort erbauten Turm, bezeichnend la Spia d'Italia genannt.**)

Die Bodenbeschaffenheit des Mincioterrains sowohl als der dasselbe zunächst umgebenden Ebene ist überall steinig, aber im allgemeinen weniger bedeckt und durchschnitten als in den meisten übrigen Teilen der Lombardei. Namentlich auf dem Hügellande findet sich die alle Bewegungen erschwerende Kultur nur auf den flacheren Hängen, während die steilen Böschungen und

---

*) Bei Stranz sagt Moltke ähnlich: „Die Österreicher demnach schwächer in der durch das Terrain unterstützten Defensive, stärker als sie (die Franzosen) zur entscheidenden Offensive in der Ebene."

**) Im Turm ist heute ein kleines Museum mit Erinnerungen an die Schlacht eingerichtet.

höheren Rücken entweder ganz frei oder mit Gebüsch bestanden sind. Vergleichsweise kann daher das Schlachtfeld ein übersichtliches genannt werden.

Die Wege, soweit sie nicht chaussiert, sind der Steine halber meistenteils sehr schlecht und für das leichteste Fuhrwerk beschwerlich. Die Truppenbewegungen sind auch deshalb für die Schlacht von Solferino fast ausschließlich den vielfach vorhandenen Chausseen gefolgt.

Von den drei Lokalitäten S. Martino, Solferino—Cavriana, Medole—Guidizzolo, an welchen die Schlacht hauptsächlich geschlagen wurde, liegt die erste in der flach geböschten Mitte des Mincioterrains, die zweite eine Meile davon auf dessen äußerem hohen Rande, die dritte etwa wiederum eine halbe Meile nach Süden in der Ebene.

Der Kampf von S. Martino bildet eine Episode für sich, und hauptsächlich nur die Gefechte auf den anderen Punkten treten im Laufe des Tages in nähere Beziehung zueinander.*)

Marschall Baraguey d'Hilliers wußte, daß auf dem ihm vorbezeichneten Marsch Solferino stark, angeblich mit 6000 Mann, besetzt sei; er traf seine Maßregeln für den Angriff.**) 24. Juni. Skizze 7. Handzeichnung XX.

Die 2. Division, Ladmirault, brach zuerst, 3⁰ früh, von Esenta auf und schlug, nur von vier Geschützen begleitet, den Gebirgsweg zur Linken ein. Sie war angewiesen, falls man auf starken Widerstand stieß, die Mitwirkung der 1. Division, Forey, abzuwarten, welche um 4⁰ durch Castiglione auf der Straße längs des Bergfußes vorging.

Dieser folgte auch die 3. Division, Bazaine, gegen 6⁰.

Um diese Zeit***) stießen die beiden vorderen Divisionen, eine Viertel-

---

*) Bei Stranz bemerkt Moltke zur Darstellung des Kampfes: „Es stört die Übersicht und dramatische Wirkung, wenn die Episode von Solferino gleich bis zu Ende erzählt wird; sie umfaßt neun Stunden."

**) Östr. und Frz. G. St. W. gehen in der Darstellung der Schlacht und besonders in der Zeitangabe oft weit auseinander.

***) Nach Östr. G. St. W 2, S. 256 ff., wurden die Feldwachen von II./Kinsky der Brigade Bils gegen 5⁰ früh vom M. di Balscura auf den M. Scala sowie auf Le Grole zurückgedrängt; hier auf 2½ bezw. 2 Kompagnien verstärkt hielten sie sich einige Zeit. Gegen 6⁰ gaben die Verteidiger von Le Grole den Ort auf und zogen sich auf die Höhe zwischen M. Scala und M. Fenile zurück. Der Rest von II./Kinsky, anderthalb Kompagnien, sowie eine Kompagnie III./Kinsky und zwei Geschütze wurden gleichzeitig in die vordere Linie gezogen. Im ganzen sieben Kompagnien, zwei Geschütze blieben dann noch bis 7⁰, in der Stellung M. Scala—Höhe südlich, den Französischen 17. Jägern und 74ern gegenüber. Das Vorgehen Ladmiraults auf Barche di Solferino im Verein mit einem Frontalangriff der Franzosen zwang nach zweistündigem Widerstand die Österreichischen Vortruppen zum Rückzug auf das Gros der Brigade am M. Carnal. Der M. Fenile ist demnach gar nicht von ihnen besetzt gewesen. Dagegen waren Österreichische

meile hinter Castiglione, schon auf Truppen der Brigade Bils des V. Österreichischen Korps, welche Graf Stadion zu seiner Sicherung vorgeschoben hatte. Diese Postierungen räumten bald den M. Croce, das Dorf Le Fontane wie den M. bi Balscura und zogen sich auf Le Grole zurück.

Allein auch hier war ein ernstlicher Widerstand noch nicht beabsichtigt; selbst die an sich vorteilhafte Stellung auf dem M. Fenile wurde der Division Forey überlassen. An dem Abschnitt jenseits aber, von welchem die Höhen sich staffelförmig bis zur Rocca erheben, stand nunmehr die Brigade Puchner in einer Ausdehnung vom M. Costa Mezzana bis zum Zypressenhügel zum Gefecht entwickelt. Die Brigade Bils sammelte sich rechts davon, und weiter rückwärts hielt die Brigade Festetics die Hauptstellung besetzt, das 6. Bataillon Kaiserjäger nach Contraba di S. Martino detachiert. Die Brigaden Koller und Gaal standen rückwärts in der Richtung auf Pozzolengo bis M. Croce.

Die Österreicher hatten somit den Westrand der Höhengruppe von Solferino, auf welcher der weitere Entscheidungskampf geschlagen wurde, besetzt. Die bedeutendste Erhebung am ganzen Südrande des Mincioterrains, bildet diese Gruppe ein für sich abgeschlossenes Ganzes. Ihr höchster Punkt ist die früher schon erwähnte Rocca bei Solferino, welche sich rund 350 Fuß über die Ebene und 200 bis 250 Fuß über das nächstgelegene Berggelände erhebt. Nach Osten fällt dieser Berg jäh ab. Gegen Westen aber erstrecken sich von ihm, nur 15 bis 20 Fuß niedriger als die höchste Kuppe und fast horizontal fortlaufend, gabelförmig zwei schmale parallele Bergrücken. Der kurze südliche, auf dem eine Zypressenallee gepflanzt ist, hat etwa 600 Fuß Länge und 10 bis 20 Fuß Breite; der nördliche Bergrücken, M. Carnal genannt, ist anfangs 80 Fuß breit, verengt sich allmählich bis auf höchstens 15 Fuß, gewinnt dann aber durch den südlich sich anschließenden M. Costa Mezzana plötzlich wieder 150 bis 200 Fuß Breite. Westlich ihres Vereinigungspunktes laufen M. Carnal und M. Mezzana, nur durch ein schmales Tal getrennt, bis gegen die Contraba belle Fatorelle, zu der sie ziemlich allmählich abfallen, parallel nebeneinander her. Dem M. Costa Mezzana ist dann südlich noch ein etwa 800 Schritt gegen

---

Vortruppen auf dem M. bi Barche gewesen, die aber durch Ladmiraults Vorgehen ebenfalls den Rückzug antreten mußten und bei C. Sojeta haltmachten.

Graf Stadion hatte 6ʰ früh das in Volta befindliche Oberkommando vom Vorgehen des Feindes benachrichtigt. Auch von dem späteren Massenangriff der Divisionen Forey und Ladmirault wurden Meldungen erstattet sowohl nach Volta wie an VIII. und I. Korps, letzteres außerdem gebeten, seinen Marsch zu beschleunigen und eine Division auf S. Pietro, eine auf Solferino zu senden. Vgl. Geschichte des 47. (Kinsky) Infanterieregiments, S. 673 ff.; Richard, Les chasseurs à pied, S. 211/2; Historique du 74ᵉ régiment, S. 117 ff.

die Ebene vorspringender, etwas niedrigerer Berg angehängt. Sämtliche Abfälle vorgenannter Höhen sind mit geringen Ausnahmen so steil, daß selbst einzelne sie nur mit Mühe erklimmen können, und streckenweise macht sie die terrassenförmige Weinkultur ganz unersteiglich. Letztere findet sich fast überall, und nur der nördliche Hang des M. Carnal und M. Costa Mezzana sind mit niedrigem Gebüsch bewachsen; die Höhen oben sind frei, übersichtlich und gangbar. Dicht an La Rocca ist die Rückenfläche des M. Carnal auf 150 Fuß Länge durch das stattliche Schloß von Solferino, mit Kirche, großem Hofe und Nebengebäuden, eingenommen und völlig gesperrt. 300 Schritt weiter westlich findet solche Sperrung nochmals durch den kleinen, 30 Fuß breiten, 80 Fuß langen, mit 6 Fuß hoher Mauer umgebenen Kirchhof des Orts statt. Das Dorf Solferino liegt zur Hälfte am Ostfuß der Rocca, zur Hälfte in dem von dieser, dem M. Carnal, M. Costa Mezzana usw. umschlossenen Kessel, für welchen bei Contrada Pozzo Catena eine breite Schlucht den Ausgang bildet.

Die Stellung der Österreicher war sehr stark, und der Gegner versuchte vergebens, dieselbe zu nehmen. Die Brigade Dieu der Division Forey, obgleich durch eine auf dem M. Fenile*) sehr vorteilhaft plazierte Batterie wirksam unterstützt, vermochte nicht, die diesem Berge zunächst östlich gelegene Höhe zu gewinnen. Auch die Division Ladmirault wurde mit großem Verlust abgewiesen. Sie konnte in dem schwierigen Terrain nur mit getrennten Abteilungen die Österreichischen Stellungen angreifen und war mit ihrer Hauptmacht auf das schmale Tal zwischen dem M. Carnal und Costa Mezzana beschränkt, welches, nach Solferino allmählich ansteigend, von den Österreichern unter dem lebhaftesten Feuer gehalten wurde.

Die Franzosen machten hier zunächst keine weiteren Fortschritte.

In der rechten Flanke der Position von Solferino hatte Graf Stadion, zur Verbindung mit dem VIII. Korps und zur Sperrung der Straße von Lonato nach Pozzolengo, Madonna della Scoperta mit zwei Bataillonen Este der Brigade Koller besetzt. Gegen 7³⁰ früh wurden diese von den Piemontesen angegriffen.**)

Die Sardinische Armee nämlich sollte auf ihrem Marsche nach Pozzolengo das ganze Mincioterrain, in dem sich Tags vorher mehrfach feindliche Pa-

---

*) Die Österreicher behaupten, die Französische Artillerie sei auf dem M. Scala aufgefahren. Östr. G. St. W. 2, S. 258.
) Die Österreicher hatten Madonna della Scoperta gar nicht besetzt, vielmehr hatten die Piemontesen, und zwar die Erkundungsabteilung der Division Durando (Grenadierbrigade), zuerst dort Stellung genommen. S. 207 Anm. *. Hierdurch sahen sich die vom M. di Barche auf C. Sojeta zurückgegangenen Vorposten der Brigade Bils (vgl. S. 210) in der rechten Flanke bedroht und gingen, vier Kompagnien Rinsky stark, mit Erfolg

trouillen gezeigt hatten, aufklären. Zu diesem Zwecke ging rechts eine Abteilung der 1. Division, Durando, von Lonato über Castel Venzago gegen Madonna della Scoperta, ferner eine Abteilung von der 5. Division Cucchiari durch Desenzano auf der Eisenbahn und demnächst längs der Straba Lugana*) gegen Pozzolengo vor. Die 3. Division, Mollard, welche bereits in Rivoltella stand, schickte vier Rekognoszierungen vor, von denen zwei zwischen der Eisenbahn und dem See bis nahe vor Peschiera gelangten, die beiden anderen sich später der 5. Division anschlossen. Die 2. Division, Fanti, blieb vorerst als Reserve bei Lonato zurück.

Alle diese Abteilungen konnten, vereinzelt und zu verschiedenen Zeiten, wie sie auftraten, zwar die feindlichen Vorposten zurückdrängen, nirgends aber nachhaltige Erfolge erringen; es wirkte daher auch diese anfängliche Zersplitterung der Sardinischen Streitkräfte während des ganzen Tages überaus nachteilig auf deren Gefechtsverhältnisse zurück.

Die Avantgarde der Division Durando war es, welche bei der Madonna auf jene Bataillone der Brigade Koller stieß.

Madonna della Scoperta, eine alte Klosterkirche mit den dazu gehörigen Gebäuden, liegt auf einem langen, schmalen Bergrücken, der zwar aus der Bal bei Quadri steil aufsteigt, sich aber auf der entgegengesetzten Seite, also in der Richtung des Piemontesischen Angriffs, sanft verflacht und wenig örtliche Verteidigungsfähigkeit bietet. Nur das Klostergehöft an sich bildet ein starkes Reduit.

Obwohl nun die Avantgarde der Piemontesischen Kolonne nur aus zwei Bataillonen, einer Eskadron und zwei Geschützen bestand, so warfen sie die Österreichischen Bataillone doch zurück. Von Solferino her konnte der Posten nicht wieder genommen werden, da die drei letzten Bataillone der Brigade

---

gegen die Madonna vor, vertrieben die bedeutend überlegenen Sardinier und verfolgten sie bis Casellin Nuova (Cannova?). Indessen ermöglichten es 9³⁰ Verstärkungen der Grenadierbrigade von Castel Venzago aus dem geschlagenen Feind, bis vor das Kloster wieder vorzubringen. Zu dieser Zeit hatte Graf Stadion gerade seine beiden Reservebrigaden, Koller und Gaal, von la Possessione und vom M. Croce aus, angesichts der drohenden Umgehung Ladmirault's, in Bewegung gesetzt, um einen Durchbruch der Franzosen zwischen dem V. und VIII. Korps zu verhindern. Koller hatte sich eben zur Unterstützung der Brigade Festetics auf beiden Seiten des Redonebaches mit Front gegen Westen zum Gefecht entwickelt, als er den Angriff der Piemontesen auf die Madonna bemerkte; er stand nun davon ab gegen Ladmirault weiter vorzugehen und wandte sich mit zwei Bataillonen Este sowie sechs Geschützen gegen den neuen Feind. Doch diesem war inzwischen der Rest der Grenadierbrigade nachgerückt, der es gelang, sich des Klostergebäudes trotz der Gegenstöße der Brigade Koller gegen 11⁰ zu bemächtigen. Bald darauf näherte sich die Brigade Gaal dem Gefechtsfelde. Cfr. G. St. W. 2, S. 263/64; Piem. Bericht.

*) Die Strada Lugana wurde für den Weitermarsch gewählt, als in Höhe von Rivoltella Kanonendonner von Madonna della Scoperta her hörbar war. Piem. Bericht.

Roller die einzige Reserve hinter den drei dort engagierten Brigaden bildeten, und es wurde daher die Brigade Gaal, welche als allgemeine Reserve des V. Korps etwa 2000 Schritt von Solferino am Fuß des M. Croce biwakiert hatte, beauftragt, sogleich anzutreten und die Piemontesen von Madonna della Scoperta zu vertreiben. Die Brigade hatte schon abgekocht und war bald darauf auf dem Wege nach der Madonna.*)

Früher schon, als mit der rechten bei der Madonna, waren die Sardinier mit ihrer linken Kolonne dicht vor Pozzolengo auf den Feind gestoßen. Es war die Avantgarde der Division Cucchiari (zwei Bataillone, eine Eskadron, zwei Geschütze stark), welche 6³⁰ früh bei Ponticello auf die Vorposten des VIII. Österreichischen Korps traf und diese zurückdrängte.

Das Gros der Korps lagerte nordwestlich von Pozzolengo hinter dem M. Giacomo und M. d'Ingrana mit dem linken Flügel am Redone. Die Truppen waren noch im Abkochen begriffen, und die Avantgarden-Brigade Waterollet mußte von den Kochkesseln forteilen, um die Kante der genannten Berge zu besetzen, ehe die Bersaglieri diese erreichten. Im Verein mit den gesammelten Vorposten hielt sie die Piemontesen dort auf, bis das Korps unter Gewehr getreten war und General Benedek nun selbst die Offensive ergriff. General Mollard, welcher den Kanonendonner hörte, war inzwischen mit seiner Avantgarde**) zur Unterstützung auf der Straba Lugana herangekommen und bedrohte über Corbu di sotto und Bestone die rechte Flanke der Österreicher. Die Brigade Philippovic, durch eine Division Probaska und das 2. Bataillon Kaiserjäger von der Brigade Waterviet verstärkt, drängte jedoch den Feind allmählich bis S. Martino zurück, welche Stellung nach tapferer Verteidigung gegen 9⁰ von den Österreichern genommen wurde.***) Die Piemontesen zogen sich hinter den Eisenbahndamm und auf Canova zurück.

In der Ebene hatte sich ungefähr gleichzeitig mit dem Kampf bei Solferino das Gefecht südlich dieses Ortes engagiert. Das 2. Korps Mac Mahon war um 3⁰ früh von Castiglione in einer einzigen links abmarschierten Kolonne auf der Mantuaner Straße abgerückt. Seine Tete wird sich daher in gleicher Höhe

---

*) Vgl. S. 209, Anm. **) Schluß.
**) Es war die südlichste (1½ Bataillone, ½ Eskadron) der vier Erkundungsabteilungen der Division Mollard, bei der sich der Divisionskommandeur selbst aufhielt. Die Abteilung war der Avantgarde (Erkundungsabteilung) der Division Cucchiari gefolgt. Piem. Bericht; Öftr. G. St. W. 2, S. 267.
***) Den Piemontesen folgten zunächst nur die Brigade Lippert und die halbe Brigade Reichlin, da Benedek den feindlichen Vorstoß für eine bloße Erkundung in etwas größerem Maßstab hielt. Öftr. G. St. A. 2, S. 268; vgl. Geschichte des Infanterieregiments 7 Probaska), S. 739 ff.

14*

mit dem 1. Korps bewegt haben und fand bei C. Morino die Vorposten*) des III. Österreichischen Korps, mit denen sich um 5⁰ ein Feuergefecht entspann.**)

Man bedurfte Zeit, um vor allem erst aufzumarschieren. So vergingen mehrere Stunden, ohne daß hier etwas Ernstliches geschehen konnte. Marschall Mac Mahon verhielt sich einstweilen zuwartend und nährte nur das Tirailleurgefecht bei Morino.

Nach und nach zeigten sich auf dem Kamm der Höhe von Solferino bis Cavriana bedeutende feindliche Massen. Man hörte den heftigen Kampf bei ersterem Ort, und Marschall Mac Mahon fühlte vollkommen die Notwendigkeit, an diesem wichtigen Punkte Hilfe zu leisten. Anderseits lag die Gefahr nahe, daß die Österreicher hier in der Ebene, wenn diese freigegeben würde, das Französische Zentrum sprengen, das 1. und 2. von dem 3. und 4. Korps trennen könnten. Vom General Niel sah man noch nichts; doch wandte sich der Marschall Mac Mahon mit der Bitte um Unterstützung an ihn.***)

Das 4. Korps Niel war um 3⁰ von Carpenedolo aufgebrochen. Es marschierte ebenfalls in einer einzigen Kolonne, die Artillerie zwischen der 2. und 3. Division. Zwei Eskadrons,†) als Eclaireurs vorausgeschickt, trafen bald nach 4⁰ auf feindliche Husaren (von der Kavalleriedivision Zedtwitz), die sie zurücktrieben, fanden aber Medole von Infanterie und Artillerie besetzt.††) Graf Zedtwitz hatte sich hier, auf die Nachricht von dem Anrücken des Feindes, mit zwei Bataillonen des Regiments Franz Karl vom IX. Korps, die ihm zugeteilt waren, eiligst zur Verteidigung des Ortes in Bereitschaft gesetzt und den General Lauingen mit der Dragonerbrigade und vier Eskadrons Husaren auf dem Campo bi Medole aufgestellt.†††)

*) Die 4. Jäger von der Brigade Blumencron IX. Armeekorps. Östr. G. St. W. 2, S. 246.
**) Die Österreicher setzen den Angriff der Franzosen auf 3³⁰ früh fest. Östr. G. St. W. 2, S. 246.
***) Mac Mahon schickte deshalb seinen Generalstabschef, General Lebrun, zu Niel. Vgl. Lebrun, S. 299.
†) Zwei Eskadrons von den 10. Husaren. Frz. G. St. W., S. 299.
††) Der Angriff erfolgte nach dem Östr. G. St. W. 2, S. 242 um 2³⁰ früh. Dies dürfte wohl zu früh angenommen sein.
†††) Medole verteidigten zwei Bataillone Franz Karl, zwei Geschütze und zwei Züge Ulanen. Von der Brigade Lauingen lagerten die 3. Dragoner dicht hinter Medole an der Straße nach Ceresara; die 1. Dragoner mit zwei Divisionen 3. Husaren der Brigade Vopaterny am Friedhof von Medole. Auf Befehl des Grafen Zedtwitz wurden dann zwei Divisionen der 1. Dragoner mit dem Dragoner Regiment 3 an der Straße nach Ceresara vereinigt, während die dritte Division Drag. R. 1 und die beiden Divisionen Hus. R. 3 nach Medole hineingeführt wurden. — Eintretende Verluste boten dem General Lauingen Veranlassung, seine Brigade (ohne eine Div. Drag. R. 3) vor 6⁰ vormittags auf Ceresara und schließlich nach Goito zurückzuführen, was 9⁰ vormittags erreicht wurde. — Die dritte Div. Drag. R. 3 und die zwei Divisionen Hus. R. 3 nebst zwei Geschützen wurden schließlich von Zedtwitz auf Goito zurückgezogen. Vgl. S. 216/7. Anm. †††); Östr. G. St. W. 2, S. 243 ff.

Französische Artillerie fuhr gegen den Ort auf, während die Division Luzy ihre Angriffskolonnen formierte. Graf Zedtwitz war viel zu schwach, um sich in Medole lange halten zu können, und die Fortnahme des Dorfes erfolgte um 7°;*) die Franzosen machten Gefangene und eroberten zwei demontierte Geschütze.

General Niel verhieß nun zwar, den Marschall Mac Mahon in der Ebene abzulösen,**) mußte aber seinerseits erst das Eintreffen Canroberts abwarten, da er bei weiterem Vorrücken über Medole hinaus bei Rebecco auf feindliche Massen stieß.

Das 3. Korps, Canrobert, war um 2^{30} von Mezzane abgerückt. Die drei Divisionen dieses Korps folgten sich in Intervallen von einer Stunde und überschritten den Chiese auf der während der Nacht unter dem Schutz der Brigade Janin geschlagenen, den Sardiniern gehörigen Biragoschen Bockbrücke.***) Über Acquafredda erreichte die genannte Brigade als Avantgarde Castel Goffredo ungefähr zu derselben Zeit, wo die ersten Angriffe auf Solferino, Morino und Medole stattfanden.

Nach Castel Goffredo hatte Graf Zedtwitz den General Bopaterny mit einem Regiment Husaren detachiert, welcher den Ort besetzt und verbarrikadiert hatte, indes bald durch die Französische Infanterie delogiert wurde.

Marschall Canrobert, welcher seinen Truppen voraneilte, erfuhr in Medole die Wegnahme des Ortes durch die Division Luzy und zugleich, daß diese in ihrem weiteren Fortschreiten von der Straße von Ceresara her bedroht sei. Zur Zeit defilierte jedoch die Queue seiner Marschkolonne noch über den Chiesefluß. Jede Division brauchte zwei Stunden, um dort die Kriegsbrücke zu überschreiten. Für den Augenblick war sonach die vom General Niel gewünschte Unterstützung nicht zu leisten.†)

Mittlerweile hatte Marschall Mac Mahon sich gegen 8^{30} zum Angriff auf Morino entschlossen.††) Das Gehöft wurde ohne Schwierigkeit

---

*) Der Widerstand im Dorfe Medole dauerte nach den Österreichischen Angaben nur bis 6⁰ früh; außerhalb des Ortes wurde noch bis 6^{30} gekämpft, worauf die tapferen Verteidiger sich hinter ihre inzwischen herangerückte Brigade (Blumencron) zurückzogen. Östr. G. St. W. 2, S. 244/5.

**) Vgl. Lebrun, S. 280. 299. Die Lücke zwischen dem 2. und 4. Korps betrug 4 km. Niel versprach Partouneaux zu schicken.

***) Nach Perrossier marschierten ab: Renault 2^{30}, Trochu 4^{0}, Bourbaki 5^{15} morgens. — Die Brücke befand sich gegenüber Bifano. Östr. G. St. W. 2, S. 246.

†) Vgl. S. 235.

††) Morino war nach Östr. G. St. W. 2, S. 246, von den Franzosen beim ersten Angriff in der Frühe genommen worden. Ebenso Laforge 1, S. 152.

genommen, denn noch immer stand dort nichts als die Österreichischen Vorposten des III. Korps,*) und der Marschall rückte hierauf bis an das Campo bi Medole vor.

Es ist dies eine absolute tabula rasa ohne Baum und Strauch, über eine Viertelmeile im Quadrat groß, zwischen genanntem Gehöft, der Casa Nuova und C. Galli, zu beiden Seiten der großen Chaussee gelegen, die den Franzosen, namentlich für Kavallerie und Artillerie, ein außerordentlich gutes Gefechtsfeld bot und einem über dasselbe vorrückenden Angriffe auch nicht die geringste Deckung gewährte.

Am Westrande desselben stellte der Marschall die 2. Division**) links, die 1. Brigade der 1. Division***) rechts der Chaussee deployiert auf. Die 2. Brigade der 1. Division stand als Reserve hinter der 2. Division, deren linke Flanke sie zugleich mit der Kavallerie des Korps gegen feindliche Kavallerie angriffe, welche von S. Cassiano her drohten, decken sollte. Vor der Front der Infanterie hatte General Auger (welcher hier später den Arm verlor) 24 Geschütze aufgefahren und nahm das Campo bi Medole unter höchst wirksames Feuer. Als bald darauf auch die zwei Kavalleriedivisionen Partouneaux und Desvaux†) eingetroffen waren, welche in einer besonderen Kolonne zwischen dem 2. und 4. Korps anrückten, stellte sie Marschall Mac Mahon nebst ihren beiden Batterien auf seinen rechten Flügel, zwischen dem M. Medolano und Medole an der Westseite des Campo, zur Verbindung mit dem General Niel.

Dieser hatte von Medole aus mit seiner 1. Division Luzy gegen Rebecco verfolgt, indem die Brigade Lenoble auf der Straße nach Ceresara, die Brigade Douay auf der nach Guidizzolo vorgeschoben worden war, während

---

*) Die bei Morino von Mac Mahon frühmorgens angegriffenen 4. Jäger der Brigade Blumencron (S. 212) hatten sich auf ihre 600 Schritt östlich Morino befindlichen Unterstützungstruppen zurückgezogen. Der Divisionskommandant Graf Crenneville ließ auf die Meldung vom feindlichen Angriff den Rest der Brigade, II., III./Franz Karl und vier Geschütze, von Guidizzolo aus vorgehen, die Brigade Fehlmayr aber in Marschbereitschaft halten. Graf Crenneville selbst ritt nach Morino zu. Da der Feind sich nicht weiter rührte, wurde dem Korps gemeldet, die erste Meldung, vom feindlichen Angriff, sei „nicht begründet" gewesen. Graf Schaffgotsche, der auf die erste Meldung hin mit seinem Korps auf Medole rücken wollte, da III. aber zum Vorgehen auf Morino aufgefordert hatte, stand jetzt von diesem Plane ab, umsomehr als die Truppen noch nicht abgekocht hatten. Erst die Meldung von der Räumung Medoles bestimmte den General zur Wiederaufnahme seiner Absichten (vgl. S. 215 unten). Östr. G. St. W. 2, S. 246/47.
**) Decaen.
***) Motterouge.
†) Beide Divisionen standen am 24. Juni unter Niel und trafen etwa um 10° morgens am Rande des Campo ein. Frz. G. St. W. S. 305.

beiden noch die 1. Brigade der Division Vinoy als Reserve folgen mußte. Die 2. Brigade La Charrière der letztgenannten Division ließ General Niel zur Verbindung mit dem Marschall Mac Mahon, und um demselben soviel als möglich die erbetene Unterstützung zu gewähren, auf dem Wege nach S. Cassiano bis an den Südwestrand des Campo di Medole vorrücken, an dem sie sich südlich des Weges entwickelte.

Um die hier im Vorgehen begriffenen Österreicher aufzuhalten, formierte General Vinoy seine Divisionsartillerie in eine Batterie, die demnächst General Niel durch den General Soleille mittels Vereinigung von drei weiteren Batterien aus der eigenen Reserve und den beiden Batterien der Kavalleriedivisionen Partouneaux und Desvaux bis auf 42 Geschütze verstärken ließ. Das mörderische Feuer dieser großen Batterie, die das Campo unter der rasantesten Bestreichung hielt, zwang die Österreicher, bis zum Gehöft von Casa Nuova und den anstoßenden Baumpflanzungen zurückzuweichen, während es der Division Vinoy gestattete, noch vorwärts Terrain zu gewinnen. Als dann die Division Failly des 4. Korps, bisher durch die Kultur in ihrem Marsch aufgehalten, auf dem Schlachtfelde erschien, rückte ihre 1. Brigade im Zentrum bei Baite ein, während die 2. in Reserve dahinter verblieb.

Es war etwa 10⁰, als Marschall Mac Mahon und General Niel die angegebenen Stellungen innehatten. 18 000 Mann des 2. Korps, 24 000 des 4. und die 3500 Pferde starken beiden Kavalleriedivisionen bildeten jetzt in der Ebene eine geschlossene Masse von 45 000 Mann.*)

Ihnen gegenüber waren das III., IX. und XI.**) österreichische Korps und die Kavalleriedivision Mensdorff, 65 000 Mann stark; allein diese Abteilungen standen zum Teil noch über eine Meile rückwärts. Zuerst fochten hier nur das IX. und eine Brigade des III. Korps.

Erst als Medole verloren war, hatte das IX. Korps sich allmählich in die Verfassung gesetzt den Kampf anzunehmen.***) Die Brigaden Wimpffen und Benedek gingen gegen jenen Punkt vor, wurden aber von der Division

---

*) Bei Stranz sagt Moltke: „Auf zwei Seiten des Campo; in diesem war also schwer vorzugehen, aber Rebecco der Angriffspunkt für 66 000 Österreicher."

**) Das 3. Französische Korps hätte man ebensogut mit in Rechnung ziehen können wie das XI. Österreichische.

***) Der kommandierende General IX. Korps blieb ohne Nachricht von dem Kampfe um Medole, da die erste Meldung darüber vom Brigadegeneral Blumencron nicht weitergegeben wurde; dieser hielt sie für unbegründet, da er keinen Schuß hörte. Erst beim Abreiten der Vorposten vor Morino bemerkte Blumencron den Kampf und ritt nach Medole. Östr. G. St. W. 2, S. 245.

Luzy gegen Rebecco zurückgedrängt,*) die Brigaden Fehlmayr und Blumencron**) rangen bei Casa Nuova gegen die Division Vinoy, ohne dort vorbringen zu können. Die Brigade Castiglione war nach Baite und vom III. Korps die Brigade Hartung nach Casa Nuova zur Unterstützung herangezogen.***) Letztere nahm die von Morino vertriebene Avantgarde auf.†)

Auf den Linien Rebecco—Baite—Casa Nuova stand nunmehr das Gefecht längere Zeit, denn um hier vorwärts zu bringen, hatten die Österreicher noch keine genügenden Streitkräfte beisammen.

Die Kavalleriedivision Zedtwitz fiel aus, indem einerseits der General Bopaterny, nachdem seine Husaren vom Marschall Canrobert aus Castel Goffredo vertrieben waren,††) anstatt sich mit der Brigade an den General Zedtwitz heranzuziehen, den Auftrag, die linke Flanke der Armee zu decken, so auffaßte, daß er den ganzen Tag in derselben verblieb und, soweit bekannt, nicht zum Gefecht kam, anderseits die Brigade Lauingen vom Schlachtfelde ganz verschwand.†††) Letztere wurde nämlich beim weiteren Vorgehen der

---

*) Wimpffen sollte über Tibaldo—S. Domaso, Benedek auf der Landstraße Rebecco—Medole vorgehen. Castiglione wurde als Reserve gegen Rebecco vorgezogen. Crenneville (Fehlmayr—Blumencron) sollte auch auf Medole gehen, Morino dem III. Korps überlassen. Nach Wiedergewinnung Medoles sollte gegen Carpenedolo weitermarschiert werden, Graf Schaffgotsche glaubte eben Medole nur von Vortruppen besetzt; daß zwei feindliche Korps ihm gegenüber waren, ahnte er nicht. Wimpffen geriet zu weit links und ging zu beiden Seiten der Seriola Marchionale vor; er erreichte zwar beinahe Medole, wurde aber geworfen und war gegen 9⁰ morgens bei Colombara. Benedek war fast bis Dosso vorgedrungen. Auf Rebecco geworfen, ließ ihn Schaffgotsche gegen 9⁰ durch Castiglione ablösen, auf Guidizzolo zurückgehen und dort mit Munition versehen. Östr. G. St. W. 2, S. 247 ff.

**) Blumencron war von Crenneville auf Guidizzolo zurückgenommen worden und ging von dort mit Fehlmayr gegen Medole über Casa Nuova vor. Östr. G. St. W. 2, S. 249.

***) Brigade Hartung III. Korps stand 8³⁰ an der Hauptstraße Guidizzolo—Castiglione in Höhe von Casa Nuova. Östr. G. St. W. 2, S. 251—256.

†) Die Brigade Hartung hatte am Morgen des 24. nach Morino keine Avantgarde gesandt, wohl aber am Abend vorher ein kleines Detachement, das anscheinend als Rückhalt für die Vorposten IX. Korps dienen sollte. Diese kleine Abteilung wurde beim Französischen Angriff am 24. früh indes in östlicher Richtung abgedrängt und schließlich vom Prinzen Alexander von Hessen der Brigade Wussin zugeteilt (vgl. S. 239 Anm. †). Wahrscheinlich ist von Moltke eine kleine Jägerabteilung gemeint, die die Brigade Blumencron beim Rückzug auf Guidizzolo gegenüber Morino belassen hatte. Vgl. Östr. G. St. W. 2, S. 248.

††) Bopaterny war von Castel Goffredo gegen Goito und Piubega gedrängt worden. Östr. G. St. W. 2, S. 246.

†††) Auch Graf Zedtwitz war nach dem Verlust von Medole der Brigade Lauingen bis Goito nachgeritten. Redern sagt, „Lauingen habe seine Truppen nicht dem Kugelfeuer exponieren wollen", außerdem „hätten die Pferde erst gefüttert werden müssen, ehe sie etwas leisten könnten". Lauingen soll, nach Östr. G. St. W. 2, S. 244, als Grund

Franzosen auf dem Campo di Medole durch eine Batterie der Division Luzy beschossen. Dagegen ließ zwar General Lauingen seine Artillerie auffahren, führte die Brigade selbst aber vom freien Felde fort in das bedeckte Terrain und trat bald darauf den vollständigen Rückzug bis Goito an. Dergestalt verlor Graf Wimpffen seine ganze, 28 Eskadrons starke Reservekavallerie aus der Hand und blieb auf die wenigen Eskadrons beschränkt, welche den einzelnen Korps zugeteilt waren.

Wenn das Terrain auf dem äußersten linken Flügel zwar für geschlossene Reitergefechte durchaus ungünstig war, so hätte doch in anderer Beziehung hier die Österreichische Kavallerie alles und jedes in der feindlichen Flanke unternehmen dürfen, denn die Französische Kavallerie des 3. Korps war seit drei Tagen zum 4. Korps abkommandiert. Marschall Canrobert disponierte über 12 Husaren.*)

Die Artillerie der Brigade Lauingen hatte den Kampf gegen die Französische Artillerie versucht, sich aber nicht lange halten können und war in die Baumreihen an der Straße nördlich von La Quagliara zurückgegangen. Dann fuhr vom III. Korps gegen 8³⁰ noch eine Batterie nördlich des von Medole nach S. Cassiano führenden Weges gegen die Französische Batterie auf, konnte aber gegen deren gewaltige Übermacht auch nur kurze Zeit ihre Position behaupten. Ebenso mußte die Brigade Hartung des III. Korps, welche, auf das Campo hinaustretend, einen Angriff gegen die Mac Mahonsche Artillerie richtete, bald ihr Vorhaben aufgeben; denn die Französischen Batterien fuhren fort, aus den eingenommenen Positionen das Campo unter heftigem Kreuzfeuer zu halten, und die vereinzelten Österreichischen antworteten nur aus großer Entfernung, von wo sie nicht hoffen konnten, dem Feinde ernstlichen Schaden zu tun. Sie harrten mit rühmlichster Standhaftigkeit stundenlang aus, waren aber viel zu schwach, um die feindliche Artillerie zum Schweigen zu bringen. Es wurden auch nachmals weder die Korpsreserven zu einer größeren Masse vereinigt, noch die Armeegeschützreserve in den

---

für seinen beschleunigten Rückzug angegeben haben, „erst bei Goito befände sich ein für Kavallerie geeignetes Terrain". Zedlitz (Öftr. G. St. W. 2, S. 246) glaubte „mit seiner Waffe hier (bei Medole—Guidizzolo) nicht mit Erfolg wirken zu können".

*) Perrossier bezeichnet es im „Journal des Sciences militaires" 1897 IV., S. 82, als einen schweren Fehler, Canrobert die Kavallerie genommen zu haben. Allerdings sei letztere im Aufklärungs- und Sicherheitsdienst schon damals trotz der Kriegserfahrungen sehr schwach gewesen, sie habe eben immer hinter der Infanterie marschieren müssen, um Staub zu vermeiden. Erst das Jahr 1870 habe kommen müssen, um Besserung zu schaffen.

Kampf geführt, die allein imstande gewesen wäre, hier das Gleichgewicht herzustellen.*)

Marschall Mac Mahon verblieb unter dem Schutz des Artilleriefeuers in seiner Aufstellung; und wenn er seine anfängliche Absicht, das 1. Korps bei Solferino zu unterstützen, noch nicht ausführte, so trug dazu nicht unwesentlich die Kavalleriedivision Mensdorff bei, welche ihm drohend in der linken Flanke stand. Einzelne Abteilungen bewegten sich sogar in seinem Rücken.

Oberst Edelsheim**) nämlich hatte schon morgens den Befehl erhalten, eine Division Husaren zur Deckung der rechten Flanke mit der Brigade Hartung vorgehen zu lassen, erbat sich jedoch die Erlaubnis, gleich mit noch zwei anderen zu seiner Disposition stehenden Divisionen eine Umgehung des feindlichen linken Flügels versuchen zu dürfen. Da er die Genehmigung erhielt, brach er mit vier Eskadrons Preußenhusaren von seinem Biwaksplatze bei Bal bel Termine gegen 8⁰ auf, nachdem er den eine Viertelmeile rückwärts davon stehenden Feldmarschalleutnant Mensdorff von seinem Vorhaben benachrichtigt und ihn hatte bitten lassen, ihm mit seiner Kavalleriedivision zu folgen.***) Oberst Edelsheim, mit dem Terrain genau bekannt, trabte vor, stieß bald auf feindliche Kavalleriepatrouillen, die sich auf ihre Soutiens zurückzogen, und warf dann die sich ihm entgegenstellenden Chasseurs in mehreren Attacken.†) So kam er bis in die Höhe von Morino, wo die Bataillone des linken Flügels der Division Decaen ihm den Weg verlegen wollten; aber während er mit einer Eskadron die feindlichen Tirailleurs auf ihre Bataillone zurücktrieb, setzte er mit den anderen den Weg fort und ließ dann die, welche den Angriff gemacht hatte, folgen. Ein feindliches Chasseurregiment, zur Brigade Gaudin de Villaine des 2. Korps gehörig,

---

*) Die Armeegeschützreserve der Ersten Armee war der Disposition nach auf Guibizzolo vorgezogen worden (Östr. G. St. W. 2, S. 236). Warum sie nicht benutzt wurde, ist nicht aufgeklärt. Die der Zweiten Armee ist überhaupt nicht auf das Schlachtfeld gekommen, nach den „Erinnerungen", S. 91, durch ein Mißverständnis.
Moltke sagt bei Stranz: „Der größte Teil der Geschütze (der Ersten Armee) war der Armeegeschützreserve zugeteilt und diese wurde gar nicht ins Gefecht geführt; sie wären beim Rückzug über Volta beinahe genommen worden, wenn nicht Prinz Hessen dort Widerstand leistete. Vgl. S. 261/62.
**) Précis, S. 2:5, hebt hervor, daß gerade das Vorgehen Edelsheims Mac Mahon daran verhindert habe, mit seinem Korps Baraguey d'Hilliers Hilfe zu bringen.
***) Edelsheim erhielt als Antwort, die Division werde nachkommen. Östr. G. St. W. 2, S. 274.
†) Die Chasseurs d'Afrique traf Edelsheim gleich nach Überschreiten des von S. Cassano nach Redole führenden Weges. Östr. G. St. W. 2, S. 274; vgl. Geschichte der 10. (Preußen-) Husaren, S. 356 ff.; Motterouge, S. 145.

rückte nun den Husaren entgegen, wurde jedoch geworfen. Unter diesen Gefechten, die von beiden Seiten mit gleicher Hartnäckigkeit geführt wurden, war es beinahe 12° geworden, und Oberst Edelsheim stand ungefähr in der Höhe von Le Grole. Nach rückwärts ausgesendete Patrouillen, welche die Division Mensdorff aufsuchen sollten, brachten die Nachricht, daß jene nicht zu finden sei, die feindliche Infanterie sich dagegen im Rücken mehr ausgebreitet habe. Der Oberst gab dennoch die Hoffnung nicht auf, daß ihm die Kavalleriedivision als Unterstützung nachfolgen werde, und wollte jedenfalls, ehe er seinen Rückzug antrat, eine neue Vorwärtsbewegung machen, da seine Lage dadurch nicht schlimmer werden konnte. Die Eskadron des Rittmeisters Lederer wurde als Avantgarde vorausgeschickt, und die anderen folgten mit großen Intervallen in einer Linie. Sehr bald traf Rittmeister Lederer die Tete einer dichtgeschlossenen Kavalleriekolonne, die auf der großen Chaussee von Castiglione her vorrückte. Trotzdem zu gleicher Zeit eine Chasseureskadron ihn in Flanke und Rücken bedrohte, warf er sich auf die vor ihm befindliche Abteilung der eben anrückenden Garde-Kavalleriedivision Morris*) und trieb sie in großer Verwirrung auf der Chaussee zurück. Da, wo der Weg von Contraba Larabello nach Le Grole die Chaussee schneidet, stand Infanterie. Steinerne Mauern gaben ihr Deckung, dennoch kam es zum Handgemenge; dann kehrte die Schwadron zurück. Die Chasseurs im Rücken waren durch eine andere Eskadron nach einem hitzigen Gefecht vertrieben, aber Oberst Edelsheim mußte sich nun zur Umkehr anschicken, Leute wie Pferde waren sehr ermüdet, die erwartete Unterstützung nicht eingetroffen, und die gegenüberstehende Kavalleriemasse mußte in hohem Grade gefährlich werden, sobald sie Zeit behielt sich zu entwickeln. In der Höhe von Morino traf man wieder die Französische Infanterie; ein gleiches Manöver wie beim Vorgehen half auch diesmal durch, und der Oberst Edelsheim gelangte nun, ohne auf seinem Rückzuge behelligt zu werden, zur Brigade Rößgen, die als rechter Flügel des III. Korps an dem Wege stand, der von Medole nach Cassiano führt. Der Verlust der vier Eskadrons Husaren betrug in diesen Gefechten 8 Offiziere, 165 Mann und 186 Pferde, wobei nur ein Mann durch einen Granatsplitter verwundet worden war. Die übrigen wurden im Handgemenge getötet oder verwundet.

Den Feldmarschalleutnant Mensdorff hatten die Umstände verhindert den Husaren zu folgen. Seine Kavalleriedivision hatte die Verpflichtung, den Raum zwischen der Ersten und Zweiten Armee zu decken.

---

*) Vgl. S. 241, Anm.**)

Nachdem wir die Episode dieses kühnen Reiterzuges, der Zeit vorgreifend, bis zu Ende geschildert haben, kehren wir zu dem Gang der Ereignisse zurück.*)

Wir haben bis jetzt gesehen, wie sich bis 9° vormittags eine Reihe von Einzelgefechten aus dem plötzlichen Zusammenstoß beider Heere entwickelte. Es konnte so lange weder auf der einen noch auf der andern Seite eine obere Leitung des Ganzen unmittelbar wirksam werden.

Die gesamte Lage der Dinge war so, daß man im Österreichischen Hauptquartier kaum überrascht sein durfte,**) wenn man heute von der Französischen Armee angegriffen und bei der späten Aufbruchstunde schon vor dem Abmarsch alarmiert wurde, denn man wußte Castiglione vom Feinde besetzt, und die Vorposten standen eine Viertelmeile nahe an diesen Punkt heran. Es wäre also gewiß nicht überflüssig gewesen, die Armee- und Korpskommandos im voraus mit einer allgemeinen Anweisung***) zu versehen, ob man eintretendenfalls den beabsichtigten Vormarsch aufgeben oder dennoch ausführen, ob man die dann unvermeidliche Schlacht stehenden Fußes annehmen und die Korps der zweiten Linie an die erste heranziehen oder ob man mit dieser sogleich zur Offensive schreiten wolle. Dies alles verstand sich nicht so ganz von selbst, daß darüber nicht Zweifel obwalten konnten. Jedenfalls mußten beide Armeekommandos in diesen Beziehungen übereinstimmend verfahren. †)

Dagegen war die Überraschung der Alliierten vollkommen, als sie die feindliche Armee, welche eben hinter den Mincio zurückgegangen war, nun diesseits des Mincio fanden.

---

*) Es ist auffallend, wie kurz der von Moltke dramatisch geschilderte kühne Reiterzug im Österreichischen amtlichen Werke des Generalstabs geschildert wird. Vgl. Östr. G. St. W. 2, S. 274.

**) Vgl. S. 223.

***) Vgl. Takt. Strat. Aufs. S. 221 ff. Bemerkungen zu den Generalstabsreisen. Moltke wollte jederzeit nach den Umständen gehandelt wissen, niemals aber nach Rezepten, die auf alle Fälle passen sollen.

†) Ramming, S. 78 bis 80, entschuldigt den Mangel einer Schlachtdisposition damit, daß man im Österreichischen Großen Hauptquartier auf einen Zusammenstoß mit der ganzen feindlichen Armee für den 24. nicht gerechnet habe. Auch sei jede Marschdisposition für eine konzentrierte Macht von 166000 Mann und 600 bis 700 Geschützen auf engem Raum und mit der gemeinsamen Bestimmung, welche Punkte zu erreichen seien, „vor dem Feinde zugleich eine Gefechtsdisposition in großen Lineamenten". Endlich weise schon die Absicht des Kaisers Franz Josef, sich nach den Höhen von Cavriana begeben zu wollen, darauf hin, daß von hier aus alles Nähere angeordnet werden sollte. Ramming hielt das für sehr zweckmäßig, zumal man Tags zuvor noch nicht wissen konnte, ob die Franzosen nach erlangter Kenntnis vom Österreichischen Mincioübergang nicht, statt auf Castiglione, über Carpenedolo mehr gegen den feindlichen linken Flügel vorstoßen würden.

Der Kaiser Napoleon hatte vorsichtig, früh am Morgen schon, die Garde-infanterie angewiesen, ihren Marsch auf Castiglione zu beschleunigen, der Gardekavallerie, welche erst um 9⁰ abrücken sollte, befohlen ihren Aufbruch möglichst zu beeilen. Dann fuhr er nach Castiglione, dem durch die Disposition für den 24. festgesetzten Hauptquartier, wo er um 7^{30} eintraf, und wo nun auch von allen Seiten Meldungen einliefen.*) Vom dortigen Kastell übersah der Kaiser mit seinem Stabe weithin die Gegend, in welcher bereits an den verschiedensten Punkten Gefechte begonnen hatten, man zweifelte aber noch, ob wirklich eine allgemeine Schlacht sich entwickle.

Der Kaiser eilte zu Pferde nach Morino, wo er um 9⁰**) das 2. und 4. Korps bereits vollkommen in der Verfassung fand, dem, was die Österreicher ihnen gegenüber aufgestellt hatten, Widerstand zu leisten.***) Sodann begab er sich nach dem M. Fenile zum 1. Korps.

Dort war um 10⁰, wie wir gesehen haben, der Angriff auf Solferino durch den tapferen Widerstand des Grafen Stadion fast gänzlich zum Stehen gekommen. Und doch lag hier für die Verbündeten die Entscheidung des

---

*) Im ersten Entwurf zur Darstellung der Schlacht von Solferino schreibt General v. Moltke an dieser Stelle: „Spätere Französische Darstellungen zeichnen nun den Kaiser, wie er aus jenen Meldungen eine ganz unverhältnismäßige Ausdehnung der Schlachtlinie seines Gegners erkennt, daraus Mangel an Zusammenhang und geringe Tiefe folgert, sofort beschließt, de faire sauter le centre und von Anfang an alle seine Korps gegen diesen Punkt konvergieren läßt. Hätte der Kaiser Napoleon nun solche Vorstellung von der Aufstellung der Österreicher gefaßt, so wäre sie vollkommen unrichtig gewesen. Wir wissen, daß diese in einer äußerst konzentrierten und tiefen Aufstellung standen.

Wenn man unter Zentrum nicht die Halbierung einer mathematischen Linie, sondern den Schwerpunkt der Massen versteht, so lag das Österreichische Zentrum nicht bei Solferino, sondern selber in der Fuge zwischen der Ersten und Zweiten Armee. Das rechts detachierte VIII. Korps stand viel näher an dieser letzteren als die ganz verzettelte Piemontesische Armee an der Französischen.

Der Kaiser tat etwas viel Besseres. Er ritt sofort dorthin, wo der Kampf entbrannt war. Um 9⁰ besprach er sich mit dem Marschall Mac Mahon. Er brauchte ihm nicht den Befehl zu erteilen, das 1. Korps durch eine Linksschwenkung zu unterstützen, denn der Herzog von Magenta hatte dies in richtiger Würdigung der Verhältnisse längst beschlossen. Der Kaiser wird sich aber überzeugt haben, daß die Ausführung vorerst unmöglich war. Er wird ohne Zweifel die große Gefahr einer Durchbrechung, nicht des Österreichischen, sondern des Französischen Zentrums erkannt haben . . . ."

**) Nach Lebrun, S. 302, war der Kaiser erst zwischen 10⁰ und 11ʰ bei Mac Mahon eingetroffen und 12^{30} nach dem M. Fenile weitergeritten.

***) Vgl. Bazancourt 2, S. 160 161, mit der angeblichen mündlichen Anweisung des Kaisers an Mac Mahon.

Tages. Weder links noch rechts konnte durch die Flügel ein großer Erfolg erreicht werden, solange die Österreicher in dem Bergterrain von Solferino mit Macht hielten und jeder solchen Unternehmung in der Flanke standen.*)

Das Vorrücken des Franco-Sardischen Heeres am 24. bezweckte die Konzentration auf der Linie Pozzolengo—Guidizzolo; in der Ausführung aber gestaltete sich dieselbe zu der ungleich ausgedehnteren vom Garda-See bis Castel Goffredo. Dem Kaiser entging gewiß nicht die Gefahr, in welcher bis zu dieser Stunde die Armee schwebte, im Zentrum gesprengt zu werden, wenn zwischen dem 1. und 2. Korps (in der durch den Zug des Oberst Edelsheim angedeuteten Richtung) ein feindlicher Offensivstoß mit hinreichend starken Kräften erfolgte. Hätte die Österreichische Heeresformation überhaupt eine Reserve dargeboten, etwa das VII. und XI. Korps, so stieß diese, wenn sie zwischen dem Bergfluß und dem Campo vorging, wirklich nur auf die beiden Kavallerieregimenter des 2. Korps. Nach dieser Lücke in seiner Schlachtordnung dirigierte denn auch der Kaiser sofort die bei Castiglione eintreffenden Garden.

Auf Österreichischer Seite sahen wir die Vorposten früh morgens schon in ihrer ganzen Ausdehnung von Le Fontane bis Medole angegriffen und zurückgeworfen, ehe sie von den dahinterstehenden größeren Abteilungen ausreichend unterstützt wurden. Während die Franzosen mit angestrengtester Tätigkeit den Aufmarsch ihrer tiefen Kolonnen bewirken, überall das Gefecht der Spitzen unterstützen, wird in den Österreichischen Biwaks abgekocht. An Berichterstatten und Anfragen gewöhnt scheint alles auf höhere Befehle zu warten, und doch hatte bis um 9° noch keine einzige Meldung über das, was seit drei bis vier Stunden vorging, ihren Weg durch die Korps- und Armeekommandos bis zum Hauptquartier gefunden. Freilich darf man dabei nicht übersehen, daß eine Meldung von Le Grole nach Volta oder von Medole nach Cereta, dann nach Valeggio und von dort wieder nach Volta vier Meilen zurückzulegen hatte.

Nach Volta nämlich hatte sich der Kaiser Franz Josef**) begeben. Von dort erblickte man den Pulverdampf des Kampfes bei Rebecco, hielt dies

---

) Es fragt sich, ob nicht ein Vorstoß der Sardinier, nach siegreichem Kampf gegen das VIII. Österreichische Korps, über Pozzolengo auf Volta den Feind zum Aufgeben der Stellung von Solferino gezwungen haben würde. Napoleon hielt nach Fruston, S. 265, eine Umgehung der Österreicher an sich für unnötig und schwierig, da er aus der großen Ausdehnung der feindlichen Kräfte auf geringe Tiefe, auf fehlenden Rückhalt, kurz auf Schwäche geschlossen hatte. Vgl. S. 221, Anm.).

**) Der Kaiser traf 8⁴⁵ bei Volta ein. Östr. G. St. W. 2, S. 250.

jedoch für ein Vorpostengefecht bei Medole. Geschützfeuer wurde nicht gehört, und doch war schon Österreichisches Geschütz verloren worden. Die bedeutenden Massen, welche der Feind am Campo versammelt hatte, waren von Volta aus nicht zu sehen. Von dem heftigen Angriff ganzer Divisionen auf Solferino erhielt der Kaiser die erste Nachricht durch einen seiner Flügeladjutanten,*) welcher mit der großen Suite direkt nach Cavriana geritten war und dort erfahren hatte, daß bedeutende feindliche Streitkräfte von Esenta und Castiglione gegen jenen Punkt gerichtet seien.

Die Möglichkeit einer allgemeinen Schlacht, ja die Annahme, sich schon mitten in einer solchen zu befinden, lag so nahe, daß man auch wirklich darauf abzielende Bestimmungen traf. Da nach der Disposition der Vormarsch um 9° erfolgen sollte, so mußten jetzt wenigstens alle Korps formiert und bereitstehen, um nach jedem Punkt abzurücken, den die oberste Heeresleitung bezeichnen würde.

Um 9°**) wurden folgende Befehle erteilt:

Dem Kommandierenden der Zweiten Armee, Grafen Schlick, welcher sich in Volta zur Stelle befand, wurde aufgegeben, Solferino so lange wie möglich zu verteidigen. Derselbe hatte bereits das I. Korps dorthin dirigiert. Das VII. Korps***) sollte sogleich zur Unterstützung des V. vorgezogen werden, doch konnte dies augenblicklich nur von der Division Lilia ausgeführt werden. Diese Division wurde heute durch den General Brandenstein geführt, dessen Brigade Oberst Fleischhacker übernahm. Die Division Prinz Hessen hatte ihre Kesselkarren erst in der Nacht 3° erhalten und daher noch nicht abgegessen. Sobald dies geschehen, sollte sie der andern Division nachfolgen. Feldmarschalleutnant Mensdorff erhielt die zweckmäßige Anweisung das Vorgehen der Ersten Armee zu unterstützen.

Das VIII. Korps bekam direkten Befehl, „anzugreifen." Man wußte, daß ihm die Piemontesen gegenüberständen; diese sollten gegen den Garda-See gedrängt und dann sollte, wenn möglich, zur Unterstützung des V. Korps nach Solferino detachiert werden.

Wir wissen, daß General Benedek bereits ohne Befehl die kräftigste Offensive ergriffen hatte.

---

*) Major Graf Wimpffen. Ramming S. 83.
**) Zwischen 9° und 9¹⁰. Östr. G. St. W. 2, S. 260.
***) Moltke sagt bei Stranz: „Es wäre wohl richtiger gewesen, das VII. Korps mit dem IX., III., XI. zur Entscheidung in der Ebene zu verwenden, während Solferino sich noch hielt."

Dem Feldzeugmeister Graf Wimpffen wurde durch einen Flügeladjutanten*) der mündliche Befehl nach Guidizzolo überbracht:

> daß die Tags vorher angeordnete Vorrückung zu vollziehen sei und daß demnach die Erste Armee sogleich in der anbefohlenen Richtung vorzurücken habe, um das vom Feinde angegriffene Zentrum zu degagieren.

Um 10⁰**) waren sonach alle größeren Truppenabteilungen mit einer Anweisung für die eingetretenen Verhältnisse versehen. Die wichtigste darunter war die für die Erste Armee.

Im wesentlichen war sie eine Hinweisung auf die frühere Marschdisposition. Allerdings, wenn heute die Erste Armee das in dieser Disposition bezeichnete Marschobjekt Carpenedolo erreichte, so war der Sieg gewonnen. Auch in der Motivierung, daß das Zentrum von einem feindlichen Angriff zu degagieren sei, lag wohl eine Aufforderung zum kräftigen Einschreiten. Allein so ganz von selbst folgt doch nicht, daß ein General an die Ausführung eines Marsches den letzten Blutstropfen und den letzten Atem von Mann und Pferd setzen sollte, während er darüber nicht in Zweifel sein wird, wenn ihm gesagt ist, daß es sich um die Entscheidung einer Hauptschlacht handelt und daß er angreifen soll.

Der erlassene Befehl mag wohl auch dem General Ramming nicht positiv genug erschienen sein, da derselbe bald darauf einen wiederholten Befehl zur Vorrückung an den Grafen Wimpffen beantragte.***)

Wir folgen nun den Kämpfen, wie dieselben sich weiter entwickelten, zunächst bei Solferino.

Dort hatte Graf Stadion bis um 10⁰†) seine Position mit bestem Erfolg verteidigt.

Der Rücken des M. Carnal und das früher erwähnte Tal zwischen ihm und dem M. Costa Mezzana sind vielfach von kleinen Gräben, welche die verschiedenen Felder voneinander trennen, quer durchzogen; diese hatten die Österreicher zu mehreren hintereinander liegenden Aufstellungen benutzt und

---

*) Major Graf Pejacsevich überbrachte den Befehl gegen 10⁰ morgens. Östr. G. St. W. 2, S. 276.

**) Vgl. S. 223, Anm. **).

***) Ramming, S. 89/90 ff., hatte zwar den ersten Befehl für bestimmt genug gehalten, indes eine schriftliche Wiederholung empfohlen, als man nach 11⁰ noch keine Wirkung der ersten Weisung bemerkte und anscheinend deren Ausführung große Schwierigkeiten entgegenstanden. Vgl. S. 233.

†) Um 9⁰⁰ räumte die Brigade Bils (S. 226) ihre Stellung. Östr. G. St. W 2. S. 268.

zu ihrer Verstärkung kleine Geschützemplazements aufgeworfen, die von einem Zuge der Raketenbatterie Nr. 5 und einem der Kavalleriebatterie Nr. 11 besetzt waren.

Die Franzosen, auf einen engen Raum zusammengedrängt, mußten jeden Fußbreit Landes mit Blut erkaufen, und die besonders große Anzahl von Gräbern zeugte später von dem furchtbaren Verlust, welchen der Kampf dort geloftet. General Ladmirault hatte seine vier Geschütze zur Wirksamkeit gebracht, aber nur mit äußerster Anstrengung gewann man langsam etwas Terrain. Der General selbst, zweimal schwer verwundet, mußte das Schlachtfeld verlassen. Zur Rechten erneuerte General Forey seinen Angriff*) unter dem Schutze der auf dem M. Fenile aufgefahrenen Batterien. Die Brigade Dieu drang langsam vorwärts, ihr Führer fiel tödlich getroffen.

Allein jetzt näherte sich bereits das Gardekorps, und Marschall Baraguey d'Hilliers durfte sonach über seine Reserve, die noch intakte Division Bazaine, verfügen, welche eben erst durch Le Grole debouchierte. Dieselbe wurde zwischen den Divisionen Ladmirault und Forey eingeschoben und drang gegen die Höhe des Kirchhofes vor. Ihre Geschütze wurden mit großer Mühe die Bergabhänge hinaufgezogen. Eine Batterie richtete ihr Feuer auf 500 Schritt gegen die Kirchhofsmauer, das Schloß und die nächsten Häuser. Zwei Batterien der Reserve suchten auf der Seite des Generals Forey die feindlichen auf der Zypressenhöhe zum Schweigen zu bringen. Zugleich konnte jetzt der Angriff der Division Ladmirault sich mehr links ausdehnen und nördlich um den M. Carnal gegen Contraba S. Martino hin überflügeln. Auf Befehl des Kaisers ging die Brigade Alton zu einem neuen Angriff vor. General Forey setzte sich selbst an die Spitze. Die in Zugkolonne mit halber Deployierdistanz formierte Brigade, begleitet von vier Geschützen, drang bis zum Fuß der Zypressenhöhe vor. An diesem scheiterte jedoch jeder Versuch, und die französischen Kolonnen, in ihren Bewegungen völlig eingesehen und einem mörderischen Gewehr- und Kartätschfeuer, namentlich mehrerer bei La Rocca aufgestellten schweren Geschütze, ausgesetzt, vermochten nicht die steile Terrasse des hohen Berges zu ersteigen.

General Forey wendete sich an den Kaiser um Verstärkung.

---

*) Moltke vergleicht bei Stranz das Vorgehen Foreys mit dem der Gardegrenadiere bei Magenta. Wie diese auf die Wegnahme der fast uneinnehmbaren Defileen des Raviglio erpicht waren, während das Vorrücken Mac Mahons sie von selbst öffnen mußte, so ließen die Truppen Foreys nicht von ihrem Ziele, der Erstürmung des M. Carnal, ab und konnten dies doch durch Umgehung erreichen.

Auf Österreichischer Seite war die Brigade Bils nach schweren Verlusten zurückgenommen worden;*) die Brigaden Puchner**) und Festetics***) hielten im heftigsten Feuer die Höhen der Rocca, das Schloß von Solferino, den Kirchhof und den Zypressenhügel. Gaal und Koller waren rechts seitwärts verwandt.†) Dagegen rückten nun neue Verstärkungen heran.

Graf Clam nämlich, welcher mit dem I. Österreichischen Korps hinter dem V. bei Cavriana biwakiert hatte, war auf Befehl des Grafen Schlick††) schon um 8⁰ zur Unterstützung nach Solferino vormarschiert. Zunächst kamen die Brigaden Hobitz†††) und Reznicek auf dem linken Flügel des V. Korps in der Gegend des M. Pelegrino zur Verwendung.

Es war gegen Mittag, als die Österreicher sich in die letzten Positionen um Solferino zurückgezogen hatten und hier der Kampf völlig wieder zum Stehen kam.

Sie hatten um diese Zeit, einschließlich des I. Korps, rund 35 000 Mann bei Solferino.*†) Diesen hatten die Franzosen bis jetzt nur 22 000 Mann

---

*) Bils mußte auf Contraba S. Martino—S. Pietro zurück, da Ladmirault gegen 9⁰⁰ mit Überlegenheit über Barche di Solferino in Richtung Contraba S. Martino vordrang und hierdurch die rechte Flanke der Österreicher bedrohte. Östr. G. St. W. 2, S. 258/9.

**) Puchner kämpfte von 9⁰⁰ bis 10⁰ allein, mußte dann aber, „links überflügelt, einige hundert Schritte weichen und stand 10⁰⁰ in bogenförmiger, den Ort Contraba Pozzo Catena umfassender Stellung, vom M. Carnal bis zum Zypressenhügel." Östr. G. St. W. 2, S. 260/261.

***) Festetics stand mit einer Hälfte bei Contraba S. Martino und Pagliete bi Solferino, mit einer im Schloß von Solferino. Östr. G. St. W. 2, S. 262. 266.

†) Vgl. S. 209 ff.

††) Graf Clam hatte aus eigenem Antrieb seine Truppen auf Solferino in Marsch gesetzt, als der Kanonendonner von dort immer heftiger wurde. Eine Aufforderung Stadions von 8⁰ morgens (vgl. S. 207 Anm. ***), ihn mit einer Division bei Solferino, in Richtung S. Pietro zu unterstützen, kam erst um 9⁰ an, als die Brigaden Hobitz und Reznicek schon vorgezogen waren und die Brigade Pasztory den Befehl hatte, an Stelle der Brigade Hobitz S. Cassiano zu besetzen. Die Brigade Brunner sollte als Rückhalt bei Cavriana bleiben. Als nun Stadions Ersuchen eintraf, schickte Clam die Brigade Pasztory sofort nach S. Pietro, Brunner dagegen erst um 10⁰ nach S. Cassiano, als die Absicht der Franzosen Solferino von der Ebene aus zu umgehen zweifellos war. Brunner traf nach 12⁰ in Cassiano ein. Östr. G. St. W. 2, S. 301/2.

†††) Hobitz war anfangs offensiv gewesen; da er aber zwei Bataillone vorher auf Stadions Befehl zur Besetzung des Schlosses hatte abgeben müssen, so vermochte er mit dem Rest seiner Brigade, drei Bataillonen, nichts auszurichten und mußte sich 10⁰⁰ als Rückhalt zur Brigade Puchner, an den Weg zwischen der Rocca und M. Alto zurückziehen. Östr. G. St. W. 2, 262.

*†) Von den Österreichern waren aber die Brigaden Koller und Gaal bei Madonna della Scoperta gefesselt. Östr. G. St. W. 2, S. 264.

entgegengestellt, und es mußten sonach hier neue Kräfte in das Gefecht gezogen werden.

Die Gardeinfanterie hatte, wie schon erwähnt, Montechiari erst um 5⁰ früh verlassen, war von Castiglione aus zunächst auf der Chaussee nach Guidizzolo weiter marschiert und dann zur Unterstützung des 1. Korps nach Le Grole gezogen worden, woselbst sie sich bald nach 11⁰ hinter dem rechten Flügel der Division Forey formierte. Die Voltigeurdivision Camou stand en ligne im ersten Treffen, die Grenadierdivision Mellinet 500 Schritt dahinter en colonne double par division mit Deployierdistanz. Der Kaiser übersah vom M. Fenile die Lage der Dinge in der Ebene; er überzeugte sich, daß dort dem Vordringen des 3. und 4. Korps die größten Schwierigkeiten entgegenständen, er erfuhr, daß zur Linken die Piemontesen keine Fortschritte machten. Der einzige Weg zum Siege war die Bewältigung der Stellung von Solferino, welche dann notwendig den Rückzug beider feindlichen Flügel zur Folge hatte. Die Eroberung dieser Stellung war von solcher Wichtigkeit, daß das Gardekorps daran gesetzt werden mußte, und bereits zwischen 12⁰ und 1⁰ kam diese Elite zur Verwendung.

Es fochten von jetzt ab die Sardinische Armee, das 1. und Gardekorps, das 2. und 4. Korps in einer einzigen Gefechtsfront nebeneinander und eine allgemeine Reserve war nicht mehr vorhanden; denn das 3. Korps am äußersten rechten Flügel kann als solche nicht gerechnet werden.

Bei minderer Frontausdehnung und größerer Tiefe ihrer Aufstellung hatten die Österreicher bis jetzt erst das VIII., V., III. und IX. Korps engagiert, das I. und XI. rückten eben heran, das VII. war noch völlig intakt.*)

Auch in der rechten Flanke des V. Österreichischen Korps war das Gefecht bei Madonna della Scoperta durch die Brigade Gaal hergestellt worden.

Redone wie Fossetta, zwei schmale, jedoch tief eingeschnittene Wasserläufe, waren von derselben zu überschreiten gewesen, und der Bau von einem Paar Laufbrücken hatte einige Zeit in Anspruch genommen. Sobald man indes erst das Gefechtsfeld erreicht hatte, wurden die inzwischen bis auf eine Brigade verstärkten Piemontesen**) schnell vertrieben***) und nach Fenile Vecchio

―――――――――
*) Als die Französische Garde eingesetzt wurde, war bereits ein erheblicher Teil des I. Österreichischen Korps eingesetzt, das XI. rückte allerdings erst heran, befand sich aber bereits teilweise unmittelbar hinter den fechtenden Truppen. Die Division Brandenstein (Silia) VII. Korps näherte sich S. Cassiano. Östr. G. St. W. 2, S. 301/3.
**) Die Piemontesen waren durch Teile der von Castel Venzago herangerückten Brigade Savoyen verstärkt worden. Piem. Bericht; Östr. G. St. W. 2, S. 298 ff.
***) Teile der Brigaden Koller und Bils (Linóky Inf.) wirkten hierbei mit. Östr. St. W. 2, S. 298 ff.

verfolgt. Die Brigade Gaal sammelte sich dann gegen Mittag wieder in einer Aufstellung bei der Madonna,*) weil der Gang des Gefechts bei Solferino nicht gestattete die Erfolge weiter auszubeuten. Der Feind stellte sich ihr gegenüber, an der von Lonato kommenden Chaussee, auf, und das Gefecht ruhte nun hier vorläufig, da die Piemontesen zu dessen Fortsetzung die heranbeorderten Verstärkungen, die 2. Brigade der Division Durando und 1. Brigade der Division Fanti, abwarten wollten.

General Fanti war erst um 11⁰ von Lonato aufgebrochen und, infolge einer invitation pressante des Kaisers Napoleon, zur Unterstützung des 1. Französischen Korps nach Solferino dirigiert worden. Als aber der König Victor Emanuel von Castel Venzago aus den mindestens nicht unglücklichen Fortgang des Gefechts bei Solferino sah, gab er der Division Kontreorder und schickte eine Brigade nach der Madonna, die zweite aber nach S. Martino zur Verstärkung der dort fechtenden Truppen seiner linken Flügelkolonne.**)

Die Höhen bei S. Martino bilden ein kleines, 30 bis 40 Fuß hohes, in der Richtung von Nordosten nach Südwesten, zwischen Ortaglia und Val del Sole, etwa 1000 Fuß langes und 400 Fuß breites Plateau,***) das im allgemeinen nach allen Seiten hin in sanften, für alle Truppen gangbaren Böschungen abfällt. An der Nordecke hat die obere Fläche zwei spitze Vorsprünge, auf deren östlichem die kleine Kirche von S. Martino†) liegt. Auf den Abhängen sind überall Cascinen gebaut, von denen namentlich die am nordwestlichen Abfall, auf halber Höhe gelegene C. Contracania zu nennen ist, ein 80 Fuß im Quadrat großes, massives, höchst verteidigungsfähiges Gehöft, mit einem einstöckigen Wohnhaus und mehreren Nebengebäuden, die durch eine sieben Fuß hohe Mauer verbunden sind.

Auf diesem Plateau setzte sich Feldmarschalleutnant Benedek fest. Um freie Bewegung und ungehinderte Übersicht zu erhalten, wurden auf der Höhe die Weinreben und die dünnen Maulbeerbäume so viel als möglich abgehauen, dicht unterhalb der Kirche ein Emplacement für drei Geschütze, längere

---

*) Nachdem gegen Mittag die Entscheidung gefallen war, nahm Brigade Gaal 1³⁰ nachmittags Stellung zwischen Fenile Vecchio und Casellin Nuova (Canuova?) und behauptete sich dort gegen alle ferneren Gegenangriffe. Östr. G. St. W. 2, S. 300.

**) Die Italiener geben den sich widersprechenden Weisungen Napoleons Schuld an dem zersplitterten Einsetzen ihrer Truppen. Duquet, S. 191.

***) Auf dem Plateau befindet sich jetzt ein dem Andenken des Königs Victor Emanuel gewidmeter Turm von 74 m Höhe. Wandgemälde im Innern verherrlichen den Kampf Italiens um seine Einheit.

†) Die Kirche von S. Martino dient heute als Beinhaus (Ossario) der Gefallenen.

Schützengräben und auf dem zweiten Vorsprung links daneben eine starke Batterie für vier Geschütze aufgeworfen. Die 6. Contracania richtete man durch Schießscharten in den Umfassungsmauern usw. noch besonders zur Verteidigung ein.

Die Position war überaus günstig. Die flachen Abhänge lagen unter dem rasantesten und, durch die auf den beiden Vorsprüngen aufgestellten Geschütze, auch im kreuzenden Feuer der Österreichischen Artillerie; die verschiedenen Cascinen waren vortreffliche Stützpunkte für die Verteidigung, die Reserven fanden eine gedeckte und dabei nahe Aufstellung; ein offensives Vorbrechen war in der Front überall möglich.

Die Brigade Philippovic stand an der Straba Lugana auf dem rechten Flügel, dessen spezielle Deckung dem 2. Jägerbataillon übertragen wurde. Links davon waren zwei Bataillone Reichlin und die Brigade Lippert aufgestellt, weiter rückwärts die Brigaden Kuhn*) und Dauber. Die Brigade Watervliet hatte Befehl, unter allen Umständen als Reserve am M. Giacomo vor Pozzolengo halten zu bleiben. Ein Teil der Brigade Reichlin war links nach Contrada del Bosco dirigiert,**) um Verbindung mit dem V. Korps zu halten.***) Dadurch fiel dem General Benedek allerdings ein Viertel seiner Streitkräfte bei S. Martino aus, und wenn ihm diese Schwächung nicht nachteilig wurde, so verdankte er es vor allem der gänzlichen Verzettelung der Sardinischen Armee.

General Mollard, welcher richtig vermutete, daß der Feind sich bei S. Martino logieren würde, wollte dies möglichst verhindern und befahl deshalb, sobald die ersten zwei Regimenter des Gros seiner Division, die ebenso wie die Division Cucchiari zur Beschleunigung des Marsches aufgefordert worden waren, herankamen, bald nach 9° die Höhe anzugreifen. Zweimal wurde dieselbe von den nunmehr etwa 6000 Mann starken Piemontesen erreicht, aber zweimal mußte man der Übermacht weichen und zog sich auf der direkten Straße nach Rivoltella zurück. Die Österreicher folgten und nahmen die vor ihrer Front gelegenen Cascinen einschließlich Canova und Selvetta.†)

---

*) Die Brigade führte bei Solferino der Divisionskommandeur Feldmarschallleutnant v. Berger selbst, da Oberst Kuhn krank war. Preuß. Offz. 3, S. 129.

**) Hierzu bemerkt Moltke bei Rebern: „also doch auch verzettelt". Vgl. Schlichting: „Moltke und Benedek" S. 99.

***) Ungefähr in der hier geschilderten Aufstellung stand das Korps Benedek nach dem gegen 10⁰⁰ morgens abgeschlagenen Angriff der Division Cucchiari. Vgl. die nächste Anmerkung und S. 250/1.

†) Nach Östr. G. St. W. 2, S. 268 ff. verlief der Kampf etwas anders. Die Österreichische Brigade Lippert und die halbe Brigade Reichlin (S. 211, Anm. ***) hatten kaum

Jetzt um 10⁰ aber erschien das Gros der Division Cucchiari, rund 10 000 Mann, auf dem Kampfplatz, und die Piemontesen gingen sogleich von neuem zum Angriff vor. Es geschah dies jedoch in etwas übereilter Weise, indem die eine Brigade gegen die Front der Österreichischen Stellung geführt wurde, ehe die zweite, welche auf der Strada Lugana den rechten Flügel angreifen sollte, aufmarschiert war. So erreichten beide nur momentane Erfolge, und die C. Contracania sowie die Position an der Kirche, welche anfangs erobert wurden, gingen bald wieder verloren. Nach sehr starkem Verlust zogen sich die Piemontesen abermals gegen Rivoltella bis hinter den Eisenbahndamm zurück, wo sie von der endlich angelangten Brigade Pinerolo der Division Mollard aufgenommen wurden.

Es war zwischen 12⁰ und 1⁰.*)

Bis zu diesem Abschnitt des Gefechts hatten von Seite der Piemontesen, ohne die Brigade Pinerolo, 16 000 Mann im Feuer gestanden. Die Österreicher zählten bei S. Martino rund 18 000 Mann,**) waren also nicht allein überlegen gewesen, sondern hatten den Vorteil gehabt, in starker Position immer ihre ganze Kraft gegen die allmählich vorgeführten Bataillone des Feindes verwenden zu können. Doch waren die Truppen, da von beiden Seiten mit Erbitterung gekämpft wurde, ermattet, und ein weiteres Vorgehen

---

die Höhe von S. Martino genommen, als die Brigade Cuneo der Division Mollard mit zwei Regimentern die geschlagenen Piemontesen verstärkte und den Österreichern die Höhe wieder entriß. Diese eroberten sie zwar vorübergehend zurück, mußten aber schließlich bis hinter Casette weichen, worauf eine Kampfpause eintrat. Benedek hatte inzwischen eingesehen, daß der Feind stärker war, als er ursprünglich angenommen, und schickte die Brigaden Berger und Philippovic zur Unterstützung vor. Lippert, ½ Reichlin und Berger gingen nun sofort unter persönlicher Führung Benedeks zum Sturm vor, während Philippovic folgte. Zum dritten Male fiel S. Martino in den Besitz der Österreicher. Um diese Zeit, zwischen 9⁰ und 10⁰, erschien die Division Cucchiari von Rivoltella her; es gingen vor: die Brigade Acqui gegen S. Martino und C. Contracania, die später eintreffende Brigade Casale gegen Corbu di sotto, eine dritte Kolonne (I./12) gegen Ceresa und Bestone. Benedek hatte dem erneuten Vorstoß gegenüber eine Stütze in der Batteriestellung bei Ortaglia, gegen die sich der Angriff der Brigade Acqui nach der auch von Moltke im Text erwähnten Verdrängung der Österreicher aus S. Martino richtete. Wiederholte Gegenstöße der Brigade Philippovic brachten aber endlich Erfolg und zwangen die Piemontesen zum Rückzug von der Höhe. Doch ehe sie sich gegen 10³⁰ ganz zurückzogen, hatten die in vorderer Linie bei Colombare, Contracania und S. Martino stehenden Brigaden Lippert, Berger und Reichlin wiederholte Angriffe abzuweisen. Die Piemontesischen Berichte betonen besonders die verheerende Wirkung des Österreichischen Kartätschfeuers.

*) Vgl. vorige Anmerkung.
**) Östr. G. St. W. 2, S. 273, berechnet 21 820 Piemontesen gegen 13 000 bis 14 000 Österreicher (3½ Brigaden).

des VIII. Korps, welches auch schon nach der allgemeinen Lage der Verhältnisse nicht tunlich schien,*) fand daher nicht statt.

Anderseits waren die Piemontesischen Truppen, welche sehr gelitten hatten, etwas auseinander gekommen. Die Division Cucchiari ging bis auf ihre Unterstützungspostierungen nach S. Zeno und Rivoltella zurück, die Brigade Pinerolo des Generals Mollard machte in der Höhe von Betinello halt. In dieser Stellung wollte man, bevor der Angriff erneuert wurde, die vom Könige heranbeorderte Brigade Aosta der Division Fanti abwarten.

So trat hier fast gleichzeitig wie im Zentrum eine Gefechtspause ein, welche von beiden Seiten zur Erholung und Ralliierung der Truppen benutzt wurde.

In der Ebene war inzwischen das ganze III. Korps in den Kampf getreten. Die Division Schönberger und Brigade Roesgen kamen nördlich der Chaussee zur Verwendung; ihre Gefechtslinie dehnte sich bis C. Andreotti aus. Die Brigade Wetzlar wurde zur Unterstützung nach Casa Nuova dirigiert.**) So geteilt und auseinander gezogen vermochte das III. Korps

---

*) Benedek blieb (Östr. G. St. W. 2, S. 272/3) vor allem mit Rücksicht auf das V. Korps halten. Man darf, rein theoretisch betrachtet, aber wohl mit Recht fragen, ob das VIII. Korps nicht zweckmäßiger gehandelt hätte, wenn es mit allen Kräften den Sieg ausnutzte, die Piemontesen verfolgte, nach Norden, also gegen den Garda-See, warf und sich dann gegen den linken Französischen Flügel wandte. Die vom Österreichischen Generalstabswerk angegebenen Gründe „in den erkämpften Positionen eine für alle Fälle entsprechende Stellung zu nehmen, um den allenfalls zwischen dem V. und VIII. Korps oder von S. Pietro her gegen S. Tonino vordringenden feindlichen Massen mit Kraft entgegentreten zu können und auf alle Ereignisse bereit zu sein", erscheinen an sich nicht stichhaltig genug. Verständlicher würde wirken, wenn gesagt worden wäre: Das Gelände erlaubte weder eine nachhaltige Verfolgung noch eine unmittelbare Unterstützung des V. Korps, geschweige denn beides vereint. So tat Benedek das Einzige, was ihm übrig blieb, er blieb stehen. In dieser Aufstellung usw." f. o. Denn in der Tat läßt sich kein ungünstigeres Gelände für Truppenbewegungen denken, als das zwischen Garda-See und Solferino gelegene sogenannte Mincioterrain, dessen Beschreibung S. 206/7 im großen und ganzen zutreffend, aber in bezug auf mangelnde Gangbarkeit nicht scharf genug gezeichnet ist. Vor allem stören kleine Wasserläufe und Gräben ein ungehindertes Vorwärtskommen außerhalb der Wege, diese selbst führen häufig im Zickzack, so daß z. B der nächste Weg von S. Martino nach Solferino über Pozzolengo führt, d. h. man kommt rascher auf dem Umwege von Ort zu Ort als unter Benutzung der scheinbar direkten Verbindungswege (Erkundung). Das unvorteilhafte Wegenetz allein war es auch, das eine schnellere Unterstützung des Piemontesischen Gros durch die Brigade Aosta der Division Fanti (S. 242/3, 228) unmöglich machte. Vgl. Schlichting „Moltke und Benedek" S. 106.

**) Brigade Wetzlar entwickelte sich 9⁵⁰ zwischen Brigade Hartung und Casa Nuova; Roesgen besetzte zunächst den West- und Nordrand von Guidizzolo, wurde dann aber durch Wimpffen, der 8⁴⁰ den Oberbefehl in der Ebene übernahm (Schaffgotsche hatte ihn seit 8³⁰ im Einverständnis mit Schwarzenberg geführt) nördlich von Guidizzolo vorgeschickt, in der Absicht gegen den Flügel Mac Mahons zu wirken. Division Schönberger erhielt, auf Vorstellung von Schaffgotsche hin, den Auftrag, die linke Flanke der Ersten Armee gegen Birbesi zu sichern; da aber das Eintreffen des XI. Korps als bevorstehend

weder gegen Marschall Mac Mahon Erfolge zu erkämpfen noch das IX. Korps wirksam gegen General Niel zu unterstützen.

Auch Graf Mensdorff hatte zwischen 10° und 11° versucht durch ein Vorgehen der Dragonerbrigade auf das freie Feld die feindliche Kavallerie zu einem Angriff herauszufordern, da er, nachdem seine beiden Batterien von dem feindlichen Feuer zum Schweigen gebracht waren, nicht wagen konnte den Angriff selbst zu machen; aber die feindlichen Linien rührten sich nicht, so daß er die Brigade nach ungefähr dreiviertel Stunden wieder zurücknahm und sich in der Richtung auf Val del Termine zurückzog.

Der Kaiser Franz Josef war, nachdem er in Volta seine Befehle erlassen hatte, zu Pferde gestiegen und nach der Höhe von Cavriana vorgeritten, wo die ganze vorliegende Ebene sich überblicken ließ. Er traf nach 10°*) dort ein. Mit der größten Spannung schaute man nach der Wirkung aus, welche das Vorgehen der Ersten Armee haben würde. Bald wirbelten auch Staubwolken vorwärts Guidizzolo empor; zugleich aber zeigten sich jetzt die großen Massen, welche der Feind bereits bei Morino entwickelt hatte, die furchtbare Artillerie, die ihr Feuer gegen die vereinzelten Batterien der Österreicher richtete, und nur allein vorwärts Rebecco schien gegen 11° etwas Terrain gewonnen zu werden. Jetzt konnte ein Zweifel darüber nicht mehr obwalten, daß die entscheidende Schlacht seit Stunden bereits geschlagen wurde, und Kaiser Franz Josef war völlig entschlossen dieselbe durchzufechten.

Die Disposition, auf welche Graf Wimpffen verwiesen worden war, besagte ausdrücklich, daß er über Medole auf Carpenedolo zu marschieren habe.

Wurde dies ausgeführt, so trennte sich die Erste Armee gänzlich von der Zweiten.**) Es wurde daher bald nach 11° ein schriftlicher Befehl folgenden Inhalts erlassen:

„An das Erste Armeekommando.

Der Feind greift Solferino fortwährend heftig an und schiebt Kolonnen von Castiglione gegen Solferino vor.

Das Erste Armeekommando erhält den Auftrag, mit allen Kräften vorzurücken und nicht mit der Hauptmacht gegen Medole, sondern à cheval der

---

gemeldet wurde, zog Wimpffen die Division gegen 10° auch in nördlicher Richtung vor. Gleichzeitig gingen Offiziere auf Suche nach der bei Birbesi oder Ceresara vermuteten Kavalleriedivision Zedtwitz. Östr. G. St. W. 2, S. 275/76.

*) Der Kaiser traf ungefähr um 10° auf der Höhe westlich Cavriana ein. Östr. G. St. W. 2, S. 260.

**) Vgl. S. 223/4.

großen Straße gegen Castiglione sich zu dirigieren, um den feindlichen Angriff auf diesem Punkt zu vereiteln.

Ich befinde mich auf der Höhe von Cavriana.

Cavriana, am 24. Juni, 11¹⁵ vormittags.

Franz Josef m. p."

Ein Flügeladjutant*) übergab das Blatt kurz vor 12⁰ dem Feldzeugmeister Graf Wimpffen selbst, der um diese Zeit in Guidizzolo war und den Empfang bescheinigen ließ.

Die veränderte Richtung auf Castiglione statt auf Carpenedolo, welche so der Ersten Armee gegeben wurde, entsprach vollkommen den Verhältnissen, nur muß man eingestehen, daß das Vorgehen zu beiden Seiten der Chaussee über das Campo di Medole jetzt sehr schwierig war. Es kann der Offensive keine schlimmere Aufgabe gestellt werden, als das Überschreiten einer freien offenen Ebene, wo der Gegner einmal mit allen Waffen und namentlich wie hier mit einer gewaltigen Artillerie sich jenseits derselben eingerichtet hat. Graf Wimpffen hatte sich mit allen seinen Streitkräften engagiert, und zwar in der Richtung, welche die Disposition von gestern und der Befehl von heute früh 10⁰ vorschrieben.**) Man muß einräumen, daß es ihm jetzt unmöglich war, den um 12⁰ erteilten ohne weiteres auszuführen.***) Man hätte zuvor das hitzige Gefecht südlich der Chaussee abbrechen, die Truppen nach rechts konzentrieren, ja zugleich beim Vorgehen über die Ebene die linke Flanke gegen den General Niel sichern müssen, für welchen Zweck leider die Reservekavallerie†) und die Division Jellacic††) nicht verfügbar waren.

Sonach blieb in der Tat nichts übrig, als erst den General Niel zu erdrücken und dann sich rechts zu wenden.

Dazu war nun auch das XI. Korps verfügbar geworden, welches gegen Mittag bei Guidozzolo angelangt war. Es wurden davon zwei Brigaden

---

*) Oberstleutnant Graf Schoenfeld händigte den Befehl nach 11³⁰ Wimpffen ein. Östr. G. St. W. 2, S. 289.

**) Wimpffen sandte daher um 11⁴⁵ vormittags an den Kaiser nachstehende Meldung (Östr. G. St. W. 2, S. 290): „Es ist bereits meine Hauptmacht in der Strecke zwischen der Hauptstraße und den Höhen im Gefechte, zugleich bin ich in der linken Flanke bedroht und muß eben jetzt meine letzten Reserven des XI. Korps zur Unterstützung des III. und IX. vornehmen. Werde nach Möglichkeit dem Allerhöchsten Befehle nachzukommen suchen. Vom II. Korps habe ich gar keine Nachricht. Guidizzolo 24. Juni 11⁴⁵. gez. Wimpffen. G. M."

***) Vgl. S. 279.

†) Vgl. S. 212, Anm. ***) u. S. 216.

††) Vgl. S. 253.

gegen Rebecco zur Unterstützung des IX. Korps*) dirigiert und die Brigaden Baltin und Greschke**) als Reserve für das III. Korps teils gegen Casa Nuova,***) teils nördlich der Straße†) gegen C. Galli vorgeschoben. Eine Brigade blieb als allgemeine Reserve zurück.††) Die Kräfte wurden

---

*) Die Brigade Castiglione IX. Korps hatte sich bis 10^{30} bei Rebecco—Baite gehalten, war dann aber halbwegs Guidizzolo zurückgenommen. Da um 11^0 die Franzosen von Rebecco aus vorstießen, wurde die kaum gesammelte Brigade zum Gegenstoß angesetzt, noch ehe Benedek herangekommen war, bezw. Wimpffen links von Castiglione vorgehen konnte, wie es in Schaffgotsches Absicht lag. Die Brigade Castiglione hatte bei dem erneuten Vorstoß zwar anfangs Erfolg, mußte indes nach 12^0 wieder auf Guidizzolo weichen. Nun aber ging Benedek rechts von Castiglione gegen Baite vor und brachte diese Brigade dazu wieder Front zu machen. Bis 2^{30} blieb das Gefecht hier stehend. Inzwischen war auf dem linken Flügel Castigliones vom XI. Korps die Brigade Dobrzensky bei Fenile in den Kampf getreten, aber mit großen Verlusten auf Guidizzolo geworfen worden. Ein wiederholter Vorstoß setzte die Brigade zwar vorübergehend in den Besitz einiger Häuser von Rebecco, doch mußte sie diesen Erfolg schließlich aufgeben, da auf feindlicher Seite nunmehr die Division Renault vom 3. Korps voll entwickelt war. Um 2^0 war Niel im sicheren Besitz von Rebecco, 2^{30} Renault dort versammelt, Dobrzensky am Südausgang von Guidizzolo hart bedrängt. Jetzt zog Schaffgotsche auch Benedek von Baite zurück, um den südwestlichen Teil von Guidizzolo zu besetzen, während Castiglione zwischen diesem Ort und Rebecco Stellung nehmen sollte. Durch die letztgenannte Brigade stürmten dann Teile der Brigade Fehlmayr vergebens dreimal gegen Rebecco vor, ohne den Punkt wiederzugewinnen. Auch sie wichen nach Guidizzolo zurück, wohin gegen 2^{30} noch die Brigade Klapka XI. Korps gezogen worden war. Wimpffen hatte, aber ohne Erfolg, von der Chaussee Medole—Cerresara aus bei Rebecco eingegriffen. Östr. G. St. W. 2, S. 277 ff.

**) An Stelle der Brigaden Hartung und Wezlar, die Casa Nuova gegen 11^0 besetzt hatten (vgl. folgende Anmerkung), aber aufgeben mußten, waren die Brigaden Dienstl und 1/2 Pokorny (1/2 kämpfte bei Guidizzolo) von nördlich Guidizzolo in den Kampf zwischen Chaussee und Casa Nuova getreten. Gegen 1^0 wurden diese Truppen durch die Brigaden Greschke und Baltin XI. Korps in der Gefechtslinie unterstützt und dafür die nach dem Verluste von Casa Nuova wieder an der Hauptstraße kämpfende Brigade Hartung abgelöst; ihr folgten beim Zurückgehen auf Guidizzolo Teile der Brigade Wezlar sowie die Jäger, deren mehrfache Versuche, das Gehöft wiederzunehmen, an der Übermacht gescheitert waren. Gegenüber Casa Nuova blieben nur II./Franz Karl und Teile der Brigade Wezlar. Bis 2^{30} machten die Brigaden Greschke nördlich, Baltin südlich der Chaussee, letztere auf Casa Nuova, Sturmangriffe, scheiterten aber stets an der feindlichen Feuerüberlegenheit bezw. den Kavallerieangriffen. Zu dieser Zeit waren die Brigade-, Divisions- und Korpsverbände auf dem rechten Flügel der Ersten Armee gänzlich aufgehoben. Östr. G. St. W. 2, S. 297.

***) Bei Casa Nuova waren gegen 11^0 die Brigaden Blumencron und Fehlmayr durch Teile der Brigaden Wezlar und Hartung wegen bedeutender Verluste und gänzlichen Verschießens abgelöst worden und auf Guidizzolo zurückgegangen; indes nur Fehlmayr erreichte den Ort; die Reste der Brigade Blumencron (4. Jäger und II./Franz Karl) wurden dadurch wieder in den Kampf um Casa Nuova verwickelt, daß die Brigade Wezlar kurz nach dem ersten Abmarsch zu weichen begann. Östr. G. St. W. 2, S. 283/84.

†) Die gegen 10^0 nördlich Guidizzolo vorgezogene Division Schönberger war 11^{30} an die Hauptstraße gerückt. Östr. G. St. W. 2, S. 285.

††) Anscheinend ist die Brigade Host gemeint, die drei entgegengesetzte Befehle erhielt und schließlich 4^0 nachmittags bei Resato stand. Östr. G. St W. 2., S. 294.

also abermals zersplittert, und so führte selbst diese Verstärkung zu keinem günstigen Resultat, vielmehr ging nun auch die Casa Nuova verloren.*)

Nachdem General Niel seinen Angriff durch ein heftiges Kartätschfeuer eröffnet, gelang es der Division Vinoy, unterstützt durch einige Bataillone der rechts von ihr stehenden Division Failly, das Gehöft zu nehmen. Es wurde sofort zur hartnäckigsten Verteidigung eingerichtet. General Niel machte aus demselben für seine Schlachtstellung einen Stützpunkt, gegen welchen die späteren Versuche der Österreicher, ihn wieder zu nehmen, scheiterten.

Das 4. Korps hatte nun zwar eine geradere Front eingenommen, allein nur vier Bataillone hielten noch intakt hinter dem linken Flügel. Die immer noch zwischen ihm und dem 2. Korps vorhandene Lücke von fast einer Viertelmeile wurde kaum ausreichend durch die Kavalleriedivisionen Desvaux und Partouneaux gefüllt. Sie nahmen jene große Batterie von 42 Geschützen zwischen sich, und das gewaltige Feuer derselben trug wesentlich dazu bei, das Wiedervorgehen der Österreicher gegen Casa Nuova zu verhindern.

Auch in der rechten Flanke blieb das 4. Korps von Rebecco her noch immer ernstlich bedroht. Dort war zwar die Brigade Janin des 3. Korps eingetroffen, doch hatte sie vorläufig eine Stellung eingenommen, deren rechter Flügel bis gegen Tibaldo zurückgebogen blieb.

Marschall Canrobert hatte diese Verstärkung, sobald sie in Medole eingetroffen war, sogleich zur Unterstützung des Generals Niel abgeschickt; sodann folgten noch fünf andere Bataillone der Division Renault**) auf der Serriola Marchionale. Zu weiteren Unterstützungen konnte indes der Marschall sich vorerst nicht entschließen.***)

Schon um 10° hatte nämlich der Kaiser Napoleon ihm durch einen seiner Adjutanten ein Schreiben übersandt, nach welchem ein Österreichisches Korps von 25 000 bis 30 000 Mann gestern nach Mantua abgerückt sein sollte (Division Jellacic), dessen Spitze bereits Acquanegra erreicht habe. Eine Staubwolke,

---

*) Casa Nuova ging 11° verloren, ehe das XI. Korps (Brigade Kiepka?) eingesetzt war. Östr. G. St. W. 2, S. 284, 291.

**) Die Division Renault war 10° morgens in Medole eingetroffen. Der Rest des 3. Französischen Korps blieb bei Castel Goffredo. Östr. G. St. W. 2, S. 246.

***) Nach Ducrot 1, S. 346/48 und 361, herrschte nach der Schlacht im Kaiserlichen Hauptquartier eine sehr gereizte Stimmung gegen Canrobert. Ducrot verteidigt den Marschall, der sich nur an den Befehl des Kaisers gehalten habe. Allerdings würde ein kühner Mann auch diesen überschritten haben, Kühnheit habe aber nicht in dem Charakter Canroberts gelegen. Niels Beurteilung des Ausbleibens der erwarteten Unterstützung in seinem dienstlichen Bericht veranlaßte den Marschall Anfang Juli 1859 zu einer heftigen Erwiderung in einem offenen Briefe. Vgl. Fruston, S. 277, Pérrosset (Journal des sciences militaires. 1887, IV, S. 98 ff.); Lecomte 2, S. 88/9; Lebrun S. 371; Gorce S. 98. usw.

die sich nach Accquafredda hin bewegte, schien diese Angabe zu bestätigen. Die Kavallerie des 3. Korps war, wie gesagt, zum 4. abkommandiert, und es war nicht leicht, das sehr bedeckte Terrain in der fraglichen Richtung aufzuklären. Der Marschall war ausdrücklich angewiesen die rechte Flanke der Armee zu sichern, und obwohl sich nun das angekündigte feindliche Korps nirgends zeigte, so glaubte er doch, den Rest seiner Truppen zu dessen Begegnung beisammen halten zu müssen.

Erst um 12^{30} befahl er dem General Trochu, die Brigade Bataille zur Verfügung des Generals Niel zu stellen. Dieselbe rückte sogleich von Medole ab.

So in seinen Flanken einigermaßen gesichert, ergriff General Niel alsbald wieder die Offensive.

Um 2^0 setzte ein Angriff der Division Luzy, zu welchem noch das 73. Regiment der Division Vinoy herangezogen und welcher rechts durch die Division Renault unterstützt wurde, die Franzosen vorläufig in den Besitz von Rebecco. Aber der Kampf bei Baite und Casa Nuova dauerte mit größter Erbitterung fort.

Wir wenden uns jetzt wieder zu dem Gefecht im Zentrum.

Gerade in dem gefährlichen Moment, wo die Franzosen zwischen 12^0 und 1^0 einen erneuten, nunmehr durch die Garden unterstützten Angriff auf Solferino begannen, schritt man auf Österreichischer Seite zu der bedenklichen Maßregel einer Ablösung*) durch frische Kräfte.**) Seit acht Stunden im Feuer, sollte die Brigade Bils zuerst zurückgezogen werden,***) dann sollten die Brigaden Puchner†) und Festetics folgen. Alle drei hatten sich vollständig verschossen.††)

---

*) Nach den Österreichischen Vorschriften war Ablösung dann erlaubt, wenn sie „unerläßlich" schien, in der Nähe des Feindes sowie während des Feuergefechts auch dann nur „ausnahmsweise". Bei Solferino beachteten die Österreicher diese Einschränkungen nicht. Mil. W. Bl. 1902, Nr. 64; vgl. Feldzug 1859, Vorspiel usw., S. 75.

**) Bei Redern sagt Moltke hierzu: „Gefährlich." Wie aus den Anmerkungen hervorgeht, fanden bei der Ersten Armee in der Ebene noch häufiger Ablösungen statt.

***) Die Brigade Bils ist nicht abgelöst worden, sondern hatte sich bekanntlich bereits 9^{30} auf Contrada S. Martino—S. Pietro zurückgezogen, da die Französische Division Ladmirault in ihrer rechten Flanke erschien. Vgl. S. 225/6; Östr. St. W. 2, S. 258.

†) Die Brigade Puchner hatte von 10^{30} ab die Stellung bei Contrada Pozzo Catena gegen Forey und Bazaine gehalten. Um Mittag mußte sie nach vierstündigem Kampf durch Abteilungen der Brigade Festetics sowie des I. Korps abgelöst werden und zog auf S. Pietro ab; nur neun Kompagnien kämpften bis 2^0 auf dem Zypressenhügel weiter. Östr. G. St. W. 2, S. 307/310.

††) Ein Österreichischer Offizier hat Stranz erzählt, die Truppen hätten schließlich mit Steinen auf die Franzosen geworfen. (Ebenso Östr. G. St. W. 2, S. 260.) Auch

Eben die ungemein defensive Stärke der Position hinderte ein offensives Vortreten des Verteidigers aus derselben. Eine wirksame Unterstützung konnte nur seitwärts erfolgen, indem die Abteilungen des I. Korps nicht in die Stellung, sondern an derselben vorbei geführt wurden. Allerdings wäre eine rechtzeitige Vorsorge für den Ersatz der Munition nötig gewesen, wenn es den drei Brigaden ermöglicht werden sollte, ihre lange und erfolgreiche Verteidigung fortzusetzen.

Kaiser Napoleon bestimmte für den entscheidenden Angriff zunächst die Division Camou. Die Brigade Picard wurde links gegen die Höhen dirigiert, die Brigade Manèque, welche ihr Gepäck zurückließ, gab noch zwei Bataillone an den General Forey ab und rückte schließlich nur mit vier Bataillonen an der Brigade Alton rechts vorbei gegen die Abteilungen des I. Österreichischen Korps vor, welche am M. Pelegrino aufgestellt waren.*)

Wenn jetzt wenigstens das VII. Korps hier zur Stelle war,**) wenn sich ihm die Hälfte des I. Korps und die Kavalleriedivision Mensdorff anschlossen, so würde man ohne Zweifel die Brigade Manèque zurückgeworfen haben und konnte mit mindestens 30 000 Mann gegen die Division Mellinet und den linken Flügel des Marschalls Mac Mahon vorgehen, die einzigen, die noch nicht ins Gefecht verwickelt waren. Eine solche Offensive in diesem Augenblicke und in dieser Richtung mußte alsbald auch die Verhältnisse bei Solferino wieder herstellen.

Kaiser Franz Josef hatte dem VII. Korps***) die Direktion auf Solferino gegeben, seinen Abmarsch auf 9³⁰ befohlen; es hätte, da die Entfernung von Volta bis M. Pelegrino 1¹/₄ Meile beträgt, füglich zur Stelle sein können. Wie wir sehen, traf aber der um 12³⁰ erfolgende Französische Angriff nur auf die Brigaden Reznicek und Hobitz des I. Korps.†)

---

hätten mehrere Brigaden hinter Solferino gestanden, seien aber gar nicht ins Gefecht gekommen, da kein General gewußt habe, wo sie steckten. Abends wären diese Brigaden durch Hin- und Hermärsche ebenso ermüdet gewesen, als wenn sie gefochten hätten (I. Korps?).

*) Am M. Alto und Pelegrino standen vom I. Österreichischen Korps die Brigaden Hobitz und Reznicek, später kamen dorthin 1/2 Brunner. Die andere Hälfte Brunner war westlich des Kastells, ebenso 1/2 Paszthory, deren andere Hälfte zu Festetics geschickt war. Östr. G. St. W. 2, S. 298, 301/2.

**) Vgl. dagegen S. 223, Anm. **¹), über die bessere Verwendung des VII. Korps in der Ebene.

***) Das VII. Korps sollte „nach den allgemeinen Dispositionen" 9⁰ morgens mit einer Division von Volta über Le Grole, mit der andern über Guidizzolo auf Castiglione und Vrede vorrücken; 7⁰ früh hatte es von dem Angriff der Franzosen auf das V. Korps Kenntnis. Östr. G. St. W. 2, S. 301.

†) Die Französische Brigade Manèque hat nur die Brigade Reznicek angegriffen, Brigade Hobitz wird im Östr. G. St. W. 2, S. 308, nicht erwähnt. Sie hat anscheinend

Wir wissen, in welcher unvorbereiteten Verfassung die Truppen dieses Korps plötzlich auf den Kriegsschauplatz geworfen waren, welche Verluste sie gleich anfangs bei Magenta erlitten hatten. Die beiden schwachen Abteilungen wichen dem ungestümen Andrang der Gardevoltigeurs. Das Gardejägerbataillon hatte sich inzwischen nach dem Eingang des Dorfes Solferino*) gewendet und erbeutete die dort eben abfahrenden Geschütze.

Unterstützt durch die beiden Voltigeurbataillone und durch zwei Batterien der Reserveartillerie, welche General Leboeuf selbst heranführte, befahl nun General Forey — „s'apercevant que l'ennemi cède du terrain devant lui" — einen erneuerten Angriff. Die Brigade Dieu erstieg die Zypressenhöhe, die Brigade Alton die Rocca.

Auch die Division Bazaine ging gleichzeitig zum Angriff über den Bergsattel gegen den Kirchhof vor; ein Bataillon vom Regiment Wasa,**) welches denselben unlängst erst besetzt hatte, wurde, nachdem es die erste Salve gegeben, aus den halb eingeschossenen Mauern zurückgeworfen.

Die Division Ladmirault, sich dem allgemeinen Vordringen anschließend, drang zur Linken, d. h. von Norden her, gegen das Schloß vor, welches, noch durch das Grenadierbataillon Reischach***) besetzt, tapferen, aber vergeblichen Widerstand leistete.

So erlag dem umfassenden und mit überlegenen Kräften ausgeführten Angriff der Franzosen das I. Korps†) in einer Stellung, welche das V. so lange behauptet hatte.††)

---

nicht gegen die Französische Garde gekämpft. Dagegen versuchte die halbe Brigade Brunner Reznicek zu unterstützen, wurde indessen ebenso wie diese Brigade von den Franzosen geworfen. Um 1³⁰ waren letztere Herren der Stellung. Östr. G. St. W. 2, S. 309.

*) Der Ort Solferino war gar nicht besetzt. Östr. G. St. W. 2, S. 310.

**) Anscheinend war es das Grenadierbataillon des Regiments Wasa, letzteres gehörte zur Brigade Paßtyhorn I. Korps. Östr. G. St. W. 1, S. 306, vgl. Geschichte des 60. Infanterie-Regiments (Wasa), S. 490 ff.

***) Das Regiment Reischach gehörte zur Brigade Festetics V. Korps.

†) Graf Stadion entschloß sich 1³⁰ den linken Flügel seines Armeekorps zurückzunehmen. Östr. G. St. W. 2, S. 311.

††) Am längsten hielten Teile des Regiments Reischach (Östr. G. St. W. 2, S. 312 ff.) der Brigade Festetics, also Truppen vom V. Korps, aus, die den Friedhof, das Kastell, die Rocca und den Zypressenhügel bis gegen 2³⁰ nachmittags hielten und auf Contraba S. Martino abzogen. Die Tapferkeit der Österreicher war, wie an allen Punkten des Schlachtfeldes, so hier besonders über jedes Lob erhaben. — Auch Contraba S. Martino sowie Pagliete bi Solferino hielten sich bis gegen 2³⁰, dank den durch Wasainfanterie verstärkten Truppen der Brigade Festetics. Sie deckten, zuletzt von S. Piopo aus, den Abzug der Brigade Puchner, sowie von Teilen der Brigade Bils von S. Pietro auf den M. Croce. Zwischen 3⁰ und 4⁰ stand das V. Korps zwischen Madonna della Scoperta, C. Piopo, den M. Redone (bei C. Redone?) und M. Croce, nur die Brigade Bils war bereits auf dem

Als indessen die französischen Truppen selbst über Solferino hinaus vorzudringen versuchten, warfen sich ihnen die bei S. Pietro ralliierten Brigaden Puchner und Festetics nochmals mit dem Bajonett entgegen und trieben sie, unterstützt von einem Zuge Raketengeschütze, nach dem Orte wieder zurück.*) Weitere Erfolge vermochten indessen diese tapferen Truppen nicht zu erzielen; der wichtige Punkt Solferino war verloren, die Österreichische Stellung in der Mitte durchbrochen.

Noch war ein völlig intaktes Korps vorhanden. Vor einer Stunde konnte es den Sieg entscheiden, jetzt nur eine völlige Niederlage abwenden. Die Division Brandenstein des VII. Korps war schon um 8°, also wohl ohne Befehl von oben, abgerückt, mit der Brigade Fleischhacker bereits 9^{1b} bei S. Cassiano,**) mit der Brigade Wallon um 11° bei C. Malpetti eingetroffen; sie scheint dort bis 2° ohne Verwendung stehen geblieben zu sein.***)

Die Division Prinz von Hessen brach, wie erwähnt, später auf. Sie war irrtümlich auf Guidizzolo instradiert worden, verließ diese Richtung bei S. Giacomo, fand aber den Weg durch den Train und durch Telegraphenwagen so verfahren, daß sie erst um 1^{30} zwischen Cavriana und Cassiano anlangte.†)

Rückmarsch nach den Höhen südlich von Pozzolengo. Die Brigaden I. Korps befanden sich auf dem Rückmarsch auf der Straße Cavallara und auf dem Wege über Cavriana. VII. Korps, siehe S. 244/5. Kavallerie Mensdorff (S. 243) befand sich auf dem linken Flügel des VII. Korps. Das VIII. hielt sich siegreich bei S. Martino.

*) Diesen Gegenstoß erwähnt das Östr. G. St. W. nicht.

**) Zobel hatte die Division Brandenstein in Marsch gesetzt; die Brigade Fleischhacker war um 11° bei S. Cassiano. Östr. G. St. W. 2, S. 303.

***) Von der Brigade Fleischhacker entwickelten sich zwei Bataillone Leopold nebst vier Geschützen nördlich und südlich Grabello, die beiden anderen Bataillone besetzten S. Cassiano und Casabe, die 19. Jäger und zwei Geschütze wurden als Rückhalt östlich S. Cassiano aufgestellt.

Wallon besetzte mit zwei Bataillonen die Stellung von Malpetti und Andreotti, mit dem Rest nahm er Aufstellung hinter Fleischhacker. Östr. G. St. W. 2, S. 303.

†) Die Richtung auf Guidizzolo hatte Zobel morgens der Division angewiesen. Bei S. Giacomo angekommen konnte der Prinz von Hessen nicht entscheiden, wo der Kampf am heftigsten, ob bei Solferino oder bei Guidizzolo entbrannt war. Um je nach Bedarf seine Truppen auf dem einen oder anderen Teil des Schlachtfeldes zu vereinigen, ließ er Duffin auf Val del Termine, Gablenz auf Guidizzolo weitergehen; letzterer sollte von dort auf Val del Termine abbiegen. Inzwischen hatte Zobel 12° mittags zwei Ordonnanzoffiziere der Division mit dem Befehl nachgesandt, nicht auf Guidizzolo, sondern auf Cavriana zu marschieren; die Offiziere fanden aber den Prinzen nicht. Dieser hatte von Val del Termine aus die Bedeutung des M. Fontana erkannt und ihn mit der Brigade Duffin 1^{30} besetzt, während Gablenz erst 3° nachmittags mit drei Bataillonen beim M. Mulino wieder Anschluß an die Division fand. Die drei anderen Bataillone nahmen erst bei C. Galli Stellung, rückten dann aber, einer Weisung Schlicks folgend, auf die Höhen südöstlich Cavriana. Östr. G. St. W. 2, S. 304/5.

Das VII. Korps war also um die Zeit, wo die Entscheidung bei Solferino fiel, noch eine viertel bis eine halbe Meile zurück.

Es war jetzt 2°. Die große Bravour und nachhaltige Standhaftigkeit, mit welcher das 4. Französische Korps in der Ebene seine gefährdete Aufstellung behauptete und fast drei feindliche Armeekorps auf sich zog, hatte zur Folge, daß sich nun endlich auch der Marschall Mac Mahon links gegen die entscheidenden Höhen wendete.*)

Offenbar war General Niel keineswegs, wie die Französische Darstellung angibt, en mesure de marcher sur Cavriana. Vielmehr hatte er noch längere Zeit hindurch mit Aufbietung aller Kräfte die wiederholten Angriffe seines weit überlegenen Gegners abzuwehren. Schon mehr als sechs Stunden wogte der hartnäckigste Kampf ohne Entscheidung um Casa Nuova, um die ärmlichen Hütten von Baite und um Rebecco, welches letztere den Hauptstützpunkt in dieser Gegend bildete.

Die Kavalleriebrigade Clerambault der Division Partouneaux mußte herangezogen werden, um die Infanterie des Generals Binoy soweit zu degagieren, daß sie sich bei Casa Nuova wieder sammeln konnte; ebenso mußte General Renault mit einem Teil seiner Truppen zur Unterstützung der Division Luzy herbeieilen, welchem die Österreicher bereits die südlichen Häuser von Rebecco wieder entrissen hatten.**) Danach erwartete General Niel um so sehnlicher das Eintreffen der Division Trochu, als er zur Zeit fast ganz ohne Reserven war.

Dem 2. Korps hingegen stand jetzt eigentlich nichts als die Kavalleriedivision Mensdorff gegenüber, und Marschall Mac Mahon durfte nunmehr eine Linksbewegung wagen, die er mit großer Vorsicht ausführte.***) Von der Division Decaen rückte die Brigade Gault 1500 Schritte geradeaus vor, und die Brigade Castagny, welche auf ihrem rechten Flügel gestanden hatte, setzte sich als zweites Treffen dahinter. Unter diesem Schutze marschierte die Division Motterouge links ab und stellte dann die unmittelbare Verbindung

---

*) Mac Mahon entschloß sich 12³⁰ mittags an den Bergfuß näher heranzugehen. Zwischen 2° und 2³⁰ erkannte er, daß das 1. Korps durch die Garde genügend unterstützt war, und entschloß sich nun Cavriana zu stürmen. Lebrun, S. 307 ff.

**) S. 234, Anm. *).

*** Nach Redern waren die der Division Decaen (früher Espinasse) vom Korps Mac Mahon angehörenden Fremdenregimenter durch Desertion sehr gelichtet, so daß man die Bataillone schon zusammenstellte und größtenteils nur bei den Trains als Deckungen verwendete. Mac Mahon habe sich wohl besonders deshalb noch mit mehr Vorsicht benommen als bei Magenta.

mit den Divisionen Camou und Forey her. Dadurch wurde nun aber die Lücke zwischen dem 2. und 4. Korps beträchtlich erweitert. Zur Ausfüllung derselben war nur die kaum angelangte und unter den Befehl des Marschalls Mac Mahon gestellte Garde-Kavalleriedivision Morris*) verfügbar. Erst um 8⁰ von Castenedolo aufgebrochen hatte sie fast drei Meilen marschiert, war dabei noch durch Oberst Edelsheim aufgehalten worden, traf aber gerade im erwünschten Augenblicke auf dem Schlachtfeld ein und schloß sich jetzt den Kavalleriedivisionen Desvaux und Partouneaux zur Linken an.**) Es standen somit 6800 Pferde auf der Strecke von 3500 Schritt als Zentrum des Französischen Heeres.

Kaiser Napoleon befahl dem General Manèque weiter gegen Cavriana vorzugehen; ihm folgte die Grenadierdivision Mellinet und demnächst die Division Forey, letztere auf der Strada Cavallara. Vom 1. Korps besetzte ferner die Division Ladmirault Solferino; die Division Bazaine brach nach kurzer Rast zur Verfolgung des Grafen Stadion auf, welcher sich nach Pozzolengo zurückzog.

Auf der Straße von Solferino nach Cavriana mußte nun die Division Brandenstein dem Vordringen der Französischen Garden entgegentreten. Brigade Fleischhacker besetzte rechts C. del Monte, Brigade Wallon links S. Cassiano.***) Aber hier war nicht nur der durch die reitende Garde-Artilleriebrigade gut unterstützte Angriff der Brigade Manèque in der Front zurückzuweisen, sondern auch das jetzt mit frischen Truppen und weit überlegenen Kräften gegen den linken Flügel in der Richtung auf S. Cassiano und C. Malpetti anrückende 2. Korps. Nachdem dieser Angriff durch das lebhafte Feuer der gesamten Artillerie des Korps und zweier Gardebatterien auf kürzester Entfernung vorbereitet, stürzen die tirailleurs algériens links, das 45. Regiment rechts†) mit dem Bajonett auf das in der Ebene liegende, schlecht gebaute und von allen Seiten zu umfassende Dorf. Die Brigade Wallon wird im

---

*) Vgl. S. 219.
**) Morris versäumte 1ᵘ nachmittags die Gelegenheit Österreichische Artillerie, die sich in der Ebene von Medole zu weit vorgewagt hatte, in der Flanke zu attackieren, trotz der Aufforderung Mac Mahons. Ebenso unterließ es Morris nach 3⁰ nachmittags feindliche Kavallerie anzufallen. Auf Französischer Seite herrschte später Unzufriedenheit darüber, daß Morris bei Solferino so wenig Tätigkeit entfaltet hatte. Lebrun, S. 309 ff.; Ducrot 1, S. 350/1.
***) S. 239, Anm. ***).
†) Fruston, S. 271, stellt die Truppen umgekehrt beim Angriff dar, die 45er links, die Tirailleurs rechts. Beide Regimenter gehörten zur Division Motterouge. Vgl. Le livre d'or des tirailleurs indigènes, S. 390 ff.; Historique du 3ᵉ régiment de tirailleurs algériens, S. 193 ff.

ersten Anlauf geworfen*) und auch Oberst Fleischhacker mußte jetzt seine Stellung aufgeben. Unter dem heftigen Feuer der feindlichen Batterie formiert die Brigade sich auf der vorspringenden Spitze des M. Fontana, um den aus Casiano debouchierenden Gegner zu empfangen. Bereits war etwas weiter rückwärts die Brigade Wussin des VII. Korps angelangt; die Brigade Gablenz dagegen befand sich noch auf der Straße von Guidizzolo nach Cavriana bei Croce Riva bianca, eine Viertelmeile entfernt, und war folglich zur Unterstützung der neuen Stellung noch immer nicht bereit.

Das I. Korps befand sich bereits im vollen Rückzuge, teils auf der Straßa Cavallara auf Valeggio, teils über Cavriana auf Volta. Das V. Korps war seiner gehabten Aufstellung nach auf den Rückzug nach Pozzolengo angewiesen.**) Aufgenommen durch die Brigaden Koller und Gaal sammelte es sich am M. Rola und M. Croce und marschierte unter deren Schutz in der gedachten Richtung ab.***) Beide genannte Brigaden hatten sich in ihren Stellungen bei C. Sojeta und vorwärts Madonna della Scoperta behauptet, die Brigade Koller sogar die Offensive ergriffen, an deren Fortsetzung sie durch eine Französische bei Contrada S. Martino aufgestellte Batterie behindert wurde, deren Kugeln sie ungeachtet der großen Entfernung erreichten. Die Division Bazaine war zu ermüdet, um den Rückzug des V. Korps beunruhigen zu können. †)

Die Österreicher räumten nun ihre Stellung bei Madonna della Scoperta; sie wurde von den Piemontesen besetzt. Die inzwischen eingetroffene Brigade Piemont der Division Fanti folgte den abziehenden Österreichern auf Pozzolengo bis an den M. Serino langsam nach. Die Division Durando

---

*) Östr. G. St. W. 2, S. 311, sagt, daß Wallon bei Andreotti und Malpetti den Vorstößen der Division Decaen ebenso erfolgreich widerstanden hätte, wie Fleischhacker bei S. Casiano bis 2ʰ denen der Division Motterouge. Erst um 2ʰ habe die Division Brandenstein fechtend den Rückzug angetreten, weil Manèque in der rechten Flanke nördlich zu umgehen begann, gleichzeitig aber Mac Mahon in der Front wieder angriff. Vgl. S. 245.

**) S. 238, Anm. †††).

***) Stadion hatte ursprünglich von seiner neuen Stellung zwischen M. Croce und C. Piopo aus wieder offensiv werden wollen, da er auf Verstärkungen hoffte. Das feindliche Artilleriefeuer zwang ihn aber auf Pozzolengo zurückzugehen, wobei sich Koller und Gaal ihm anschlossen. Um 5⁰ war das V. Korps dort. 5⁸⁰ etwa traf der Befehl zum Rückzug hinter den Mincio ein, der um 6⁰ angetreten wurde. Koller blieb als Nachhut und als Rückhalt für Benedek östlich Pozzolengo. Um 8⁰ erreichte die Spitze des Korps Monzambano, noch vor Mitternacht war der Fluß vom Gros überschritten, während Koller erst um 9⁰ von Pozzolengo nachrückte und Monzambano bis 2⁰⁰ nachts besetzt hielt. Östr. G. St. W. 2, S. 337/9.

†) Forey folgte über Fenil Alipandi auf der Straßa Cavallara, Bazaine über la Possessione gegen C. Rola, Ladmirault blieb bei S. Pietro. Östr. G. St. W. 2, S. 318.

wurde von dem General Lamarmora, welcher bei Madonna della Scoperta befehligte,*) als Unterstützung nach S. Martino geschickt. General Durando konnte der schlechten Wege halber nicht direkt marschieren, sondern mußte, einer Chaussee folgend, den großen Umweg über S. Rocco und C. Taverna nehmen. Er stieß außerdem noch unterwegs am M. Marno auf österreichische Truppen, hatte mit denselben ein kleines Gefecht und erreichte, durch alles dies aufgehalten, S. Martino erst,**) nachdem der Kampf dort bereits beendet war.

Der Kaiser Franz Josef hatte die Schlacht noch nicht aufgegeben. Er hoffte alles, was von der Zweiten Armee noch gefechtsfähig war, auf den Höhen von Cavriana zu versammeln. Noch stand die ganze Division Hessen intakt, die Division Brandenstein war verfügbar, die Kavalleriedivision Mensdorff konnte sich ihnen anschließen, zusammen 20000 Mann.

Ihnen rückten entgegen die Division Forey, das Garde- und 2. Korps, oder 35000 Mann; allein alle waren durch Märsche und Gefechte ermattet und geschwächt.

Vielleicht konnte ein Erfolg der Ersten Armee in der Ebene noch jetzt einen günstigen Ausschlag geben.

Allein während der Kaiser noch im heftigen Kanonenfeuer bei Cavriana hielt, traf vom Feldzeugmeister Graf Wimpffen***) die folgende Meldung ein:

„Ich habe zweimal die Offensive zu ergreifen versucht und meine letzten Reserven dazu verwendet; bin jedoch nicht länger imstande festzuhalten und muß den Rückzug unter Deckung durch das XI. Korps antreten.

„Das IX. Armeekorps dirigiere ich gegen Goito, das III. über Cerlungo nach Ferri, das XI. ebenfalls über Goito nach Roverbella.†)

---

*) Lamarmora übernahm den Befehl erst am Nachmittage des 24. auf Befehl des Königs. Piem. Bericht.

**) Bis S. Martino ist Durando gar nicht gekommen, sondern er lagerte abends beim M. Marno. Piem. Bericht. Das feindliche Detachement war nach Östr. G. St. W. 2. S. 349, von der Brigade Lippert.

***) Wimpffen hatte bis 2⁰ weder von Zedlwitz noch von Jellacic etwas gehört und glaubte, Östr. G. St. W. 2, S. 297, mit dem XI. Korps der Schlacht keine günstige Wendung mehr geben zu können. — Es ist hier zu bemerken, daß die Brigaden Host und Kapla noch verfügbar waren, von denen erstere hinter der Gefechtsfront infolge sich widersprechender Befehle herumirrte (S. 234, Anm. ††), letztere aber 2³⁰ in Guidizzolo eintraf.

†) Wimpffen ordnete gleichzeitig an, daß das IX. Korps über Basto di sotto nach Goito, das III. teils über Cerlungo, teils über Foresto nach Ferri, das XI., das den Rückzug zu decken hatte, über Cerlungo und Goito nach Roverbella marschieren sollen. Östr. G. St. W. 2, S. 298.

„Ich bedauere Euerer Majestät kein besseres Resultat melden zu können.
Guidizzolo, am 24. Juni, 2° nachm."

Jetzt erst, nach einer kurzen Besprechung mit dem Generalquartiermeister und dem Kommandierenden, Grafen Schlick,*) wurde der Rückzug hinter den Mincio, der tatsächlich allerdings schon begonnen hatte, auch für die Zweite Armee befohlen.

Die Deckung desselben beruhte wesentlich auf der Division Hessen,**) welche das Terrain bis Volta Schritt vor Schritt verteidigen sollte.

Es war 3¹⁰,***) als dieser Beschluß gefaßt wurde, worauf der Kaiser nach Corte,†) dann nach Volta zurückritt, von wo für beide Armeen noch Rückzugsdispositionen und die Bestimmung über ihre Aufstellung hinter dem Mincio erlassen wurden.††)

Die Franzosen hatten inzwischen ihren Angriff gegen den M. Fontana gerichtet. Dieser isoliert gelegene, 30 bis 40 Fuß hohe Bergrücken bot den Österreichern eine gute Aufstellung.†††) Seine Höhe ist völlig frei, fällt

---

*) Schlick ordnete an: V. und VIII. Korps sowie Kavalleriedivision Mensdorff gehen fechtend hinter den Mincio; VII. behauptet die Höhen bei Cavriana möglichst lange; später verteidigt es sich bei Volta. Beachtenswert ist, daß das V. Korps, trotzdem es seit dem frühen Morgen im Kampf war, vom Östr. G. St. W. 2, S. 317 wohl als „erschüttert, doch schlagfähig" am Nachmittage geschildert wird.

**) Von Interesse ist, daß das Östr G. St. W. 2, S. 317 sagt, gegen 3° sei die Division Hessen am meisten intakt gewesen, die Brigade Fleischhacker habe sehr gelitten, auf die Brigade Wallon sei wenig zu zählen, da deren Bataillone aus dem taktischen Verbande geraten seien.

***) Gegen 3° nachmittags hatte der Kaiser die Erstürmung von Solferino und den Rückzug des V. und I. Korps erfahren. Schlick erhielt darauf die Weisung mit dem V. Korps Schritt für Schritt kämpfend zurückzugehen, alle übrigen noch gefechtsfähigen Truppen aber auf den Höhen von Cavriana zu sammeln. Das Östr. G. St W. 2, S. 316/7, betont, daß der oberste Kriegsherr also keineswegs die Schlacht nach dem Verlust von Solferino aufgegeben hatte, vielmehr noch auf Gelingen der Offensive in der Ebene hoffte. Erst die Meldung Wimpffens, daß er beabsichtige zurückzugehen, habe dem Kaiser jede Hoffnung auf einen günstigen Ausgang genommen. Ebenso Ramming, S. 123.

†) Der Kaiser ritt um 4° nach den Höhen bei Corte. Östr. G. St. W. 2, S. 334.

††) Von Volta aus gab der Kaiser nach 5° nachmittags an die beiden Oberkommandierenden (bei Wimpffen in Goito 9° abends) die Weisung, daß die Truppen am 25. die Stellungen vom 22. auf dem linken Mincioufer nehmen sollen, ohne bei ernstlichem Angriff der Franzosen hartnäckigen Widerstand zu leisten. In diesem Falle war vielmehr der Rückzug an die Etsch beabsichtigt. Jellacic sollte wieder nach Curiatone, die Reserven und großen Bagagen hinter die Etsch gehen. Die Division Ritter X. Korps, die an der Offensive ursprünglich teilnehmen sollte, war am 24. abends erst in Mantua eingetroffen; sie sollte nun am 25. den Rückmarsch zu ihrem Korps nach Regera antreten. Etwa 6⁰ ritt der Kaiser nach Valeggio weiter, blieb dort bis zur Dunkelheit und nahm Quartier in Villafranca. Vgl. S. 252; Östr. G. St. W. 2, S. 335,36, 343.

†††) Nur 14 Geschütze VII. Armeekorps traten in Tätigkeit, da die Korpsgeschützreserve gegen Foresto zurückgegangen war. Östr. G. St. W. 2, S. 350.

nach allen Seiten hin steil ab, und einzelne Kuppen bilden verschiedene hintereinanderliegende Positionen.

Die tirailleurs algériens, welche S. Cassiano genommen, gingen auch gleich zum Angriff auf die Brigade Fleischhacker über, wurden aber sehr ernstlich zurückgewiesen. Als der Angriff verstärkt erneuert wurde, zog sich die Brigade auf dem Bergrücken des M. Fontana selbst bis zur Brigade Wussin zurück.*) Der Prinz von Hessen ordnete darauf noch einmal ein Vorgehen der beiden Brigaden an, während er einige Bataillone Grueber der Brigade Gablenz als Reserve auf die Höhe zog. Angefeuert durch die Gegenwart ihres Kaisers drangen die tapferen Regimenter Kaiser und Leopold mit unwiderstehlicher Festigkeit vor. Die Franzosen wurden zum zweiten Male nach S. Cassiano zurückgeworfen. Marschall Mac Mahon ließ darauf die ganze Division Motterouge, verstärkt durch die Grenadierbrigade Niol, vorgehen, und der Prinz von Hessen mußte nun, da auch die Garde-Voltigeurdivision über Pagliete di Cavriana seine rechte Flanke zu umgehen drohte, den Rückzug antreten,**) um Cavriana vor den Franzosen zu erreichen. Er zog sich fechtend in bester Ordnung bis in die Stellung auf den Höhen von Madonna della Pieve östlich von Cavriana zurück. Das Städtchen selbst wurde nur mit einer Arrieregarde***) besetzt, da seine Lage inmitten dominierender Höhen eine ernsthafte Verteidigung unmöglich machte.

Der Division Motterouge war in der Ebene auf der Straße am Fuße des M. Fontana die Division Decaen des 2. Korps gefolgt und hatte alle daselbst liegenden Cascinen genommen. Die Kavalleriedivision Mensdorff versuchte noch die Französische Infanterie aufzuhalten; da sie aber auch auf die Gardekavallerie stieß, so mußte sie bald wieder von diesem Vorhaben abstehen und sich ebenfalls zurückziehen.†)

Der Kampf auf dem M. Fontana kostete beiden Teilen sehr viel Blut.††) Die Österreicher litten besonders durch die Französische Artillerie.

---

*) Nach Östr. G. St. W. 2, S. 315, standen zwischen 3⁰ und 4⁰ nachmittags Brigade Wussin (seit 1³⁰) auf dem M. Fontana, Fleischhacker (nach 3⁰) nordöstlich davon auf den Höhen von Scernaboce; Wallon ging südöstlich gegen Foresto zurück, während Gablenz erst gegen 4⁰ in die Stellung von Casa Nuova und Madonna della Pieve einrückte.

**) Die Brigaden Wussin und Gablenz hielten nach Östr. G. St. W. 2, S. 332, den M. Fontana bis gegen 5⁰ nachmittags.

***) Cavriana selbst wurde von der Brigade Fleischhacker sowie Teilen der Brigade Brunner besetzt bezw. verteidigt. Östr. G. St. W. 2, S. 334.

†) Mensdorff ist 9⁰⁰, 11³⁰, 2⁰ und 8³⁰ vorgegangen. „Erinnerungen", S. 99/103.

††) Stranz versteht nicht, warum die Franzosen darauf versessen waren den Berg zu nehmen, während sie ihn doch umgehen und dadurch die Österreicher vertreiben konnten.

Eine anfangs auf dem M. Alto, dann auf dem M. Jorco aufgestellte Garbebatterie bestrich S. Cassiano, den M. Fontana, die Chaussee nach Cavriana und selbst die Höhen südlich dieses Ortes. Eine andere Garbebatterie nahm die Österreichische Aufstellung von Pagliete bi Cavriana aus in die Flanke.

Die Franzosen folgten dem Prinzen von Hessen auf dem Fuße, griffen aber Cavriana nicht ernstlich an, sondern beschossen den Ort zunächst nur durch die Batterien der Garde und rückten erst hinein, als er um etwa 4³⁰ von den Österreichern geräumt worden war.*) Ein heftiges Gewitter, welches schon seit einer Stunde gedroht hatte, kam jetzt zum Ausbruch und unterbrach die Gefechte auf einige Zeit.

Man begreift, daß Graf Wimpffen nach mehrfachen erfolglosen Versuchen die Hoffnung aufgegeben hatte, die ihm aufgetragene Offensive gegen Castiglione durchzuführen; nicht aber, wie die Lage der Ersten Armee um 2⁰ als in dem Maße bedrängt angesehen werden konnte, daß sie, noch ehe Solferino völlig verloren, ehe das 3. Französische Korps in voller Stärke auf dem Kampfplatze erschien, und ohne höheren Befehl den Rückzug hätte antreten müssen.

Bei Empfang der Meldung mußte der Kaiser annehmen, daß diese überraschende Maßregel sich in voller Ausführung bereits befände.

Das war nun durchaus nicht der Fall, und wir werden sehen, daß starke Abteilungen gerade der Ersten Armee das Schlachtfeld bis zur Nacht behauptet haben; ja in eben dem Augenblick, wo der Kaiser jene Mitteilung erhielt, hatte Graf Wimpffen aufs neue die Offensive ergriffen, wie es scheint, aus eigenem Antrieb.**) Denn ein Befehl des Kaisers als Erwiderung auf das Schreiben von 2⁰ war der Zeit nach unmöglich.

Nach Erzählungen Französischer Soldaten scheine es bei ihnen ein point d'honneur zu sein, an keinem vom Feinde besetzten „Mamelon" vorüberzugehen. Moltke meint dazu, die Franzosen hätten überall den Stier bei den Hörnern gefaßt (vgl. S. 225, Anm.*), aber mit Erfolg; einen Erfolg durch Umgehung, scheine es doch, hätten III., IX. und XI. Korps (d. h. deren Anwesenheit in der Flanke des 2. Französischen Korps beim Angriff) verhindert. Bei Stranz auch äußert sich Moltke über den Wert des M. Fontana „als Stützpunkt für den Flügel der Truppen in der Ebene".

*) Cavriana wurde erst nach 5⁰ nachmittags geräumt, wie sich aus den Anmerkungen ergibt.

**) Die Begründung des Östr. G. St. W. 2, S. 319, 320, warum Graf Wimpffen um 2⁰ den Rückzug nicht auch in der Tat ausgeführt habe, ist nicht gerade überzeugend. Denn daß bald nach 2⁰ die Meldungen vom Eintreffen des II. Korps bei Rebondesco und von dem Aufenthalt der Kavallerie Zedtwitz eintrafen, kann ebensowenig stichhaltig sein wie die Schilderung der Positionen, in denen sich die Truppen um 2⁰ befanden. Gerade diese Lage hatte den Oberkommandierenden der Ersten Armee zu Rückzugsgedanken bestimmt!

Schlacht von Solferino. 24. Juni 1859. 247

Auf Französischer Seite war die Brigade Bataille*) in die Schlachtlinie des 4. Korps eingerückt. Sie hatte ihre Aufstellung zwischen der Division Vinoy links, der Division Failly rechts, zwischen Casa Nuova und Baite genommen. Marschall Canrobert selbst war dieser Brigade gefolgt; er überzeugte sich von der noch immer höchst gefährlichen Lage des 4. Korps und beorderte jetzt, 3°, noch die Division Bourbaki heran. Nur die Brigade Collineau sollte zur Deckung von Medole zurückbleiben.

Kaum war General Niel durch die Brigade Bataille verstärkt worden, so ergriff er auch schon aufs neue die Offensive.**) Mit zwei Bataillonen der Division Failly und vieren der Division Luzy, unter Führung des letztgenannten Generals, sollte der Angriff auf Guidizzolo versucht werden. Seine von den vorangehenden Gefechten und der furchtbaren Hitze des Tages bereits erschöpften Truppen drangen zwar bis nahe an die ersten Häuser des Ortes vor, stießen dann aber auf ein so heftiges Infanterie- und Artilleriefeuer, daß sie mit großem Verlust auf Baite zurückwichen.

Nichtsdestoweniger ließ jetzt General Niel auch die Brigade Bataille gegen Guidizzolo vorrücken. In Angriffskolonnen formiert, mit zurückgehaltenem linken Flügel, marschierte die Brigade, von einer Batterie begleitet, zwischen

---

Es standen demnach auf dem linken Flügel: Wimpffen bei Colombara, Benedek im Kampfe bei Rebecco—Baite, Castiglione und Dobrzensky zwischen diesen Orten und Guidizzolo, im Begriff sich zu einem neuen Vorstoß zu sammeln.

Auf dem rechten Flügel: Dienst, Greschke, Baltin, Teile Pokorny, Weßlar, Blumencron, Röggen bei Casa Nuova und an der Hauptstraße im Gefecht. Gros Weßlar und Brigade Hartung als Reserve vor Guidizzolo. In Guidizzolo Brigade Fehlmayr, dahinter Klapka. Endlich waren Teile von Gablenz VII. Korps im Vorrücken auf das Schlachtfeld der Ersten Armee.

Zedtwitz wurde nach Ceresara befohlen „zur Aufnahme des im Abzug befindlichen IX. Korps".

Nachdem alles dies auseinandergesetzt ist, heißt es in dem Österreichischen Werke weiter: „Da somit die Notwendigkeit für den Rückzug hinter den Mincio entfiel, so unterblieb auch derselbe, ungeachtet der hierüber Seiner Majestät erstatteten Meldung." Nun erhält 3½ Wimpffen Kenntnis von den Anordnungen Schlicks für den Rückzug. Trotz dieser Nachricht wird die Offensive beschlossen, denn jetzt ist weder auf das Erscheinen von Jellacic noch von Zedtwitz zu rechnen, auch ist die Gefechtslage „im allgemeinen ungünstig, nur wenige Abteilungen sind intakt, einzelne Brigaden meist im Kampf verwickelt und nur wenige in Reservestellung". Aber — „im Hinblick auf den von Seiner Majestät schon nach 11^{30} erhaltenen Befehl" versucht Wimpffen doch noch einen letzten Offensivstoß. Man kann nur annehmen, daß Graf Wimpffen Gewissensbisse hatte und seine Rückzugsabsichten als verfrüht einsah. Zum Nachteil des Ganzen kam diese Erkenntnis zu spät.

*) Brigade Bataille gehörte zur Division Trochu.
**) Niel entschloß sich erst zur Offensive, als Canrobert auch seine dritte Division, Bourbaki, heranzog. Frz. G. St. W., S. 326.

Baite und Casa Nuova hindurch über ein von Gräben durchschnittenes, mit Maisfeldern und Bäumen bedecktes Terrain.

Zu eben dieser Zeit aber, 3°,*) brachen die Österreicher selbst in drei starken Kolonnen**) von Guidizzolo vor, die eine auf der Chaussee, die zweite auf dem Feldwege nach Casa Nuova und die dritte gegen Rebecco.

Zwischen der letzteren und der Brigade Bataille kam es zu einer Reihe von Einzelgefechten, bei welchem mit dem Bajonett gekämpft wurde.

Der Hauptstoß war aber gegen die Division Vinoy gerichtet, indem eine starke Kolonne gerade auf Casa Nuova vorrückte. Die Tete derselben war gebildet aus zwei Bataillonen des zur Brigade Gresyle gehörenden Regimentes Khevenhiller, dahinter folgte die ganze Brigade Baltin. Im heftigsten Feuer, zu Pferde, führte Oberst Fürst Windischgrätz seine Bataillone vorwärts, „qui

---

*) Der Vorstoß erfolgte nach Östr. G. St. W. 2, S. 321 gegen 4¹⁵.
**) Auf dem linken Flügel wurden drei Kolonnen gebildet: aus den Brigaden Castiglione und Benedek, den Tiler Grenzern von der Brigade Fehlmayr — III. Korps; der Brigade Dobrzensky, zwei Kompagnien Gradiscaner Grenzer (Brigade Castiglione), I./Josef der Brigade Klapka, zwei Kompagnien II./Mecklenburg der Brigade Hoft — IX. Korps; Reserve in Guidizzolo: Brigade Klapka (ohne I./Joseph). Der Vormarsch fand statt: 1. Kolonne zu beiden Seiten der Landstraße Guidizzolo—Rebecco, 2. und 3. Kolonne auf zwei südlichen Seitenwegen.
(Fehlmayr, bis nach 2° in Guidizzolo, kämpfte gegen 4° auf dem rechten Flügel der Ersten Armee. Vgl. S. 234, Anm. *).
Die Kolonnen hatte Graf Schaffgotsche gebildet, die Generale Handl, Dobrzensky und Castiglione gingen an ihrer Spitze gegen Rebecco—Baite vor, doch endeten die wiederholten Sturmanläufe mit dem Rückzug auf Guidizzolo. Benedek nahm die Weichenden auf. Den einen Erfolg hatte der Vorstoß: Niel gab jede weitere offensive Absicht auf.
Auf dem rechten Flügel gingen etwas nach 4° gegen Casa Nuova vor: zwei Bataillone Khevenhiller, Brigade Baltin, Brigade Weylar; zu beiden Seiten der Hauptstraße Teile von Gresyle, Dienstl, Polorny, Roesgen, zwei Bataillone Ludwig der Brigade Fehlmayr; Artillerie (zwei Batterien der Armeegeschützreserve) unterstützte den Angriff von nördlich der Chaussee her. — Die Infanterie Khevenhiller wurde geworfen, ebenso die Brigade Baltin, nachdem sie die Richtung verloren und auf La Quagliara vorgegangen war. Auch durch Fürst Schwarzenberg vorgesandte Teile des Regimentes Stefan, Hessen (Oberst v. Rumbt), Liechtenstein mußten zurück. Erst Kartätschfeuer hemmte südlich der großen Chaussee ein weiteres Vorgehen der sich Guidizzolo immer mehr (bis 800 Schritt) nähernden Gegner. Brigade Dienstl hatte inzwischen vergebens versucht durch einen Flankenstoß von der Chaussee aus den Feind aufzuhalten; Gresyle, weiter nördlich vorgehend, bekam den Rückzugsbefehl gegen 5°, als er gerade im Begriff war feindliche Schützen im Rücken zu fassen. Beim Abzug attackierte Kavallerie die Brigade, aber erfolglos; II./Heß (Brigade Roesgen) wies ebenfalls Chasseurs d'Afrique ab, wich dann aber wie Gresyle auf Guidizzolo. Dem weiteren Vordringen der Franzosen nördlich der Hauptstraße machte ein Gegenstoß der Brigaden Fehlmayr (s. o.) und Hartung im Verein mit dem Feuer der Artillerie halt. Dank der Tätigkeit des Erzherzogs Wilhelm waren allmählich 40 Geschütze nördlich Guidizzolo aufgefahren, als der Befehl zum Rückzug eintraf. Nach 5° brach das Gewitter los. Östr. G. St. W. 2, S. 220 ff. — Kunz, S. 94 ff., berechnet die Stärke der Österreicher 4° nachmittags bei Guidizzolo auf 46 100, die der Franzosen auf 82 000 Mann Infanterie im Feuer.

le suivent dans un ordre admirable". Sie werfen die Französischen Tirailleurs zurück und, unaufgehalten durch die attackierenden Abteilungen des 1. Panzierregiments, bringen sie bis an die Mauer des Gehöftes heran, welches durch den Obersten Jourjon vom Genie zur kräftigsten Verteidigung hergerichtet ist. Schon gelingt es einzelnen Leuten, in dasselbe einzudringen, als fünf Kugeln aus den Scharten des Gebäudes den Fürsten niederstrecken.*) Ihres Führers beraubt und ohne Unterstützung durch die noch nicht so weit vorgedrungene Brigade Baltin, aufs neue durch die feindliche Kavallerie von allen Seiten angefallen mußten endlich die beiden tapferen Bataillone Khevenhiller weichen, die Leiche des jugendlichen Helden nebst einer ruhmvoll verlorenen Fahne zurücklassend.

Inzwischen rückte auf der Chaussee von Guidizzolo die dritte Österreichische Kolonne an. General Desvaux glaubte sie um jeden Preis aufhalten zu müssen. Es war keine Zeit mehr, den Angriff durch Artilleriefeuer vorzubereiten, und sein aus zwei Regimentern bestehendes erstes Treffen stürzte sich vom Fleck durch die Reben- und Baumreihen auf den Feind. Vom Feuer der Österreichischen Karrees empfangen muß es umkehren. Alsbald attackiert General Forton mit dem zweiten Treffen, aber nichts erschüttert die Standhaftigkeit der feindlichen Infanterie, und ein erneuter Angriff derselben Schwadronen wird mit blutigem Verlust abgewiesen.

Ihrerseits ganz ohne Kavallerie waren indes die Österreichischen Kolonnen zum Stehen gebracht und verhindert den Kampf um Casa Nuova zu unterstützen.

Dort fielen an der Spitze ihrer Truppen die Führer der Regimenter Hannover und Hessen, die Obersten Piboll**) und Mumb.

Wir bedauern, daß nähere Angaben über diese Unternehmung nicht vorliegen, welche zwar vom Erfolge nicht gekrönt wurde, aber den Beweis lieferte, mit welcher Standhaftigkeit und Hingebung auch hier auf Österreichischer Seite gekämpft worden ist. Der Kampf um Casa Nuova war nicht minder heiß als der um Solferino und kostete den Franzosen die größten Opfer. Auf ihrer Seite fielen vier Obersten.

Es scheint, daß Graf Wimpffen alles zusammengerafft hat, was nach so vielen Einzelunternehmungen vom III., IX. und XI. Korps noch schlagfähig geblieben war. Der Angriff wurde genau in der Richtung geführt, wie der Kaiser um 11^{16} von Cavriana befohlen hatte, aber fast vier Stunden waren

---

*) Ein Denkstein bezeichnet die Stelle, wo Fürst Windischgrätz fiel.

**) Das Regiment Hannover und den Obersten Piboll erwähnt Östr. G. St. W. nicht. Vgl. Geschichte des 14. (Hessen) Infanterieregiments S. 399 (Tod des Obersten Mumb).

verflossen, bevor man die erforderlichen Streitkräfte dafür zusammengebracht, und nun hatte die Zweite Armee das Schlachtfeld bereits verlassen. Zwei Stunden früher würde der Angriff der Ersten Armee den Linksabmarsch des Marschalls Mac Mahon verhindert haben.

Es war 4³⁰, als ein letztes Vorgehen der Franzosen auf Guidizzolo abgeschlagen wurde und der große Gewittersturm auch dort dem Kampfe ein Ziel setzte.*)

Nach der Rückzugsdisposition für die Zweite Armee sollte die Kavalleriedivision Mensdorff auf Pozzolo,**) das I. Korps auf Valeggio, das VII. auf Volta, das V. auf Monzambano und das VIII. auf Peschiera zurückgehen.

Das VIII. Korps***) traf der Rückzugsbefehl†) in dem Augenblicke, als die Piemontesen, nachdem die Brigade Aosta der Division Fanti endlich bei S. Martino eingetroffen war, gegen 4³⁰ von neuem angriffen.††) In diesem Moment konnte und wollte General Benedek nicht zurückgehen.†††) Es

---

*) Wimpffen gab nach 5⁰ dieselben Befehle für den Rückzug, die er um 2⁰ zum erstenmal erteilt hatte. Östr. G. St. W. 2, S. 328.

**) Mensdorff sollte über Ferri zurückgehen, er marschierte dorthin über Foresto und Belvedere; hier nahm er bis zum Einbruch der Dunkelheit zunächst Stellung. Östr. G. St. W. 2, S. 332.

***) Nach Abweisung der Sardinischen Angriffe (S. 229 ff.) stand gegen Mittag vom VIII. Korps Brigade Philippovic bei Presca—Ortaglia, Berger bei Casette, ½ Reichlin und Luppert bei S. Contracania—Colombare; in Reserve Dauber bei Corbu di sopra. Watervliet blieb am M. Giacomo. Bei S. Donino war ein Detachement (Teile Reichlin-Lippert). Die Artillerie stand verteilt bei Corbu di sopra und Casette, eine Reserve bei Corbu di sopra. Husaren stellten die Verbindung mit dem V. Korps her. Östr. G. W. 2, S. 272.

†) Der Rückzugsbefehl, auf Salionze zu gehen, traf nach 4⁰ ein. Östr. G. St. W. 2, S. 347.

††) Bereits gegen 1⁰ hatte Mollard zweimal vergebens angegriffen. Östr. G. St. W. 2, S. 344.

†††) Benedek kannte die Stärke der ihm gegenüberstehenden Truppen nicht; er wußte nicht, daß Cialdini gegen Tirol detachiert, Durando auf die Madonna vorgegangen war. Gegen 2⁰ erfuhr er von dem mit überlegenen Kräften erfolgten Vorgehen der Franzosen gegen Solferino und erhielt bald die Aufforderung Schlick gegen deren linken Flügel zu wirken. Gegen 3³⁰ überbrachte Major Graf Wimpffen die Anfrage des Kaisers, ob Benedek nach Solferino detachieren und dort der Schlacht eine andere Wendung geben könne. Benedek hätte zwei Brigaden hierzu verwenden müssen und glaubte mit vieren sich bei S. Martino nicht halten zu können, dessen Bedeutung groß erschien, da hinter ihm bezw. Pozzolengo die Rückzugslinie der Zweiten Armee lag. Nur die Brigade Reichlin entsandte Benedek nach Pozzolengo, als er vom Rückzug des V. Korps erfuhr. Mit dem Gros wollte der General so lange stehen bleiben, bis der Gegner vor S. Martino nochmals entschieden abgewiesen war, bis das V. Korps genug Vorsprung hatte und endlich, bis die Verwundeten und Trains zurückgesandt waren. Beim Rückzug sollten Watervliet und Philippovic sowie die Geschützreserven auf Peschiera, der Rest über Ponti auf Salionze gehen. Östr. G. St. W. 2, S. 345 ff.

entspann sich nun, gerade während des Gewitters, ein neues, sehr heftiges Gefecht, bei dem sich das Grenadierbataillon Prohaska*) aus der Reservebrigade noch mit Auszeichnung beteiligte und aus dem die Piemontesen wieder unverrichteter Sache zurückzugehen genötigt wurden. Sie blieben aber nahe genug, um den allmählichen Abzug der österreichischen Brigaden, der endlich angeordnet werden mußte, mit Artilleriefeuer und heftigem Nachdrängen zu beunruhigen, so daß die Arrieregarde sich genötigt sah in S. Martino drei Geschütze im Stich zu lassen. Im übrigen schützte sie wirksam den Rückzug des Korps, welcher mit größter Ordnung und Ruhe ausgeführt wurde. Als Feldmarschalleutnant Benedek sich mit den zurückgeführten Brigaden am M. Giacomo aufnehmen lassen wollte, fand er die Stellung verlassen. Die Brigade Watervliet war durch einige Schüsse, die von den dem V. Korps folgenden Franzosen und Piemontesen nach Pozzolengo hineingesandt wurden, veranlaßt worden, sich auf dem mehrere hundert Schritt rückwärts gelegenen M. bei Olivi aufzustellen.**) Pozzolengo selbst war aber und blieb mit dem II. Bataillon Kaiserjäger besetzt, das erst abends 11⁰ seinen Rückzug antrat, während das I. Bataillon Prohaska bis 10³⁰ bei dem Gehöft S. Giacomo stehen blieb, ohne vom Feinde beunruhigt zu werden.***)

Bei der Zweiten Armee fiel dem VII. Korps, welches den Rückzug im Zentrum zu decken hatte, eine schwierige und wichtige Aufgabe zu, da hinter

---

*) Außerdem nennt Östr. G. St. W. 2, S. 348/49 die Regimenter Rainer, das fünf Stürme abschlug, und Sachsen. Gegen 6⁰ waren die Sardinier auf allen Punkten geschlagen.

**) Die Brigade Watervliet hatte „ohne Befehl und ohne einen Beweggrund" die Stellung geräumt. Östr. G. St. W. 2, S. 352. Nach Redern wurde ihr Kommandeur wenige Tage später verabschiedet.

***) Benedek, Östr. G. St. W. 2, S. 349/53, entschloß sich schließlich 7³⁰ abends zum Rückzug, weil die Brigade Piemont der Division Fanti dicht vor dem Südausgang von Pozzolengo stand. Reichlin hatte von den Höhen bei Contrada del Bosco gegen 6³⁰ abends bis hinter die östlich Pozzolengo aufgestellte Brigade Koller V. Korps zurückgehen müssen und war von da nach Monzambano abmarschiert. Watervliet sollte durch Besetzung des M. d'Ingrana mit Reichlin in Verbindung treten, hatte dies aber infolge eines Mißverständnisses nicht getan. Erst wurde versucht Lippert aus dem Gefecht zu ziehen, dann sollte Berger folgen. Doch drängten die Piemontesen derart heftig nach, daß Benedek persönlich 8³⁰ abends einen Gegenstoß führte und den Feind aus den inzwischen eingenommenen alten Positionen der Österreicher wieder warf. Bis 9⁰ blieben diese auf dem Gefechtsfelde. Dann erst wurde der endgültige Abzug angetreten. Gegen die Brigade Piemont der Division Fanti sollte ihn die Brigade Watervliet sichern, doch letztere war, wie erwähnt, ohne Grund zurückgegangen und hatte nur II./Kaiserjäger in Pozzolengo gelassen. Dies Bataillon besetzte den Südausgang des Ortes und blieb dort bis Mitternacht im Verein mit III./Sachsen. 3⁰ früh am 25. Juni war der Übergang bei Salionze (Berger, Lippert) und Peschiera (die drei anderen) bewirkt. — Die Piemontesen stellen den Kampf bei S. Martino als eigenen Sieg dar und wollen fünf Kanonen erobert haben. Piem. Bericht.

ihm nichts mehr war, was Widerstand leisten konnte, desto mehr aber, was gerettet werden mußte. Die einzige fahrbare Straße nach der Brücke von Valeggio führt von Volta aus dorthin. Dieser drei viertel Meilen lange Weg war daher mit allen einer Armee nachfolgenden Kolonnen bedeckt: Artilleriereserve, Pontontrains, Verwundetentransporte, Bagage der Korps, der Hauptquartiere, alles schob sich nebeneinander, so gut es ging, vorwärts, um die Brücke von Valeggio zu erreichen. Dabei lag die Gefahr nahe, daß die Franzosen von Cavriana aus auf der direkt nach Valeggio führenden Strada Cavallera diesen Punkt vor den abziehenden Österreichern gewinnen konnten.

Der Kaiser Franz Josef, welcher nach gegebenem Rückzugsbefehl von Volta nach Valeggio gegangen war, befahl deshalb hier persönlich, sogleich alle noch kampffähigen Leute an der Brücke zu sammeln und dieselben zu einer vielleicht nötig werdenden Verteidigung aufzustellen. Versprengte des I. Armekorps, welche über Valeggio nach ihren alten Biwaksplätzen bei Quaderni zurückkehrten, sowie die schwachen Reste einiger Bataillone, mit denen der Graf Clam und seine Divisionäre in Volta standen, wurden hierzu benutzt. Material wurde zusammengebracht, um den Übergang verbarrikadieren zu können, und mit vielem Eifer und großer Mühe die Bergrücken mit Geschützen garniert, die man aus der allgemeinen Artilleriereserve dort zur Hand hatte.

Diese Vorsichtsmaßregeln wurden indes unnötig. Die Franzosen machten zwar noch einen Versuch zur Verfolgung, denn kaum hatte der Gewittersturm ausgetobt, als sie aus Cavriana vordrangen und die Österreicher von den Stellungen bei Madonna della Pieve und Umgegend*) vertreiben wollten. Eine dicht bei der Kapelle postierte Österreichische Raketenbatterie bewarf aber den debouchierenden Feind und den Ort selbst mit solchem Erfolg, daß es den Voltigeuren nicht gelang einen ordentlichen Angriff zu machen. Die Franzosen waren mit ihren Kräften völlig zu Ende, und der Abend brach herein. Die Brigaden Wussin und Fleischhacker zogen allmählich nach Volta ab, und ihnen folgten spät abends, als letzte Arrieregarde, zwei Bataillone Grueber und das 3. Jägerbataillon der Brigade Gablenz.**) Diese Brigade

---

*) Ein heftiger Kampf entspann sich noch bis nach 9° abends um den M. Bosco scuro. Östr. G. St. W. 2, S. 334.

**) Die letzte Nachhut bildeten II./Grueber, III./Kaiser und die 3. Jäger; sie waren es, die durch ihren tapfern Widerstand alle Angriffe des Gegners auf den M. Bosco scuro bis zum späten Abend zurückweisen. Erst um 9³⁰ ging die Nachhut auf Volta zurück. Östr. G. St. W. 2, S. 335/337.

Schlacht von Solferino. 24. Juni 1859. 253

blieb in Volta bis zum frühen Morgen stehen und ging dann bei Ferri hinter den Mincio zurück.

Dem Gedränge auf der Straße von Volta nach Valeggio hatte man unterdessen einen neuen Abzug verschafft, indem südlich von Valeggio ungefähr in der Höhe von Campagnola eine Pontonbrücke geschlagen worden war, auf der ein Teil der Truppen und Kolonnen über den Fluß gehen konnte. Von der Zweiten Armee erreichte auf diese Weise alles bis zum nächsten Morgen das linke Ufer.*)

Die Erste Armee**) hatte den weitesten Weg zum Mincio, ihre Brigaden waren durch den lang anhaltenden Kampf ermüdet, und in den Trainkolonnen, die auf allen Wegen hielten, begann es unordentlich zu werden, da die weittragenden Geschosse auch sie zu bedrohen anfingen. Die letzte energische Verteidigung Guidizzolos, der losbrechende Gewittersturm und die Ermüdung der Franzosen verschafften jedoch auch hier Zeit genug, um die Ordnung wieder herzustellen und Truppen wie Material glücklich über den Fluß zu bringen. Die Arrieregarde behielt Guidizzolo bis um 10^0 besetzt und trat dann erst ihren Rückzug, ohne verfolgt zu werden, an.

Das Hauptquartier der Zweiten Armee etablierte sich spät abends in Valeggio, das der Ersten in Golto, das Kaiserliche Hauptquartier in Villafranca.

Die Alliierten verfolgten nirgends, sondern biwakierten überall da, wo der eigentliche Kampf geendet hatte, bei S. Martino, Madonna della Scoperta Cavriana und Rebecco. Kaiser Napoleon nächtigte in Cavriana.

Die Division Jellacic des II. Österreichischen Armeekorps hatte am 24. zu der ihr anempfohlenen Bewegung***) über Asola einen Ansatz gemacht, aber schon in Rebondesco wurde die Avantgarde angehalten, da die Meldung

---

*) Das VII. Korps stand am Morgen des 25. Juni bei Foroni, das V. bei Prentina, Mensdorff bei Rosegaferro, das I. Korps bei Borghetto—Valeggio. Östr. G. St. W. 2, S. 356/358.

**) Beim IX. Korps blieb Brigade Wimpffen als Nachhut bis Mitternacht in Ceresara und erreichte Golto erst am 25. Juni, 8^0 früh. Das Korps stand hier am 25. wie am 22. zu beiden Seiten des Mincio. Das III. Korps biwakierte bei Marengo und kam ebenfalls am 25. in seine alte Aufstellung bei Ferri. Vom XI. blieb Guidizzolo bis 10^{30} abends besetzt (Brigade Klapka). Das Korps biwakierte bei Golto und kam am 25. wieder nach Roverbella. Brigade Lauingen war noch am 24. Juni gegen 6^{30} abends durch Wimpffen von Golto auf Ceresara vorgeschickt worden. Östr. G. St. W. 2, S. 340/343.

***) S. 203. Die Division sollte Castel Goffredo erreichen „längstens um 1^0 mittags". Da sie den Befehl aber erst 8^0 früh erhielt, konnte sie vor 5^0 nachmittags nicht am Ziel sein. Östr. G. St. W. 2, S. 287.

einging, daß sich auf der Straße nach Piadena feindliche Abteilungen (es waren dies die Spitzen der Division Autemarre) befänden.*) Abends kehrte die Division nach Mantua zurück, die Arrieregarde erreichte nachts 1° Ospitaletto.

Die Verluste der Österreicher betrugen:

Tote . . . . 91 (94) Offiziere, 2 261 (2 198) Mann,
Verwundete: 4 Generale, 485 (500) " 10 116 (10 807) "
Vermißte . . . . . 59 (45) " 9 229 (8 593) "

Im ganzen 4 Generale, 635 Offiziere, 21 606 (21 098) Mann,

22 245 (21 737) Mann

und 891 (928)**) Pferde.

An Geschützen waren 13, davon 6 ganz demontiert, verloren. Zwei Fahnen fielen in Feindes Hand.

Die Alliierten gaben folgende Verluste an:

Sardinische Armee:

Tote . . . . 49 Offiziere, 642 Mann,
Verwundete . . . . 167 " 3405 "
Vermißte . . . . . . — " 1258 "

Im ganzen . . 216 Offiziere, 5305 Mann,

5521 Mann.***)

Französische Armee:

Tote . . . . 117 Offiziere, 1 505 Mann,
Verwundete . . . . 544 " 7 986 "
Vermißte . . . . . . — " 1 518 "

Im ganzen . 661 Offiziere, 11 009 Mann,

11 670 Mann.

Zusammen . . 877 Offiziere, 16 314 Mann,

17 191 Mann.

---

*) Unterwegs erhielt, gegen 10°, die Division vom Oberkommando der Ersten Armee die Weisung: in Marcaria stehen zu bleiben, falls größere feindliche Streitkräfte sich von Cremona auf Marcaria bewegten, wie das Gerücht gehe. Inzwischen war gemeldet worden, daß in Piadena ein 170 Mann starkes Requisitionskommando gewesen sei, in Cremona 25 000 Mann gestanden hätten. Da von einem Gefecht bei der Hauptarmee nichts gemeldet wurde, auch kein Kanonendonner zu hören war, so machte die Division halt: eine Brigade hinter Casiatico mit Avantgarde in Marcaria, eine bei Redondesco. Vgl. S. 244, Anm. ††); Östr. G. St. W. 2, S. 287/88.

**) Die eingeklammerten Zahlen sind dem Östr. G. St. W. 2 entnommen.

***) Moltke sagt hierzu bei Redern: „Sehr bedeutend. 25 pCt. der wirklich fechtenden Piemontesen."

Die Zahl der Vermißten ist bei den Österreichern über dreimal so groß wie bei den Gegnern.

Sieht man aber von dieser Kategorie ab, so kostete der Kampf an Verwundeten und Toten:

den Österreichern . 12957 Kombattanten, also nahezu 9 Prozent,
" Verbündeten . 14315 " oder fast 10 "

und dieser größere Verlust erklärt sich vollkommen aus dem vorwiegend offensiven Auftreten der letzteren.*)

Am meisten hatte das Nielsche Korps und von diesem wieder die Division Luzy gelitten, die den ganzen Tag um Rebecco focht; am wenigsten das Canrobertsche Korps, woraus die geringe Beteiligung desselben an der Schlacht deutlich hervorgeht. Das 4. Korps verlor:

260 Offiziere, 4223 Mann, d. h. 20 Prozent,
das 3. Korps nur 15 " 298 " " 1¹/₃ "

Der Verlust der Sardinier spricht dafür, daß der ungünstige Erfolg ihrer Anstrengungen in ihrer stets partiellen Verwendung zu suchen ist und daß sie mit großer Tapferkeit gefochten haben.

Fassen wir die Ereignisse dieses blutigen Tages kurz zusammen, so sehen wir, daß auf dem Österreichischen rechten Flügel Feldmarschallleutnant Benedek mit 18 000 Mann gegen nach und nach 27 000 Piemontesen kämpft und im Vorteil bleibt.

Im Zentrum widersteht bei Solferino Feldmarschallleutnant Stadion mit drei Brigaden, also rund 13 500 Mann, während des ganzen Vormittags allen Angriffen des 20 500 Mann starken 1. Korps. Er verschafft dadurch dem linken Österreichischen Flügel eine lange und kostbare Zeit, um mit überlegenen Kräften die Offensive zu führen. Der Sieg selbst konnte nur in der Ebene erfochten werden, aber die Behauptung von Solferino war die notwendige Bedingung.**)

Zur aktiven Unterstützung dieses wichtigen Punktes steht das I. Korps am nächsten zur Hand. Dasselbe wird aber nur zu defensiver Flügelverlängerung und zu der bedenklichen Maßregel einer Ablösung im Gefecht verwendet.***) Kaum ist letztere teilweise erfolgt, so geht die Stellung gegen

---

*) Bei Montebello und Magenta waren die Franzosen nur offensiv, hatten aber weniger Verluste als ihre vorwiegend defensiven Gegner.

**) Redern will im Gegensatz zu Moltke die Franzosen in der Ebene festhalten, die Entscheidung aber durch Einsetzen aller Kräfte im Zentrum suchen. Östr. mil. Zeitschr. 1877 1, S. 47, 48 und Ramming, S. 137, kommen beide zu demselben Schlusse.

***) Vgl. S. 236,7.

die nunmehr durch das Eintreffen der Garden verdoppelte Stärke des Gegners verloren.

Der offizielle Schlachtbericht selbst räumt ein, daß hierbei nicht mit der hinreichenden Nachhaltigkeit verfahren wurde.*)

Noch hatte Graf Schlick das VII. Korps**) zur Verfügung. Dasselbe ist jedoch im entscheidenden Augenblick in voller Stärke nicht versammelt. Die rechtzeitig eingetroffenen Brigaden werden bei S. Cassiano zurückgehalten, und es ist nicht das erste Mal in diesem Feldzuge, daß wir auf Österreichischer Seite einen Heeresteil, der das Mittel zum Siege werden konnte, nur zur Vorbeugung einer Niederlage verwendet sehen.

Immerhin aber hat der Widerstand von Solferino bis 2° nachmittags gedauert, eine lange Frist, welche von dem III., IX. und XI. Korps nebst der Kavallerie für die Hauptentscheidung in der Ebene genutzt werden konnte. Schritt dieser linke Flügel ebenso glücklich wie der rechte vor, so war die Schlacht gewonnen.***)

Auch wenn es nur gelang das weit vorgeschobene Nielsche Korps zurückzudrängen, mit dem man es zunächst allein zu tun hatte, da Marschall Mac Mahon sich nach der Fortnahme von Morino nur zuwartend verhielt und Marschall Canrobert beobachtend bei Castel Goffredo weilte, so würde die Schlacht eine ganz andere Wendung genommen haben, denn Marschall Mac Mahon war dann jedenfalls verhindert zur Unterstützung des Hauptangriffes abzumarschieren.

Wie kam es nun, daß bei großer numerischer Überlegenheit dennoch die Österreicher in der Ebene nicht durchdrangen?

Hier galt es in der Tat nur allein den General Niel zu bewältigen. Derselbe verfügte an Infanterie, der in diesem Terrain vorzugsweise entscheidenden Waffe, bis 10° nur über 21 000 Mann. Seine Stärke wuchs durch das Anlangen der Brigade Janin des 3. Korps etwa um 11° auf 26 000 Mann, der zweiten Brigade der Division Renault um 1° auf

---

*) Vgl. Friedjung, „Vorherrschaft" 1, S. 22 bis 24.
**) Vgl. S. 223, Anm. **).
***) Redern fand die Aufgabe des Österreichischen Zentrums besonders schwierig. Hierzu schreibt Moltke: „Wie die Sache kam, war aber das Zentrum durch das Terrain in hohem Grade unterstützt. Das Zentrum löste auch seine Aufgabe in der Schlacht; der linke Flügel verfehlte sie, trotzdem er so stark war...", und ähnlich später: „Die Zweite Armee konnte im Gebirge wohl nicht gut mehr tun, als die kräftige Defensive des VIII. und V. Korps leisteten, aber in der Ebene konnte das VII. Korps und selbst das I. Korps mitwirken."

29000 Mann und erst durch das Eintreffen der Brigade Bataille um 2° auf 32000 Mann.

Wir vermögen die Stärke der Abteilungen nicht genau anzugeben, welche wiederholt gegen ihn von Österreichischer Seite herangeführt worden sind. Aber die gegenüberstehende Erste Armee zählte an Infanterie 60000 Mann.*) Die Überlegenheit wäre noch größer gewesen, wenn die Division Jellacic zum Vorschein gekommen wäre, allein man muß gestehen, daß das Auftreten dieser letzteren Abteilung kaum mehr bewirken konnte als die bloße Erwartung derselben, durch welche die Hälfte des 9. Französischen Korps während des ganzen Tages festgehalten wurde, ohne am Gefecht teilzunehmen.

Allerdings war die Kavalleriedivision des linken Flügels gleich anfangs auf Goito zurückgegangen, aber dafür wurde die der Zweiten Armee zur Verfügung gestellt, und an Artillerie war weit mehr vorhanden, als man überhaupt zur Geltung bringen konnte.

Daß die braven Österreichischen Bataillone es auch hier nicht an Standhaftigkeit fehlen ließen, daß namentlich die Offiziere in hingebender Aufopferung ihnen vorangingen, ergeben die Gefechtserzählung und die Verlustlisten.**)

Wenn dennoch die doppelte Überlegenheit nicht zum Siege führte, so kann der Grund hauptsächlich nur in der geschickteren Führung auf Französischer Seite gefunden werden.***) General Niel hatte den Anmarsch, die Wegnahme von Medole und den Aufmarsch aus einer fast eine Meile langen Kolonne

---

*) Ramming, S. 110, 115/6 berechnet Niel auf 23000, die Erste Österreichische Armee auf 63000, ohne die weiter zurückbefindlichen Teile XI. Korps auf 56000 Mann.

**) Die Tapferkeit der Österreicher, insbesondere ihrer Offiziere, zeigte sich auch 1866 in hervorragender Weise. Moltke hebt dies in seiner Reichstagsrede vom 3. April 1867 besonders hervor. Denkw. 7, S. 96.

***) Bei Redern sagt Moltke über die Französischen Führer bei Solferino: „handelten mit großem Geschick und Selbständigkeit, ausschließlich Canrobert". Ebenso urteilt Molinary, S. 121. Duquet, S. 190, lobt in bezug auf Taktik nur Baraguey d'Hilliers und Niel, tadelt dagegen den König Victor Emanuel wegen des stückweisen Einsetzens seiner Kräfte, Mac Mahon, der übrigens Cavriana ohne die Garde nicht genommen haben würde, und Canrobert wegen ihrer Untätigkeit beim Rückzug der Österreicher, Canrobert auch wegen der späten Hilfe an Niel. Ein Teil der Schuld treffe allerdings den Französischen Generalstab, der keine bestimmten Befehle für Angriff und Verteidigung gegeben habe. Duquet verweist endlich darauf, daß die Italiener die Schuld an ihrer Zerrissenheit den sich widersprechenden Befehlen des Kaisers zuschreiben. — Von Interesse ist das Urteil des Generals della Rocca, S. 131, über den Kaiser Napoleon, der 1859 militärischen Blick und sachgemäßes Urteil gehabt habe; wenn er trotzdem nicht immer beharrlich gewesen, so seien seine zum Teil nicht geschulten Generale dafür verantwortlich zu machen; Napoleons Fehler 1870 hätten in seiner Krankheit gelegen.

früher beendet, als die zwischen Guidizzolo und Cerlungo konzentrierten Massen sich gegen ihn versammelten. Man ließ ihm die nötige Zeit, um am Rande der freien Ebene eine entwickelte Schlachtstellung zu nehmen und sie durch mächtige Batterien zu verstärken. Die erst dann zum frontalen Angriff vorrückenden Österreichischen Kolonnen mußten enorme Verluste durch Artillerie- und Infanteriefeuer erleiden. Diese Angriffe erfolgten nach und nach in Brigaden, oft selbst bataillonsweise, stets also mit einer Truppenmacht, die der wachsenden Französischen nie wirklich überlegen gewesen ist.*)

Die Franzosen hatten auf dem einzigen Fleck, wo Reiterei gebraucht werden kann, die der Garde und die Divisionen Partouneaux und Desvaux, also über 6000 Pferde, beisammen. Diesen war Graf Mensdorff**) allein nicht gewachsen.

Etwa 80 Französische Geschütze bestrichen um Mittag das Campo di Medole; auf dem linken Flügel der Division Vinoy standen sehr früh 42 Feuerschlünde in einer Batterie. Hiergegen fuhr die Österreichische Artillerie nur vereinzelt auf; die etwa 100 Geschütze starke allgemeine Reserve hat keinen Schuß getan, und von den überhaupt disponibelen Batterien sind nur 45 zur Verwendung gelangt.

General Niel zwar schreibt seinen Sieg dem Bajonett zu. Es möge auf sich beruhen, wie oft der Angriff zum Kampf von Mann gegen Mann durchgeführt ist. In der Regel wird derselbe nur markiert, wo man voraussetzt, daß der Gegner ihn nicht annimmt.***)

Die Österreicher führten ein besseres Gewehr als ihre Gegner.†) Auf dem Schießplatz bei genau bekannter Entfernung, bei verhältnismäßiger Größe des Zieles und bei ruhigem Anschlag lassen sich mit demselben auf 600 und selbst auf 1000 Schritt noch überraschend gute Resultate erreichen. Dann

---

*) Die Schlacht „hätte ihre Entscheidung bei Rebecco finden können. Es fehlte die Leitung, die Korps gehörten zwei Armeen an. Dort (in die Ebene) gehörte der Kaiser hin, wenn er kommandierte." Moltke bei Stranz.

**) Die Kavallerie Mensdorff war nur 2600 Pferde stark.

***) Ähnlich schreibt General v. Moltke in seinen „Bemerkungen vom Jahre 1865 über den Einfluß der verbesserten Feuerwaffen auf die Taktik": „Würden die von den Französischen Berichten über den Feldzug 1859 in Italien so oft berichteten Bajonettkämpfe ihres dramatischen Schmuckes entkleidet, könnte man die einfache prosaische Wahrheit ermitteln, so möchte sich die bei weitem größere Mehrzahl dahin berichtigen, daß der durch mehr oder weniger große Verluste erschütterte Gegner dem eigentlichen Zusammenstoß auswich." Mil. Wochenbl. 1865, Beiheft 27; Takt.-strat. Auff. S. 58.

†) Die Bewaffnung der beiderseitigen Heere glich sich gewissermaßen aus, die Österreicher hatten das bessere Gewehr, die Franzosen das bessere Geschütz. „Einfluß der Feuerwaffen auf die Taktik," S. 62. Von einem höheren Offizier.

liegt aber die Kugelbahn nur noch auf 30 Schritt und weniger vor und hinter der Scheibe in der Mannshöhe. Irrte sich daher der Schütze in dem unübersichtlichen Terrain auch nur um soviel in der Schätzung des Abstandes, so traf er, abgesehen von allen übrigen Einwirkungen, gar nicht mehr. Ein wirkungsloses Feuer konnte das entschlossene Vordringen des Gegners nicht aufhalten. Der Mann verlor das Vertrauen auf die ihm ohnehin noch fremde Waffe vielleicht in eben dem Augenblick, wo sie anfangen mußte höchst wirksam zu werden, nämlich auf der Distanz, wo beim Anschlag auf halbe Mannshöhe die ganze Kugelbahn rasant, das Treffen unabhängig wird von der in der Aufregung des Gefechts so unsichern Schätzung der Entfernungen. Wich man aber dem unmittelbar drohenden Zusammenstoß aus, so gelangte das minder gute Französische Gewehr zur empfindlichsten Geltung. Dasselbe hat bei größerem Kaliber, also verhältnismäßig schwächerer Pulverladung, eine geringere Anfangsgeschwindigkeit, daher stark gekrümmte Flugbahn und somit auf weite Entfernung sehr verminderte Treffwahrscheinlichkeit.

Der Tagesbefehl des Kaisers Napoleon zu Anfang des Feldzugs sagte den Soldaten: „Die neuen Waffen sind nur gefährlich, wenn Ihr ihnen fern bleibt."*) Damit empfahl er sehr richtig das Draufgehen**) bis auf Abstände, wo jene Nachteile sich ausgleichen. Nicht das Österreichische Gewehr war nur in der Ferne, sondern das Französische war nur in der Nähe wirksam. Die Franzosen haben ebenfalls sehr viel geschossen. Die sogenannten Attacken der Voltigeurbrigade Manèque z. B. nötigten diese, ehe sie gegen C. del Monte vorgehen konnte, ihre gänzlich verfeuerte Munition bei der Grenadierdivision zu ergänzen. Aber auch das ist Offensive, wenn man, wie die Infanterie Friedrichs des Großen, seinem Feind ein wirksames Feuer bis auf kurze Entfernung entgegenträgt.

In der Ebene wäre eine starke, selbständige, nur dem Oberkommando verfügbare Hauptreserve nötig gewesen. Eine solche war bei der Zweiteilung der Armee ursprünglich nicht vorhanden.***) Sie konnte nur während der

---

*) In den „Betrachtungen über die Ursachen der Erfolge Napoleons 1859" wird S. 10 gesagt, der Kaiser habe von der Taktik Gebrauch gemacht, die seinem Onkel so oft gelungen: das Schießen zu verachten und gleich zum Bajonettkampf zu kommen.

**) Die Erfolge der Franzosen 1859 verleiteten bekanntlich 1866 die Österreicher zu dem „Draufgehen" auf alle Fälle. Moltke erwartete vor Ausbruch der Feindseligkeiten 1866, wie er am 11. Juni 1866 Blumenthal schreibt, eher ein „Drauf" der Gegner bei den ersten Operationen, nachdem sie mit ihrem Zögern 1859 schlechte Erfahrungen gemacht hatten; er hofft aber, daß unser Infanteriefeuer ihre Hitze abkühlen wird. Mil. Korr. 1866, S. 207.

***) Bei Redern bemerkt General v. Moltke, „Das Französische Zentrum stieß gerade auf die Fuge zwischen beiden (Armeen)".

Schlacht gebildet werden, wenn frühzeitig das XI. Korps etwa auf Val del Termine dirigiert, dort mit dem VII. und vorwärts mit der Kavallerie vereint worden wäre.*) Denn nachdem einmal der Feind festen Fuß an der Westseite des Campo gefaßt hatte und Solferino selbst ernstlich bedroht erschien, war der Offensivstoß zwischen diesen beiden Punkten hindurch leichter auszuführen und augenblicklich wirksamer als der Angriff auf den feindlichen rechten Flügel.

Das Lob der Hingebung und des Heldenmuts kann dem Österreichischen Heere nicht versagt werden. Die Franzosen selbst, welche diese Eigenschaften zu schätzen und zu beurteilen wissen, haben es in vielen Fällen anerkannt. Aber zu leugnen ist nicht, daß innerhalb dieses Heeres das Verhalten der einzelnen Truppenteile während des ganzen Feldzuges ein ungleiches gewesen ist.

Die durch finanzielle Rücksichten veranlaßte Neuorganisation setzte für die Infanterie die Dienstzeit auf weniger als drei Jahre fest. Kaum zwei Jahre vor Ausbruch des Krieges begonnen, war diese Organisation jedoch noch nicht zur vollen Durchführung gebracht, und es fehlte also überhaupt an gedienten Leuten. Infolgedessen mußte eine unverhältnismäßig große Zahl von Rekruten eingereiht werden, die den zuverlässigen Halt der Truppen in Frage stellte; und so zeigten sich die jungen Österreichischen Soldaten jener zähen Ausdauer nicht gewachsen, in welcher die durch längere Dienstzeit und vorherige Kriegserfahrung gestählten Französischen Regimenter sich bewährten.**)

Ferner tritt wesentlich in Betracht, daß die Österreichische Armee aus ganz verschiedenen Nationalitäten sich bildet. Der Französischen Einheit gegenüber ist es einem Staat, der aus so vielen Völkerschaften besteht wie Österreich, nicht leicht möglich alle für eine Idee zu gewinnen, allen einen nationalen Impuls zu geben. Die Herrschaft Österreichs in Italien, für welche man kämpfte, stand den Wünschen der einen Nationalität geradezu entgegen, sie ließ eine andere kalt und mahnte eine dritte, daß ihr eigenes spezifisch-nationales Interesse durch den Sieg der Gesamtmonarchie mindestens nicht gefördert werde.

Die ungleiche Stimmung der verschiedenen Landesteile konnte nicht ohne Einfluß bleiben auf den Teil ihrer Bevölkerung, welcher unter den Waffen stand. Es haben Polnische und Ungarische Regimenter mit großer Aus-

---

*) Vgl. S. 202 Anm. *) u. S. 223 Anm. ***).
**) General v. Moltke ist stets für die dreijährige Dienstzeit eingetreten, besonders warm in seiner Reichstagsrede vom 3. April 1867. Vgl. Denkw. 7, S. 99.

zeichnung gefochten; aber allgemein war diejenige Begeisterung nicht, welche noch etwas mehr leisten läßt, als was die Ehre der Waffen fordert, welche das Unmögliche versucht, um das Höchste zu erreichen. Unzweifelhaft hat in diesem Krieg das Deutsche Element sich am meisten bewährt und ausgezeichnet.

Auch die Formation der Korps und die Ausbildungsverhältnisse, in denen sie sich bis dahin befunden, machten sich in ihren Wirkungen fühlbar.

Das V., VII. und VIII. Korps, die ursprünglich Italienische Armee, bestand seit mehreren Jahren in derselben Zusammensetzung. Es wurde dort mit den Regimentern fast gar nicht, ja selbst mit den Persönlichkeiten nur wenig gewechselt. Der alte Radetzky hatte sich eine besondere Armee erzogen, die nach dem einstimmigen Urteil das vorzüglichste Element des Österreichischen Heeres ausmachte. Diese Regimenter hatten immer eine ausgezeichnete Manövrierschule gehabt, welche, durch die Lokalverhältnisse begünstigt, ihnen auch noch nach dem Tode des Feldmarschalls erhalten blieb. Die alljährlichen größeren Konzentrationen und Übungen, das Vereintsein in größeren Garnisonen und wesentlich auch die Bekanntschaft mit dem Terrain befähigten sie zu besseren Leistungen.

Demnächst ist das III. Korps zu nennen. Wenn demselben auch die Kenntnis des Italienischen Bodens abging, so hatte es doch erstlich, wie die Korps in Italien, den Vorteil gehabt, in einer großen Garnison, Wien, vereinigt und also auch besser und gleichmäßiger ausgebildet zu sein; und ferner hatte es im Jahre 1858 in dem Lager von Neunkirchen eine Übungszeit durchgemacht, die ebenfalls ihre guten Früchte trug.

Für alle übrigen Korps der Monarchie hatte es an ausreichenden Übungen im großen gefehlt.

Die genannten vier Korps, unter Führern wie Schwarzenberg, Stadion, Zobel und Benedek, waren daher schon durch ihre kriegerische Ausbildung im Vorteil. Sodann überwog in ihnen ganz entschieden das Deutsche Element, denn von 18 Regimentern gehörten 11 der Deutschen Nationalität an.

Beim VIII. Korps machte General Benedeks hervorragende Persönlichkeit[*]) den Übelstand verschwinden, daß dasselbe für die Kampagne eine neue Zusammensetzung erhalten hatte, ein Nachteil, der beim II., IX. und XI. Korps sich unzweifelhaft geltend gemacht hat. Allerdings ist dabei auch

---

*) Am 11. Juni 1866 schreibt Moltke an Blumenthal: „Ein kräftiger Führer wie Benedek..." Mil. Korr. 1866, S. 207.

in Betracht zu ziehen, daß zum VIII. Korps nur Regimenter der früheren Italienischen Armee und des III. Korps abgegeben waren. Das 1. Korps, welches übrigens ganz in seiner bisherigen Formation auf dem Kampfplatz erschien, hatte ein Italienisches, sonst lauter Ungarische Regimenter, von denen zwei erst im Herbst vorher aus Galizien und der Woiwodina nach Böhmen abgerückt waren; das II. hatte eine Division aus Galizien, eine aus Siebenbürgen; das IX. eine aus Mähren, eine aus Galizien, und das XI. endlich, nächst allerlei verschiedenen Teilen, auch noch viele neue Führer erhalten.

Bei diesen Korps war es also der Mangel an Zusammenhang, der die Wirkung ihres Auftretens abschwächte.*)

Übrigens behaupteten wie bei Magenta so auch bei Solferino die Österreicher am Abend der Schlacht einen Teil des Schlachtfeldes. Ihr tapferer Widerstand hatte die Kräfte des Angriffs bis zur vollen Erschöpfung in Anspruch genommen. Eine Verfolgung fand auch hier nicht statt,**) und der

---

*) Kaiser Franz Josef weist nach dem Östr. G. St. W. 2, S. 390/92, auf nachstehende Mängel bei den einzelnen Korps hin: Gefechtsleitung fehlerhaft und nicht energisch. Ausscheiden von Reserven versäumt. Verwendung der Artillerie zeigt Mängel. „Munitionsunterstützungsreserve" nicht zur Hand. Trainfuhrwerke zu nahe an der Gefechtslinie. Aufbruch später als befohlen (nach 9⁰) und langsamer Aufmarsch. Der Kanonendonner hätte jede Kolonne zur Eile treiben sollen. Unzahl von „Traineurs" eilt ordnungslos zurück. Vier bis fünf Kampffähige begleiten oft einen Verwundeten. Einzelne Truppenführer ließen Selbständigkeit, „Dispositionsgabe" und „energische Aktivität" vermissen. Verpflegung teilweise nicht geregelt.

Die „Betrachtungen", Östr. mil. Zeitschr. 1877, S. 63, schieben der „aus Verpflegungsrücksichten" zu spät angesetzten Aufbruchszeit die Schuld zu, daß die Absicht der Armeeleitung, am Chiese den Feind zu schlagen, durchkreuzt wurde; nebensächliche Fehler und Versäumnisse waren mangelhaftes Meldungswesen und ungenügender Sicherheitsdienst. Das Armeehauptquartier hätte in Guidizzolo und Cavriana oder Solferino statt in Cereta und Volta übernachten oder wenigstens früh vorreiten müssen. Fehlerhaft sei ferner gewesen das Zurückgehen der Kavallerie Zedtwitz, die geringe Stärke der Avantgarden usw., Zersplitterung der Kräfte und vereinzeltes Einsetzen der Truppen. Letztere Fehler erinnern den Verfasser an 1866 und vergleicht er die Infanteriekämpfe um den Besitz von Rebole und Casa Nuova mit jenen am Wenzelsberge und im Swiepwald.

**) Redern findet es auffallend, daß die Franzosen auch mit Kavallerie in der Ebene gar nicht verfolgten. Moltke enthält sich zwar eines Tadels, stimmt aber Redern mit den Worten indirekt zu: „Die Franzosen waren während des ganzen Feldzuges an Kavallerie weit stärker als die Österreicher." — Die Franzosen selbst behaupten, wegen mangelnder Verpflegung habe keine Verfolgung stattfinden können; alle Wagen aus dem Lande seien von den Österreichern mitgenommen worden und die der französischen Verwaltung hätten kaum zum Transport der auf dem Schlachtfeld zurückgebliebenen Verwundeten beider Armeen genügt. Frz. G. St. W., S. 336. — Lebrun, S. 317/9, meint, die Infanterie sei zu ermattet gewesen, die Kavallerie hätte folgen können, sei aber durch den Regensturm verhindert worden, der eine wahre Panik hervorgerufen habe, besonders in einer Kavalleriedivision; deren Trains seien zum Teil bis Brescia, 25 km geflohen.

Gewinn auf Seite der Franzosen war daher zunächst nur eine allerdings hoch anzuschlagende Steigerung des moralischen Elements.*)

Am 25. zog die Erste Österreichische Armee ihre Vortruppen auf das linke Mincioufer zurück und sprengte die Brücken bei Goito;**) auch wurde die Arrieregarde der Division Jellacic am Morgen dieses Tages nach Mantua hineingenommen, da man die Spitze des Korps des Prinzen Napoleon schon diesseits des Po glaubte.***)

25. Juni.

Das Kaiserliche Hauptquartier wurde nach Verona, das der Ersten Armee nach Roverbella, der Zweiten nach Villafranca verlegt.

Die Arrieregarden der Zweiten Österreichischen Armee behielten das rechte Mincioufer an den Übergangspunkten noch bis zum 26. früh besetzt, ohne von den Franzosen beunruhigt zu werden; dann zogen auch sie sich hinter den Fluß zurück.†)

26. Juni.

Allein auf die Dauer konnte die Minciolinie nicht behauptet werden.

Die Truppen bedurften dringend der Ruhe und Erholung; das Armeematerial mußte ersetzt, neue Verstärkung herangezogen werden. Es war auch gleich nach der Schlacht die Absicht gewesen, hinter das eine größere Sicherheit gewährende Festungsviereck zurückzugehen,††) und ohne irgend vom Feinde gedrängt zu sein, wurde die Armee am 27.†††) und 28. Juni über die Etsch

27. und 28. Juni.

---

*) Napoleon hat im Jahre 1862 dem Hauptmann v. der Burg (späteren Preußischen Militärbevollmächtigten) in Paris erzählt, nach beiden großen Siegen 1859 sei in der Französischen Armee nachts eine Panik ausgebrochen. Burg schiebt diese, und wohl mit Recht, auf die nicht sofort erkennbaren Siege der Franzosen. v. der Burg. Erinnerungen aus Krieg und Frieden (Handschrift, S. 17).

**) Die Brücken bei Goito wurden in der Nacht vom 25. zum 26. Juni gesprengt und abgetragen. Östr. G. St. W. 2, S. 368.

***) Am 25. Juni erreichten von der Ersten Armee: III. Korps Pozzolo und Gegend, IX. Goito, XI. Roverbella, II. Curtatone—Mantua; Zedtwitz S. Brizio; am 26. Juni: IX. Marengo—Marmirolo, Zedtwitz Foroni, II. Mantua; Hauptquartier Castiglione Mantovana; der Rest blieb in den Stellungen vom 25. Östr. G. St. W. 2, S. 355 ff.

†) Die Truppen der Zweiten Armee hatten erreicht: am 25. Juni VIII. Korps Peschiera—Salionze, V. östlich Monzambano, I. Valeggio und Gegend, VII. Foroni und westlich, Mensdorff Rosegaferro (Ruhe); am 26. Juni blieben die Korps in diesen Stellungen. Östr. G. St. W 2, S. 355 ff.

††) Das Allerhöchste Hauptquartier hatte nach Östr. G. St. W. 2, S. 365/79, ursprünglich beabsichtigt am Mincio so lange stehen zu bleiben, bis der Feind ernstlich angreifen würde. Erst im Laufe des 27. entschloß sich der Kaiser, nach Rücksprache mit den Grafen Wimpffen und Schlik, die Minciolinie aufzugeben.

†††) Die Zweite Armee trat am Abend des 27., Mensdorff und VIII. auf Verona, V. über Sommacampagna auf Fort Hetz, I. über Villafranca auf Verona, die Erste um Mitternacht (27./28.) die Rückzugsbewegung an, nur das II. Korps war bereits im Laufe des 27. bis Sanguinetto zurückgegangen; in Mantua blieb eine Besatzung. Östr. G. St. W. 2, S. 375 ff.

geführt. Die Erste Armee ging nach Legnago,*) von wo aus sie die Flußlinie aufwärts bis Albaredo decken sollte. Die Zweite Armee überschritt bei Verona und auf mehreren südlich der Festung geschlagenen Brücken die Etsch, und nur das VII. Korps verblieb, innerhalb des verschanzten Lagers vor Verona, bei Chievo auf dem rechten Ufer stehen.**) Der Raum zwischen beiden Armeen, von S. Giacomo Lupatoto bis Albaredo, war durch das sich dort zu beiden Seiten der Etsch ausbreitende Wiesen- und Reisfelderterrain genugsam geschützt.

Das X. Korps wurde zur eventuellen Unterstützung Venedigs am unteren Po belassen.***)

Es war jetzt der Moment gekommen, wo das berühmte Festungsviereck†) seine Probe bestehen und die beiden Mincioplätze ihre Widerstandsfähigkeit zeigen sollten.

Für Mantua konnte man unbesorgt sein, da dessen eigentümliche, durch die Mincioseen und das Inundationsterrain unnahbare Lage ihm eine oft bewährte große Defensivstärke verleiht. Auf Peschiera jedoch setzte man nur wenig Vertrauen. Die tiefe Lage dieses Platzes ist sehr ungünstig, und obwohl schon im Jahre 1849 die Österreicher begonnen hatten, die kleine Festung mit einem Gürtel detachierter Forts zu umgeben, welche auf den nächst gelegenen Höhen erbaut wurden, so waren doch bis jetzt weder alle dominierenden Punkte mit Werken gekrönt noch, namentlich auf der östlichen Seite, die Befestigungsarbeiten völlig vollendet.

Verona, welches den Kernpunkt des ganzen Verteidigungssystems bildet, gab auch noch manches zu tun, da man die Möglichkeit, den Feind vor seinen Mauern zu sehen, nicht so nahe geglaubt hatte.††) Für die Armierung

---

*) Die Erste Armee überschritt am 29. Juni die Etsch bei Albaredo (III. und Zedtwitz), Bonavigo (XI.) und Legnago (IX.). Östr. G. St. W. 2. S. 396.

**) Von der Zweiten Armee erreichten am 28. Juni: VIII., I. und V. Korps Verona und Gegend, VII. Buttapietra; letzteres setzte nach dem Ablochen den Rückmarsch bis Zevio fort, überschritt hier die Etsch und erreichte am 30. Juni Caldiero. Am 1. Juli wurde das Korps wieder auf das rechte Etschufer, nach dem Lagerplatz bei Chievo vorgezogen. Östr. G. St. W. 2, S. 385 ff. Die Erste Armee ging am 28. bis zur Linie Isola della Scala—Rogara (II. Legnago) zurück.

***) Vergl. S. 186 u. 201.

†) Moltke hat sich über die Bedeutung des Quadrilatere eingehend in einer Denkschrift vom Jahre 1860 ausgesprochen. Eine frühere Arbeit behandelt (1834) im besondern Verona. Kr. Arch.

††) Erst am 2. Juni war Allerhöchsten Orts der Befehl zur vollen Verteidigungs-„Instandsetzung" der Festungen Verona, Mantua, Peschiera und Legnago ergangen. Vgl. S. 2, Anm. *); Östr. G. St. W. 1, S. 84.

der in Pavia und in Piemont angelegten Befestigungen waren viele Geschütze aus Verona entnommen worden und diese konnten nur erst allmählich wieder aus anderen Plätzen ersetzt werden; besonders fehlte es an solchen schweren Kalibers.*) Die detachierten Werke waren noch nicht vollständig mit Munition ausgerüstet, was viele Arbeit erforderte. Es wurden die auf der Westseite liegenden Forts jetzt erst mit Traversen, Geschützdeckungen, kurz allen nötigen Kriegsbauten versehen. Das Werk vor der oberen Eisenbahnbrücke sah noch seiner Vollendung entgegen, und am Promontorio, östlich von Verona, wurden provisorische Befestigungen angelegt, um auch für den Fall, daß der Feind Verona umgehen könnte, den Rücken besser zu sichern. Die schwierigste Arbeit ergab sich aber aus der ungünstigen Lage mancher Werke, denen Ortschaften, wie S. Lucia und S. Massimo, oder einzelne Gehöfte so nah vor der Front lagen, daß man die einen mit in die Verteidigung hineinziehen**) und sie daher möglichst dazu vorbereiten, die anderen aber wegschaffen mußte, um für die Geschütze ein freies Schußfeld zu erlangen. Da hier alle Häuser von Stein, so mußten die, welche hinderlich waren, gesprengt und dann die Trümmerhaufen geebnet werden. Vor S. Massimo, S. Lucia und Tombetta wurden Feldbefestigungen errichtet, die Häuser kreneliert und verteidigungsfähig gemacht.

Verona hat mit seinen vielen detachierten Werken eine so bedeutende Ausdehnung, daß außer der für jedes einzelne Werk nötigen Besatzung noch ein starkes Korps zu seiner Verteidigung gehört. Es ist bei Anlage seines verschanzten Lagers***) darauf gerechnet, daß schon unter gewöhnlichen Verhältnissen eine Armee diese Rolle übernehmen soll. Jetzt vollends trat der Umstand, daß Verona die Straße nach Tirol nicht unmittelbar sperrt und nur in Verbindung mit Mantua die Verbindungen aus der Lombardei nach Venedig schützt, sehr fühlbar hervor, und man gestand sich die Möglichkeit zu, daß die zur Verteidigung der Festung bestimmte Armee, wenn sie sich nicht einschließen lassen wollte, aus ihrer Stellung heraus manövriert werden könnte.

Diese Betrachtung veranlaßte die Formierung eines besonderen Korps,

---
*) Das Österreichische Generalstabswerk erwähnt (2, S. 426 ff.) den Mangel an Geschützen schweren Kalibers nicht, schildert überhaupt den Verteidigungszustand Veronas günstiger, als es bei Moltke geschieht.
**) Auch Chievo wurde noch mit in den Verteidigungsbereich gezogen. Östr. G. St. W. 2, S. 429.
***) Bei Redern sagt Moltke: „Was das verschanzte Lager nördlich der Stadt 1000 Schritt Front jemals nützen soll, ist schwer einzusehen."

das unter allen Umständen zur Disposition des Kommandanten*) verbleiben sollte. Außerdem bestimmten die notwendig werdende stärkere Besatzung der Festung sowie auch andere Gründe die Auflösung des I. Korps und der Division Jellacic des II., deren Brigaden teils für Verona und Mantua verwendet, teils in die anderen Korps eingeteilt, teils ganz vom Kriegsschauplatz entfernt wurden. Infolge dieser Maßregeln mußte eine neue Ordre de Bataille aufgestellt werden, welche für die Zweite Armee, die nun auf ihre ursprünglichen drei Korps, das V., VII. und VIII., reduziert war, aus *Beilage 7.* der Anlage zu ersehen ist. Die Erste Armee wurde nur um die Brigade Wetzlar, welche als Besatzung nach Verona**) kam, vermindert.

Das eigentliche Operationsheer war somit auf 28 Infanteriebrigaden, nach den gehabten Verlusten zusammen wenig über 100 000 Mann stark, zusammengeschmolzen. Als Reserve hierfür waren nur verfügbar: das IV. Armeekorps, welches, fünf Brigaden, im ganzen etwa 20 000 Mann stark, bei Vicenza aufgestellt war, und das X. Korps mit Ausnahme einer Brigade, welche am unteren Po belassen werden mußte.

Die Alliierten waren am Tage nach der Schlacht von Solferino im wesentlichen in ihren Stellungen verblieben.***)

27. Juni. Noch am 27. entschied sich Kaiser Napoleon, daß die Wegnahme von Peschiera den weiteren Operationen der Alliierten gegen Verona und die Etschlinie vorangehen müsse. Danach sollte die Sardinische Armee die Einschließung des Platzes auf dem rechten, die Französische auf dem linken Mincio-
28. Juni. ufer übernehmen und rückte erstere am 28. bis Ponti, S. Rocco und Villa Onofrio, die zweite mit dem Korps Baraguey d'Hilliers bis Monzambano, woselbst noch an diesem Tage Abteilungen auf das linke Mincioufer über-

---

*) Kommandant von Verona war seit dem 16. Juni Feldmarschalleutnant Urban; dieser erließ am 22. Juni eine Proklamation an die Einwohner, die mit folgenden Worten schloß: „Damit die Bewohner wissen mögen, mit wem sie es zu tun haben, erkläre ich, daß mir, als ehrlichem Österreicher, jedermann vertrauen kann, und daß ich keinem von Euch traue." Bericht Rederns.

**) Die Besatzung von Verona bildeten: Die Brigaden Aubin und Rupprecht, je eine Brigade vom VIII., V., I Korps; von der Ersten Armee die Brigade Wetzlar — jeder Brigade war eine Batterie zugeteilt —, endlich zwei Divisionen Haller-Husaren. Öftr. G. St. W. 2, S. 370.

***) Am 25. Juni standen von den Franzosen: 1. Korps bei Pozzolengo, 2. nördlich Cavriana, 3. bei Solferino—Guidizzolo, 4. bei Volta, Garde bei Cavriana—S. Cassiano; Desvaux-Partouneaux bei Solferino, Hauptquartier in Cavriana.
Die Sardinier waren: 1. Division bei Rovere, 2. bei Roveglia, 3. bei Rovizza, 5. bei Contracania, Hauptquartier in Rivoltella. Frz. G. St. W., S. 836, u. Piem. Bericht.

gehen mußten. Dahin folgte am 29. die Division Binoy des 4. Korps, die 29. Juni.
sich vorwärts von Valeggio etablierte.

Der 1. Juli war vom Kaiser Napoleon zum allgemeinen Übergange für
die Armee bestimmt und dafür folgende Disposition ausgegeben worden:

Das 1. Korps rückt bei Tagesanbruch aus, passiert die Brücke bei 1. Juli.
Salionze und stellt sich mit dem linken Flügel vorwärts dieses Orts, senkrecht zu der von Valeggio nach Castelnovo führenden Straße, bei Oliosi auf.

Das 2. Korps, bei Monzambano übergehend, plaziert sich rechts des
1. Korps bei S. Lucia dergestalt, daß sein rechter Flügel mit dem 4. Korps,
welches bei Custoza Stellung nimmt, in Verbindung tritt.

Der König von Sardinien, dessen Hauptquartier nach Pozzolengo kommt,
vollendet die Einschließung Peschieras, indem die 3. und 5. Division bei
Salionze übergehen und sich demnächst vorwärts C. Malavicina aufstellen.
Die Korps marschieren in völliger Gefechtsbereitschaft und ziehen die Bagagen
erst heran, nachdem sie selbst ihre Stellungen genommen haben.

Die Garden, die Divisionen Renault, Trochu und Partouneaux des
3. Korps werden mit dem Kaiserlichen Hauptquartier nach Valeggio*) verlegt, während die Division Bourbaki und die Kavalleriedivision Desvaux zur
Beobachtung des unteren Mincio bis Mantua nach Goito rücken.

Diese Disposition wurde, ohne daß man auf Widerstand stieß, ausgeführt.

Die Französische Armee nahm im allgemeinen eine gedrängte Aufstellung
hinter dem Tione gegen Verona, welche aber die Einschließung von Peschiera
noch keineswegs deckte.

Am 2. früh rückte daher das 2. Korps gegen Villafranca, das 4. nach 2. Juli.
Sommacampagna, das 1. nach Castelnovo und Cavalcaselle weiter vor; doch
ließ der Kaiser, der einen Angriff besorgte und dann diese Stellung für zu
ausgedehnt hielt, abends das 2. Korps nach S. Lucia, das 4. nach Oliosi
wieder hinter den Tione zurückgehen.

Am 3. Juli machten die Österreicher einen gelungenen Ausfall aus Peschiera 3. Juli.
und führten eine bedeutende Anzahl Sardinischer Gefangenen mit sich zurück.**)

Am Abend dieses Tages langte auch Prinz Napoleon mit der Tete
seines Korps in Goito an und löste dort die Division Bourbaki ab, welche
wieder zum 3. Korps bei Valeggio stieß.

---

*) Napoleon bewohnte in Valeggio dasselbe Haus, in dem sein großer Onkel 1796
beinahe von Österreichischer Kavallerie gefangen genommen wurde. Herisson S. 280.
**) Nach Öftr. G. St. W. 3, S. 107/8, hat nicht am 3., sondern am 2. Juli ein
Ausfall stattgefunden. Öftr. G. St. W. 2, S. 439/450 erwähnt dagegen am 3. bezw. in
der Nacht zum 4. einen Geschützkampf. Frz. G. St. W. erwähnt beides nicht.

Der Prinz, welchen wir am 25. Juni in Parma verließen, hatte vom 28. bis 30. den Po bei Casalmaggiore passiert, sich mit der bei Piadena stehenden Division Autemarre vereint und war über Gazzoldo nach Goito marschiert. Einige Tage darauf beorderte der Kaiser das 5. Korps nach Salionze, und nur die Toskanische Division Ulloa verblieb mit der Kavallerie in Goito.

Somit war die gesamte Französische Streitmacht im südöstlichen Teile des Mincioterrains versammelt.

Die nordöstliche Direktion, welche den verbündeten Armeen bei Überschreitung des Mincio gegeben worden war, hatte im Österreichischen Hauptquartier die Besorgnis erregt, es beabsichtigten dieselben das Plateau von Pastrengo zu gewinnen, sich dort festzusetzen und dann den Übergang über die Etsch bei Pontone zu versuchen, um die rechte Flanke der Österreicher zu umgehen und ihnen die Verbindung mit Tirol zu verlegen.*)

Konnte die Österreichische Armee überhaupt noch eine Offensivschlacht schlagen, so hätte ein solches Unternehmen der Französischen Hauptmacht ihr die schönste Gelegenheit dazu geboten.

Als Demonstration verfehlte die Bewegung ihren Zweck nicht. Denn die Österreicher ließen sogleich das ganze V. und VIII. Korps von Verona die Etsch aufwärts bis in die Gegend von S. Pietro Incariano marschieren.**) Dafür wurden das III., IX. und XI. Korps nach Verona beordert. Am 2. Juli trafen sie bei S. Michele und S. Martino ein.***)

Zur leichten Kommunikation zwischen beiden Flußufern schlug man dicht unterhalb Verona zwei und oberhalb bei Verona eine dritte Pontonbrücke.

4. Juli. Als nun der Feind ruhig in seinen Stellungen verblieb und nichts gegen die obere Etsch unternahm,†) zog man am 4. das VIII. Korps von S. Pietro Incariano auf das rechte Flußufer und in das verschanzte Lager von Verona zurück, wohin auch das XI. Korps von S. Martino verlegt wurde. Es waren sonach, einschließlich des VII., drei Korps unter den Mauern der Festung vereint; drei andere standen in unmittelbarer Nähe.

---

*) Österreichischerseits wurde Anfang Juli auch ein Angriff seitens der Verbündeten in der Front oder südlich Verona in Erwägung gezogen. Man hoffte, daß der Gegner durch die notwendigen Belagerungen und sonstige Detachierungen sich schwächen und dadurch am entscheidenden Punkte unterlegen sein würde. Östr. G. St. W. 2, S. 422.

**) Am 1. Juli kam das V. Korps nach der Gegend von Quara, das VIII. nach S. Ambrogio—S. Pietro Incariano. Östr. G. St. W. 2, S. 409.

***) Das IX. Korps blieb bis zum 3. Juli in und bei Legnago und marschierte am 4. nach Albaredo. Östr. G. St. W. 2, S. 421, 437.

†) Das Frz. G. St. W., S. 344, gibt als Gründe für die Untätigkeit der verbündeten Armeen bis zum 5. Juli an, es habe an materiellen Mitteln gefehlt, um

Die Franzosen waren zwischen Castelnovo und Custoza aufmarschiert und deckten die Einschließung von Peschiera durch die Piemontesen und eine Division des 1. Korps Baraguey d'Hilliers.*)

Die beiderseitigen Armeen behielten von nun an ihre Stellungen fast unverändert bei und, obwohl mit ihren Hauptkräften nur zwei Meilen voneinander entfernt, dauerte dennoch die nach der Schlacht von Solferino eingetretene, kaum durch ganz unbedeutende Vorpostengefechte unterbrochene Ruhe auch ferner fort.**)

An diesem Tage war es der Französischen Administration gelungen, die Eisenbahn bis zum Garda-See herzustellen,***) so daß die für diesen bestimmte Flotille herangezogen werden konnte. Man fuhr am 4. Juli von Genua ohne Unterbrechung bis vor Peschiera. Da es an Betriebsmitteln fehlte, so wurden unter anderen 250 Waggons aus Frankreich requiriert und über Genua auf die Bahn gebracht. Sie langten freilich erst im August an und dienten dann zum Rücktransport der Armee. Einstweilen mußte daher neben der Eisenbahn immer noch Landfuhrwerk aushelfen. Vom 1. bis 11. Juli gingen noch 12 Convois zu 100 Wagen von Magenta nach Brescia, welche diese 15 Meilen lange Strecke in vier Tagen zurücklegten.

Angesichts der Notwendigkeit einer schwierigen und zeitraubenden Belagerung der Festungen war die Bildung eines großen Magazins in Cremona und eines Belagerungstrains in Pozzolengo nötig geworden.

---

vorwärts zu kommen; Napoleon habe ferner den Fall von Peschiera und ebenso die Ankunft des Belagerungsparks abwarten wollen, der für den Angriff auf Verona bestimmt war.

*) Zwischen Castelnovo und Custoza standen am 4. Juli nur das 2., 4. und 1. Korps; das 3. und Gardekorps befanden sich bei Valeggio, das 5. bei Goito; erst am 6. stand die Armee zwischen Custoza, Valeggio, Castelnovo versammelt. Frz. G. St. W., S. 358/361; Östr. G. St. W. 2, S. 454, 474.

**) Am 6. Juli spät abends, erzählt Ducrot, 1, S. 355, sei in Goito eine Order Napoleons eingetroffen, wonach am andern Tage eine Schlacht in Aussicht stände. Morgens 2° marschierte Ducrot mit seiner Brigade in Richtung Villafranca vor, um 4° war die ganze Armee unter Führung des Kaisers versammelt, aber nach fünfstündigem Warten seien die Truppen nach Hause geschickt worden, ohne daß sich ein Österreicher sehen gelassen habe.

***) Nach Ducrot 1, S. 342, war die Bahn von Mailand am 26. Juni bis Brescia in Betrieb; Hauptlinie für den Nachschub (3. Korps) sei aber die Eisenbahnstrecke Genua—Stradella und der Po von dort bis Cremona gewesen. Auch die Österreicher hatten sich für den Nachschub zum Teil der Wasserverbindungen bedient, wobei außer dem Po besonders der Naviglio grande und der Naviglio di Pavia in Betracht kamen. Eine intensivere Ausnutzung der Polinie hat nach den Akten erst im späteren Verlauf des Feldzuges für den Rücktransport von Kranken, Geschützen usw. stattgefunden. Vgl. S. 97, 98, 152; Mehner, S. 116.

Dazu konnte man die Eisenbahn von Genua bis Strabella, dann den Po benutzen. Allein die Österreicher hatten alle vorhandenen Flußfahrzeuge fortgeführt oder versenkt. Es mußten deren aus Pavia, Voghera und Mailand herbeigeschafft werden, was gegen lohnende Fracht auch erreicht wurde. Die im Strom versenkten Kähne mußten gehoben und 50 Zug Gespanne aus Turin requiriert werden, um die Schiffsgefäße von Cremona wieder aufwärts nach Strabella zu treibeln.

Dies alles wurde durch rastlosen Eifer und durch wohl angebrachte, reichliche Verwendung von Geldmitteln durch die Administration des Französischen Heeres dergestalt gefördert, daß schon am 27. Juni das Magazin zu Cremona gefüllt war, am 3. Juli die ersten Geschütze des Belagerungstrains in Pozzolengo eintrafen.

Aber auch Verstärkungen an Mannschaften, namentlich Beurlaubte, rückten in diesen Tagen in größerer Anzahl bei der Französischen Armee ein. Der Kaiser hatte sogar die Heranziehung einer neuen Division von der Armee zu Lyon verfügt, die eine Aufstellung bei Brescia erhalten sollte, um den in den Alpentälern operierenden Divisionen Cialdini und Garibaldi als Reserve zu dienen. Diese Französische Division, unter dem General d'Hugues, in 13 Bataillonen 8330 Mann stark, verließ am 3. Lyon und traf am 10. mit ihren Spitzen in Mailand ein.

In den Alpen führte Garibaldi einen lebhaften kleinen Krieg. Infolge des durch die glücklichen Operationen bewirkten großen Zuwachses zählte die Brigade der Alpenjäger am 3. Juli schon 5 Regimenter Infanterie, 4 Feld- und 4 Berggeschütze, eine Eskadron Guiden und eine Kompagnie Sappeure.

Mit diesen Truppen drang Garibaldi namentlich im Baltellin, Val Camonica und Chiesetal gegen die Tiroler Grenzen vor. Zu ihrer Verteidigung hatte man die Landesschützenkompagnien, zusammen etwa 5000 Mann stark, aufgeboten, welche alle irgend passierbaren Straßen und Pässe im Gebirge besetzt hielten, und außerdem waren zur Sicherung wichtiger Punkte zwei, aus vierten Bataillonen gebildete Brigaden dorthin geschickt worden. Von diesen stand die eine in Trient, in Riva am Nordende des Garda-Sees und in Ladrone am Jdro-See. Die andere, drei vierte Bataillone und ein Bataillon Kaiserjäger, unter Befehl des Grafen Huyn,*) war am Stilfser Joch zur speziellen Verteidigung der großen Straße aufgestellt und hatte nach Ponte di

---

*) Huyn hatte nach Östr. G. St. W. 2, Beilage XIV, vier IV. Bataillone unter sich. Die Brigade am Stilfser Joch (Kuhn bezw. Henikstein) war nur um ein Bataillon 7. Kaiserjäger) stärker.

Legno am Tonalpaß detachiert. Den Oberbefehl im südlichen Tirol führte der Feldmarschallleutnant Paumgarten.*) Fast überall kam es zu wiederholten Scharmützeln. In den letzten Tagen sammelte Garibaldi seine Hauptmacht, fünf Bataillone stark, bei Tirano im Valtellin und machte, nach vorhergegangenen kleinen Vorpostengefechten, am 6. und 8. zwei größere Angriffe auf die sehr vorteilhafte Stellung am Stilffer Joch, welche beide blutig abgewiesen wurden.

Auch im Adriatischen Meere ließ der Kaiser Napoleon ernste Unternehmungen durch die Flotte vorbereiten.

Bis jetzt hatte sich die Tätigkeit der Franzosen zur See nur auf die Blockade Venedigs beschränkt,**) und es waren hierfür, da die Österreicher von Anfang an ihre Flotte ganz zurückgezogen und teils in Pola, teils in Venedig in Sicherheit gebracht hatten, nur vier Schiffe verwendet worden. Bei so geringen Kräften hatte natürlich von jeder weiteren Unternehmung gegen die Küsten Abstand genommen werden müssen.

Die ganze für den Krieg bestimmte französische Flotte bestand aus einer escadre de guerre und der escadre de siège. Erstere zählte 10 Kriegs-, 3 Transportschiffe, letztere 4 kleine Fregatten, 21 Kanonenboote von 1 bis 4 Kanonen und 3 schwimmende Batterien zu 16 Kanonen. Außerdem stellte Sardinien 3 Kriegsschiffe.

Der Vizeadmiral Romain-Desfossés war mit diesem Geschwader Mitte Juni von Toulon abgesegelt, hatte in Antivari an der Albanesischen Küste eine kurze Station gemacht und sich am 3. Juli des Hafens von Lussin piccolo auf der Insel Osero, welcher als Depotpunkt für die ferneren Unternehmungen dienen sollte, bemächtigt. Es wurden einige kleine Rekognoszierungen gegen die Küsten ausgeführt.

Nach der Schlacht von Solferino befahl der Kaiser eine Infanteriedivision zur Flotte zu senden, und schon am 6. Juli traf General Wimpffen***) mit 4000 hauptsächlich aus Algier herangezogenen Mann†) in Lussin ein.

*) Paumgarten wurde am 2. Juli abends angewiesen, sich am Südabhang des M. Baldo aufzustellen. Östr. G. St. W. 2, S. 433.
**) Venedig wurde seit dem 1. Juni 1859 durch zwei Linienschiffe und zwei Fregatten unter Befehl des Kontreadmirals Jurien de la Gravière blockiert. Frz.G.St.W., S.350.
***) Wimpffen hatte bei Magenta die 2. Gardegrenadierbrigade geführt, war nach der Schlacht Divisionsgeneral geworden und hatte von Toulon aus über Livorno, Florenz, Rimini die Flotte erreicht. Vor Venedig klagt Wimpffen in seinen Aufzeichnungen über schlechte Karten, die das Kriegsministerium geliefert habe (vgl. 1870!). Vgl. S. 3, Anm. *); Frz. G. St. W., S. 356; Wimpffen, S. 174/77.
†) Zunächst waren 3000 Mann Algerische Truppen am 27. Juni nach den Adriatischen Gewässern eingeschifft worden, denen 5000 später folgen sollten. Frz. G. St. W., S. 356.

Am 7. erhielt der Vizeadmiral die Ordre mit der Flotte nach Benedig zu segeln. Tags darauf lichtete er die Anker, und am 9. lagen die Französischen Schiffe vor dem Platze, von dem sie jedoch des seichten Ufers halber über eine Seemeile entfernt bleiben mußten.

Österreichischerseits hatte man schon vor Anbeginn des Krieges Besorgnis vor einer Unternehmung der feindlichen Flotte im Adriatischen Meere gehabt*) und eine große Menge von Streitmitteln zur Küstenbewachung und Verteidigung verwendet.

In Dalmatien standen ein Infanterieregiment, mehrere Jäger- und Grenzerbataillone usw., im ganzen 10 000 Mann reguläre Truppen, und außerdem waren durch das Gouvernement noch 17 000 gutgesinnte und kampflustige Landeseinwohner bewaffnet worden. Die vorhandenen Küstenbefestigungen wurden durch Batterien verstärkt, und diese bewährten sich in zwei Fällen, wo Französische Kriegsschiffe den Kampf mit ihnen begannen, auf das vorteilhafteste.

Istrien schien zwar als Deutsches Bundesland vorläufig gesichert, doch hatte man es für ratsam gehalten, 10 000 Mann Grenzer dort aufzustellen und am Hafen von Triest neue Werke anzulegen.

Ganz besondere Aufmerksamkeit war auf den Venetianischen Küstenstrich verwandt und seine Befestigung mit großem Eifer betrieben worden.

Benedigs eigentümliche Lage bereitet zwar dem Angriffe erhebliche Schwierigkeiten, aber sie legt auch dem Verteidiger durch die bedeutende Ausdehnung der zu schützenden Strecke und die schwierige Verbindung der einzelnen Verteidigungspunkte wesentliche Hindernisse in den Weg. Die Küstenbefestigung zieht sich zwischen der Piave- und Brentamündung acht Meilen weit hin. Man hatte sie jetzt durch Anlage größerer und kleinerer Batterien vervollständigt und außerdem seit Beginn des Krieges auch noch an den Pomündungen Werke angelegt.

Alle diese Fortifikationen baulich völlig kriegsmäßig herzustellen erforderte bedeutende Arbeit, ihre Armierung ungeheures Material, so daß es der großen Umsicht und Tätigkeit des Kommandanten, Feldmarschalleutnants Alemann, und des Geniedirektors, Oberstleutnant Scholl, bedurfte, um alles zu vollenden, ehe die Französische Flotte an der Küste erschien. Für die Armierung

---

*) Das Französische Generalstabswerk, S. 350, erinnert daran, daß selbst Feldmarschall Radetzky das Schlimmste befürchtete, nachdem am 22. Mai 1848 Benedig in die Hände der Insurgenten gefallen war. Vergl. Schönhals „Feldzug Radetzkys in Italien 1848/49", S. 95.

wurden größtenteils Schiffskanonen verwendet. Den Lido, als wichtigsten Punkt, hatte man besonders geschützt. Ein gedeckter Weg war längs seiner ganzen Ausdehnung angelegt, welcher die einzelnen Forts und Batterien miteinander verband und die gesicherte Bewegung der Truppen ermöglichte. Die Marinebataillone lagerten dort und drei armierte Fregatten ankerten dahinter, bereit mit ihrem Feuer die Landbatterien zu unterstützen.

Die Besatzung Venedigs bestand aus dem Regiment Zobel und mehreren Brigaden vierter Bataillone, welche nach Räumung der Lombardei dorthin geschickt waren. Im ganzen standen einschließlich des X. Korps 30 000 Mann zur Verteidigung der Benetianischen Küsten zur Verfügung *)

Trotz dieser völlig ausreichenden Verteidigungsmaßregeln hielt der Österreichische Admiral Pöltl die Lage der Dinge doch noch für so bedenklich, daß er, als die feindliche Flotte erschien, schleunigst drei der besten und teuersten Lloydbampfer zur Sperrung der Einfahrt des Malamocco versenken ließ und sich nicht einmal die Zeit nahm das geringste ihrer kostbaren Ausrüstung zu retten.**)

Im Österreichischen Hauptquartier befand man sich über die Maßregeln, welche der Feind für einen Angriff zur See getroffen hatte, in Unkenntnis, und die Fortnahme von Lussin sowie das Erscheinen der Flotte vor Venedig ließen deshalb die Gefahr drohender erscheinen, als sie wirklich war.

In der Tat war das ganze Unternehmen nur eine einschüchternde Demonstration, welche der Kaiser Napoleon zur Erreichung ganz anderer Zwecke machen ließ. Während er die Flotte nach Venedig beorderte, wurde General Fleury mit Waffenstillstandsvorschlägen nach Verona gesandt.***)

Die Gründe, welche den Kaiser bewogen im vollsten Siegeslaufe den Krieg abzubrechen, — denn der Waffenstillstand wurde von ihm nur als erster Schritt für Abschluß des Friedens betrachtet, — sind wohl hauptsächlich politischer Natur gewesen. Er hatte immer nur einen Italienischen, nicht aber einen Europäischen Krieg führen wollen und in letzteren mußte er unausbleiblich

---

*) Die Gesamtstärke der Verteidigungstruppen Benedigs betrug 21 500 Mann. Östr. G. St. W. 3, S. 164

**) Hierüber erwähnt das Östr. G. St. W. 2 und 3 nichts.

***) Fleury reiste am 6. Juli abends nach Verona ab, nachdem Napoleon im Laufe des Tages chiffrierte Depeschen von England, Rußland und Preußen erhalten hatte. Der Österreichische Monarch empfing Fleury noch am selben Abend. Fleury 2, S. 110; Ducrot 1, S. 357; vgl. Östr. G. St. W. 2, S. 464; 3, S. 297.

verwickelt werden, wenn er den Kampf weiter fortsetzte.*) Die Sardinischen Vorposten streiften bereits bis an die Grenzen Deutschlands, und der Kaiser wußte nicht, ob er seine Bundesgenossen an dem Überschreiten derselben zu hindern imstande sein werde. Preußen stand völlig gerüstet. Die Mobilmachung von zwei Dritteln der Armee war beendet, der Rest befand sich auf der Kriegsstärke. Die Truppen setzten sich bereits nach ihren Versammlungsplätzen in Marsch. Es war kein Geheimnis, daß am 15. Juli der Eisenbahntransport nach dem Rhein beginnen werde, welcher in sehr kurzer Zeit ein Heer von 250 000 Mann dort versammelte, denen die übrigen Deutschen Kontingente sich anzuschließen bereit waren.

Somit war ernste Gefahr im Verzuge.

Hierzu kam noch eine Mißstimmung über das Verhalten Victor Emanuels, dessen Bestreben sich möglichst unabhängig zu stellen, je länger je mehr hervortrat. Die Italienischen Angelegenheiten drohten Dimensionen anzunehmen, welche nicht mehr zu beherrschen waren. Für den Ruhm Frankreichs und unter der Hand auch für seinen Vorteil war genug geschehen, und ohne Besorgnis, den Glanz der Französischen Waffen zu verdunkeln, durfte nach den glänzenden Erfolgen der Kampagne das ursprünglich ausgesprochene Programm etwas modifiziert werden.

Aber auch militärische Gründe sprachen für die Beendigung des Krieges. Mit Überschreitung des Mincio begannen die eigentlichen Schwierigkeiten für die Offensive;**) die bisher verwandten Kräfte waren zur Fortsetzung des Kampfes nicht ausreichend; die Armee hatte bedeutend gelitten; die klimatischen Verhältnisse wirkten äußerst ungünstig auf die Truppen,***) und die allgemeine Stimmung im Heere, welche Sardinien nie hold gewesen war, hatte sich im Laufe der Kampagne fast bis zur Erbitterung gegen den Bundesgenossen gesteigert.

Im Österreichischen Kabinett fanden die gemachten Vorschläge ein geneigtes Ohr. Die gesamte Militärmacht des Kaiserstaates war aufgeboten worden, um die Herrschaft in Italien zu behaupten; sie hatte nicht ausgereicht. Der kurze Feldzug hatte eine Provinz und 50 000 Mann gekostet. Die Finanzen waren zerrüttet, die Kräfte des Landes erschöpft. Neue Formationen

---

*) Den Deputationen des Senats und des gesetzgebenden Körpers sagte Napoleon nach seiner Rückkehr: „L'Europe se tenait en armes, prête, soit à disputer nos succès, soit à aggraver nos revers". „Moniteur universel" 10. Juli 1859; vgl. Ducrot 1, S. 363.

**) Nach Fruston, S. 321 ff. sind hauptsächlich bestimmend für Aufgabe des Feldzuges die Schwierigkeiten gewesen, die die Überwindung des Festungsvierecks bot.

***) Gorce 3, S. 104, erwähnt den Ausbruch von Typhus und anderen schweren Krankheiten.

waren befohlen, aber sie konnten erst nach Monaten ins Leben treten. Das Selbstvertrauen war nach einer Reihe von unglücklichen Gefechten im Heere erschüttert, und mit schwerer Besorgnis sah man den nächsten Ereignissen entgegen.*)

Da sich die Wünsche begegneten, war ein Verständnis bald herbeigeführt und am 8. Juli wurde zwischen den Bevollmächtigten der drei kriegführenden Staaten, dem Feldzeugmeister v. Heß, dem Marschall Vaillant und dem General La Rocca, zu Villafranca der Waffenstillstand auf fünf Wochen abgeschlossen.**)

Am 11. fand auf besonderen Wunsch Napoleons ebendaselbst eine Zusammenkunft der beiden Kaiser statt, infolge deren schon Tags darauf, am 12. Juli, der Präliminarfriede zu Villafranca unterzeichnet wurde.***)

*) Nach Nebern waren die österreichischen Offiziere sowohl unwillig über die Oberleitung des Feldzuges im allgemeinen wie auch besonders wegen des Abbruchs der Feindseligkeiten: denn die Unfähigkeit der Verbündeten, den Krieg weiterzuführen, zeige sich besonders dadurch, daß sie im Moment der größten Erfolge die Waffen niederlegen wollten; die Lage der österreichischen Armee müsse sich täglich bessern, die der feindlichen täglich verschlechtern.

** Am 8. Juli wurde zunächst ein Waffenstillstand bis zum 15. August geschlossen. Östr. G. St. W. 2, S. 481; 3, S. 300 ff.; Frz. G. St. W., S. 363.

*** Am 15. Juli erklärte Kaiser Franz Josef in einer Proklamation an seine Völker, er habe den Krieg hauptsächlich deshalb abgebrochen, weil Österreich wie bisher vereinzelt hätte weiter kämpfen müssen. Ähnlich war der Erlaß an die Armee vom 12. Juli abgefaßt. Dem Präliminarfrieden folgte am 10. November der Friede von Zürich. Bericht Reberns und Östr. G. St. W. 3, S. 321 ff.

Beilagen.

Beilage 1
(zu Seite 11).

Stärkenachweisung
der zweiten österreichischen Armee beim Einmarsch in Piemont.

Armeeteile.	Bataillone.	Eskadrons.	Batterien.	Streitbarer Stand an Inf. und Artillerie Mann.	Kavallerie.
II. Armeekorps	19 (19)*)	4 (. .)	5 (5)	16.330 (16.564)	450 (. .)
III. Armeekorps	20 (20)	8 (8)	7 (7)	17.400 (22.611)	900 (1295)
V. Armeekorps	21 (24)	4 (4)	8 (8)	20.690 (24.087)	450 (519)
VII. Armeekorps	18 (18)	4 (4)	6 (6)	16.250 (19.018)	450 (653)
VIII. Armeekorps	24 (20)	4 (4)	6 (6)	21.450 (19.208)	450 (510)
Reservekavallerie . . .	—	17 (17)	2 (2)	300 (245)	2113 (2579)
Extratruppen und Genie .	1 (1¹/₂)	1½ (2¹/₂)	.	200 (2.404)	. (422)
Armee-Geschützreserve . .	.	.	10 (11¹/₂)	1.500 (2.462)	. (2082)
Im ganzen . . .	106 (102¹/₂)	41½ (39¹/₂)	44 (45¹/₂)	94.120 (106.514)	4813 (8100)
				98.933 (114.614)	

*) Die eingeklammerten Zahlen sind dem Östr. G. St. W. 1, Beilage V, entnommen.

Divisions-Kommandant.
1. Division. Gen. Leut. de Castelborgo (später Durando).
2. Division. Gen. Leut. Fanti.
3. Division. Gen. Leut. Durando (später Mollard).
4. Division. Gen. Leut. Cialdini.
5. Division. Gen. Leut. Cucchiari.
Reservekavallerie. Gen. Leut. Sambuy.
Brigade der Alpenjäger. General Garibaldi.

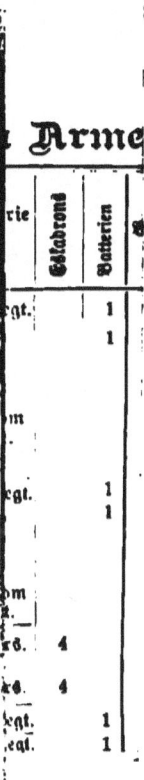

Gen. d. Kav. Graf Schlick.

Zu Beilage 5
(zu Seite 187).

cubier.
1 Schmidburg. Feldartillerie-Direktor: F. M. L. Baron Stvrinik.
Feldgenie-Inspektor: Oberst v. Rabo.

Infanterie.	Bataillone.	Kavallerie und Artillerie.	Eskadrons.	Batterien.	Bemerkungen.
Wasa. 60.	4	1. und 2. Division Hallerhusaren. 12.	4		
2. Jäg. Bat.	1				
Thun. 29.	4	Division Montenuovo			
1. u. 2. Banat-Grenzer 11	2	6pf. F.B. Nr. 1 ⎱ I. Regt. , , 2 ⎰		2	
Ernst. 48.	4	Division Stankovics			
14. Jäg. Bat.	1	6pf. F.B. Nr. 4 ⎱ I. Regt. Kav. B. , 10 ⎰		2	
Bernhardt. 16.	4				
24. Jäg. Bat.	1	Reserveartillerie.		4	18 200 (17 720)* Mann, 1419 (1419) Pferde
. . . .	21		4	8	
Kinsky. 47.	4	1. u. 2. Division Sicilien.			

Beilage O
(zu Seite 187).

Stärkenachweisung
der Österreichischen Armeen am 24. Juni 1859.

	Armeeteile.	Bataillone.	Escadrons.	Batterien.	Streitbarer Stand an Inf. und Artillerie Mann.	Kavallerie.
Erste Armee.	III. Armeekorps	25 (25)*)	8 (8)	9 (9)	19 485 (19 505)	900 (990)
	IX. Armeekorps	25 (25)	4 (4)	9 (9)	21 110 (21 080)	450 (480)
	XI. Armeekorps	24 (24)	4 (4)	6 (6)	20 840 (20 730)	450 (560)
	Kavalleriereserve	.	28 (28)	2 (2)	300 (200)	2 900 (2 970)
	Armee-Artilleriereserve	.	.	11 (3)	1 320 (1 320)	.
	Im ganzen	74 (74)	44 (44)	37 (29)	63 055 (62 835)	4 700 (5 000)
Zweite Armee.	I. Armeekorps	21 (21)	4 (4)	8 (8)	17 750 (17 720)	450 (480)
	V. Armeekorps	25 (25)	4 (4)	9 (10)	22 030 (22 060)	450 (480)
	VII. Armeekorps	20 (21)	4 (4)	6 (6)	17 110 (17 080)	450 (480)
	VIII. Armeekorps, einschl. Brigade Reichlin	29 (29)	4 (4)	10 (9)	24 650 (24 540)	450 (560)
	Kavalleriereserve	.	20 (20)	2 (2)	300 (280)	1 780 (2 600)
	Extratruppen und Genie	3 (3) 6 (6) 3 (3)	.	.	1604 (1604) 2 593 (2 543) 989 (989)	.
	Armee-Artilleriereserve	.	.	14 (14)	2 000 (2 000)	.
	Im ganzen	101 (102)	36 (36)	49 (49)	86 493 (86 273)	3 580 (4 600)
	Allgemeine Armee-Artilleriereserve	—	—	16	2 000	—
	1. und 2. Armee	175 (176)	80 (80)	102 (77)	151 548 (149 108)	8 280 (9 600)
					159 828 (158 708)	

*) Die eingeklammerten Zahlen sind dem Östr. G. St. W. 2. Beilage VIII, entnommen. Nach dieser Beilage haben an der Schlacht von Solferino teilgenommen:
Erste Armee: 63 Bat., 16 Esk., 22 Bat.; 51 888 Mann Inf. u. Art., 1 920 Kav.
Zweite „ 88½ „ 36 „ 29½ „ 74 834 „ „ „ „ 4 600 „
Im ganzen: 151½ Bat., 52 Esk., 51½ Bat.; 126 722 Mann Inf. u. Art., 6 520 Kav.

Ordre de Bataill

Armeecorps und Kommandant.	Divisions-kommandant.
V. Armee-corps. F. M. L. Graf Stadion.	F. M. L. v. Pokorny. F. M. L. Graf Palffy. F. M. L.

Gedruckt in der Königlichen Hofbuchdruckerei von E. S. Mittler & Sohn,
Berlin SW, Kochstraße 68—71.

Verlag der Königl. Hofbuchhandlung von E. S. Mittler & Sohn, Berlin SW12, Kochstr. 68–71.

Moltkes Militärische Werke.

Herausgegeben vom
Großen Generalstabe, Kriegsgeschichtliche Abteilung I.

Gruppe I: Militärische Korrespondenz.
  Erster Teil: Krieg 1864. Mit einer Übersichtskarte und zwei Handzeichnungen des Generals
  v. Moltke. M. 5,—, geb. M. 6,60.
  Zweiter Teil: Aus den Dienstschriften des Krieges 1866. Mit einer Übersichtskarte, fünf
  Plänen und einer Textskizze. M. 8,—, geb. M. 9,75.
  Dritter Teil: Aus den Dienstschriften des Krieges 1870/71.
    Erste Abteilung: Der Krieg bis zur Schlacht von Sedan. Mit einer Übersichtskarte,
      drei Textskizzen und einer Handzeichnung. M. 6,—, geb. M. 7,60.
    Zweite Abteilung: Vom 3. September 1870 bis zum 27. Januar 1871.
      M. 5,—, geb. M. 6,60.
    Dritte Abteilung: Waffenstillstand und Friede. M. 5,—, geb. M. 6,60.
      (Alle drei Abteilungen in einen Band gebunden M. 18,50.)
  Vierter Teil: Aus den Dienstschriften des Jahres 1859. Mit einer Übersichtskarte und
  6 Skizzen. M. 5,50, geb. M. 7,25.

Gruppe II: Die Tätigkeit als Chef des Generalstabes der Armee im Frieden.
  Erster Teil: Moltkes taktische Aufgaben aus den Jahren 1858 bis 1882. Mit elf
  Übersichtsskizzen und 27 Plänen. M. 6,—, in Mappe mit Lederrücken M. 8,—.
  Zweiter Teil: Moltkes taktisch-strategische Aufsätze aus den Jahren 1857 bis 1871.
  Zur hundertjährigen Gedenkfeier des Geburt des General-Feldmarschalls Grafen von Moltke.
  Mit zwanzig Übersichtsskizzen und Skizzen, vier Karten und fünf Textskizzen.
      Die Kartenbeilagen in besonderem Umschlag, M. 12,—,
      geb., die Karten in besonderer Mappe, M. 16,—

Gruppe III: Kriegsgeschichtliche Arbeiten.
  Erster Teil: Geschichte des Krieges gegen Dänemark 1848/49. Mit einer Übersichtskarte,
  sechs Plänen und vier Textskizzen. M. 11,—, geb. M. 13,—.
  Zweiter Teil: Kritische Aufsätze zur Geschichte der Feldzüge 1809, 1859, 1864, 1866
  und 1870/71. Mit Übersichtskarten, Plänen und Skizzen. M. 7,—, geb. M. 9,—

General-Feldmarschall Graf von Moltke
Gesammelte Schriften und Denkwürdigkeiten.
Acht Bände. Geheftet M. 49,—, geb. M. 61,75.

Band I. Zur Lebensgeschichte. Mit Nachbildungen vieler Handzeichnungen in Bleistift und Aquarell und Faksimiles von Briefen Kaiser Wilhelms I., Friedrichs III und Wilhelms II. (Geb. M. 7,—, geb. M. 8,60.
Band II. Vermischte Schriften. Aufsätze zur Geschichte der Gegenwart. (Geb. M. 5,—, geb. M. 6,60.
Band III. Geschichte des deutsch-französischen Krieges 1870/71 nebst einem Aufsatz: „Über den angeblichen Kriegsrat in den Kriegen König Wilhelms I." Mit einer Übersichtskarte. (Geb. M. 7,—, geb. M. 8,60.
Band IV. Briefe (erste Sammlung) an die Mutter und an die Brüder Ludwig und Adolf. Mit Nachbildungen zweier Handzeichnungen des vereinigten General-Feldmarschalls und fünf Holzschnitten im Text. (Geb. M. 5,—, geb. M. 6,60.

Band V. Briefe (zweite Sammlung) an Verwandte; an Freunde; gelegentliche Briefwechsel über Religion; Erziehung; Geselligkeit; Politik; bei festlichen Gelegenheiten und Widmungen) und Erinnerungen. Mit Nachbildungen zweier Handzeichnungen. (Geb. M. 6,—, geb. M. 6,60.
Band VI. Briefe an die Braut und Frau. (Eigentum und Verlag der Deutschen Verlagsanstalt in Stuttgart.) (Geb. M. 8,40, geb. M. 10,—.
Band VII. Reden und Tagebefehle. (Geb. M. 2,00, geb. M. 4,—.
Band VIII. Briefe über Zustände und Begebenheiten in der Türkei aus den Jahren 1835 bis 1839. Mit Abbildungen, Karten und Plänen. (Geb. M. 9,—, geb. M. 10,75.

Jeder Band ist einzeln käuflich.

Gedruckt in der Königlichen Hofbuchdruckerei von E. S. Mittler & Sohn, Berlin SW12, Kochstraße 68–71.